Über die Autoren:
Jochen Müller und Peer Bergholter sind Freunde seit Jugendtagen. Jochen Müller ist Biologe, Peer Bergholter Texter und freier Journalist, und beide haben nach der Weltreise den Wiedereinstieg geschafft. Während ihrer Reise haben sie gelernt, dass weniger mehr ist, und setzen dies im Alltag nun erfolgreich um.

PEER BERGHOLTER
JOCHEN MÜLLER

Mittendurch statt drüber weg

Zwei Freunde, ein Traum und die Reise ihres Lebens

Besuchen Sie uns im Internet:
www.knaur.de

Originalausgabe November 2015
Knaur Taschenbuch
© 2015 Knaur Verlag
Ein Imprint der Verlagsgruppe Droemer Knaur
GmbH & Co. KG, München
Alle Rechte vorbehalten. Das Werk darf – auch teilweise –
nur mit Genehmigung des Verlags wiedergegeben werden.
Karten: Computerkartographie Carrle
Fotos in den Klappen: Privatarchiv Peer Bergholter, Jochen Müller
Redaktion: Judith Mark
Covergestaltung: ZERO Werbeagentur, München
Coverabbildung: FinePic®, München
Satz: Wilhelm Vornehm, München
Druck und Bindung: CPI books GmbH, Leck
ISBN 978-3-426-78775-5

2   4   5   3   1

Inhalt

Kapitel 1:
»Ich hau ab!«

PEER

Über den Rand meiner Bierdose hinweg betrachte ich die verschneiten österreichischen Alpen. Mit zunehmender Dämmerung kommt die Kälte. Doch was mich zittern lässt, sind weniger die winterlichen Temperaturen hier als vielmehr das, was mich zu Hause erwartet. Bald sitze ich wieder am Schreibtisch einer Werbeagentur, werde das Gleiche tun wie in den vergangenen Jahren und mich dabei nach der Perspektive fragen. Ich werde …

Mein Freund Jochen klopft mir auf die Schulter und reißt mich aus der missmutigen Grübelei. »Na, graut es dir auch so vor Montag wie mir?« – »Mhmm« muss als Antwort reichen. Und ich weiß, er hat noch viel mehr Grund zu klagen als ich. Er ist Biologe. Tag für Tag hockt er in einer dunklen Kammer und starrt durch ein Mikroskop auf Labormäuse, die er zuvor eigenhändig ins Jenseits befördert hat. Muss ein berauschendes Gefühl sein – anders kann ich mir nicht erklären, warum ein halbwegs vernünftiger Mensch einer solchen Arbeit nachgeht. Jochen macht das im Dienste der Menschheit, versteht sich. Dennoch will ich nicht mit ihm tauschen. »Wo ist die Woche geblieben? Wir sind doch gefühlt erst gestern angekommen«, sagt er. Ich zucke mit den Schultern. Seine Zigarette glüht auf, dann seufzt er: »Ich habe keine Lust mehr«, und ich merke, dass er diesmal eine Reaktion erwartet. »Wer schon?!«, sage ich müde dahin. Schweigend nippen wir an unserem Bier und starren auf die uns umgebenden Berge, deren schneebedeckte Gipfel im Dämmerlicht glühen. Eine Woche lang haben sie uns eine Zuflucht vom Alltag geboten. Es ist friedlich hier. Es ist schön hier. Doch wir müssen wieder weg, ob wir wollen oder nicht.

»Ich hau ab«, sagt Jochen plötzlich in die Stille hinein. Es liegt eine Ernsthaftigkeit in seiner Stimme, die eine Plattitüde als Antwort ausschließt. Ich löse meinen Blick von den Bergen und sehe ihn an. Er wiederholt ungerührt: »Ich hau ab!« Es klingt mehr nach einer Feststellung als nach einem Plan. Eher beiläufig kommt mir über die Lippen, was in diesem Moment logisch erscheint: »Ich bin dabei.«

Auf dem Balkon malen wir uns, in dicke Jacken gehüllt, unsere Flucht in die Sonne aus. Worin wir uns schnell einig sind: Wir wollen so viel mehr als ein paar Wochen Urlaub im Jahr. Wir wollen raus aus der Mühle und hinein in die Welt. Und zwar jetzt, solange wir noch einen Rucksack schultern können. Wir haben schon oft darüber gesprochen, aber es blieb immer bei der fixen Idee. Ich spüre, diesmal ist es anders. Wir lassen das Gesagte so stehen und versichern uns die Ernsthaftigkeit unserer Pläne mit dem blechernen Geräusch aneinanderstoßender Bierdosen.

Der einwöchige Skiurlaub liegt zwei Monate zurück, der Urlaubsteint ist längst verblasst und jedes Erholungsgefühl der Monotonie des Alltags gewichen. Doch eines ist geblieben: der feste Entschluss, auszubrechen. Jochen und ich sprechen in der Folge oft darüber, fragen uns fast bei jedem Gespräch: »Es bleibt dabei, wir ziehen das durch, oder?« Doch mehr passiert nicht.

Wir treffen uns in Berlin. Als Jochen mich vom Bahnhof abholt, blicke ich in schwarzgeränderte Augen, die in tiefen Höhlen eines aschfahlen Gesichts liegen. Er nennt es sein Laborgesicht und behauptet, das müsse so aussehen, nur Freizeitbiologen hätten rosige Wangen. Nun schüttelt er den Kopf und sagt zur Begrüßung: »Butter bei die Fische, wir müssen planen. Wenigstens die Orte, die wir sehen wollen, festlegen.« Wenig später sitzen wir an seinem Küchentisch und rollen eine Weltkarte aus. Jochen beginnt Kreuze zu machen, bevor er mir den Stift reicht. Ich lege ihn beiseite und sehe Jochen an. »Die Ziele sind jetzt zweitrangig. Bist du dir darüber im Klaren, was uns erwartet? Wir werden uns ein Jahr lang Tag und Nacht auf der Pelle hängen. Bist du sicher, dass du das willst und kannst?«

Jochen reagiert schon fast genervt. »Glaubst du allen Ernstes, darüber hätte ich mir in den letzten Wochen keine Gedanken gemacht?« Wir kennen uns schon ewig, gingen gemeinsam zur Schule, besuchten dieselbe Universität, sind uns die Brüder, die wir beide nie hatten. Wir reden über alles, doch nun sagt Jochen: »Wir haben genug lamentiert, überdacht und gezögert. Ich hab keinen Bock mehr auf Theorie, Peer. Ich will da raus, ich will endlich Praxis.« Er drückt mir wieder den Stift in die Hand, und ich beginne, Kreuze zu machen.

Wenig später betrachten wir die Karte. Man kann vor lauter Kreuzen fast nichts anderes mehr erkennen. Schließlich beginne ich, die Kreuze durch Striche zu verbinden. Es werden kurze Striche. Während Afrika und Nordamerika herausfallen, entsteht durch den Rest eine Route, einmal um die Welt. Jochen überschlägt: »Mit einem Around-the-World-Ticket haben wir fünf Flüge weltweit. Damit sollten wir eine Weltumrundung schaffen!« Die Idee gefällt mir. »Gen Osten, immer der Sonne entgegen«, höre ich mich sagen.

Mit Blick auf die Karte stellen wir fest, dass sich ein Flug kaum lohnt. Auch die Passage über gerade mal zwei Fingerbreit Wasser nach Australien sollten wir schaffen, ebenso den Katzensprung von dort nach Neuseeland. Ich tippe mit dem Finger auf das große Blau auf der Karte. »Das sind die Flüge, die wir machen müssen«, deute ich auf den Pazifik und Atlantik. »Oder auch nicht«, entgegnet Jochen. »Aha, der Herr wird schon wieder übermütig.« Ich weiß, dass Jochen gerne über das Ziel hinausschießt. »Nein, ich meine es ernst. Wo ist dein Sinn fürs Abenteuer geblieben?« Er beugt sich über die Karte, während sein Finger von Deutschland aus durch Russland bis nach Südostasien fährt. »Bis Asien lohnt sich kein Flug. Und wenn wir schon so weit ohne Flieger kommen, können wir uns den Rest auch sparen. Die zwei popeligen Ozeane! Ist doch klasse, dann haben wir auch gleich ein Motto!«

Da ist etwas dran. Je länger ich darüber nachdenke, desto besser gefällt mir der Gedanke: Eine Weltumrundung, ohne ein Flugzeug zu besteigen. Den Weg zum Ziel machen. Ich muss grinsen. Wir stoßen darauf an. Diesmal nicht mit Dosen, sondern mit Gläsern. Aus der Idee ist ein Plan geworden. Da braucht es etwas Angemesseneres.

Wir geben uns ein Jahr. Reisen wir mit schmalem Budget und verdienen unterwegs noch etwas Geld, sollten die Ersparnisse so lange reichen. Der Zeitpunkt der Abreise: am liebsten sofort. Doch das ist nicht so einfach. Wir einigen uns darauf, bis zum Sommer alle Brücken hinter uns abzubrechen und im Herbst abzuhauen.

Sich seiner Arbeit zu entledigen sowie die Eltern zu beruhigen, dass wir aufeinander aufpassen werden, ist schwer genug. Noch schwerer ist es, das bürgerliche Leben hinter sich zu lassen. Wir kündigen jeweils unsere Wohnung, ich verkaufe mein Auto, und alles von Wert wird in Kartons verpackt und in Kellern verstaut. Und dann ist da noch ein ganz anderer Schritt zu tun. Während der Vorbereitungen ist mir eines aufgefallen: Der Alltagstrott hat auch in meine Beziehung Einzug gehalten. Schweren Herzens trenne ich mich von meiner Freundin, doch ist mir klar, dass diese Trennung nur folgerichtig ist. Wir müssen alles hinter uns lassen.

Kassen, Versicherungen, Ämter und Behörden sehen uns in den folgenden Monaten öfter als wir einander. Besonders das Gesundheitsamt. Wir lassen uns gegen alles und jeden impfen. Tollwut, Hepatitis A–Z, Gelbfieber und Tetanus sind obligatorisch. Japanische Enzephalitis? Nie gehört. »Das braucht man eigentlich nur, wenn man sich nackt mit Schweinen in einem Sumpf suhlen möchte«, erklärt die freundliche Dame vom Gesundheitsamt. Also immer her damit!

So stehen wir nun da, rund ein Jahr nach jener Nacht auf einem österreichischen Balkon: arbeitslos, obdachlos, nahezu besitzlos, von einem großen Rucksack einmal abgesehen. Dafür vollgepumpt mit allen Seren, die der Chemiebaukasten hergibt.

Visa beantragen wir zunächst nur für Russland, die Mongolei und China, weiter wollen wir uns nicht festlegen. Warum auch – der Weg ist das Ziel!

Ich gebe zu, dass mich ein mulmiges Gefühl beschleicht, jetzt, wo ich vor meinem Rucksack stehe. Doch daneben empfinde ich auch etwas anderes. Wenn man alles, was man künftig zum Leben haben wird, in einen Rucksack packen kann, überwiegt am Ende nur eines: das Gefühl der Freiheit.

INFOBOX

> Viele Fluggesellschaften bieten Around-the-World-Tickets an, Konditionen und Preise variieren.

> Über notwendige und ratsame Impfungen informieren Tropenmediziner oder das Gesundheitsamt. Plane Zeit ein, denn manche Impfungen benötigen mehrere Injektionen im Abstand einiger Wochen.

> Es gibt so viele unterschiedliche Routen und Arten, die Welt zu bereisen. Kosten lassen sich daher schwer kalkulieren. Im Internet finden sich Erfahrungswerte. Wir planten mit 1000 Euro pro Person und Monat.

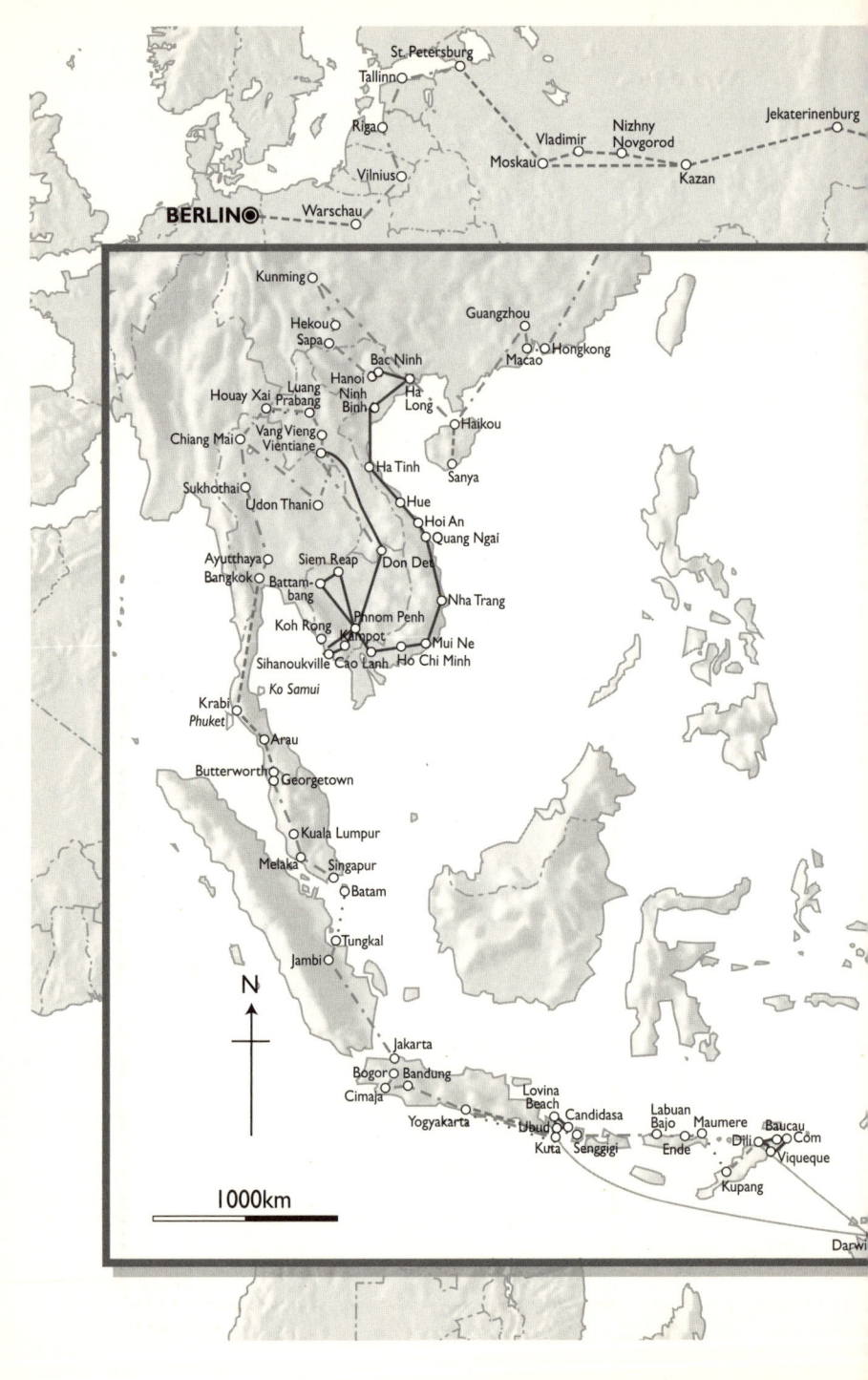

Anschluss S. 226

Kapitel 2:
Rein ins Getümmel

JOCHEN

Geschafft: Die Rucksäcke sind gepackt. Doch statt Freiheit spüre ich bloß meinen Rücken. Ich habe aufgehört zu zählen, wie oft ich um-, aus- und neu gepackt habe. Für jedes aussortierte Teil kam ein anderes hinzu. Der Reiserucksack ist voll, der Tagesrucksack auch. Da passt nicht mal mehr eine Postkarte rein.

Doch das kümmert mich nicht mehr, denn wir sind endlich in Bewegung! Der Berlin-Warschau-Express zuckelt durch die Uckermark, die mir ebenso fremdartig vorkommt wie meine Vorstellung von Asien oder Südamerika. Nicht mal das gutturale Meckern des Schaffners kann mich stören, weder die ausgeleierten und unbequemen Sitze im Design der späten Achtziger noch der darin festhängende Moschusduft. Nicht heute. Nur mit Mühe unterdrücke ich den Drang, die Mitreisenden anzusprechen: »Guten Tag, Müller mein Name, ich bin auf Weltreise. Und selbst?« Dazu ein Zwinkern und die Finger zur Pistole geformt. Es ist der erste Tag, schon klar, dass da noch Luft nach oben ist. Doch das Potenzial ist unendlich, vor uns liegt die weite Welt.

Nachdem wir in Warschau angekommen sind, beziehen wir ein Doppelzimmer am Rande der Altstadt. Zwar frisst das beinahe unser gesamtes Tagesbudget, dafür haben wir ein eigenes Bad und einen Südbalkon. Die mittelalterlichen Gassen der Altstadt genießen wir gemeinsam mit vielen anderen Touristen im Sonnenschein. Doch etwas drängt uns. Wir wollen Polen und dem Baltikum keine allzu große Aufmerksamkeit schenken. Wer will schon seine Weltreise in der Nachbarschaft beginnen? Da kann die Gegend noch so schön sein, sie ist nicht unser Traumziel. Wir wollen weg von allem, was an daheim erinnert. Außerdem hoffen wir, dass das Leben außerhalb Europas günstiger wird.

Also weiter. Am Schalter der Station Zachodnia erträgt ein Mann meine Frage nach dem nächsten Bus nach Vilnius genervt. Stumm bearbeitet er seine Tastatur, bevor ein polnischer Wortschwall aus ihm hervorbricht. Ich schalte auf internationale Standardsprache um und kontere:»Hä?« Seine Augen funkeln gereizt, als er mich anbellt:»When?« – »Morgen, äh, tomorrow.« Wieder malträtiert er die Tastatur. Auf seine erneute polnische Ansprache zucke ich nur mit den Achseln. Er schreibt eine Zahl auf einen Zettel, ich gebe ihm die entsprechende Summe und erhalte die Tickets. Klasse.»Und?«, fragt Peer, der in der Zwischenzeit Zigaretten besorgt hat.»Jackpot«, grinse ich.»Der Verkäufer sagt schönen Gruß und wünscht gute Fahrt.« – »Nette Leute, die Polen. Die Zigarettenverkäuferin würde ich vom Fleck weg heiraten.« Aus dem Kiosk winkt uns eine bildhübsche Blondine lächelnd zu.»Das nächste Mal kaufe ich Kippen und du die Tickets.« Jetzt grinsen wir beide.

»Morgenstund hat Gold im Mund«, säusele ich, als wir am frühen Morgen in Vilnius ankommen. Peer brabbelt irgendetwas vor sich hin. Meine Wachheit ist auch nur vorgetäuscht. Das Schlafen in Reisebussen ist eine Fähigkeit, die keiner von uns beiden besitzt. Während er sich eine Kippe ansteckt, stutze ich vor dem Geldautomaten. »Hast du eine Ahnung, wie viel die Landeswährung wert ist?« Peers Antwort kommt prompt:»Ich weiß nicht mal, wie die heißt.« Scheiße.

Wir haben uns vor der Reise auf eine gemeinsame Kasse geeinigt, weil wir ohnehin alles zusammen machen, und so müssen wir nicht regelmäßig abrechnen. Und da ich mit meiner Kreditkarte weltweit gebührenfrei abheben kann, ist die Devisenbeschaffung meine Aufgabe. Ich nehme mir vor, künftig den Wechselkurs der jeweils nächsten Landeswährung genau zu studieren.»Es geht doch nichts über gute Vorbereitung«, sage ich zu mir selbst, während ich per Zufallsprinzip eine der angebotenen Summen abhebe.

Die tristen Häuser vor dem Busbahnhof passen zum grauen Himmel. Nieselregen schlägt uns ins Gesicht, und ein frischer Wind raubt unseren übermüdeten Leibern die letzte Wärme.

Auf dem Weg zur Innenstadt lobe ich unsere Weitsicht, schon im Vorfeld eine Bleibe gebucht zu haben. Doch als wir die Adresse finden und klingeln, kommt keine Reaktion. Wir warten vier geschlagene Stunden, bis wir endlich eingelassen werden. Der Anblick unseres feudal eingerichteten Zimmers vertreibt schnell alle düsteren Gedanken. Wir lassen uns in das weiche Doppelbett des »roten Salons« fallen und schlafen sofort ein. Das Bild auf der Internetseite der Pension hat nicht zu viel versprochen, die Mottozimmer sind ein Blickfang. Überzeugender war jedoch etwas anderes: Hier wird das Frühstück ans Bett gebracht! »So lass ich mir das Backpacker-Leben gefallen«, meint Peer am folgenden Tag, als wir bei Kaffee und frischen Brötchen im Satellitenfernsehen die Nachrichten anschauen. »Du hörst keinen Widerspruch.«

Nach dem letzten Frühstück im Bett genießen wir die Busfahrt Richtung Lettland. Tagsüber zu fahren hat Vorteile. Die Rechnung, dass Nachtbusfahrten uns eine Übernachtung sparen, geht nicht auf, wenn wir im Bus nicht schlafen können und nach der Ankunft den halben Tag verpennen. Außerdem bekommen wir so einen Eindruck von der Umgebung.

In Riga raten wir erneut, wie viel die Landeswährung wert sein könnte, verschätzen uns prompt und heben viel zu viel ab. Wir lösen das Problem, indem wir zwei Tage länger bleiben. Das Hostel »Cinnamon Sally« war der Tipp eines jungen Mannes, den wir bei einer kostenlosen Stadtführung kennengelernt haben. Hier ist es wie in einer großen Wohngemeinschaft. Die Sofas und Sitzkissen im zentralen Aufenthaltsraum der riesigen Altbauwohnung sind von jungen Leuten bevölkert, und in der offenen Kochnische brutzelt immer irgendjemand irgendwas. Sally, die Besitzerin, begrüßt uns, als habe sie nur auf uns gewartet. Wie unser spanischer Zimmergenosse, der eine ähnliche Reiseroute hat wie wir. Doch als wir ihn fragen, ob wir gemeinsam essen gehen, lehnt er ab. »Ich reise mit extrem schmalem Budget. Restaurants in Europa sind einfach nicht drin. Wie wäre es, wenn wir zusammen kochen?« Das sitzt. Uns wird bewusst, dass wir das Geld mit vollen Händen ausgeben und langsam gut daran täten, den Gürtel enger zu schnallen.

Wenig später sitzen wir gesättigt zusammen und erzählen von den bisherigen Reiseerlebnissen. Wir bleiben nicht lang allein. Eine Amerikanerin setzt sich zu uns und empfiehlt uns eine außergewöhnliche Unterkunft in ihrer Wahlheimat St. Petersburg. Es ist das erste Mal, dass wir mit anderen Reisenden in Kontakt kommen, und alles, was ich fühle, ist Ungeduld.

Als wir am nächsten Tag im Bus nach Tallinn sitzen, platzt es aus mir heraus: »Ein super Abend, davon will ich mehr! Davon abgesehen, dass er der günstigste bisher war. Wir müssen umdenken, Peer. So Geschichten wie bisher können wir nicht mehr bringen!« Peer guckt mich verständnislos an. »Vorgestern saßen wir geschlagene fünf Stunden in der überteuerten Panoramabar dieses Nobelhotels, nur weil der Reiseführer meint, man müsse früh kommen, um sich gute Plätze für den Sonnenuntergang über der Altstadt zu sichern«, erkläre ich. »Das nächste Mal geht's kurz hoch, ein Foto geschossen und tschüss.« Peer erwidert: »Ach komm, es hat geregnet, und wir waren beide froh über ein trockenes Plätzchen mit Aussicht.« – »Nee, das meine ich nicht. Wir haben ein Tagesbudget in der Bar gelassen, nur weil wir bequem waren. Hätten wir das gewollt, hätten wir uns auch ein Jahr lang eine Finca auf Malle mieten können.« Jetzt sieht Peer mich kritisch an. »Also was? Soll ich den Reiseführer wegschmeißen?« – »Man muss es ja nicht gleich übertreiben«, entgegne ich. »Aber wir sollten anfangen, auch zwischen den Zeilen zu lesen, oder uns andere Tipps einholen. Schließlich wollen wir ja nicht überall das klassische Touri-Programm abspulen.« – »Da widerspreche ich dir auch nicht, aber der gestrige Abend war ein netter Zufall, wie willst du das steuern?« Genau darüber habe ich nachgedacht. »Von wegen Zufall. Wir waren zum ersten Mal nicht in einem Doppelzimmer, sondern in einem Schlafsaal. Wir haben unser Geld nicht im Restaurant verplempert, sondern mit anderen gekocht. Und schon haben wir einen Spitzenabend, neue Bekanntschaften und Tipps für die nächsten Stationen. Scheiß auf Frühstück im Bett und Doppelzimmer mit Südbalkon, ich will mehr Backpacker-Feeling!« Mit einem »Na dann …« beendet Peer die Diskussion.

Kaum haben wir die Tür zu unserem Schlafsaal in Tallinn geöffnet, kommt Peer auf das Thema zurück: »Meintest du das hier mit Backpacker-Feeling?« Wir stehen in einem leeren Zimmer aus Holzimitat und Linoleumersatz, das einzige Fenster gibt den Blick auf eine Wand aus unverputzten Steinen frei. Die zwei Zentimeter Zwischenraum zwischen Wand und Fenster sind zur Hälfte mit Sand aufgefüllt. »Hmm«, entfährt es mir. »Heimelig. Genau das meinte ich. Fehlen nur noch die Backpacker.«

Abends landen wir im »Olde Hansa«, einem 700 Jahre alten, urigen Restaurant, das sein Geld wert ist. Der Spruch »Ab morgen wird gespart« wird langsam, aber sicher zum Running Gag. Der Abschied von Estland und der EU geht im sintflutartigen Regen unter. Es ist dunkel, als wir in einem kleinen Ort anhalten. Ein Uniformierter besteigt den Bus, sammelt die Pässe aller Insassen ein und verschwindet wortlos. Vor uns liegt Russland. »Jetzt wird's ernst«, höre ich mich sagen.

Alles, was wir bisher erlebt haben, war die Einleitung, der Prolog. Ich habe keinerlei konkrete Vorstellung darüber, was uns erwartet, und genau deshalb bin ich so fasziniert, dass mein Herz anfängt zu hüpfen. Es ist nicht die erste Grenze mit Passkontrolle, die ich in meinem Leben passiere. Aber das hier ist Russland. Ehemaliger Erzfeind, nun lupenrein demokratischer Gaslieferant, größtes Land der Erde und für mich so unerforscht wie die Marsoberfläche.

Als wir den Bus verlassen müssen, erlebe ich aber statt Abenteuer nur Enttäuschung. Ich weiß nicht, was ich erwartet habe, aber das hier sieht aus wie eine gewöhnliche Grenze. Eine, die schon bessere Zeiten gesehen hat. In der Baracke stehen wir Schlange, unsere Pässe werden überprüft, die Visa gestempelt, und das war's. Nicht mal die Gepäckstücke werden geröntgt, und kein martialischer russischer Militär mit Furcht einflößender Kiefermuskulatur stellt mir Fragen zu meiner vermeintlichen Geheimdienstvergangenheit.

Draußen wartet bereits Peer mit einer Kippe im Mundwinkel. »Das war alles?« Er zuckt mit den Achseln und grinst. »Herzlich willkommen in Russland, Towarischtsch!« Vier Stunden später spuckt uns der Bus im Morgengrauen an einer Hauptverkehrsstraße am Stadtrand von St. Petersburg aus. Ich kann nicht an mich halten und schreie laut »Juhuu« in den russischen Himmel. Wir beide sind euphorisch, trotz Müdigkeit und steifem Rücken. Gefühlt bin ich unterwegs öfter aufgewacht als eingeschlafen, doch das schert mich nicht. »Ab jetzt wird alles anders«, sage ich. »Ab jetzt geht die Reise richtig los!«, entgegnet Peer. »Ab jetzt wird gespart«, bringe ich den Dauerbrenner. Mehr oder minder problemlos finden wir unseren Weg zum Ligovsky-Prospekt, wo in einer alten Fabrikhalle das Etagi Kunstatelier-Showroom-Hostel-Szenecafé-weiß-der-Teufel-was residiert, und werden von einer Frau empfangen, die uns beide total umhaut. »Junge, Junge«, zwinkert mir Peer zu, als wir auf sie zugehen. »Ich weiß genau, was du meinst«, antworte ich. »Wenn alle Russinnen so aussehen, bleib ich hier.« Ich weiß nicht, ob es diese Worte sind, die das Übel heraufbeschwören. Aber es soll nicht allzu lange dauern, bis wir uns an diesen Spruch erinnern und uns wünschen werden, wir hätten die Klappe gehalten.

INFOBOX

> Polen und die baltischen Länder sind gut durch Fernbusse vernetzt.

> In Riga haben wir die erste von vielen »Free City Tours« gemacht. In vielen Städten gibt es diese von Privatleuten organisierten Städteführungen, die wir vorbehaltlos empfehlen können. Sie zeigen keine Hauptattraktionen, sondern das, was für Einheimische ihre Stadt ausmacht. Termine und Startorte findest du im Internet oder in Hostels. Am Ende der kostenlosen Führung solltest du Trinkgeld geben.

Kapitel 3:
Sightseeing bis zum Abwinken

PEER

Ich muss blinzeln, als ich das Auge vom Kamerasucher löse und in die St. Petersburger Nacht schaue. Vor etwa fünf Stunden begann unsere Fotosafari durch die nächtliche Metropole. Es ist anstrengend, die nördlichste Millionenstadt der Welt zu Fuß zu erkunden. In unserer Naivität sagten wir uns beim Blick auf den Stadtplan:»Die zwei Fingerbreit auf der Landkarte sind doch schnell gelaufen« – sprach's und wunderten uns dann über schmerzende Füße und brennende Waden am Abend. In Russland sind die Dimensionen andere als im beschaulichen Baltikum.

Müde fokussiere ich Jochen. Ihn scheint die nächtliche Fototour nicht zu ermatten. Wie ein junger Hund ohne Leine jagt er begeistert hierhin und dorthin, stets die Kamera im Anschlag. Mal liegend, mal kniend, mal auf eine Bank kletternd, das Objektiv auf nahezu jede Fassade und jede Freske richtend. Während ich mich erschöpft auf eine Bank sinken lasse, erreicht mich Jochen.»Alter, Alter, Alter«, sprudelt es aus ihm heraus,»hier muss man sparsam mit den Sinneseindrücken sein, sonst kommt der Neokortex mit dem Filtern nicht mehr nach.« – »Danke, Herr Doktor! Ich hab's wohl etwas übertrieben mit dem sensorischen Input. Ich könnte mal eine Pause vertragen. Besser noch, wir machen Feierabend«, schlage ich vor. Wir hecheln bereits seit drei Tagen durch St. Petersburg. Meistens zu Fuß. »Papperlapapp«, entgegnet Jochen.»Wir müssen noch die Newa-Brücken ablichten.«

Da war es wieder!»Wir müssen.« Immer öfter höre ich: Wir müssen hierhin und dorthin, müssen dieses oder jenes sehen, machen, fotografieren. Müssen wir wirklich? Wir sind seit zwei Wochen unterwegs, und ich fühle mich wie ein Vorzeigetourist: die wichtigen Sehenswürdigkeiten aufsuchen, fotografieren, und weiter geht's. Mir kommt die Idee, Jochen am nächsten Tag in die Eremitage zu schleifen. Dort wird ihm die Lust am Sightseeing schon vergehen.

Als wir tags darauf nach zwei Stunden des Wartens vor dem Winterpalast, der die Eremitage beherbergt, immer noch in der Schlange stehen, wird Jochen immer unruhiger. Dann können wir von unserem Platz in der Warteschlange aus die Tafel mit den Eintrittspreisen erspähen, und die Quengelei gewinnt noch einmal an Dynamik: »Biste sicher, dass sich das lohnt? 600 Rubel für bunte Bilder?« – »Es ist nicht irgendein Museum, und 600 Rubel sind gerade einmal 15 Euro«, kontere ich.

Es ist bereits früher Nachmittag, als wir endlich durch einen der prunkvollen Treppenaufgänge in den Palast hinaufsteigen. Nach kurzer Zeit bereits überfordert uns die »Petersburger Hängung«. Porträts ehemaliger Herrscher, ihrer Gattinnen und Lieblingshunde hängen vom Boden bis zur Decke so dicht, dass man die Wand nicht mehr sieht. Wir beschränken uns fortan darauf, den Palast zu durchschreiten, mit einem eher beiläufigen Blick auf die Weltkunst, die uns umgibt. Unseren rudimentären Kunstsachverstand bringen wir gelegentlich zum Ausdruck: »Oh, Picasso! Versteh ich nicht …« Und weiter. Ohne die Zeit, auf die einzelnen Kunstwerke einzugehen, ist für uns der Palast selbst das eigentliche Kunstwerk.

An diesem Abend beschließen wir feierlich, dass es das mit dem Kulturprogramm in St. Petersburg gewesen sein soll. Nachdem wir auch schon die zaristischen Lustschlösser Peterhof und Katharinenpalast inklusive Bernsteinzimmer und allem Drum und Dran besucht haben, fasse ich meine wieder aufgefrischten Eindrücke zusammen: »Ich kann kein Gold mehr sehen.« – »Ich weiß, was du meinst. Genug ist genug. Ein Wald wäre mal wieder schön«, bestärkt mich Jochen, und wir planen, es in der verbleibenden Zeit etwas ruhiger angehen zu lassen. Außerdem bekommen wir Kultur hier quasi direkt ans Bett geliefert.

Das »Location Hostel« im »Etagi Loft Projekt« ist mehr als ein Hostel. Es ist eine relativ günstige Schlafgelegenheit inmitten einer Kunstgalerie, beheimatet in einem alten Fabrikgebäude in recht zentraler Lage. Komischerweise steht zwar die Kunstgalerie als Tipp in unserem Reiseführer, nicht aber das Hostel, das uns in Riga von einer Amerikanerin empfohlen wurde. Unser Glück, scheint es sich doch um einen Geheimtipp zu handeln. Die großzügigen, lichtdurchfluteten Lofts dienen als Ausstellungsräume für moderne Kunst oder als Schlafsäle. Man kann nicht ins Bett gehen, ohne zuvor an einer Ausstellungswand vorbeizukommen. Die Rezeption befindet sich im offenen Aufenthaltsraum mit Küche, und die zahlreichen Sitzgelegenheiten erscheinen wie Exponate in einer Ausstellung. Wir brauchen ein paar Tage, bis wir uns selbst nicht mehr als Kunstobjekte fühlen, wenn wir, nur mit Shorts bekleidet und einem Handtuch über der Schulter, durch die Besuchertrauben zum Waschraum schlurfen. Auffällig ist auch, dass außer uns nur wenige ausländische Gäste dort absteigen. Zumeist handelt es sich bei den Bewohnern um junge Russen – Künstler, Fotografen oder Models –, die hier wohnen und hoffen, irgendwann in der St. Petersburger Künstlerszene Fuß zu fassen. Das Hostel hat seinen ganz eigenen Charme, auch wenn man sich daran gewöhnen muss, dass man morgens von den Techno-Beats einer Videoinstallation auf dem Gang vor dem Zimmer geweckt wird. Oder daran, dass man aus dem Bett fällt, nur um in eine Gruppe Kunstinteressierter zu stolpern, die zwischen einem fauligen Morgenodem und der ersehnten Zahnbürste stehen. Auf der anderen Seite fällt es leicht, hier mit jungen Russen in Kontakt zu kommen. Wir bekommen die eine oder andere Lebensgeschichte zu hören und lassen uns Träume von einer großen Künstlerkarriere in den schillerndsten Farben ausmalen.

Und dann sehen wir ihn doch zwischen all den hoffnungsvollen Nachwuchskünstlern: einen Rucksackreisenden aus Westeuropa.

Jochen muss mich darauf hinweisen, da ich den unscheinbaren Burschen hinter seinem aufgeklappten Laptop im angegliederten Restaurant nicht gleich bemerke: »Guck dir den an! Der ist in der schönsten Stadt der Welt und hat nix Besseres zu tun, als sich hinter seinem Laptop zu verschanzen und Filme zu glotzen.« Als der Filmegucker seine Kopfhörer abzieht und merkt, dass er beobachtet wird, kommen wir ins Gespräch. Tom aus England erzählt uns von seinen Reiseerlebnissen. Auf den Filmabend im Hostel angesprochen, verrät er uns: »Ich bin schon ein paar Monate unterwegs und habe tatsächlich schon Traveller mit einem Reise-Burnout getroffen.« – »Reise-was?«, zeigt sich Jochen schockiert. »Das ist doch ein Widerspruch in sich.« – »Nicht im Geringsten. Wenn du zu viel Programm in zu kurzer Zeit abspulst, dann kann eine Reise schon in echte Arbeit ausarten«, versucht Tom uns zu erklären. Oder uns zu veräppeln? Jochen und ich schauen einander an, schütteln die Köpfe und denken dasselbe: So was kann uns nie passieren.

INFOBOX

> Das Etagi Loft Projekt ist ein Geheimtipp. Diese Mischung aus Kunstgalerie und Hostel ist erschwinglich und definitiv ein Erlebnis.

> Jedes Auto in Russland ist ein potenzielles Taxi. Man hält es an der Straße an, und wenn der Fahrer in die gewünschte Richtung fährt, verhandelt man den Preis und steigt zu. Das ist in jedem Fall günstiger als ein reguläres Taxi. Sprach- und Ortskenntnisse sind von Vorteil.

> Russland ist nicht unbedingt für seine Küche berühmt. Soljanka oder Borschtsch sind die Klassiker aus dem Suppentopf, Pelmeni – gefüllte Nudeltaschen – sind eine willkommene Abwechslung. Als Snack bieten sich gefüllte Teigtaschen an, die man an jeder Ecke bekommt.

> Das Preisniveau in den Metropolen im europäischen Teil Russlands ist extrem hoch.

Kapitel 4:
Russisches Allerlei

JOCHEN

Der Nachtzug spuckt uns am Moskauer Nordbahnhof aus. Die russische Hauptstadt zeigt uns die kalte Schulter, mit Temperaturen um den Gefrierpunkt und Schneeregen. Stadt und Himmel präsentieren sich ebenso aschgrau wie das Gesicht, das mich vorhin im Spiegel erschreckte. Peer fragt sorgenvoll:»Wird's gehen? Soll ich dir mit dem Gepäck helfen?«Ich schüttele nur den grippevernebelten Kopf, was mit Schmerzen quittiert wird.

Mit vollem Marschgepäck schleppen wir uns in Richtung der nächsten Metrostation. Auch an Peer ist die Nacht nicht spurlos vorübergegangen. Zwar zeigt er Gesundheit und Frische eines Rehkitzes, allerdings auch dessen wackelige Beine. Meine letzte Erinnerung aus dem Nachtzug von St. Petersburg nach Moskau ist Neid beim Anblick meines Gegenübers. Der Rentner lag wie von kundigen Yoga-Meistern in den Sitz gefaltet und schlief seelenruhig. Ich hingegen wachte immer dann wieder auf, wenn mein Kopf wegsackte.»Sparen gut und schön, bei der nächsten Nachtfahrt gönnen wir uns aber wenigstens einen Liegewagen. Ist in der Holzklasse auch nicht viel teurer als diese Foltersitze.«Peer atmet tief ein, erspart mir aber die Reaktion auf mein Gejammer.

Die Metrostationen im Moskauer Innenstadtbereich erinnern an feudale Ballsäle. Marmor und Kronleuchter, so weit das Auge reicht. Irgendwann gehen die architektonischen Ausschweifungen der Metrostationen in ein funktionelles, mausgraues Einheitsgekachel über. Wir sind in den Randbezirken angekommen. Den Weg hierher haben wir unserem schmalen Budget zu verdanken. Es ist völlig illusorisch, eine Bleibe im Zentrum zu finden, wenn man, so wie wir, auf das Geld achten muss.

Nachdem wir in unseren Schlafsaal dürfen, gibt es kein Halten mehr. Dem Ausschlafen folgt eine mehrtägige Erkundungstour durch Moskau, die bei uns beiden sehr unterschiedliche Spuren hinterlässt. Ich kann nicht verstehen, wie Peer es schafft, sich für diese Stadt zu begeistern. Selbst wenn ich die lähmende Wirkung der Viren mit einberechne, zieht mich diese Stadt nicht in ihren Bann. Die Größe Moskaus ist sicherlich beeindruckend. Und wenn ich jemals wiederkehre, dann ist mir hoffentlich das Glück hold und ich erlebe die Stadt ohne Triefnase und Brummschädel, dafür aber mit einem Himmel, dessen Farbe mich nicht an die Kiemen verwesender Fische erinnert. Peer mahnt an, ich müsse die Stadt im Kontext sehen, aber selten hat mich der Kontext weniger interessiert. Ich sehe riesige Männer, die Arme dicker als meine Oberschenkel, mit automatischen Waffen Nobelkarossen bewachen, derweil wenige Meter weiter ein altes Mütterchen in den kalten Regen getrieben wird, weil der Leibwächter ihren Unterstand, einen überdachten Hauseingang, freihalten will. Ich sehe in den Palästen der Metro bewusstlose Menschen auf dem nackten Boden liegen, über die Heerscharen von Moskauern einfach hinwegsteigen. Kontext? Ich sehe Menschen, die mit hochgezogenen Schultern eilig durch die Stadt gehen. Ich dachte schon, in Berlin hat es jeder eilig. Aber auch wenn das sicherlich sehr subjektiv ist, scheinen die Leute in Berlin irgendwo hinzuwollen. Die Moskauer scheinen mir eher von irgendwo wegzuwollen. Dass dies Moskau selber ist, ist meine böse Vermutung, derweil Peer nur sagt, ich solle mich auskurieren, sonst zöge ich ihn runter.

Apropos runterziehen. Unser Hostelzimmer beherbergt insgesamt zehn Betten, allesamt belegt von Männern, die sich vor allem durch akustische Verteidigung der Reviergrenzen auszeichnen. Mit einer Verve, die ich bis dahin nur von internationalen Sportveranstaltungen kannte. Neun Hochleistungsschnarcher und ein Fieberopfer, das ist, gelinde gesagt, keine gute Mischung. Zumindest nicht für das Fieberopfer. Es nötigt mir eine gewisse Bewunderung ab, wie diese Männer sich untereinander koordinieren. Sie orchestrieren ihre Atemrhythmen derart passend, dass sich eine geschlossene Tonfolge ergibt, die sich systematisch einmal um mich herum durch alle Betten zieht. Und mich in der Mitte liegend in eine Resonanz versetzt, die jeden Schlaf unmöglich macht. Aus dem Spind fische ich die Ohropax, um wenigstens etwas Schlaf zu bekommen. Ehre und mein lebenslanger Dank dem Erfinder dieses großartigen Produkts. Es avanciert zum wichtigsten Utensil der Reise und hat meine Freundschaft zu Peer gerettet.

Tags darauf stehen wir vor dem Roten Platz, der Schneeregen trübt die Sicht. Der Kreml ist in Stahlgerüste gehüllt, das GUM-Kaufhaus ebenso, das Lenin-Mausoleum geschlossen, der gesamte Rote Platz abgesperrt und eingezäunt. Ein Passant erklärt uns, dass es dort bald eine Großveranstaltung mit Lichtshow gebe. »Da feiert sich der Kreml mal wieder selbst«, nennt er uns als Begründung für die Unzugänglichkeit des berühmten Platzes. Wir brechen den letzten Sightseeing-Tag ab und fahren zurück in unser Hostel, um unsere Rucksäcke für die Weiterfahrt nach Osten zu packen und uns auszuruhen. Was man eben so denkt, wenn man keine Ahnung hat, was einen erwartet …

Zurück in der Unterkunft, treibt es mich auf die Toilette. Besetzt. Wie kurze Zeit später auch. Und darauf immer noch. Im Aufenthaltsraum lungern einige unserer Zimmergenossen herum und scheinen nichts mit sich anfangen zu können. Wir sind die einzigen Reisenden in unserem Zimmer, ansonsten nur russische Tagelöhner, die sich nicht mehr als ein Stockbett in den Randbezirken leisten können. Eine Volkszählung ergibt, dass nur einer unserer Mitbewohner fehlt. Ich hämmere an die Toilettentür. Keine Reaktion. Dann stelle ich fest, dass die Tür nicht verschlossen, sondern von innen blockiert ist. Da stimmt was nicht.

Mit Kraft gelingt es mir, die Tür ein wenig zu öffnen und das dahinter befindliche Hemmnis aus dem Weg zu schieben. Als der Spalt breit genug ist, um durchzuschauen, staune ich Bauklötze: Dort liegt unserer fehlender Mitbewohner auf dem Boden. Die Hose auf halbmast, scheint ihn der sprichwörtliche Blitz beim Scheißen getroffen zu haben. Beweis: ein deutlicher, ringförmiger Abdruck auf den Schenkelunterseiten und dem Gesäß, das er mir entgegenstreckt. Der Geruch verrät schnell, dass der Blitz einer Wodkaflasche entfahren sein muss. Jeder Versuch, den Besinnungslosen zu wecken, schlägt fehl. Doch der Puls ist fühlbar. Immerhin.

Besorgt wende ich mich an die Rezeptionistin, die sich missmutig Richtung Toilette aufmacht und einen desinteressierten Blick auf unseren Zimmerkameraden wirft. Mein naiver Vorschlag, wegen dieser Alkoholvergiftung eine Ambulanz zu rufen, scheint sie zu überraschen. »An ambulance? Seriously?« Damit trottet sie gemächlich zurück zur Rezeption. Peers Reaktion auf meinen Fund ist da schon konstruktiver: Er bricht in schallendes Gelächter aus. Nachdem er sich gefangen hat, überzeugt er mich, es doch noch mal mit grobem Schütteln zu versuchen. Und tatsächlich öffnet der schon fast Totgeglaubte die Augen! Ein Auge, um genau zu sein, und das auch nur halb. Er hebt den Kopf, blickt sich kurz um und lallt: »What am I doing on the bathroom floor?« – »That is exactly the question, my friend«, ist alles, was ich darauf entgegnen kann. Dann fällt mir der Krankenwagen wieder ein, und ich gehe zur Rezeption, um ihn abzubestellen. Selten habe ich einen Blick gesehen, der so deutlich »Hab ich doch gesagt« ausdrückt.

Auf dem Weg zu unserem Zimmer kommt mir ein kichernder Peer entgegen. Auf meine Frage, was abgeht, deutet er lediglich wortlos in den Schlafsaal. Da finde ich unseren neuen Freund selig schlummernd im Bett, inklusive Schuhen und Hose. Freilich ohne Letztere hochgezogen zu haben. Der abdruckumrundete, zartrosa Vollmond, der steil in unseren Schlafsaal ragt, tut dies unverändert den ganzen restlichen Abend und entlockt jedem Zimmergenossen beim ersten Anblick große Augen.

Als mich am nächsten Morgen das Schnarchgewitter aus der Koje und die Müdigkeit zur Kaffeemaschine treiben, bleibe ich auf der

Türschwelle zur Gemeinschaftsküche wie angewurzelt stehen. Dort sitzt unser russischer Komapatient, vor sich einen Teller mit Pflaumen und eine Wodkaflasche, aus der er sich gerade ein Wasserglas voll einschenkt. Irgendwie scheint er mich zu erkennen und hält mir die Flasche hin. »You want Wodka?« Ohne näher auf die Frage einzugehen, platzt es aus mir heraus: »So, you're alive. Don't you have a hangover?« Verwirrter Blick, ein leichtes Zucken im rechten Augenlid. Unverständnis. »A headache?«, präzisiere ich. Seine Augen gehen auf, jetzt versteht er mich. »Headache, yes, yes! Wodka helps, good medicine!«, strahlt er, die Wodkaflasche immer noch einladend schwenkend. Ich kann es nicht fassen. Da steht auf einmal ein schlaftrunkenes Monchhichi hinter mir und reibt sich die Augen, irgendwas von »Wasnhierlos« brabbelnd. Peer. Ich zeige wortlos auf unseren Kollegen und zucke nur die Schultern. Wir lehnen die Einladung zum Frühstück dankend ab, und Peer sagt das Einzige, was ihm dazu einfällt: »Ich mag keine Pflaumen.«

INFOBOX

> Wer sparen muss, dem seien die gefüllten Teigtaschen oder Kebab an Straßenständen angeraten, die in und vor vielen Metrostationen verkauft werden. Nahrhaft und die günstigste Alternative zu den Preisschlagern Instantsuppe und Dosenfisch.

> Merke: Nicht in allen Restaurants gilt Bier als alkoholisches Getränk. Sieh in der Karte unter »Soft Drinks« nach, vielleicht findest du es dort.

Kapitel 5:
Flucht aus Moskau

PEER

Der Schweiß rinnt mir in Strömen über das Gesicht, vor mir sehe ich wie durch einen Schleier Jochens Rucksack auf und ab tanzen. Im Gleichtakt schwingt auch mein Rucksack, der mit jedem Schritt schwerer zu werden scheint. Mit der Provianttüte in der Hand fahre ich mir über die nasse Stirn. Ich sehe das Ende des Zuges, sehe den in der Wagentür stehenden Schaffner, der uns ungerührt beobachtet. Noch fünfzig Meter bis zum letzten Waggon des Zuges, den wir unbedingt erreichen müssen. Der Schaffner in der Tür winkt, jedoch nicht uns. Noch zwanzig Meter. Wir erreichen die Tür. Jochen wedelt mit dem Ticket und will aufspringen, der Schaffner würdigt den Fahrschein eines flüchtigen Blickes und schüttelt den Kopf. »Weiter!«, gibt er uns zu verstehen. Wir dürfen nicht einsteigen, müssen zu unserem Waggon. Jochen stürmt weiter, und ich sehe, wie er sich mit einem beherzten Sprung in den Zug rettet. Noch zehn Meter. Ich gebe alles und bekomme die Türstange des anrollenden Zuges zu fassen. Mit letzter Kraft schwinge ich mich hinein.

Geschafft! Keine Sekunde zu früh, denn hinter mir fällt die Tür ins Schloss, und der Zug setzt sich in Bewegung. Pünktlichkeit ist der russischen Eisenbahn heilig. Der Schaffner klopft uns auf die Schultern: Die Fahrscheine bitte! Sie werden nach skeptischer Musterung akzeptiert, und wir können uns mit Sack und Pack zu unseren Plätzen quälen. Dort angekommen, befreie ich mich aus dem Würgegriff meines Rucksacks und sinke mit einem offenbar sehr lauten Stöhnen auf meinen Sitz. Jochen, normalerweise nicht so schnell kleinzukriegen, reißt sich die Winterkleidung vom Leibe und schaut mich kopfschüt-

telnd an. Sein Blick verheißt gleichermaßen Erschöpfung wie Empörung. »Mein lieber Scholli, das war knapp«, keucht er. »Was für ein
Chaos, die blicken hier ja selber nicht durch, wie sollen wir dann …«,
setzt er an, allerdings bin ich noch nicht in der Lage, seiner Tirade zu
folgen. Natürlich weiß ich, worauf er anspielt.

Eine Stunde vorher. Wir hielten uns für besonders zeitgemäß,
unsere Zugtickets nach Vladimir am Goldenen Ring online zu bestellen. In St. Petersburg erklärte uns die Hostelangestellte das Prinzip, es
erschien ein wenig umständlich, aber es funktionierte: im Netz
buchen und zahlen, die Bestätigung ausdrucken und am Bahnhof
gegen einen Fahrschein eintauschen. Bei unserer ersten Zugfahrt von
St. Petersburg nach Moskau hat das auch genau so geklappt. Nicht so
dieses Mal.

Rechtzeitig am Kazaner Bahnhof in Moskau eingetroffen, durch-
schritten wir mit unseren E-Tickets in der Hand die gewaltige Wan-
delhalle. Servicefenster, so weit das Auge reichte, doch lediglich zwei
waren geöffnet. Am ersten Schalter zeigten wir unsere Ausdrucke in
freudiger Erwartung, diese in Tickets umtauschen zu können. Das
unwirsche »Njet!« des Uniformierten hinter dem Glas wurde begleitet
von einer unbestimmten Geste in Richtung der Abfahrtshalle. Nun
gut, versuchen wir es dort. Wir fanden unseren Bahnsteig und unseren Zug, jedoch keine weiteren Schalter. Also zurück. Dort rauschte
mit einem abweisenden Zischen das Rollo direkt vor unserer Nase
herunter. Schalter geschlossen. Na prima. Auf zum nächsten. Dort
das bekannte Spiel: Kopfschütteln und ein Wink in eine unbestimmte
Richtung, diesmal weg von den Gleisen.

Sollte es hier mehrere Schalterhallen geben? Verzweifelt realisierten
wir, dass die Zeit langsam knapp wurde. Mehr durch Zufall fanden
wir tatsächlich eine zweite Schalterhalle. Endlose Reihen geschlosse-
ner Fenster, nur eines mit hochgezogenem Rollladen. Dieser Schalter
war zwar geöffnet, aber nicht besetzt. Auf unser hektisches Klopfen an
der Scheibe näherte sich gemächlich eine Dame mit einer Stulle in der
Hand. Jochen presste das Papier an die Scheibe und verlieh Ratlosig-

keit und Zeitdruck mit entsprechender Gestik Ausdruck. Die kauende Matrone zeigte sich unbeeindruckt, warf einen kurzen Blick auf die vermeintliche Buchungsbestätigung, sprach ein »Njet« und wendete sich ab. Während Jochen allmählich seine Stimme hob, zog ich ihn weg und sagte: »Vergiss es. Wir steigen jetzt mit den Zetteln in den Zug. Mehr als uns wieder rauswerfen können sie nicht.« Auch wenn ich selbst nicht ganz davon überzeugt war, da ich nicht wusste, wie man in Russland mit Schwarzfahrern verfährt. Uns lief die Zeit davon, in zwei Minuten sollte unser Zug fahren. Wir sprinteten zu unserem Gleis …

Ein Stoß in die Seite holt mich in die Gegenwart zurück. Der Ellbogen gehört zu einem jungen Mann, der mir jetzt den erhobenen Daumen zeigt. Diese Geste ist ebenso international wie das »Eieiei«, das eine ältere Dame vom Nachbarsitz ausstößt und das so viel bedeutet wie »Das war knapp«. Allerdings.

Langsam kommen wir wieder zu Atem. Mit freundlichem Nicken reicht uns die Dame eine Tüte selbstgebackener Kekse und schenkt uns ungefragt Tee ein. Der jüngere Russe verschwindet zum Ende des Waggons, von wo er kurz darauf mit drei Flaschen Bier zurückkehrt. Er hält sie uns hin und strahlt: »Welcome to Russia!«

Mehr aus Höflichkeit nehmen wir das dargereichte Bier entgegen und prosten unseren Mitreisenden zu. Wir befinden uns in der dritten Klasse, Platzkartny genannt, die für jeden Reisenden eine Schlafpritsche in einem Großraumabteil bereithält. In offenen Viererabteilen und entlang des Ganges befinden sich doppelstöckige Liegen, das Gepäck wird darunter verstaut. In der russischen Holzklasse geht es weniger gemütlich, dafür umso geselliger zu. Kaum haben wir uns ein wenig erholt, bemerken wir, auch ohne ein Wort zu verstehen, dass wir Mittelpunkt des Waggongespräches sind. Fröhliches Geschnatter, einiges Deuten in unsere Richtung und Gelächter. Der Bier holende Russe beeindruckt mit einigen Brocken Englisch. Er übernimmt die Rolle des Dolmetschers, auch wenn die Übersetzungen fragmentarisch sind. Wo kommen wir her, wo wollen wir hin? Was machen wir überhaupt in Russland, und wieso fahren wir als einzige Touristen in der dritten Klasse? Und warum sind wir so außer Atem? Neugierige Gesichter schauen uns aus den anderen Kojen an. Mehr mit Gesten als mit Worten geben wir Auskunft. Als wir von den Problemen mit unseren Fahrkarten berichten, herrscht Unglauben. Ein E-Ticket hat hier noch niemand gesehen. Staunend wird das Papier herumgereicht. Niemand kann uns sagen, warum wir dieses Mal mit dem Ausdruck reisen dürfen anstatt mit dem dafür eingetauschten Ticket. Schulterzucken und weitere »Eieiei« verstehen wir als: Mal so, mal so.

Scheinbar gut gelaunt beobachtet ein Mann mittleren Alters von seiner Liege aus unsere Kommunikationsversuche. Plötzlich richtet er sich auf und spricht uns an. Auf Deutsch! Er habe als Luftwaffeningenieur gearbeitet und sei einige Jahre in Magdeburg stationiert gewesen, erzählt er. Aber das sei natürlich vor der Wende gewesen, in den guten alten Zeiten. So plaudern wir holprig, doch munter mit unseren Mitreisenden. Die älteren Damen in unserem Abteil, erfahren wir, sind auf dem Weg, ihre Kinder zu besuchen. Bis sie dort eintreffen, bemuttern sie uns. Wir werden mit Tee, Gebäck und Obst versorgt. Kaum dass wir die Außenbezirke Moskaus hinter uns gelassen haben, ist der gesamte Stress verflogen.

Die Fahrt von Moskau nach Vladimir dauert nur gut vier Stunden, doch die vergehen wie im Flug. Die Herzlichkeit der Russen umfängt uns von der ersten Minute im Zug an, und ich beobachte Jochen, der neben mir aufgeregt gestikuliert. Dann wendet er sich mir zu. »Wenn ich richtig verstehe, haben uns die Damen gerade zu ihren Familien eingeladen«, sagt er ungläubig. Ich lächle. »Langsam begreife ich, warum du so ein Faible für Russland hast«, sagt er. »Eher für die Russen. Und auch nur, solange sie keine Uniform tragen«, stelle ich richtig.

Als wir in Vladimir aussteigen, haben wir das Gefühl, Freunde gefunden zu haben. In der Stadt selbst gibt es für uns allerdings wenig zu sehen. Wir folgen einem Hinweis und wollen im nahe gelegenen Suzdal das »wahre Russland« erleben, wie es die Rezeptionistin in

Moskau ausdrückte. Gäbe es in Suzdal eine erschwingliche Bleibe, wir hätten Vladimir wohl ausgelassen. So ist die defekte Heizung des einzigen Hostels der Stadt im russischen Spätherbst das prägendste Erlebnis dieser Tage. Doch auch für Suzdal reicht uns ein Tagestrip: menschenleere, ungeteerte Straßen, gesäumt von ebenso reichverzierten wie windschiefen Holzhütten, Schneeregen und ein ausgeglichenes Verhältnis von Kirchen zu Einwohnern. In allen Größen schießen die Sakralbauten wie Pilze aus dem Boden. Manchmal frisch getüncht, manchmal dem Verfall preisgegeben – nach einem Spaziergang durch den Ort glauben wir, dass diese Stadt, die zu den ältesten russischen Siedlungen zählt, einst ein religiöses Zentrum und eine beliebte Pilgerstätte war.

Da diese klerikale Geisterstadt aber sonst nicht viel mehr zu bieten hat und uns auch der ausgekühlte Schlafsaal in Vladimir nicht wirklich zum Verweilen einlädt, packen wir unsere Sachen, voller Sehnsucht nach einer Nachtfahrt in einem beheizten russischen Zug. Ostwärts nach Nizhny-Novgorod. Platzkartny natürlich. Diesmal stressfrei.

In russischen Zügen ist das Rauchen gestattet. Zumindest zwischen den Waggons vor den Toiletten. Was kräftig genutzt wird. Es dauert keine Zigarettenlänge, und wir sind von einem halben Dutzend Russen umringt, die aufgeregt auf uns einreden. Dass wir nicht verstehen, macht nichts. Einer der Raucher kramt eine Wodkaflasche hervor und hält sie uns hin. »Wodka: connecting people!«, strahlt uns der Teenager an. Das verstehen wir.

Der ersten Zigarette folgt die zweite, der ersten Wodkaflasche die nächste. Diese auszuschlagen ist schlicht unmöglich. Offenbar hat jeder Zugreisende hier eine Wegration Branntwein im Gepäck, die er mit uns teilen möchte. Inzwischen drängen wir uns zu zehnt, sich umzudrehen ist nicht möglich, und die Rauchschwaden begrenzen die Sicht auf eine Armlänge. Doch das reicht. Auch eine Englisch sprechende Studentin gesellt sich dazu und versteht sich als unsere persönliche Dolmetscherin. Das erleichtert die Kommunikation ungemein. Lebensgeschichten werden ausgetauscht, Familienfotos gezeigt und Einladungen ausgesprochen. Schon bald liegen sich alle lallend in den Armen. Mein Versuch, mich dezent aus der Affäre zu ziehen und mich auf meine Pritsche zu verkrümeln, scheitert im Ansatz. Wo ich denn hinwolle, wir seien noch längst nicht da und hätten noch einige Stunden, lautet der allgemeine Tenor. Es sei nun an der Zeit, mich zu revanchieren, lenke ich ein und verwerfe den Gedanken an eine Mütze Schlaf. Ich suche die Zugbegleiterin auf, die für alle durstigen Reisenden die letzte Hoffnung darstellt. Doch ich komme zu spät. Wodka sei ausverkauft, gibt mir die Dame bestimmt, aber freundlich zu verstehen. Was nun? Wir haben uns den ganzen Abend aushalten lassen. Die gute Kinderstube gebietet ein Nehmen und Geben. Das Einzige, was die Zugbegleiterin noch im Ausschank hat, ist eine Flasche Scotch für einen unverschämten Preis. Mit den Touris kann man es ja machen, denke ich bei mir, während ich ein Bündel Scheine aus der Tasche nestle. Dass landestypische Getränke nicht mehr verfügbar sind, stört die illustre Gesellschaft in unserer Raucherecke nicht weiter. Dass ich überhaupt auf die Idee komme, selbst eine Runde zu schmeißen, sehr wohl. Ich wittere verletzten Stolz, wir scheinen den Russen ihre Rolle als großzügige Gastgeber streitig zu machen. Mit Hilfe meiner Dolmetscherin und etwas diplomatischem Geschick gelingt es mir, die Wogen zu glätten und auf die gute deutsche Tradition hinzuweisen, dass man Großzügigkeit mit ebenderselben vergelte. Es klappt, und so wird weiter geraucht, gezecht und gelacht. Unscharfe Erinnerungsfotos werden geschossen, und allmählich verliert sich der Abend in einem Nebel, der dem Rauch in unserer Ecke in nichts nachsteht.

Als der Zug abbremst, falle ich von meiner Pritsche, von der ich nicht mit Sicherheit sagen kann, wie ich sie erreichte. Wir fahren in den Bahnhof von Nizhny-Novgorod ein. Über mir schläft Jochen den lautstarken Schlaf des Gerechten. Ich zerre ihn von der Liege und mahne zur Eile. Die Handgriffe sitzen, auch wenn die Knie weich sind. Wie ferngesteuert schnappt sich Jochen seine Siebensachen und stürzt hinter mir aus dem Zug. Unter dem Gewicht seines Rucksacks oder vielleicht auch unter dem seines Schädels sinkt er auf dem Bahnsteig auf alle viere und erbricht sich geräuschvoll. Müde schaue ich zu ihm hinab und schmunzle: »Welcome to Russia!«

INFOBOX

> Vorurteil oder nicht, aber wenn du zu Wodka eingeladen wirst, ist es tatsächlich schwer, nein zu sagen. Probier es ruhig mal aus, die Erlebnisse und Bekanntschaften sind den Kater manchmal wert. Dazu noch ein Tipp: Viel Wasser trinken, das hilft.

> Wir haben bis zum Schluss nicht herausgefunden, woran man erkennen kann, ob man einen E-Ticket-Ausdruck direkt nutzen kann oder im Bahnhof gegen ein richtiges Ticket umtauschen muss. Komm lieber rechtzeitig an den Bahnhof und probier es aus.

> Fahr Platzkartny! Es ist nicht unsicherer als die abschließbaren Kabinen der zweiten und ersten Klasse. Im Gegenteil, im Großraumabteil passt jeder auf das Gepäck des anderen auf. Aber reise nie ohne Proviant, den du teilen kannst.

Kapitel 6:
»Your fate is in the hand
of the FMS«

JOCHEN

Die Empfangsdame winkt uns in Richtung Tresen, kaum, dass wir unser Zimmer verlassen haben. Ihr Englisch ist rudimentär, doch das, was ich ihm entnehme, kann nicht stimmen. Unsere Visa sollen abgelaufen sein? Auch Peer blickt ungläubig. »Kann nicht sein!« Ich zucke mit den Schultern. »Sie besteht darauf.« Als die Dame uns unsere aufgeschlagenen Pässe unter die Nase hält und uns auf die dort deutlich lesbaren Daten hinweist, die unter »Ausreise spätestens bis …« stehen und den heutigen Tag zeigen, wird uns mulmig. Sie habe das gestern Abend nicht so recht gesehen, räumt sie ein und erklärt uns das Problem. Sie könne dafür ins Gefängnis kommen, uns ohne gültige Aufenthaltserlaubnis ein Zimmer gegeben zu haben. Sie habe unsere Namen aus dem Gästebuch genommen, wir seien nie da gewesen und sie habe uns nie gesehen. Aber nun müssten wir bitte möglichst sofort verschwinden. Wer als EU-Bürger nach Russland will, benötigt die Einladung einer Person oder Institution. Hat man die nicht, so helfen eigens darauf spezialisierte Visumsagenturen. So auch uns. Die Mitarbeiterin der Agentur versicherte, es gebe, wie in den meisten anderen Ländern auch, ein 30-tägiges Zeitfenster für unseren Besuch, beginnend mit dem Einreisedatum. Das erweist sich nun als Unsinn. Doch hätten auch wir einmal auf die Aufkleber in unseren Pässen schauen können. Dort stand es explizit. Wer nach Russland reist, muss Ein- und Ausreisedatum auf den Tag genau angeben. Unsere Reise hat sich aus verschiedenen Gründen um zwei

Wochen verschoben. Zwei Wochen, die uns nun fehlen, um in kleinen Etappen bis in die Mongolei zu gelangen. Und nun sollen wir die über 4000 Kilometer bis Mitternacht hinter uns bringen? Utopisch, ohne zu fliegen. Diese Erkenntnis lässt Übelkeit aufsteigen. Wir gestehen unser Unrecht, packen in Windeseile die Rucksäcke und treten hinaus in das russischste aller Wetter: eiskalter Nieselregen aus einem wolkenverhangenen Himmel.

Nach stummem Suchen finden wir alsbald die Innenstadt, die uns unter anderen Vorzeichen sicher begeistert hätte. Altbauten rahmen die Fußgängerzone ein, die zum Flanieren einlädt. Oder dies bei Sonnenschein getan hätte. Nun dirigiert uns das Wetter in das erstbeste Obdach mit Internetzugang, das sich als einheimischer Hühnergrill entpuppt. Die nächsten Stunden sammeln wir Informationen. Zuerst: Es ist Sonntag, und das ist immer schlecht, wenn man auf Behörden angewiesen ist. Im Konsulat in Jekaterinburg ist niemand zu erreichen, am Notfalltelefon der deutschen Botschaft in Moskau ein Angestellter, der uns nicht substanziell weiterhelfen kann. Das Glück will es, dass wir am Tag unserer Ankunft in Nizhny-Novgorod bereits das Ticket für die Weiterfahrt nach Kazan kauften, was mit abgelaufenem Visum nicht möglich gewesen wäre. »Außerdem seid ihr dann näher an Jekaterinburg und damit im Zuständigkeitsbereich des dortigen Konsulats. Die können euch sicher weiterhelfen«, versprach uns der Moskauer Botschaftsangestellte.

In Kazan kommen wir am folgenden Morgen an. Sobald das Konsulat in Jekaterinburg geöffnet hat, rufen wir dort an. Nicht zuständig. Die Botschaft in Moskau? Nicht zuständig. Verwirrte Blicke zwischen Peer und mir. Nach weiteren Versuchen bringt ein anderer Botschaftsangestellter Licht ins Dunkel. Nicht die deutschen Vertretungen können uns helfen, sondern die Institution, die uns eingeladen hat, in unserem Fall eine Reiseagentur mit Sitz in Moskau. Unser Ansprechpartner in der Botschaft findet die Telefonnummer heraus, denn die auf unserem Einladungsschreiben ist falsch. Auch der Name der Agentur sei falsch, doch sei es gelungen, die richtige Agentur ausfindig zu machen. Diese habe ein Partnerbüro in Kazan. Nur fünf Minuten zu Fuß von uns entfernt. Wir würden dort erwartet, sagt unser Schutzengel, der uns sicherheitshalber noch seine Handynummer gibt. Das soll Gold wert sein.

In der Agentur werden wir freundlich empfangen und mit den überschaubaren Möglichkeiten konfrontiert: schnell ausreisen oder langwierig versuchen, was nach russischem Recht unmöglich ist: die Verlängerung eines nicht verlängerbaren Touristenvisums. Klingt spannend, so machen wir es. Auf unser Bitten hin fährt der Chef mit all unseren Papieren und Dokumenten, unseren Registrierungen und Bahntickets zum Büro des Föderalen Migrations-Service, FMS, der über unser Schicksal zu entscheiden hat.

Als der Chef wiederkommt, schwant uns Übles. Das ging zu schnell. Und in der Tat hat er nichts ausrichten können. Der FMS habe eine Besprechung, wir müssten warten. Wir verkneifen uns die Frage, wie eine ganze Behörde eine Besprechung haben kann. Kazan ist klein, und wir wollen nicht für Aufruhr sorgen.

Ein paar Stunden später erhält der Chef neue Infos. Es koste Strafe, das Visum zu überziehen, und diese Strafe müsse er zahlen, wenn er die Verantwortung für uns übernähme. Die mehreren tausend Euro könne er sich nicht leisten, weshalb uns nur die Fahrt zurück nach Moskau bleibe. Die dortige Zentrale des FMS sei ohnehin die beste Anlaufstelle. Außerdem habe das Hauptbüro der Agentur in der Hauptstadt »andere Möglichkeiten«, sagt er mit konspirativem Augenzwinkern und erstickt damit alle Nachfragen im Keim. Zu guter Letzt bucht die Agentur zwei Zugtickets nach Moskau und wünscht uns alles Gute.

Wenige Stunden später sitzen wir im Zug. Die Fahrt geht trotz düsterer Gedanken erstaunlich schnell. Was wird aus uns und unseren hohen Plänen? Ich meine das gehässige Lachen schadenfroher Freunde zu hören, sollten wir nach einem Monat Weltreise heimkehren und es nur bis zum Ural geschafft haben. Nein, diese Blöße geben wir uns nicht!

In Moskau angekommen, begeben wir uns zur Botschaft, um unseren Schutzengel zu treffen. Doch man lässt uns nicht ein und bedeutet uns, zu warten. Wir lungern eine Weile vor dem Zaun herum, bis plötzlich ein Deutscher mittleren Alters mit Nickelbrille und schütterem Haar vor uns steht, die Krawatte mit einer Hand gegen den Wind schützend. »Tut mir leid, dass ich Sie nicht hineinbitte. Ich sage das gleich zu Beginn: Egal, was in den nächsten Tagen passiert, Sie haben keinen Kontakt zur Botschaft aufgenommen und ich helfe Ihnen nicht. Zumindest nicht offiziell. Denn wenn die Botschaft da mit hineingezogen wird, dann wird es politisch. Und dann geht gar nichts mehr.« Peer und ich nicken nur stumm und fühlen uns wie kleine, dumme Jungs. So trotten wir brav hinter dem Onkel drein, der uns durch die Schluchten sozialistischer Plattenbauten zu einer »konspirativen Wohnung« führt. »Machen Sie sich keine Sorgen, Sie sind nicht die Ersten, denen das passiert. Da Sie ohne Visum keine Unterkunft bekommen, bringe ich Sie in der Wohnung einer alten Dame unter. Auch das natürlich nicht offiziell. Bitte verhalten Sie sich dementsprechend und machen Sie uns keinen Kummer. Am besten gehen Sie nicht aus dem Haus. Wenn Sie in eine Routinekontrolle der Polizei geraten und kein Visum vorzeigen können, dann bedeutet das Gefängnis.« Wir schweigen betreten und nicken. Dann erklärt der Botschaftsmitarbeiter uns die weiteren Schritte.

Ich muss unweigerlich den Kopf schütteln: Wir sitzen im Wohnzimmer einer Zweiraumwohnung, jeder von uns hat eine Couch bezogen, deren ursprüngliche Farbe nicht mehr zweifelsfrei identifiziert werden kann. Das Großmütterchen betrachtet uns mit einer Mischung aus mütterlicher Fürsorge und Unsicherheit. Die Enkelin der alten Dame, die diese vergilbten Räume sonst mit ihr teilt, wurde für die Dauer unseres Aufenthalts ausquartiert. Sicherheitshalber. Diese zwei illegalen Europäer scheinen der Gastgeberin nicht ganz geheuer. Wir blicken auf Topfpflanzen aus Plastik vor einer abblätternden Tapete und unter graugelben Vorhängen hindurch auf einen

Hinterhof, dessen einziger Baum einen aussichtslosen Kampf gegen das Betongrau um ihn herum führt. So sieht also unsere Rettung aus.

Tags darauf, es ist Mittwoch und wir sind seit vier Tagen illegal in Russland. Wir sind zur Agentur gefahren, um Rede und Antwort zu stehen, wie es zu all dem hat kommen können. Wir müssen uns nicht anstrengen, um der Dame mit Häkelpulli und mehrgeschossiger Frisur begreiflich zu machen, dass wir zwar naiv und dumm, aber harmlos sind. Dann bitten wir unterwürfig um Hilfe und finden Gehör. Glücklicherweise sind wir nicht mittellos. Sonst wäre es aus gewesen. Wir bezahlen 800 Euro pro Person. 500 als Strafe für das Amt und 300 für die Agentur, weil, zwinker, na ja, blinzel, »you know …«. Unsere Pässe geben wir ab, dann müssen wir vor Ort Tickets buchen. Die sind nötig, um unseren »Ausreisewillen« zu dokumentieren. Ohne Tickets gibt's kein Ausreisevisum. Umständlich erklären wir, warum wir nicht fliegen können und den Zug nehmen müssen. Doch für wann sollen wir buchen? Wir wissen nicht, wie lange der FMS für eine Entscheidung über unser Schicksal braucht und ob wir den gebuchten Zug wirklich werden nehmen können. Die Dame rät uns, nicht vor Samstag zu buchen. Der internationale Direktzug, den sie uns vorschlägt, verkehrt nicht täglich, der nächste erst am folgenden Dienstag. Ob es wohl möglich sei, andere Züge zu nehmen, nicht direkte, um Zwischenstopps etwa in Irkutsk zu machen, wollen wir wissen. Als Antwort erhalten wir einen Blick, der klarmacht, dass wir im Begriff sind, den Bogen zu überspannen. Die Gegenfrage erfolgt in einer Tonlage, die uns eine Gänsehaut beschert: »*What is your business in Irkutsk?*« Unsere Antwort kommt schnell, wenn auch vor Verunsicherung stotternd vorgebracht. »We? Well, no, ähem, nothing. I mean, we'd love to see the city and the famous Lake Baikal. And taking a shower after five days in the train would be nice, too, don't you think?« Irgendetwas davon muss gewirkt haben, denn die Miene unter der Turmfrisur hellt sich auf, und die Dame versichert, dass man den Baikalsee auch vom Fenster des Zuges aus sehen würde. Wenn wir Glück hätten und tagsüber vorbeikämen. Mehr gebe es in

· Irkutsk ohnehin nicht zu sehen. Unsere Gesprächspartnerin beendet die Diskussion mit dem unmissverständlichen Hinweis, dass wir keine Ansprüche zu stellen hätten: »I tell you one thing« – mit diesen Worten beugt sie sich über den Tisch, während ihr ausgestreckter Zeigefinger jede Silbe dirigiert, was uns vor Ehrfurcht erstarren lässt. »You committed a crime! Your fate is in the hand of the FMS and it is not upon you to decide *anything*.«

Wir informieren unseren Mann in der Botschaft über die neueste Entwicklung und verbringen den Rest des Tages mit Warten. Am nächsten Tag geht eine Mitarbeiterin der Agentur zum FMS und leitet den Prozess in die Wege. Sie kehrt zurück mit der Information, der FMS habe Computerprobleme. Die gesamte Behörde? Ja, die gesamte Behörde. Scheint ein solidarischer Verein zu sein, die machen alles gemeinsam. Dennoch erhalten wir später einen Anruf, dass der nächste Schritt möglich sei. Am Freitagmorgen treffen wir uns mit einer Mitarbeiterin der Agentur, die uns zur Behörde begleitet, wo wir die Strafe bezahlen sollen. Dann gehe alles ganz schnell, versichert man uns. Es sei denn, auf die Rechnerprobleme folgt eine Besprechung, denke ich bei mir, halte aber lieber die Klappe.

In der Bruchbude von Amt müssen wir warten. Schon nach zwei Stunden werden wir in die kleine Amtsstube gerufen, um die Formalitäten zu erledigen. Wir haben Glück, dass im Wartebereich ein netter Afrikaner neben uns sitzt, der Russisch und Englisch spricht und sich anbietet, für uns zu übersetzen. Die Dame der Agentur, die mit uns dort ist, kennt kein englisches Wort. Also übersetzt er uns die Konsequenzen eines weiteren Verstoßes gegen russische Gesetze: ein fünfjähriges Einreiseverbot für Russland. Wir erklären, dass wir verstehen, es uns leidtue und wir fortan für immer brav und artig sein wollen. Anschließend werden wir wieder hinausgeschickt. Wir hören die Dame der Agentur lautstark mit dem Beamten diskutieren und können nur raten, worum es geht. Als wir wieder hineingebeten werden, müssen wir Fingerabdrücke abliefern. Derweil stellt mir der Beamte Fragen, die der Afrikaner übersetzt. Wo wir herkommen?

Kaum erwähne ich Berlin, hellt sich die Miene des Beamten auf, und der Afrikaner hat Mühe, mit dem Übersetzen nachzukommen. Er sei auch schon mal dort gewesen, erklärt der Beamte und gerät wortreich ins Schwärmen. Angestrengt heuchle ich Interesse, während er meine tintenbeschmierten Finger auf Papier drückt. Als mein schweifender Blick einen Fernseher trifft, der in einer Ecke der Amtsstube vor sich hin dudelt, trällert dort gerade Bobby McFerrin sein »Don't worry, be happy«. Die Skurrilität dieser Szene lässt mich unvermittelt auflachen.

Als Nächstes sollen wir Unterschriften leisten. Leider ist der Afrikaner fort, so dass wir nicht wissen, was wir da abzeichnen. Insgesamt müssen es ein Dutzend Unterschriften sein. Was haben wir unterschrieben? Das Einverständnis für zwanzig Jahre Gulag? Die freiwillige Meldung zur Armee? Wir werden es nie erfahren. Irgendwann ist auch das erledigt und wir dürfen gehen. Die Dame der Agentur, noch immer an unserer Seite, schweigt. Wir platzen vor Ungeduld und fragen sie, wo denn die Visa seien. Sie bittet um einen Moment Geduld, ruft im Büro an, spricht kurz und reicht uns den Hörer. Erst dann erfahren wir auf Englisch, dass wir gar nicht beim FMS, sondern nur bei der Bußgeldstelle waren. Mit der Quittung für die bezahlte Strafe und unseren Abdrücken werde unsere Begleiterin nun beim FMS das Visum beantragen. Obwohl sie doch gestern schon dort war und die Behörde, welche Überraschung, noch immer wegen Computerproblemen lahmgelegt ist.

Wir fahren heim und kehren zu unserer Lieblingsbeschäftigung der vergangenen Tage zurück: Warten. Die Frage ist, ob wir den Aufenthalt bei unserer greisen Gastgeberin verlängern sollen. Während wir die nicht vorhandenen Alternativen erörtern, kommt mir ein Geistesblitz: Wir kennen immerhin einen Menschen in dieser Stadt! Unsere Ansprechpartnerin bei der »Moskauer Deutschen Zeitung«, für die wir eine kleine Artikelserie schreiben. Nachdem wir eine freundliche Mail aufgesetzt haben, lässt die ebenso nette Antwort nicht lange auf sich warten: Die junge Redakteurin ist willens, uns

Obdach zu gewähren. Eine Mitbewohnerin sei gerade im Urlaub und ihr Zimmer frei. Als Entlohnung ihrer Gastfreundschaft sollen wir lediglich den Kühlschrank auffüllen. Endlich läuft auch mal etwas zu unseren Gunsten. Journalisten sind eben leidgeprüfte Existenzen. So was macht empfänglich für das Leid anderer.

Wir verabschieden uns von unserer Rentnerin mit Pralinen und Sekt, wofür wir ein Küsschen auf die Wange ernten, bevor wir von dannen ziehen. Natürlich nicht ohne unseren Kontaktmann bei der Botschaft über den Fortgang der Dinge zu informieren.

Am anderen Ende der Stadt werden wir von Kathrin und Lena, der Redakteurin und ihrer zweiten Mitbewohnerin, herzlich empfangen. Wir erzählen unsere Geschichte ein ums andere Mal, machen den versprochenen Einkauf und sammeln Pluspunkte, indem wir unsere Retterinnen bekochen. Da es Freitagabend ist, entführen uns die beiden in das Moskauer Nachtleben. Sogar ich muss zugeben, dass Moskau auch seine schönen Seiten hat. Die jungen Frauen setzen alles daran, meinen ersten Eindruck von Moskau zu revidieren. Wir tauchen ein in urige Kneipen und kleine Bars mit Livemusik. Auch an den folgenden Tagen führen Kathrin und Lena uns zu leckeren Imbissen oder auf den Izmailovo-Markt, einen Souvenir-, Krimskrams- und Flohmarkt im Osten Moskaus. Wir scheinen auf die Straße des Glücks eingebogen zu sein. Uns kann nichts mehr passieren. Oder?

Der wichtigste Tag für uns soll der kommende Montag werden, denn da sei die Wahrscheinlichkeit hoch, dass man uns die Ausreisevisa ausstellen werde. Nichts ist sicher, immerhin kämpft der FMS mit seinen Computern, die mal gehen und mal wieder nicht. Montag früh rufen wir bei der Agentur an und werden dort lediglich gebeten, zu warten. Nachmittags, so heißt es, würden wir Bescheid bekommen. Die Stunden schleichen dahin. Endlich, kurz vor sechs, klingelt das Telefon. Ich fühle mich wie der Mann einer Schwangeren, die auf die Niederkunft wartet. Ich brauche eine Weile, bis ich das Handy aus der Tasche gefummelt und die richtige Taste gedrückt habe. Nach quälend langen Begrüßungsfloskeln kommt endlich die ersehnte

Nachricht: Wir haben unsere Visa! Sie gelten sieben Tage, wir können sie morgen abholen und erwischen den Zug am Abend. Wir bräuchten nichts weiter zu tun, als danke zu sagen. Danke, danke, danke.

INFOBOX

> Kontrolliere dein Visum! Besser einmal zu oft als einmal zu wenig.
> Wenn du in Moskau bist, besuch den Izmailovo-Markt.
> Solltest du deinen Aufenthaltsort in Russland ändern, musst du nachweisen können, wann du wo warst. Heb also Quittungen von Unterkünften und Tickets auf, solange du im Land bist.
> Mach vor der Abreise ein paar zusätzliche Passbilder. Die sind mit Sicherheit günstiger und besser als in manchen anderen Ländern.
> Kopier deinen Pass, trage im Zweifelsfall lieber die Kopie bei dir und lass das Original an einem sicheren Ort.

Kapitel 7:
Transsibirisch

PEER

Birken und Fichten, von beidem reichlich. Der Blick durch die schmutzige Scheibe unseres Zugabteils bietet keinerlei Abwechslung. Wie lange sind wir bereits unterwegs? Zwei Tage? Drei Tage? Vier Tage? Unsere Fahrt mit dem transsibirischen Direktzug von Moskau nach Ulan-Bator soll fünfeinhalb Tage dauern. Wir sind mittendrin. Irgendwo in der sibirischen Weite, die jegliches Gefühl für Dimensionen ins Lächerliche zieht. Wir sind jenseits von Raum und Zeit. Apropos Zeit: Wie spät mag es wohl sein, frage ich mich, während vor mir die Einöde vorbeigleitet, die dem Auge, sosehr man sie auch ersehnt, keinerlei Abwechslung bietet. »Gerade mal zwölf Uhr mittags«, reißt mich Jochen aus meinen Gedanken. Offenbar habe ich die Frage laut gestellt. »Hä?«, entfährt es mir geistesabwesend. »Zumindest in Moskau ist es zwölf Uhr«, korrigiert Jochen und wendet sich wieder seiner Lektüre zu. Alle Züge in Russland fahren nach Moskauer Zeit. Das vereinfacht die Taktung bei neun Zeitzonen im Land, von denen wir immerhin acht passieren sollen. Also stellen wir seit Moskau weder Uhren noch Biorhythmus um. So verlieren wir im Handumdrehen jegliches Zeitgefühl. Wir wachen auf, während die Abenddämmerung aufzieht. Die Landschaft, die am Fenster vorbeizieht, gibt keinerlei Hinweis darauf, wo wir uns gerade befinden. Irgendwo zwischen Ural und Pazifik, so viel ist sicher.

Ich raffe mich auf und schlurfe aus dem Abteil, um mir mein Frühstück zu bereiten. Nennen wir die erste Mahlzeit des Tages der Einfachheit halber Frühstück. Das heiße Wasser aus dem Samowar, dem Boiler, den man in jedem Zugwagen findet, sprudelt über meine

Instant-Nudelsuppe. Zurück im Abteil, rühre ich lustlos in dem Napf herum. Jochen schaut auf und schmunzelt gehässig. Sein »Guten Appetit!« entlockt mir lediglich ein unwirsches Grunzen. Immerhin: Sein Frühstück fiel ebenso karg aus. Instant-Nudelsuppe und eine Tasse Tee. Wie jeden Tag. Ich denke an unseren ersten und einzigen Besuch im Speisewagen zurück. Der überteuerte Salat, den ich dort versuchte, entpuppte sich als Mayonnaise mit ein paar dekorativen Dosenerbsen. Der Gedanke lässt mich erschaudern. »Wird Zeit, dass wir mal wieder halten«, meine ich, während mir über dem Rühren in meiner Suppe der Appetit vergeht. Es gibt wenige und kurze Stopps an verlassen wirkenden Bahnhöfen. Die Halte bieten Gelegenheit, sich die Beine zu vertreten und, viel wichtiger, Aussicht auf kulinarische Abwechslung. An den Bahnsteigen verkaufen Babuschkas gekochte Eier, gebratene Hähnchenschenkel, Trockenfisch oder gefüllte Teigtaschen an die Reisenden, die sich nach einer Variation des Speiseplans sehnen.

Es klopft an der offenen Tür unseres Abteils. Unser Schaffner hat mitbekommen, dass wir wach sind, und begrüßt uns mit dem einzigen englischen Wort, das wir während der Fahrt von ihm hören: »Beer?« Die allmorgendliche Frage, die er mit dem Klingen zweier Flaschen untermalt. »Thank you, maybe later«, lautet unsere Antwort. In dem Zug, der über unser Ziel Ulan-Bator weiter nach Peking fährt, stellen die beiden Schaffner die einzige Gesellschaft in unserem Wagen dar. Über den gesamten Zug verteilen sich noch zwei Deutsche, vier Schweden und ein englisches Ehepaar. Sämtliche Russen, die mit uns in Moskau den Zug bestiegen hatten, haben ihn inzwischen längst wieder verlassen.

Wir haben uns auf eine weitere kurzweilige Fahrt unter Einheimischen gefreut. Doch unser zwischenzeitlich illegaler Status zwang uns, einen internationalen Direktzug zu nehmen. Da diese Züge nur über Abteile der ersten und zweiten Klasse verfügen, die sich die meisten Russen nicht leisten können, befinden sich hier ausnahmslos Touristen. Die Kontaktaufnahme zu den anderen Mitreisenden verläuft zurückhaltend. Eigentlich haben wir keine Lust auf westliche Touris, so dass wir uns tagein, tagaus in unserem Abteil verschanzen und uns die Zeit mit Lesen oder beim Schachspiel vertreiben. Das Reiseschach, kurz vor der Abfahrt in Moskau erstanden, erweist sich als lohnende Investition. Schachnovize Jochen sieht bald die Notwendigkeit ein, sich von mir im Spiel der Könige unterweisen zu lassen. Dabei sind es weniger die Vorbilder russischer Großmeister als vielmehr der Mangel an Alternativen, vom Lesen und Schlafen einmal abgesehen, der ihn sich zögerlich der Herausforderung stellen lässt. Wäre es auch so zögerlich weitergegangen, hätte ich keine Einwände gehabt. Doch braucht es nur wenige Tage, bis der Padawan seinem Meister eine Lektion in Sachen Demut erteilt. Je öfter der Schüler den Lehrer schlägt, desto mehr verliert dieser die Lust am Spiel. Was habe ich da für ein Monster erschaffen? »Schachmatt!«, frohlockt es von der anderen Seite des Brettes. Ich versuche meine missliche Lage zu analysieren und zu erkennen, wo mein Fehler lag. Das Kratzen am Kopf soll dabei keine grüblerische Geste sein, nein, es juckt einfach. Resignierend stürze ich meinen König. »Ich könnte mal wieder eine Wäsche vertragen«, sage ich, während ich mich weiter ausgiebig kratze. Jochen lacht auf. »Von einer Dusche kannst du noch ein Weilchen träumen. Ich kann dich in der Zwischenzeit mit Sand abreiben.«

Ich schlage sein Angebot aus und versuche mein Glück mit einem Stück russischer Kernseife und einem muffigen Handtuch im Waschraum. Dies ist allerdings nur eine euphemistische Bezeichnung für die Zugtoilette, deren Anblick und Geruch jeder Beschreibung spottet. Man hat dort kaum Platz, sich um die eigene Achse zu drehen, und der Wasserhahn über dem winzigen, schmuddeligen Becken funktioniert nur, wenn man den Hebel gedrückt hält. Einmal mehr versuche ich mir unter Einsatz aller Akrobatik, die ich aufbringen kann, eine Katzenwäsche zu verabreichen. Eine Hand am Drücker, in der anderen eine Pfütze Wasser. Es gelingt mir nicht, sie unfallfrei ins Gesicht oder unter die Achseln zu befördern. Ich versuche es anders. Den Fuß auf den Hebel gestellt, so dass ich beide Hände zur Schale formen kann. Es sieht gut aus. Doch nur so lange, bis ich das Gleichgewicht verliere und gerade noch den Sturz in die Toilette abwenden kann. Ich gebe auf und trotte zurück zum Abteil. Dort stinkt es ohnehin wie im Pumakäfig, so dass auch mein Körpergeruch nicht weiter ins Gewicht fällt.

Kaum trete ich durch die Tür, sehe ich Jochen, das Gesicht ans Fenster gepresst, aufgeregt gestikulieren. So viel Elan hat er seit der Abfahrt in Moskau nicht mehr an den Tag gelegt. Um genau zu sein, tat das niemand im Zug. Jochen deutet aus dem Fenster und starrt mich mit weitaufgerissenen Augen an. Ich versuche darin erste Anzeichen des Lagerkollers oder gar des Wahnsinns auszumachen. »Hast du statt Birke oder Fichte mal eine Tanne gesehen?«, rate ich. »Besser noch: eine Kurve!«, sprudelt es vor lauter Begeisterung aus ihm heraus. Ich begebe mich zum Fenster und sehe, dass der Zug tatsächlich im Begriff ist, eine weite Kurve zu fahren. Ich kann sogar im Nachbarwaggon andere Reisende erkennen, die ihre Gesichter gegen die Scheiben pressen. Unwillkürlich steigt auch meine Stimmung.

Während ich darüber sinniere, wie genügsam ich geworden bin, dass eine schlichte Kurve dazu taugt, meinen Tag zu retten, klopft es hinter mir an der Tür. Wieder hält uns der Schaffner Bier hin. Als habe er geahnt, dass dieser Höhepunkt des Tages entsprechend gewürdigt sein will. Wir greifen dankbar zu. Für eine neuerliche Schachpartie sind wir zu aufgekratzt. Nach endlosen Stunden, in denen sich das Mitteilungsbedürfnis auf ein Minimum reduzierte, ergehen wir uns nun in verbaler Inkontinenz. Erneut keimen leise Zweifel an unserer geistigen Gesundheit auf, doch Jochen wischt sie beiseite, indem er vorschlägt, unsere Mitreisenden zu besuchen und zu sehen, ob es der Kurve gelang, sie in ähnliche Feierstimmung zu versetzen.

Aus dem Nachbarwaggon schlägt uns aufgeregtes Geschnatter entgegen. Die Kurve wird, wie es scheint, im gesamten Zug als Highlight empfunden und ausgiebig besprochen. Die kleine Kurvenparty wird unterbrochen, als ein stämmiger Mongole den Wagen betritt. Er lässt uns wissen, dass er Chef des neuen mongolischen Speisewagens ist.

Dieser muss auf einer der letzten Stationen unbemerkt angekoppelt worden sein. Der Küchenchef lädt uns in sein Reich ein, die Speisekarte hat er nicht dabei, was auch nicht nötig ist, hat er doch Kostproben des gesamten Menüs kunstvoll auf seiner roten Weste arrangiert.

Es bedarf keiner großen Worte, um zu erkennen, dass unseren Mitreisenden genau wie uns der Sinn nach einer Alternative zur ewigen Nudelsuppe steht. Also gehen wir gemeinsam zum neuen Speisewagen. Dort begrüßt uns der Chef, umrahmt von allerlei mongolischem Schnickschnack. Flitzebogen, Reiterbilder und natürlich das Konterfei des Khans, das sowohl auf der Wodkaflasche als auch über der Tür thront und von dort kritisch auf uns herabschaut. Wir nehmen Platz und mit Vorfreude die Speisekarte entgegen. Diese Freude erhält jedoch einen jähen Dämpfer, als uns der Küchenchef eröffnet, dass die Gerichte auf der Karte gerade leider nicht zur Verfügung stünden. Und was gibt es stattdessen? Der Mongole strahlt uns an. »Nudelsuppe!«

Jetzt, wo ich mir den Koch genau ansehe, fällt mir etwas ein, und ich wende mich an Jochen: »Kann es sein, dass dies unsere letzte Nacht im Zug ist und wir morgen schon in Ulan-Bator sind?« – »Schon?!«, stößt er über den Rand seines Wodkaglases hervor. Doch nach kurzer Rücksprache mit den anderen haben wir Gewissheit: Morgen ist die Fahrt für uns zu Ende. Wir ziehen uns in unser Abteil zurück und fangen an, die Sachen zu packen, während wir uns noch fragen, wo die Zeit geblieben ist.

Kaum haben wir das letzte Utensil im Rucksack verstaut, steht die feierwütige Schar unserer Wegbegleiter in der Tür. Sie haben beschlossen, uns nicht ohne weiteres aus der geselligen Runde zu entlassen und die Party aus dem Speisewagen kurzerhand in unser Abteil zu verlegen. Mit dabei, natürlich, der Khan. Nicht das Gemälde aus dem Speisewagen, sondern die Flasche.

Von der letzten, schlaflosen Nacht im Zug bleibt ein diffuses Konglomerat einzelner Fragmente und Bilder. Die fünfeinhalb Tage insgesamt hinterlassen weniger zusammenhängende Erinnerungen als vielmehr eine gewisse Stimmung. Das Losgelöstsein von Raum und Zeit, ein Gefühl für die Dimensionen der sibirischen Weite, die Gewissheit, dass man eine Weile ohne sanitären Luxus auskommt, und vor allem, dass man auch die kleinsten Dinge im Leben zu schätzen lernt. Selbst wenn es nur eine Kurve ist.

INFOBOX

> *Die* transsibirische Eisenbahn gibt es nicht. Es gibt drei unterschiedliche Routen auf dieser längsten Eisenbahnstrecke der Welt, die von Regelzügen wie auch von Sonderzügen befahren werden. Von Moskau nach Wladiwostock an der Pazifikküste oder über die transmongolische oder transmandschurische Route nach Peking.

> Man kann die Fahrt im Regelzug durchgängig oder mit diversen Zwischenstopps planen. Die internationalen Direktzüge verfügen in der Regel über keine dritte Klasse.

> Wichtigste Utensilien für die Fahrt mit der Transsib sind: Tasse, Tee oder Kaffee, Instantsuppe, viel Knabbereien, Feuchttücher für die Katzenwäsche, Musik, Lesestoff und Schach, Karten- oder andere Spiele.

Kapitel 8:
Into the wild

JOCHEN

Mitten im Nirgendwo hält Jay den Geländewagen an. Am Rand einer Fahrbahn, die sich mehr erahnen als erkennen lässt, steigen wir aus dem beheizten Wagen in die klirrende Kälte der mongolischen Steppe. Da ist nichts um uns herum. Egal, wohin ich mich wende, ich sehe nur Weiß. Eis- und schneebedeckte Hügel und Ebenen, so weit das Auge reicht.

Unser Fahrer schmeißt sich in den Schnee, um einen Reifen zu wechseln. Dass er nur Jogginghose und Pullover trägt, scheint ihm nichts auszumachen, während Peer und ich trotz Jacken schnell anfangen zu bibbern. »Das beantwortet dann wohl die Frage, warum Ausländer in der Mongolei Wagen nicht ohne Fahrer mieten können.« Peers Worte wirken übermäßig laut in der Stille dieser Landschaft. »Na ja, einen Reifen zu wechseln ist kein unüberwindliches Hindernis.« – »Das meine ich nicht«, kontert mein Freund. »Hast du eine Ahnung, wo wir sind? Ich habe seit Ulan-Bator die Orientierung verloren, und das ist ein paar Stunden her.« Peer hat recht. Selbst mit einer Landkarte käme man nicht weit, da die Straßen zumeist unter der Schneedecke verschwinden. Wie unser Fahrer seinen Weg findet, bleibt sein Geheimnis.

Während Jay, der unsere Hilfe ablehnt, sich am Wagen zu schaffen macht, wandern meine Gedanken zurück nach Ulan-Bator. Die Woche, die wir dort verbrachten, hatte es in sich. Im westlichen Russland erinnerte uns viel an daheim, den asiatischen Teil des Landes hatten wir bis zum Ausstieg in Ulan-Bator nur durch das Zugfenster gesehen. Unmittelbar danach umgaben uns asiatische Gesichter. Auch erste fremde Gaumenfreuden erwarteten uns. Die traditionellen Gerichte Tsuivan (Nudeln mit Fleisch) und Khuushuur (Teigtaschen mit Fleischfüllung) entpuppten sich als schmack- und nahrhaft. Das Fehlen von Gewürzen, das gekochte Lammfleisch und der dazu gereichte salzige Tee waren neu für uns. Als wir uns einen Überblick über Ulan-Bator verschaffen wollten und am südlichen Stadtrand auf das Weltkriegs-Mahnmal stiegen, lagen uns das Tal und die Hauptstadt zu Füßen. Wir sahen zwischen modernen Häuserblocks immer wieder die traditionellen mongolischen Rundzelte. Auch das ein ungewohnter Anblick. Doch was wussten wir schon von der Mongolei? Nichts, außer dass die Leute hier gerne reiten und dafür viel Platz haben.

Bevor wir die Stadt verließen, um mehr von Land und Leuten zu erfahren, besuchten wir das westlich des Zentrums gelegene Gandan-Kloster. Es ist das zentrale Heiligtum des mongolischen Buddhismus. Weshalb man durchaus den Dalai-Lama höchstselbst dort zu Gesicht bekäme, verriet uns die Betreiberin unseres Hostels. Peer und ich nickten höflich, hielten das jedoch für eine Geschichte, die man den Touristen erzählt. Wir kamen zur Morgenzeremonie, bei der das gutturale Gemurmel der Mönche per Lautsprecher nach draußen übertragen wird, wo die buntgewandeten Mongolen die Gebetsmühlen drehten und im Kreis um mit farbenfrohen Bändern geschmückte Stelen liefen. Keiner von uns hatte je zuvor einer buddhistischen Zeremonie beigewohnt, und plötzlich, inmitten der murmelnden Mönche, fühlte ich es: Ich war weit weg von daheim, angekommen in der Fremde.

Auf dem Rückweg sahen wir am Rande des Tempelgeländes eine schnell anwachsende Menschentraube. Eine Limousine mit getönten Scheiben fuhr vor, die Türen öffneten sich, keine drei Meter vor uns stieg Seine Heiligkeit, der Dalai-Lama, aus dem Fond, wurde von helfenden Händen aufgerichtet, winkte der Masse und lächelte uns direkt ins Gesicht. Der Besuch des Gottkönigs war wie ein Versprechen, dass die Mongolei noch weitere Überraschungen für uns in petto hatte, also wollten wir raus aus der Stadt und hinein ins Land, ins Abenteuer. Ich musste an unsere verzögerte Abfahrt aus Deutschland denken, die uns zwar Probleme in Russland bereitet hatte, uns jedoch genau an diesem Tag in dieses mongolische Kloster brachte.

Wie beseelt spazierten wir durch die Stadt zurück zu unserer Unterkunft, wo unsere Herbergsmutter unsere begeisterten Berichte nur mit einem Lächeln und einem »Hab ich doch gesagt« quittierte.

Ulan-Bator hatten wir in wenigen Tagen abgehakt, doch bevor wir uns ins Abenteuer der mongolischen Wildnis stürzten, galt es noch eine Sache zu erledigen: Wir mussten das Nationalgericht »Jemmy« versuchen. Dabei handelt es sich um nichts anderes als einen Schafskopf, im Ganzen gekocht. Das Schwierigste an diesem Gericht war dessen Bestellung. An unserem ersten Tag in Ulan-Bator fragte ich die Bedienung eines Restaurants nach typisch mongolischer Küche. Ihrer Beschreibung von Jemmy folgte die Weigerung, mir dieses Gericht zu bringen. Ich solle mich erst an etwas anderes wagen. Durch Tsuivan und Kuushuur vermeintlich bestens präpariert, kehrten wir in das Restaurant zurück. Trotzdem musste ich zwei Kellnern und dem Koch mehrmals versichern, dass ich wisse, was Jemmy sei, mich im Vollbesitz meiner geistigen Kräfte befände und absolut und wirklich überzeugt sei, es zu probieren.

Als der Kopf an den Tisch kam, versammelte sich die gesamte Mannschaft und wartete neugierig auf eine Reaktion. Auch viele Gäste drehten sich um, lächelten, ich meine sogar Applaus gehört zu haben. Die Schwedinnen, mit denen wir aus waren, verzogen vor Ekel das Gesicht, Peer grinste und machte viele Fotos, ich aß. Und ja, es schmeckte hervorragend, das Fleisch war butterzart. Haut und Augen ließ ich aus, der Kellner bestätigte, dass auch Mongolen dies so machten, und ich fühlte mich extrem mongolisch.

Das »Let's go« unseres Fahrers reißt mich aus der noch frischen Erinnerung und holt mich zurück in die Realität der Steppe. Jay wuchtet den platten Reifen in den Kofferraum und bläst zum Aufbruch. Bis zum Einbruch der Dunkelheit müssen wir in Karakorum sein, der ehemaligen Hauptstadt und unserem heutigen Tagesziel.

Im letzten Licht des Tages wirkt die einstige Kaiserstadt wenig imposant. Die überschaubare Ansammlung von Hütten und Zelten beweist, dass viele Mongolen auch heute noch ein Nomadenleben führen. Der einzige Steinbau, der den Namen verdient, ist ein Kloster, das wir uns, von Kälte getrieben, in aller Eile ansehen.

Während unseres Trips steigen wir bei Privatleuten ab, so dass wir Gelegenheit bekommen, in einer echten Jurte zu übernachten. Die erste Lektion: Nur Ausländer sagen Jurte, in der Mongolei heißt das traditionelle Rundzelt Ger. Die zweite: Scheiße, ist das kalt! Zwar hat unsere Gastgeberin sofort bei unserer Ankunft den Ofen eingeheizt, doch die −25 °C haben sich längst in jeder Faser der Filzwände eingenistet. Wider Erwarten verströmt der zentrale Bollerofen schnell eine behagliche Wärme. Nach der ersten Nacht in dieser Behausung mit im Kreis arrangierten, buntbemalten Holzbetten und der nicht minder bunten, niedrigen Eingangstür geht es anderntags bei strahlendem Sonnenschein tiefer in die Wildnis. Die spätestens jetzt beginnt, wo sich auch die letzte Straße im Nichts verläuft. Doch Jay findet auch ohne Straßen einen Weg über die schneebedeckte Steppe, die für uns keinerlei Orientierungspunkte bietet.

Am Ende eines Tals rasten wir für die Nacht. Das Zeltlager, bestehend aus drei Gers, wirkt der Zeit entrückt. Einzig die Solarpanels und eine mannshohe Satellitenschüssel erinnern daran, dass man auch hier in der Moderne angekommen ist. Wir flanieren durch die Steppe, kraxeln eine Schlucht hinab und ergötzen uns am Anblick eines gefrorenen Wasserfalls.

Dann ist es Zeit für einen Ausritt. Der Sohn der Familie führt uns zu zwei phlegmatisch aussehenden Ponys. Doch statt ebenfalls auf eines der possierlichen Tierchen zu steigen und uns die Umgebung zu zeigen, gibt uns der Steppke zu verstehen, dass wir nun durch den hauseigenen Garten reiten könnten, wie wir lustig seien. Eingepackt in dicke Klamotten, die Kamera um den Hals hängend, feixen wir die ersten Minuten, schießen ein paar Cowboybilder und halten die ganze Reiterei für mächtig überbewertet. Es ist dieser Moment, der Jüngling einige Meter hinter uns, als die unausgelasteten Streitrösser beschließen, die zwei Angeber loszuwerden. Reflexartig presse ich meine Schenkel zusammen, versuche im gestreckten Galopp meine wild herumbaumelnde Kamera einzufangen, bevor sie mir ein Auge ausschlägt, sehe die Schlucht auf mich zurasen und hoffe auf den Überlebensinstinkt meines Pferdes. Immerhin da hab ich Glück, wenn auch die ansatzlose Wendung beinahe dazu führt, dass ich unliebsame Bekanntschaft mit dem gefrorenen und mit scharfkantigen Steinen gespickten Boden mache. Was hilft mir meine Auslandskrankenversicherung, wenn die nächste Stadt zwei Tagesreisen entfernt liegt? Bloß nicht darüber nachdenken.

Irgendwann ist die Kamera unter die Jacke gestopft, ich bekomme das Zaumzeug zu fassen und reiße daran, bis der Kopf des Ungetüms neben meinem ist. Zwei Meter vor dem Zaun, der die Zelte der Familie umgibt, hält die Bestie an. Peer steigt wenig später mit gräulichem Teint ebenfalls ab, dann kommt der lebenslustige Knabe dahergeschlendert und fragt uns, warum wir abgestiegen seien. Uns fällt ein, dass wir wahnsinnig wichtige Termingeschäfte in unserem Ger zu erledigen haben, und wir ziehen uns zurück.

Am nächsten Morgen fahren wir zurück, aus der Schlucht in Richtung der Wüste Gobi, an deren Rand wir die letzte Nacht dieses Trips verbringen sollen.

Wir schaffen es gerade mal bis zum nächsten Dorf. Bei der Überquerung eines gefrorenen Baches, natürlich fernab jeder Brücke, passiert es: Der Geländewagen bricht mit einem Krachen im Eis ein. Jay kommentiert das Malheur einsilbig: »Shit.« Dann grinst er wieder so breit wie zuvor und steckt sich eine Kippe an. Als wir aus dem Wagen geklettert sind und es trockenen Fußes ans Ufer geschafft haben, schauen wir uns die Misere an. Die Hinterachse ist halb versunken, das sieht gar nicht so schlimm aus. Jay versucht den Wagen aus dem Bach zu navigieren, doch das Vor und Zurück hat nur zur Folge, dass das Heck immer tiefer im Wasser versinkt, bis sich schließlich die hintere Stoßstange löst und gurgelnd absäuft. Zum Glück ist ein Dorf in Sichtweite. Neugierige Kinder kommen angelaufen, Jay spricht mit ihnen, und wenig später kommt eines von ihnen in Begleitung eines großen Lkw zurück, der uns herauszieht. Wir bergen die Stoßstange, Jay bindet sie mit seinen Schnürsenkeln auf dem Wagendach fest, und weiter geht's. Als hätten wir nicht vorher schon gewusst, warum man als Ausländer hier nicht alleine fahren darf.

Die Fahrt ähnelt der der ersten Tage. Endlose Weite. Der Boden weiß von Eis und Schnee, der Himmel anfangs bedeckt, dann beinahe unwirklich blau, kaum bis keine Vegetation, noch weniger Verkehr.

Und wieder verblüfft uns Jays Orientierungssinn. Wir sind mitten im Nirgendwo, alles sieht für uns exakt genauso aus wie eine Stunde zuvor, da verlässt Jay unvermittelt das, was von der Straße noch zu sehen ist. Wir holpern querfeldein, finden einen Weg und stoppen an dessen Ende, vor einer weiteren Ansammlung von Rundzelten. Unser letztes Nachtlager ist für Unkundige unmöglich zu finden.

Durch die pannenbedingte Verzögerung können wir nur einen kleinen Ausflug machen, eigentlich stand ein Kamelritt bis in die Wüste Gobi an. Doch so reiten wir lediglich mit einer alten Mongolin eine halbe Stunde im Kreis, was sich als lang genug entpuppt. Bei knappen −30 °C frieren uns die Beine ein. Das Kamel ist gut geschützt, durch ein Fell so dick, dass ich mich mit den Fingern nicht bis zur eigentlichen Haut vorarbeiten kann. Eine gemütliche und warme Sitzunterlage, die aber leider nur den Hintern wärmt. Als ich absteige, schwanke ich die ersten Schritte im Takt des Wüstenschiffes.

In der letzten Nacht versuche ich meinen Freund durch konsequentes Liegenbleiben dazu zu bringen, sich auch einmal zu erheben, um das Feuer in Gang zu halten. Ich scheitere an seiner Sturheit. Und daran, dass er sich bestens auf das mongolische Klima eingestellt zeigt: Er legt sich einfach mit seiner kompletten Wintermontur inklusive

Mütze und Handschuhen in den Schlafsack, einen Stapel Decken in Griffweite. Da hab ich den Fuchs wohl unterschätzt.

Also bleibt die nächtliche Feuerwache wieder an mir hängen, was mir als Lohn einen anerkennenden Blick der Gastgeberin beschert, die am nächsten Morgen das Feuer anschüren will und behagliche Wärme und prasselnde Flammen im Ofen vorfindet.

An diesem Morgen breitet sich vor unserem Ger die Unendlichkeit aus. Die Luft ist so kristallklar, dass es schwer ist, Entfernungen abzuschätzen. Was weit entfernt liegt, erscheint so deutlich, dass man meint, man könne es berühren, wenn man nur die Hand ausstreckt. Der Schnee knirscht unter den Füßen, wir haben gut gefrühstückt, die gepackten Taschen in der Hand und sind bereit für die letzte Etappe. Vor der Rückfahrt nach Ulan-Bator wollen wir dem Terelj-Nationalpark einen Besuch abstatten, der mit weiteren Naturwundern aufwarten soll. Doch natürlich kommt alles anders. Denn der Jeep springt nicht an. Jay schimpft sich selber, er habe vergessen, die Batterie auszubauen und mit in die geheizte Unterkunft zu nehmen, sie sei wohl eingefroren. Also tauschen wir die Batterie gegen eine andere, doch auch da nur Stille. Wir versuchen es mit Anschieben. Nicht leicht auf lockerem Sandboden, der nur von Eis und Schnee bedeckt ist. Wir schaufeln eine Fahrbahn frei, ein altersschwacher Kleinwagen zieht von vorne, während wir hinten schieben. Nichts. Die Karre macht keinen Mucks, doch wenigstens wird uns warm.

Dann treten wir zurück und machen große Augen, als Jay, unser Gastgeber und dessen Sohn eine Batterie in die Hand nehmen und sie mit der eingebauten parallel schalten. Und zwar, indem sie sie einfach aufeinanderhalten. Als das nichts bringt, holen sie mehr Batterien. Denn viel hilft viel. Die Kontakte werden mit Schraubenschlüssel und Taschenmesser verbunden. Drei Männer beugen sich über den Motorraum und hantieren mit allerlei Gerätschaften. Zwischendurch knallt es und Funken stieben. Das war wohl der falsche Kontakt. Andere Batterien, mehr Batterien, bis zu vier Stück, waghalsig leitend miteinander verbunden. Nur das Auto bleibt stumm. Jay zückt sein

Handy und fängt an zu telefonieren, wir schauen gar nicht erst, ob wir einen Funkmast sehen. Die Mongolei ist ein Land voller Wunder. Wenig später sitzen wir im Familienger und warten auf Hilfe. Irgendwer soll irgendwann kommen. Aber bestimmt heute. Bis dahin bewirtet uns die Familie, und wir sehen, dass auch die Gers der Familien so eingerichtet sind wie die Gästezelte.

Die Probleme mit unserem Geländewagen sind nach Ankunft von Hilfe keine zwei Stunden später innerhalb von Sekunden gelöst. Der Fahrer steigt lachend aus seinem Wagen, öffnet den Kofferraum, holt den Reservekanister heraus, leert ihn in unseren Tank, und schon springt der Wagen an. Peer sieht mich an. Ich sehe Peer an. Wie war das mit den Batterien? Wir beschließen, nicht zu fragen, als sich die anderen Türen öffnen und uns bekannte Gesichter aussteigen. Adam und Agnieszka, ein polnisches Pärchen auf Hochzeitsreise, und den Briten George kennen wir aus unserer Unterkunft in Ulan-Bator. Doch das Treffen währt nur kurz, Jay treibt zur Eile. Wir haben bereits einen halben Tag verloren. Und wir merken schnell, dass wir ihn auch nicht mehr aufholen können. So bleibt der Terelj-Nationalpark für uns ungesehen. Was allerdings angesichts all der anderen Erlebnisse, die wir in der Mongolei hatten, nicht weiter ins Gewicht fällt.

In Ulan-Bator gönnen wir uns eine lange, heiße und, wie wir der Mimik unserer Mitbewohner entnehmen, dringend nötige Dusche. Dann kaufen wir uns Fahrkarten nach Peking.

Als Adam, Agnieszka und George aus der Wildnis zurückkehren, verbringen wir einen gemeinsamen Abend im Hostel, der nach mehr verlangt. Alle Warnungen ignorierend, es sei zu gefährlich, nachts das Haus zu verlassen, stürzen wir uns ins Getümmel. Es heißt, die Mongolen neigen zum Alkoholgenuss und halten sich ab einer gewissen Promillegrenze für Dschingis Khan höchstpersönlich, was sie besonders gerne durch Faustkämpfe mit Ausländern beweisen. Wir merken nichts davon. Im Gegenteil.

Anfangs rümpfen wir über Agnieszkas Vorschlag die Nase, Karaoke zu singen. Doch letzten Endes sitzen wir mit durstigen Mongolen zusammen Arm in Arm und schmettern die halbe Nacht hindurch Volksweisen. Als wir wohlbehalten im Hostel ankommen, ist uns klar, wie weiter zu verfahren ist: Wir tauschen unsere Tickets um und buchen alle fünf gemeinsam einen Zug nach China. Nicht, dass wir jede Nacht Wodkaraoke brauchen, aber wir liegen sofort auf einer Wellenlänge, haben den gleichen Humor und gehen schnell miteinander um, als würden wir uns schon ewig kennen.

Nicht zuletzt erzählt uns Agnieszka von einer Stadt in Nordchina, die wir bis dato nicht auf dem Schirm hatten. Ihre Schilderungen von 1000 Jahre alten hängenden Klöstern und noch älteren, riesenhaften, aus dem blanken Stein gehauenen Buddhastatuen überzeugen uns sofort. Wir beschließen, eine Weile zusammen zu reisen und es zur Abwechslung mal als Gruppe zu versuchen. Also gemeinsam auf nach China. Auf nach Datong.

INFOBOX

> Versuch gar nicht erst ein Auto auf eigene Faust zu mieten. Es ist zwecklos.

> Die Zeremonien im Kloster in Ulan-Bator finden immer früh am Morgen statt. Der Dalai-Lama war nicht zufällig dort, er besuchte einen buddhistischen Kongress in der Stadt.

> Keine Scheu vor landestypischer Küche! Probiere Jemmy. Selbst wenn es dir nicht schmeckt, du lernst auf jeden Fall Einheimische kennen!

Kapitel 9:
Willkommen in China

PEER

Der Zug bringt uns bis zur chinesischen Grenze. Zumindest fast. Eigentlich setzt er uns im Örtchen Zamyn Uud inmitten eines Ackers ab, der auch eine Müllhalde sein könnte. Auf der Brachfläche durchforsten Kühe die Abfallberge nach etwas Essbarem. Gras oder andere Vegetation ist nicht zu sehen. Etwa einen Kilometer entfernt erhebt sich das Grenzgebäude aus dem Nichts.

Gemeinsam mit unseren neuen Reisebegleitern schultern wir das Gepäck und trotten in Richtung Grenze, als plötzlich ein alter Armeejeep vor uns in einer Staubwolke stoppt. Zwei Mongolen steigen aus und bieten ihre Chauffeursdienste an. Wir wissen, dass man die Grenze nicht zu Fuß überqueren darf, allerdings überrascht es uns zu sehen, wie daraus ein lukratives Geschäftsmodell wird. Wenig später werden wir sehen, dass der gesamte Bahnhofsbereich von privaten Taxifahrern wimmelt, die sich auf die wenigen Reisenden stürzen. Doch zunächst stehen wir zu fünft mit Marschgepäck vor dem klapprigen Gefährt unbestimmten Typs und Alters. Nach kurzem Hin und Her sind wir uns einig. Zumindest was den Fahrpreis betrifft. Die Frage, wie man sechs Leute in einen Viersitzer bekommt, ist schnell beantwortet: einfach einsteigen. Zu Jochens Glück und zum Leidwesen aller anderen ist er der Größte unserer Gruppe, so dass er sich mit einem breiten Grinsen wie selbstverständlich auf den Beifahrersitz schwingt. Agnieszka, Adam, George und mir vergeht das Grinsen schnell, als wir uns mehr schlecht als recht auf der Rückbank zusammenfalten, alles, was an Gepäck noch geht, auf dem Schoß. Die restlichen Sachen werden im winzigen Kofferraum verstaut.

Die Fahrt dauert glücklicherweise nur wenige Minuten, denn unser Fahrer erweist sich als Profi, der offenbar jeden Grenzer kennt. An den Checkpoints fährt er, einen freundlichen Gruß aus dem Fenster rufend, an langen Schlangen wartender Autos kurzerhand vorbei. Doch statt sich am Grenzgebäude von uns zu verabschieden, erwartet uns unser Fahrer auf der chinesischen Seite von neuem. Es ist keine Selbstverständlichkeit, dass einen die Fahrer weiter in die nahe gelegene chinesische Stadt Erenhot bringen. Doch wir haben Glück. Es stellt sich heraus, dass unser Fahrer mit einer deutschstämmigen Mongolin verheiratet ist, so dass die ersten Bande schnell geknüpft sind. Der Endfünfziger mit dem stattlichen Bauch bringt uns nicht nur in den Ort, sondern ist uns dort auch bei der Devisenbeschaffung und beim Erwerb unserer Bustickets behilflich.

Die Reise soll bis nach Datong gehen. Laut Auskunft unseres Helfers müssen wir einmal umsteigen, und es sei unsicher, ob wir es heute noch an unser Ziel schaffen. Also stärken wir uns vor der Fahrt ins Ungewisse bei einem gemeinsamen Mittagessen mit ihm und seiner Frau. Dann besteigen wir den Bus, der uns durch mehr Steppenlandschaft bringt.

Da sitzen wir nun im Bus zu einer Zwischenstation, deren Namen wir nicht kennen, wissen nicht, wann wir ankommen und wie es von da aus nach Datong weitergeht. Keiner hier spricht Englisch, wir können nicht mal unsere Tickets lesen. Aber wir haben gute Laune. Am späten Nachmittag erreichen wir eine Stadt, deren Name sich wie Dschiling anhört. Von da aus geht es mit einem Kleinbus weiter nach Datong, was wir erst so richtig glauben, als wir dort am Abend tatsächlich ankommen.

Da es laut Reiseführer in Datong keine Hostels gibt, treibt uns die Alternativlosigkeit in die mit reichlich Marmor verkleidete Rezeption eines Hotels. Doch zu unserer Überraschung bekommen wir hier für den Preis eines Pritschenlagers ein feudales Doppelzimmer, Duschtempel und Fernseher inklusive. Wir machen uns frisch und beschließen, den Tag bei einem ersten chinesischen Essen ausklingen zu lassen.

Wenn das so einfach wäre. Die Speisekarte in dem kleinen Restaurant, in dem wir als einzige Touristen die Attraktion für die übrigen Gäste sind, lässt uns ratlos zurück. Als wir die Bedienung fragen, versteht sie unser Englisch nicht. Dann löst sie das Problem, indem sie uns von Tisch zu Tisch zieht und uns die Teller der einheimischen Esser zeigt. Erst ist uns das unangenehm, doch die Gäste scheint es nicht zu stören. Im Gegenteil, jeder hält uns seinen Teller unter die Nase, heißt uns zu riechen und versucht uns zu überzeugen, dass wir dieses oder jenes Gericht unbedingt probieren müssen. Also bestellen wir per Fingerzeig: Einmal alles!

Als ein Huhn in Gänze auf den Tisch kommt, fragen wir mit Händen und Füßen nach einem Teller für die abgenagten Knochen. Mit Unverständnis blickt uns die Bedienung an. Einen Knochen in der Hand, demonstriere ich unser Anliegen. Die Bedienung scheint noch immer nicht zu verstehen. Als ich mich umsehe, wird mir klar, dass Essensabfälle hier einfach auf den Boden geworfen werden. Verlässt ein Gast den Tisch, wird alles schnell zusammengefegt, und der Nächste darf sich austoben. Wer sind wir, dass wir uns gegen landestypische Gepflogenheiten stellen?

Das Essen verschlägt uns die Sprache. Nicht nur, weil wir in gefräßiges Schweigen verfallen, sondern weil uns schon bald die Superlative ausgehen. Gierig schlinge ich irgendeinen Teil irgendeines Tieres in irgendeiner Tunke mit Reis herunter, das ab sofort meine neue Leibspeise ist, als mich ein Geräusch zusammenfahren lässt. In meinem Rücken würgt es. Das folgende Husten lässt darauf schließen, dass es dem Würger gelang, etwas aus seiner Kehle zu befördern, das nun geräuschvoll auf den Boden klatscht. Ich schaue von meinem Napf auf und blicke in die ebenso faszinierten wie angewiderten Gesichter unserer Runde. Wir können es nicht fassen. Da spuckt jemand im Restaurant ungeniert unter den Tisch, und niemanden scheint es zu stören.

Es dauert nicht lange, und unsere Verwirrung weicht dem Amüsement. Wir stellen fest, dass nicht nur der Würger hinter mir sich ungezwungen gibt, sondern auch andere Gäste. Eine Gruppe Männer raucht an einem Tisch Kette, über dem ein Nichtrauchersymbol im blauen Dunst kaum noch zu erkennen ist, andere rülpsen so lautstark, dass ich vor Schreck zusammenzucke. Sind das die Tischsitten in China? Da wir uns vorgenommen haben, möglichst landestypisch zu reisen, wollen wir uns auch auf ungewohnte Manieren einlassen. Also versuchen wir es. Mein eher schüchterner Rülpser verschafft mir anerkennendes Nicken meiner Reisegefährten und die Aussage, ich sei kaum noch von einem echten Chinesen zu unterscheiden.

Schließlich geht es ans Bezahlen. Wir trauen unseren Augen nicht, als die Rechnung kommt. Keine zwanzig Euro sollen wir zusammen für ein Gelage berappen, das seinesgleichen sucht. Wir bestehen auf einer Kontrolle des Zahlenwerks, da wir einen Rechenfehler vermuten. Doch das ändert nichts an der Summe. Wir bezahlen und wollen unserer Wertschätzung für die Küche mit einem angemessenen Trinkgeld Ausdruck verleihen. Entgeistert schaut uns die Bedienung an. Seine Linke tippt auf die Rechnung, während die Rechte mit unserem Wechselgeld wedelt. Nun sind wir endgültig verwirrt. Dachte ich mir doch, dass die Summe zu gering war. Dann erst begreifen wir, dass wir nicht zu wenig, sondern zu viel gezahlt haben und man unser Trinkgeld nicht annehmen will.

Wir geben zu verstehen, dass das Essen derart köstlich war, dass wir uns schämen, den Laden ohne Trinkgeld zu verlassen. Fast erbost folgt uns der Kellner auf die Straße, um uns unser Wechselgeld zu geben. Sein Blick verrät Entrüstung und sagt ungefähr: »Ich habe die Almosen nicht nötig!« Zumindest ist das unsere Lesart. Wir kapitulieren vor so viel Standhaftigkeit und nehmen das Geld zurück. Schließlich wollen wir uns ja nicht gleich am ersten Abend unbeliebt machen, und so beschließen wir, aus der Episode Erfahrungswerte abzuleiten: In China gibt man offenbar kein Trinkgeld, was spätere Erlebnisse bestätigen. Damit ist auch das erste interkulturelle Missverständnis ausgeräumt.

Anderntags nehmen wir die Sehenswürdigkeiten Datongs in

Augenschein. Agnieszka hat uns mit ihren Schilderungen von den Yungang-Grotten und dem hängenden Kloster Xuankong Si im etwa achtzig Kilometer entfernten Heng-Shan-Gebirge ja überhaupt erst hierhergebracht. So kommen wir in den Genuss jahrtausendealter Kulturschätze. Mit heruntergeklappten Kinnladen stehen wir ehrfürchtig in den Yungang-Grotten. Buddhistische Mönche schlugen dort vor 1500 Jahren Grotten und Buddhastatuen in den blanken Fels, teilweise über zwanzig Meter hoch. Das Gefühl von Ehrfurcht wird noch am selben Tage übertroffen, als wir das hängende Kloster Xuankong Si besuchen. Der Anblick des vor 1000 Jahren in eine senkrechte Felswand gehängten Holzbaus begeistert uns schon aus der Ferne. Der Ausblick aus selbigem in die Tiefe lässt uns jedoch trotz aller Kälte Schweißperlen auf die Stirn treten, bis wir wieder sicheren Boden unter den Füßen haben. Da ahnen wir noch nicht, wie schnell sich diese Eindrücke wieder relativieren werden angesichts dessen, was uns dieses Land noch alles zu bieten hat.

INFOBOX

> Die erste Regel in China: Trau dich! Sprich die Leute an, mit Hand und Fuß, das klappt meistens.

> Viele Speisekarten sind bebildert. Zur Sicherheit einfach herumgehen und schauen, was die anderen essen.

> Rülpsen nach dem Essen gilt als Zeichen, dass es gut geschmeckt hat, und wird auch von Ausländern verstanden. Zu spucken wird aber zunehmend als unhöflich angesehen und sollte wenn, dann nicht in geschlossenen Räumen geschehen.

> Trinkgeld wird tatsächlich als Almosen und somit als unhöflich angesehen. Allerdings sagte man uns, dass sich das in großen Städten langsam ändert.

Kapitel 10:
Nur ein Dorf

JOCHEN

Selbst nach einer Woche in Peking ist der Westbahnhof nichts für schwache Nerven. Schon von außen wirkt er durch die schiere Größe wie ein Palast. Alles hier ist riesig. Dennoch ist die Schalterhalle schnell gefunden.

Es heißt, hier gebe es einen englischsprachigen Schalter. Alles, was wir tun müssen, ist, herauszufinden, welcher es ist. Keine Chance. Also stellen wir uns am nächstbesten Schalter an und sind nach kaum einer halben Stunde vorne angelangt. Die uniformierte Frau schluckt, als sie uns sieht und kichert unsicher, während Peer unser Anliegen vorträgt. Sie antwortet in freundlichem Ton, was freilich wenig daran ändert, dass wir ihr Mandarin nicht verstehen. Doch als wir nach jemandem fragen, der Englisch spricht, wirkt sie erleichtert, steht auf und geht fort. Um kurz darauf mit einer Kollegin zurückzukehren, die uns erklärt, dass wir an ihren Schalter kommen müssen, wenn wir in Englisch bedient werden möchten. Und uns dort neu anstellen müssen. Nach einer weiteren halben Stunde Wartezeit erhalten wir problemlos unsere Tickets. Immerhin. »Noch eine letzte Frage hätte ich«, schiebe ich mich nach vorn. »Es heißt, es gebe in jedem chinesischen Fernbahnhof einen englischsprachigen Schalter, ist das korrekt?« – »Ja, das stimmt, mein Herr«, antwortet sie sichtbar stolz. »Das ist toll. Aber woran kann man diese Schalter erkennen?« Ihr Lächeln entgleitet ihr, und sie blickt drein, als habe ich gefragt, wie Tag und Nacht auseinanderzuhalten sind. Als sie in die Höhe deutet, schwant mir, was kommt. »Das steht oben auf der Leuchttafel angeschrieben.« Ich spare mir, sie darauf hinzuweisen, dass, wer englischsprachige Schalter benötigt, der chinesischen Schriftzeichen nicht mächtig sein dürfte, sage danke und trotte zu meinen Freunden zurück.

Das eigentliche Abenteuer beginnt zwei Tage später. Wobei eine Woche in Peking durchaus als eigenes Abenteuer gelten kann. Wir wohnten inmitten der Hutongs genannten kleinen Gassen, unweit des Tiananmen-Platzes. Jeden Tag fuhren und liefen wir stundenlang durch diese Metropole und ihre Sehenswürdigkeiten, Schlösser, Parks, Warenhäuser, Boulevards, Tempel und Gassen. Noch mal anders als in Ulan-Bator. Und um einiges größer. Überall kurven kleine Imbisswagen Essen hin und her, das zumeist gleich an Ort und Stelle auf der Straße verputzt wird. Wir erweitern unseren kulinarischen Horizont um Hund, Esel und vielerlei weitere Köstlichkeiten, von denen wir nicht immer wissen wollen, von welchem Tier sie stammen. Die Polizei ist allgegenwärtig, außer in den riesenhaften Märkten, in denen man jedes »Original«-Markenprodukt der Welt zu verdächtig niedrigen Preisen bekommt. In der Stadt stehen Glastürme neben alten Bruchbuden, die Luft verdient nicht immer den Namen, und wenn es einen nach einer Pause verlangt, dann kann man in kleinen Parks in süßen Teestuben erstaunlich gut Ruhe finden. Oder man fährt raus. Auf einmal steht man auf der Chinesischen Mauer. *Der* Mauer, und überlegt sich, ob die nun aus dem All sichtbar ist oder nicht. Nein, ist sie nicht, aber der Punkt ist, dass es einen nicht mehr wundern würde, weil man es diesem Land und diesen Leuten zutraut, dass es am Ende doch so ist.

Als wir zum Bahnhof zurückkehren, scheint der in der Zwischenzeit noch einmal gewachsen zu sein. Auf einer halben Million Quadratmetern tummeln sich gefühlt genauso viele Menschen. Mindestens. Wir stehen in einem der größten Bahnhöfe Asiens und sind verwirrt. Zum Vergleich: Der flächenmäßig größte deutsche Bahnhof ist der Leipziger Hauptbahnhof mit lächerlichen 85 000 Quadratmetern, der Pekinger Westbahnhof ist sechsmal so groß!

Mit Zugnummer und Abfahrtszeit als einzigen Orientierungshilfen irren wir durch die Eingangshalle. Es gibt zu viele Möglichkeiten, diese zu verlassen. Wohin sollen wir gehen? Wo sind die Gleise? Und zu welchem müssen wir überhaupt? Adam fasst sich als Erster und spricht jemanden an. »Können Sie mir sagen, von welchem Gleis der Zug nach Xi'an abfährt?« Ergebnislos. Aber wir anderen haben begriffen und beteiligen uns, fragen wahllos jeden Passanten.

Bald haben wir Glück. Ein junger Mann mit schwungvoller Gelfrisur und der obligatorischen Hornbrille ohne Gläser ist glücklich, sein Englisch anbringen zu können, und weist uns nicht nur den Weg, sondern erklärt, was uns bis dahin noch nicht aufgefallen ist: dass man in chinesischen Fernbahnhöfen nicht einfach so an die Gleise kommt.

»Um zu eurem Zug zu kommen, müsst ihr in Wartehalle eins gehen. Die ist diese Treppe hoch und rechts. Dort müsst ihr warten, bis eure Zugnummer auf der Anzeige erscheint. Erst dann könnt ihr zum Gleis gehen, wo der Zug warten wird.« Wir bedanken uns und sind froh, wieder mal etwas gelernt zu haben. Hier wird das Flughafenprinzip auf den Zugverkehr angewendet, was bei der Größe des Bahnhofs und der Masse an Menschen nicht unvernünftig scheint. Vorausgesetzt, man hat das System begriffen. Der Gedanke ist noch nicht zu Ende gedacht, als ich um die Ecke biege und durch ein monumentales Portal in eine Halle von der Größe eines Fußballstadions blicke. »Yo«, entfährt es Peer, der unmittelbar neben mir vor Ehrfurcht erstarrt. Ich antworte das Einzige, was mir einfällt: »Genau.«

Wir alle bleiben wie angewurzelt stehen. Adam nimmt es sportlich: »Gibt's hier was umsonst?« Die Halle ist brechend voll, und mehrere tausend Chinesen sind in fortwährender Bewegung. Es wird gedrängelt und gerempelt. Eltern reichen sich Kinder über Absperrungen hinweg, als gelte es, sie aus steigenden Fluten zu retten.

Ich schlucke. Erst auf den zweiten Blick entdecke ich, dass sich die Massen in eine Richtung bewegen. Vor uns endet eine Warteschlange, die sich einmal im Kreis durch die Halle zieht. Glücklicherweise bin ich groß genug, um die meisten Chinesen um Haupteslänge zu überragen, so dass ich in der Ferne etwas Platz erspähen kann. Wenn wir es schaffen, uns dahin vorzukämpfen …

Irgendwie schaffen wir es bis zum Zugang zu den Gleisen, was keinen von uns wirklich beruhigt. Die Betriebsamkeit verunsichert uns, also diskutieren wir, ob wir hier richtig sind. Daraufhin spricht mich ein junger Chinese an. »Ihr wollt nach Xi'an fahren?« – »Ja genau, wir sind uns nur nicht ganz sicher, ob wir hier richtig sind.« – »Doch, seid ihr. Die Leute, die gerade durch das Tor gehen, wollen zu einem anderen Zug. Das Tor öffnet immer nur für einen Zug, etwa zehn Minuten vor Abfahrt. Der nach Xi'an ist der nächste. Sobald sich das Tor öffnet, müsst ihr hin und eure Fahrkarte vorzeigen. Folgt dann einfach den anderen, ihr könnt euch nicht verlaufen.« Dankbar und erleichtert lasse ich mich auf meinen Rucksack fallen. Peer kauert neben mir und knabbert an seinen Fingern. »Und das ist nur eine von zwölf Wartehallen.« Sein Blick geht ins Leere. »Derbe.«

Das Gedränge ist so heftig, wie wir es sonst nur von Live-Konzerten kennen. »Die Frau am Schalter hat doch gesagt, es gebe feste Plätze, oder nicht?« Agnieszka bringt Licht ins Dunkel. »Ich glaube, das gilt nur für die Schlafwagen. In den Sitzabteilen gibt es wahrscheinlich freie Platzwahl. Wer zuerst kommt, mahlt zuerst.«

Mit einem Mal kommt Bewegung in die Massen. Das kann nur eines heißen. »Es geht los«, entfährt es mir. Die Sitzplätzler vorzulassen, ist von unserer Position aus nicht mehr möglich. Von rechts und links engen mich Menschen ein und reißen mich mit. Der Kontrolleur zieht mich durch das Tor direkt in eine weitere drängende Masse. Wir werden dirigiert von Uniformen und weißen Handschuhen. Es geht über eine riesige Brücke, über Gleise und noch mehr Gleise. Wieder winkende Handschuhe. Die Uniformen lotsen die Herde über eine Treppe, hinab auf den Bahnsteig. Kaum habe ich unseren Waggon gefunden, stößt mich der Mann hinter mir freundlicherweise hinein.

Die Einrichtung des Waggons erinnert an die russischen Platzkartny: An einer Fensterseite erstreckt sich der Gang, an der anderen die Stockbetten mit je drei übereinanderliegenden Kojen, quer zur Fahrtrichtung. Zwar fehlen die Betten längs zur Fahrtrichtung entlang des Gangs, dennoch sind die Kojen kürzer als die russischen, so dass meine Füße daraus hervorragen. Da ich in der obersten Koje liege, rempelt mich zwar nachts niemand wach, dafür habe ich nur wenige Zentimeter bis zur Decke, so dass meine Schulter anstößt, wenn ich auf der Seite liege. Doch was zählt: Wir sind im richtigen Zug, der Rest ist egal.

Zwei Stunden später haben wir Peking lange hinter uns gelassen. Der Zug rappelt über die Gleise, und wir brüten über Reiseführern. Als wir die Frage erörtern, wie es weitergeht, unterbricht uns unsere Bettnachbarin, eine junge Frau mit adrettem Pferdeschwanz im Businesskostüm.

»Entschuldigung, aber ich kam nicht umhin, Ihr Gespräch mit anzuhören. Ich darf mich vorstellen, mein Name ist Helen. Ich bin staatlich geprüfte Reiseleiterin und sowohl mit Bus- und Zugverbindungen als auch mit einigen Sehenswürdigkeiten Chinas vertraut. Wenn Sie möchten, kann ich Ihnen gerne einige Tipps geben.« Wir starren sie ungläubig an, bevor wir uns fangen und ihr freundliches Angebot dankbar annehmen.

Zu sechst sitzen wir nun auf den unteren Betten, zwischen uns Reiseführer, Kartenmaterial und Notizen. Wir erwarten hier und da einen Hinweis oder eine Ergänzung, doch weit gefehlt. Es folgen Stunden, über die wir noch oft sprechen sollen. Helen beeindruckt durch ihre Kenntnisse vor allem des Zugnetzes. Nicht ein Mal schaut sie etwas nach. Die Informationen hat sie alle auswendig parat.

Kurz bin ich versucht, sie nach Strecken kreuz und quer durch die Volksrepublik zu fragen, nur um zu sehen, wie sie reagiert. Doch natürlich lasse ich es sein. Sie gibt uns Hinweise zu Busverbindungen, wo keine Züge fahren, und empfiehlt uns in einigen Orten spezielle Aktivitäten. Für Xi'an rät sie zum Besuch des muslimischen Viertels und der Moschee kurz vor Schließung, wenn es am leersten ist. Es scheint ihr Freude zu machen, einmal etwas anderes zu tun, denn normalerweise plant sie Ausflüge für Geschäftsreisende, die nur an den typischen Sehenswürdigkeiten interessiert sind. Als wir sagen, dass wir auf Flüge verzichten, stutzt sie, dann ist sie begeistert und legt sich ins Zeug, um uns für unsere Zeit im Reich der Mitte so gut es geht zu rüsten.

Mittlerweile ist die Nacht aufgezogen, und der Zug gleitet an Reihen immer höher aufragender Wohnblöcke vorbei. Ans Fenster gelehnt, erkenne ich in der Ferne Wolkenkratzer, die aus hellerleuchteten Straßen hervorragen, alles glüht im Neonschein unzähliger Laternen. »Entschuldigung«, unterbreche ich das Gespräch, »aber was ist denn das für eine Stadt da draußen?« Helen wirft einen flüchtigen Blick aus dem Fenster und erwidert: »Es tut mir leid, aber das weiß ich nicht, das ist nur ein Dorf.« Ich stutze. »Dorf? Das sieht wie eine Großstadt aus.« Sie lächelt milde. »Nein, das ist keine große Stadt, hier leben höchstens drei bis vier Millionen Menschen. Ich kann mir wirklich nicht den Namen jeder Ortschaft merken.« Das sitzt. Mir verschlägt es die Sprache, Peer lacht schallend auf, während Adam und Agnieszka nur große Augen machen. Uns wird klar, dass wir noch einiges über China zu lernen haben.

INFOBOX

> In vielen Unterkünften gibt es Handzettel, auf denen die chinesische Art, mit den Fingern zu zählen, abgedruckt ist. Sehr praktisch, vor allem auf Märkten.
> Keine Scheu in chinesischen Bahnhöfen. Dem Mutigen nur lacht das Glück!

Kapitel 11:
Aller Abschied fällt schwer

PEER

Ein Besuch Xi'ans, unter der Qin-Dynastie erste Kapitale des kaiserlichen Chinas, scheint für Besucher des Reiches der Mitte obligatorisch. Die Stadt markierte den Beginn der sagenumwobenen Seidenstraße und war in ihrer Blütezeit das Handelszentrum des Landes. Viele Besucher kommen, um die Terrakotta-Armee aus der Nähe zu sehen, das achte Weltwunder, wie Marketingexperten meinen. Doch vor der Besichtigung der Kulturschätze folgen wir zunächst Helens Empfehlung und machen einen Abstecher in das muslimische Viertel Xi'ans. Das kunterbunte Markttreiben in den engen, mit Lampions geschmückten Gässchen des Quartiers zeigt, dass diese Stadt ein Schmelztiegel der Religionen und Kulturen war und noch immer ist: Nirgends in China sahen wir bisher eine solche ethnische und religiöse Vielfalt, die sich auch im Straßenleben niederschlägt. Es duftet nach gebratenem Fleisch, gerösteten Nüssen und allerlei Gewürzen, auf der überfüllten Straße schlagen uns die Flammen der offenen Straßengrills entgegen.

Unsere fünfköpfige Reisegruppe – Agnieszka, Adam, George und wir sind seit der Mongolei unzertrennlich – stürzt sich ins Getümmel. Unter all dem Klimbim, dem falschen Jadeschmuck, den offensichtlich nachgemachten Markenklamotten oder den Plagiaten neuester Handymodelle finde ich nichts, was mich interessiert. Doch ich habe mir vorgenommen, auf dem Markt des muslimischen Viertels etwas zu erstehen. Nicht, weil ich etwas benötige, sondern weil ich Lust habe, zu feilschen. Also schaue ich mich an den Ständen um. Vielleicht einen Schal? Oder eine Mütze? Im gesamten Norden Chinas ist es bitterkalt, die Hostels und Restaurants zumeist unbeheizt. Die Winterjacken ziehen wir nur zum Schlafen aus.

Eine Dame schwer schätzbaren Alters bemerkt meinen neugierigen Blick in die Auslage ihres offenen Ladens. »Hey, Mister«, so die übliche Ansprache auf Englisch, »real silk! Best quality!« Als sie mich zögern sieht, drückt sie mir ungefragt ein dünnes Stück Stoff in die Hand. Es fühlt sich an wie Seide, nur der Preis lässt mich an der Echtheit des Gewebes zweifeln. Ich gebe ihr zu verstehen, dass ich nicht der Typ für Seidenschals sei, woraufhin sie ihre »real cashmere«-Produkte anpreist. Ein Schal im Burberry-Look, auf dessen Etikett auch ein ähnlicher Name steht, weckt mein Interesse, was die Dame sofort bemerkt. Sie reicht mir einen Taschenrechner, auf dessen Display eine »200« aufleuchtet. 200 Yuan, 20 Euro? Ich gebe ihr Schal und Taschenrechner zurück, bedanke mich höflich und drehe mich um. Keine drei Schritte später zieht sie mich am Ärmel und hält mir erneut den Taschenrechner unter die Nase. »150« steht nun auf dem Display. Na gut, mögen die Spiele beginnen, denke ich mir und tippe eine »10« in das Gerät. Entgeistert schaut sie mich an, und ihrem sehr gebrochenen Englisch entnehme ich die Worte »Kinder« und »Familie«, die sie wohl zu ernähren habe. Ich bekomme ein schlechtes Gewissen, doch plötzlich steht Adam neben mir und sagt: »It's all part of the game.« Ich zucke mit den Schultern und spiele weiter mit. »100« lautet ihre nächste Offerte, die ich mit einer »15« kontere. Mit gespielter Entrüstung schleudert sie den Taschenrechner in ihre Auslage und gießt einen Schwall chinesischer Verwünschungen über mir aus. So zumindest deute ich es in Anbetracht des Kontextes. Als ich mich wieder zum Gehen wende, hält sie mich, ein neues Angebot tippend, zurück. Inzwischen sind wir von anderen Händlern umringt, die wohl wegen der Lautstärke unserer Verhandlungen aufmerksam wurden und die Szene neugierig und heiter verfolgen. Auch Jochen und der Rest unserer Bande gesellen sich dazu. Nun wittert die Verkäuferin ihre Chance: Drei Schals zum Preis von einem, auf den wir uns, nebenbei bemerkt, noch immer nicht einigen konnten. Adam und Jochen steigen in das muntere Gefeilsche ein.

George, nicht für sein Verhandlungsgeschick bekannt, trollt sich, während Agnieszka, die uns beim Verhandeln alle in die Tasche steckt, die Szene amüsiert beobachtet. Summen werden in den Taschenrechner getippt, Hände über Köpfen zusammengeschlagen, und während die Verkäuferin den drohenden Hungertod ihrer Familie ins Feld führt, kontert Adam damit, dass er sich in der polnischen Heimat nicht mehr blicken lassen könne, ließe er sich derart über den Tisch ziehen. Das Spielchen geht eine ganze Weile so weiter, die umstehenden Händler haben ihren Spaß, und schließlich besiegeln wir den Handel. Was heißt *den* Handel? Jeder von uns kauft mindestens drei Artikel! Der Vollständigkeit halber: Es gelang mir, den Preis eines Schals aus »100 Prozent Kaschmir« und bester Qualität auf 25 Yuan, etwa 2,50 Euro zu drücken.

Spätestens seit diesem ersten Besuch des muslimischen Viertels, der Moschee und der Restaurants lieben wir Xi'an. Ein Tagesausflug zur nahe gelegenen Terrakotta-Armee, der uns wie erwartet staunend vor Ehrfurcht zurücklässt, bestätigt die Einschätzung eines jeden Reiseführers, dass ein Besuch Pflicht ist, selbst wenn man für sich beschlossen hat, die touristischen Pfade zu verlassen, wo immer es geht.

Xi'an bringt uns nicht nur dem Verhandlungsgeschick der Chinesen sowie ihrer jahrtausendealten Kultur ein Stück näher, sondern bestätigt auch eine weitere Annahme: China ist bunt. Im Sinne von farbenfroh, aber auch, was die kulturelle und kulinarische Vielfalt anbelangt. Allerdings gilt es einzuschränken: Es wäre bunt, wenn man etwas sehen könnte. Wie zuvor Peking nehmen wir auch Xi'an durch einen Smogschleier wahr, der so dicht ist, dass die Luft nach Schwefel schmeckt. Wir leihen uns Fahrräder, um auf der weltweit längsten intakten Stadtmauer eine Tour zu unternehmen. Nach kurzer Zeit werden die Silhouetten der anderen vom graugelben Nebel verschluckt. Das Ende der historischen Mauer ist nicht zu erkennen, und auch die Stadt können wir nur schemenhaft erahnen. Röchelnd und hustend beenden wir die Rundfahrt.

Was schon in Peking begann, hier jedoch noch stärker auffällt: Wir sind die Stars! Sei es vor Sehenswürdigkeiten oder auch nur in der Stadt am Straßenrand. Plötzlich sind wir das begehrteste Fotomotiv weit und breit. Wir lassen uns mit begeisterten Einzelpersonen, Familien oder Reisegruppen ablichten, besonders gerne von Frauen, für die es anscheinend das Höchste ist, sich mit einem Europäer fotografieren zu lassen, der sie um zwei Köpfe überragt.

Auch als wir am Abend am Bahnhof eintreffen und auf den Zug nach Chengdu warten, der aber erst am frühen Morgen fährt, ziehen wir die Blicke auf uns. Wir schlagen die Zeit bei einem Abendessen in einem unbeheizten Restaurant und später beim Kartenspiel am Bahnhof tot. Kaum haben wir uns in der Wartehalle auf unseren Rucksäcken niedergelassen und beginnen die Karten zu mischen, bleiben Chinesen stehen und schauen in unsere Richtung. Wenig später sind wir von ihnen umringt. Um uns herum wird wild diskutiert, mit dem Finger auf uns gezeigt und laut gelacht. Die Umstehenden scheinen das Spiel begreifen zu wollen. Eines haben wir in der Zwischenzeit gelernt: Chinesen spielen leidenschaftlich gern, sind neugierig, aber ebenso zurückhaltend. Unsere einladenden Gesten und die zaghaften Versuche, den Schaulustigen das Kartenspiel zu erklären, rufen lediglich abwehrendes Winken, Kopfschütteln und peinlich berührtes Gekicher hervor. Als sich doch zwei Mutige zu unserer Runde gesellen, wird das von der Menschentraube mit großem Hallo quittiert. Wenigstens können wir ein paar Zahlen und Handzeichen, so dass es uns gelingt, den beiden neuen Mitspielern das Prinzip zu verdeutlichen. Die ersten Stiche, die die beiden Chinesen einfahren, werden in der ganzen Bahnhofshalle lautstark gefeiert. Ich schaue in die Gesichter meiner Mitreisenden und lese darin das Gleiche, was auch ich empfinde: Wir lieben dieses Land und seine Bewohner.

Chengdu erreichen wir am folgenden Tag. Wir haben keine großen Pläne und nur ein paar Tage, bis sich unsere Reisegruppe trennen muss. Agnieszka und Adam, die in ihren Flitterwochen nichts Besseres zu tun hatten, als sich die Nächte gemeinsam mit uns in unterkühlten Schlafsälen oder in Nachtzügen um die Ohren zu schlagen, müssen weiterziehen. Wir haben unsere Reiseplanungen so oft aneinander angepasst, dass sie sich nun sputen müssen. Sie wollen zumindest noch einige Tage in Vietnam verbringen, von wo aus ihr Rückflug starten soll. George will ebenfalls nach Vietnam, wo er plant, als Englischlehrer zu arbeiten. So verbringen wir die meiste Zeit in Chengdu damit, das gemeinsam Erlebte Revue passieren zu lassen, und schwören, uns so bald wie möglich wiederzusehen. Es folgt ein schwerer Abschied.

Jochen und ich sind wieder auf uns gestellt. Es ist zunächst befremdlich. Nach einem Tag der ungewohnten Zweisamkeit spricht Jochen aus, was auch mich beschäftigt: »Ich vermisse die anderen!«

INFOBOX

> Egal wo in China, geh auf einen Markt und feilsche! Es ist trotz – oder vielleicht wegen der Sprachbarriere – ein Erlebnis.

> Die Terrakotta-Armee ist definitiv einen Besuch wert, das Panda-Zentrum in Chengdu nicht unbedingt. Die Panda-Zucht inmitten der Elf-Millionen-Metropole wirkt wie ein besserer Zoo. Nichts für uns.

> Zieh dich im Norden des Landes warm an. Zumindest in den Unterkünften der preiswerteren Kategorie sind die Aufenthaltsräume zumeist unbeheizt. Gleiches gilt für viele Restaurants.

Kapitel 12:
Allein auf weitem Fluss

JOCHEN

Chongqing, die Stadt am Zusammenfluss von Jangtsekiang und Jialing, hat keinen Anfang und kein Ende. Die Stadt scheint nur aus Hochhäusern zu bestehen. Und Baustellen. Als bei Yichang einer der größten Staudämme der Welt in Betrieb genommen wurde, stiegen 600 Kilometer Fluss um neunzig Meter an. Ganze Städte verschwanden im Wasser, Millionen Menschen wurden umgesiedelt. Die meisten nach Chongqing. Dass hier die größte Agglomeration von Menschen auf diesem Planeten entsteht, hört man.

Unser Hostel liegt am Jangtse-Ufer, getrennt vom Wasser nur durch Baustelle, Schnellstraße und erneute Baustelle. Ein kleines Häuschen zwischen im Bau befindlichen Wolkenkratzern. Wie viele chinesische Hostels bietet es Aufenthaltsräume, Restaurant und diverse Bespaßungen, von Billard über Kicker bis zum Minikino. Natürlich ist auch eine Reiseagentur dabei, bei der man sich alle möglichen und unmöglichen Ausflüge organisieren lassen kann. Die Werbeplakate stoßen uns ab, als seien es Pauschalangebote für Sauftouren zum Ballermann. Wir probieren es im Hafen. Es gilt diesmal ein besonderes Transportmittel zu organisieren: einen Flusskreuzer. Wir wollen mit einer 200 Kilometer langen Strecke zwar nur ein kleines Stück des mächtigen Jangtse befahren, doch das mit Abstand berühmteste: die drei Schluchten. Auf der Fahrt werden einige Ausflüge angeboten. Sie sind es, die uns die Buchung erschweren. Denn die meisten davon wollen wir nicht, und das zu erklären ist ein sinnloses Unterfangen, wenn man kein Mandarin spricht. Nach einem halben Tag geben wir auf und buchen doch im Hostel.

Der rostige Kahn, den wir zwei Tage darauf am Abend im Vorort Wanzhou besteigen, macht keinen vertrauenerweckenden Eindruck. Aber noch schwimmt er. Unsere Viererkabine liegt dem Geruch nach direkt über der schiffseigenen Kläranlage, wobei ein Blick in den Fluss an deren Existenz zweifeln lässt. Unser Zimmernachbar reist lediglich mit einem mannshohen Stapel Orangenkisten als Gepäck, deren Inhalt seine einzige Nahrungsquelle darzustellen scheint. Wobei das nicht schlecht ist, zumal wir reichlich davon abbekommen. Richtig fies hingegen ist der Kabinenlautsprecher. Um die vollständige Teilnehmerzahl für die täglichen Ausflüge sicherzustellen, schickt die Reiseleitung infernalisch laute Weckrufe, mit Musik unterlegt, direkt in die Kabinen. Morgens um fünf genau das, was ich brauche.

Dennoch schafft nichts von alledem, das Erlebnis zu mindern. Raus aus den Federn, rein in die Klamotten, schnell Tee und was zu beißen geholt und ab auf das Oberdeck. Die Kälte kriecht in alle Ritzen, der Himmel ist grau, und es regnet ständig. Ich kann trotzdem drei Tage lang nicht aufhören, hier oben zu stehen und die Landschaft zu betrachten.

Am ersten Morgen bilden zwei steil aufragende Felswände eine Art natürliches Tor zur ersten, der Qutang-Schlucht. Sie ist mit etwa acht Kilometern die kürzeste der drei Schluchten und stellenweise kaum 100 Meter breit.

Steilwände ragen unvermittelt aus dem Wasser, teilweise 1000 Meter hoch, und schicken sich an, bis direkt in den Himmel zu reichen. Sie sind dicht bewachsen, so dass es aus der Ferne aussieht, als sei der Fels an sich grün. Überhaupt, das Grün. Mehr Schattierungen, als ich zählen kann. Inmitten dieser Landschaft, die durch Menschenhand so tiefgreifend verändert wurde, habe ich das Gefühl, in unberührter Natur zu sein. Trotz der Passagierschiffe, Lastkähne, Fischerboote und sonstigen Schwimmgeräte, die insgesamt 75 Prozent des chinesischen Binnenschiffverkehrs darstellen. Trotz oder vielleicht wegen des hektischen Treibens in Chongqing, das einen krassen Kontrast zur Gemächlichkeit unserer Fahrt bildet.

Einer der wenigen Ausflüge, die wir mitmachen, führt durch die drei »kleinen Schluchten«. Hier fahren keine Lastschiffe, dafür sind sie viel zu eng. Wir sitzen in Holzkähnen, gesteuert von Fischern, die beim Rudern Lieder singen. Alles »original«, klar. Die Schluchten sind streckenweise nur wenige Meter breit, so dass ich vom Boot aus die Blätter der Schlingpflanzen berühren kann, die den Fels lückenlos bedecken. Schemenhafte Bewegungen im Augenwinkel, Jungaffen trauen sich nah ans Boot, die älteren schauen aus größerer Höhe zu. Wie es sich für sie anfühlen mag, wenn wir Menschen innerhalb eines Jahres mitsamt dem Fluss in die Höhe steigen und ihnen die Hänge wegnehmen? Als ich eine Hand ins Wasser tauche, überkommt mich der Drang, hineinzuspringen. Es ist deutlich wärmer als die Umgebungsluft. Aber auch wenn wir immer wieder Einheimische sehen, die im Jangtse schwimmen, traue ich mich das mit Rücksicht auf meine Gesundheit nicht.

Die letzte Schlucht, die wir zu Gesicht bekommen, heißt Wu. Zwar durchfahren wir an diesem Tag auch die Xiling-Schlucht, die letzte der großen drei, doch dies geschieht in der Nacht, weshalb uns die letzten Kilometer entgehen. Schade, denn auch wenn man meinen könnte, Schlucht sei Schlucht, ich hab noch lange nicht genug. Am liebsten würde ich die Tour gleich noch mal machen, dann aber auf einem anderen Kahn und mit mehr Zeit.

Nach drei Tagen ist die Bootstour vorbei. Wir besichtigen den Damm bei Yichang, bekommen aber nichts mit, da alle Erklärungen nur auf Mandarin erfolgen, und fahren dann mit dem Bus weiter bis Wuhan. Hier verlieben wir uns endgültig in die vielen kleinen Brat- und Grillstände auf den Straßen, die günstiges und leckeres Essen verkaufen und bei denen es auch nicht kälter ist als in den unbeheizten Restaurants.

Dann kommen wir nach Shanghai und ersticken fast am Kontrast zu Wuhan. Wenn Wuhan das Fahrrad ist, ist Shanghai der Porsche. Groß, schnell und laut. Natürlich hat die Stadt auch hübsche Ecken, wie etwa die Kunstquartiere in einem alten Fabrikgelände oder den

Vorort Qibao bei Nacht. Aber wir finden in ihr nichts Unverwechselbares, außer stetem Wandel und gehetzten Menschen.

Der Wandel wird uns bewusst, als wir dem Tipp einer Freundin folgen und ein bestimmtes Restaurant suchen. Wo kein Jahr zuvor ein idyllisches Viertel lag, ist nun eine riesige Baustelle, umgeben von Wolkenkratzern. Wir laufen dreimal im Kreis, bis wir sicher sind, dass wir an der richtigen Stelle sind. Die Stadt verändert sich so rasend, da verschwinden die Restaurants eher, als man sie weiterempfehlen kann. Alle Leute scheinen im Stress zu sein, das ewige Schnellschnell geht uns auf die Nerven. Oder vielleicht sind wir es auch nur nicht mehr gewohnt.

Um der Hektik zu entfliehen, ziehen wir uns in den Fuxing-Park im ehemaligen französischen Viertel zurück. Und staunen nicht schlecht: Dass sich in China das Leben auf der Straße abspielt, haben wir seit den Hutongs von Peking begriffen. Im Park Tai-Chi zu üben oder Majong zu spielen, ist normal. Doch zwei Dutzend Rentner, die sich im Park treffen, die Musikanlage aufbauen und das Tanzbein schwingen, haben wir noch nicht gesehen. Vor allem ein greises Paar, das einen Jive aufs Parkett, respektive Pflaster legt, beeindruckt uns. Die selbstversunkenen Alten, die sich hier am Nachmittag zur Musik wiegen, kommentiert Peer mit einem Seufzer, bevor er anfügt: »Sind die cool! Die Chinesen haben es raus.« Ich kann es nicht besser ausdrücken.

Ein paar Meter weiter sprechen uns vier junge Chinesen in erstaunlich akzentarmem Englisch an und bitten uns darum, ein Foto von ihnen zu schießen. Natürlich kommen wir der Bitte gerne nach. Als sie zu erzählen beginnen, sie seien ebenfalls im Urlaub hier und sprächen so gutes Englisch, weil sie auf eine internationale Schule in Peking gingen, schrillen bei uns alle Alarmglocken. Es ist genau die Masche, Touristen zu neppen, vor der in jeder Unterkunft gewarnt wird. Peer und ich schauen uns an, zweifeln noch, ob wir richtigliegen oder einem Vorurteil aufsitzen, als sich einer der Männer verrät: »Hey, wir wollten gerade einen Tee trinken gehen, mögt ihr nicht mitkommen?« Nee, ist klar. Wer an dieser Stelle ja sagt, wird in eine »traditionelle Teestube« geführt, die der junge Mann prompt als Nächstes erwähnt. »Wir haben da eben eine süße kleine Teestube entdeckt, wo es original chinesische Teezeremonien gibt. Habt ihr so was schon erlebt?« Seine Freundin hat nur auf das Stichwort gewartet: »Oh ja, tolle Idee, das *müsst* ihr mitgemacht haben. Ist auch gar nicht weit, wollen wir?« Nein, wollen wir nicht. Zumindest nicht, wenn wir wissen, dass wir nach einer solchen »Zeremonie« auf einer Rechnung von mehreren hundert Dollar sitzenbleiben werden. Also lehnen wir dankend ab und reagieren auch nicht auf die gespielte Enttäuschung der vier. So leicht lassen wir uns nicht übers Ohr hauen. Wir müssen an George, Agnieszka und Adam denken, denn wir haben mit ihnen oft über diese Masche gesprochen, sie aber nie zusammen erlebt. Zurück im Hostel, schreiben wir ihnen von unserem Erlebnis. Erst als wir die Mail abschicken, fällt mir auf, dass wir ihnen noch vor unseren Familien oder Freunden aus der Heimat davon erzählen. Und wie wir die drei vermissen.

INFOBOX

> Iss auf der Straße! Das ist günstiger als in Restaurants, landestypisch und immer frisch.

> Vergiss konkrete Tipps, Hinweise oder allgemein Reiseführer, die älter als zwei Jahre sind. Die Informationen darin sind meist veraltet.

> Viele Unterkünfte organisieren auch Ausflüge. Es lohnt sich, hier die Preise zu vergleichen. Manchmal sind sie gut und günstig. Doch teilweise zahlst du für den Reisebus ein Vielfaches des Preises für den normalen Nahverkehrs-Bus o. Ä.

Kapitel 13:
»Dear Mr. Officer«

PEER

B ereits seit Stunden sitzen wir in der großen Halle eines Busbahnhofs in Shanghai. Wir vertreiben uns die Zeit mit Lesen und dem Beobachten der Leute. Wenn es etwas gibt, das wir auf der bisherigen Reise gelernt haben, dann ist es Warten. Heute: auf den Nachtbus nach Hongkong. Unsere »Double-Entry-Visa« erlauben uns zwei 30-tägige Aufenthalte im Land. Nach einem Monat schließt sich das erste Zeitfenster. Wir müssen China nun verlassen, bevor wir für einen weiteren Monat einreisen dürfen. Dazu reicht glücklicherweise ein Abstecher in die Sonderverwaltungszonen Hongkong oder Macao.

Am Bus verstauen wir auf Wink des Fahrers unser Gepäck im einzigen Gepäckfach, das geöffnet ist. Es ist der erste chinesische Nachtbus, den wir besteigen, und mich überkommt ein Schauder, sobald ich die Trittstufen erklimme. Es werden Plastikbeutel für die Schuhe gereicht, denn hier bewegt man sich auf Strümpfen. Wenn überhaupt. Ich hole noch einmal tief Luft, bevor mich ein süß-säuerlicher Duft umfängt, der mir beinahe die Tränen in die Augen treibt. Vor mir breiten sich in Fahrtrichtung drei Reihen Stockbetten aus, die Zwischengänge sind so eng, dass wir uns nur seitwärts durchquetschen können. Unsere Kojen sind mit Plastik bezogene Pritschen, versehen mit einem Metallrahmen, dessen Breite nicht für mitteleuropäische Kreuze ausgelegt ist. Eine Erhöhung für den Kopf dient als Kissen, darunter kommen die Füße des Hintermanns zu liegen. So dieser die Vorrichtung benutzt. Meiner zieht es vor, seinen unbesockten Füßen etwas Freiraum zu gönnen, so dass sie links und rechts neben meinen Ohren baumeln. Lauschig!

Kaum setzt sich der Bus in Bewegung, springen die Fernseher an, die großzügig im Innenraum verteilt sind. Wir kommen in den Genuss einer chinesischen Karaoke-Show. In voller Lautstärke. Mein anfängliches Interesse an der medialen Unterhaltung und dem mehr oder minder dazu passenden Gesang anderer Fahrgäste ebbt ziemlich schnell ab. Ich stecke meine Kopfhörer ins Ohr und versuche es mit einem Hörbuch. Keine Chance! Die Lautstärke übertönt jedes Wort. Auch Musik bringt nichts. Ich gebe auf und ertrage die TV-Show, bis ich tatsächlich einnicke. Offensichtlich lerne ich langsam, selbst in den unmöglichsten Posen und Situationen Schlaf zu finden. Immerhin etwas.

Ich wache auf, als der Bus vor einem Rasthof hält. Es ist Nacht, und weit und breit ist nichts zu erkennen. Auf Geheiß des Fahrers gehen wir in das Restaurant und gönnen uns ein spätes Abendessen. Da uns niemand sagte, wie lange die Rast dauern soll, beeilen wir uns. Als wir wieder ins Freie treten, bleiben wir wie angewurzelt stehen: Der Bus ist weg! Unsere ersten Gedanken gelten dem Gepäck und unseren Wertsachen, die wir samt und sonders darin gelassen haben. Die bisherigen Erfahrungen mit chinesischen Transportmitteln gaben keinerlei Anlass zu übertriebener Sorge. Unser zweiter Gedanke gilt dem Zeitplan. Unsere Visa laufen aus, und wir müssen morgen das Land verlassen! Nach den Erlebnissen in Russland haben wir keine Lust auf erneuten Visums-Stress. »Ach du Scheiße!«, bringt Jochen unsere Situation prägnant auf den Punkt.

Ich schaue mich um und entdecke zumindest einige unserer Mitfahrer. Keiner scheint sich über das Verschwinden des Busses zu wundern. Das beruhigt auch uns. Ein wenig. Wir versuchen etwas über den Verbleib des Busses zu erfahren. Englisch? Fehlanzeige! Gestenreich drücken wir Sorge aus. Als Antwort erhalten wir beschwichtigendes Winken. Also bewahren auch wir Ruhe, setzen uns zu den rauchenden Chinesen und tun es ihnen wortlos gleich.

Eine halbe Stunde vergeht, dann eine ganze. Nichts. Nach eineinhalb Stunden steigert sich die Unruhe allmählich zur Panik. Erneut versuchen wir etwas über den Bus und das weitere Prozedere zu erfahren. Wir ernten Gesten, die besagen: »Ruhig bleiben.« Waren wir bislang der Überzeugung gewesen, die Reise hätte uns Geduld gelehrt, so wird diese gerade auf eine harte Probe gestellt. Nach zwei Stunden, die Nervosität lässt uns längst nicht mehr sitzen, sondern unruhig auf und ab gehen, geschieht, was wir nicht mehr für möglich hielten: Unser Bus fährt auf den Parkplatz! Der gutgelaunte Fahrer springt heraus, zieht einen Wasserschlauch heran und begibt sich, ein Liedchen pfeifend, zum hinteren Gepäckfach. Er öffnet die Luke, die bei unserer Abfahrt noch verschlossen war, und beginnt den Laderaum zu säubern. Ein Mitfahrer ruft etwas, was großes Gelächter hervorruft. Erleichtert steigen wir ein und pressen uns in die Kojen. Was in diesem Fach war und was der Fahrer in den vergangenen Stunden getrieben hat, wollen wir nicht wissen. Und wir werden es auch nie erfahren.

Ohne weitere Zwischenfälle kommen wir in Shenzhen an der Grenze zu Hongkong an. Kaum passieren wir diese, verlieben wir uns auf den ersten Blick. Hongkong bietet eine einzigartige Mischung aus chinesischem Lebensstil und westlichem Einfluss. Zu unserem Leidwesen orientiert sich das Preisniveau an Letzterem. Auch die auf dem chinesischen Festland liebgewonnenen Märkte und Straßenbräter, wo man gut und günstig essen kann, finden wir in Hongkong nicht ganz so leicht. Dennoch fühlen wir uns pudelwohl und verbringen fast eine Woche an dem Ort, der uns zunächst nur eine Möglichkeit bot, schnell aus- und wieder nach China einzureisen.

Die Stadt erkunden wir zu Fuß oder mit niedlichen doppelstöckigen Straßenbahnen. Doch was heißt schon Stadt?! Hongkong besteht aus der Halbinsel Kowloon und 263 weiteren Inseln. Die Kontraste begeistern uns: hier die moderne Skyline von Kowloon oder Hongkong Island, dort, eine Insel weiter, unberührte Natur. Doch auch anderes trägt zu unserem Wohlgefühl bei: Endlich ist es warm genug, um die kurzen Hosen auszupacken. Und das Anfang Dezember! Es gibt viel zu tun und zu erleben: Die allabendliche, musikalisch unterlegte Lightshow über Hongkong Island bestaunen wir mit hunderten anderen Schaulustigen von der Hafenpromenade Kowloons aus. Wir wandern auf der Insel Lantau oder unternehmen Streifzüge durch die Natur der umliegenden Inseln. Davon abgesehen lernen wir erst jetzt den Luxus unzensierten Internets zu schätzen. So verrinnt die Zeit, und nur der Blick in die Geldbörse zwingt uns zur Weiterreise.

Mit der Fähre machen wir uns auf nach Macao, dem Las Vegas des Ostens. Macao ist eine Mischung aus portugiesischer Kolonialarchitektur und Neonklötzen. Letztere beherbergen die Casinos. So hübsch die Altstadt auch ist, wir sind nur zu einem Zweck hier: der Aufbesserung unserer Reisekasse. Das ist besonders mir ein Anliegen, habe ich doch eine gewisse Affinität zum Glücksspiel. Jochens Risikobereitschaft hält sich zunächst in Grenzen.

Im ersten Casino durchschreiten wir gewaltige Hallen mit schweren Teppichen und goldenen Kronleuchtern. Kein Fenster, keine Uhr lässt den Spieler erahnen, welche Tageszeit es ist und wie lange er schon spielt. An den Kartentischen angelangt, gibt mir Jochen etwas Taschengeld aus unserer Reisekasse, und ich begebe mich ohne Umwege an den Spieltisch. Zwischen Chinesen in Freizeitkleidung nehme ich Platz und staple meine Chips auf dem Filz. Es ist ein kleiner Stapel. Mein Spiel heißt Blackjack. Oder 17 und 4. Leicht überschaubares Reglement, das Kopfrechnen bis 21 bekomme ich gerade noch hin …

Die Mindesteinsätze an den Tischen sind mit rund zehn Euro vorgegeben. Das liegt normalerweise weit über meinem Budget. Die junge Croupière muss schmunzeln, als ich in den ersten zwei Runden bereits mein gesamtes Spielgeld durchbringe. Weiteres Betteln verhallt ungehört, Jochen schließt die Gemeinschaftskasse. So begebe ich mich zum Geldautomaten und verprasse mein eigenes Geld.

Sicherheitshalber wechseln wir das Casino. Eine gute Entscheidung, der neue Kartengeber scheint mir gewogen. Langsam biege ich auf die Straße des Glücks ein. Die Chiptürme vor mir wachsen analog zur aufkeimenden Spielsucht. Jochen, von meinen Gewinnen beeindruckt, versucht nun auch sein Glück. Er erweist sich bald als Fortunas Günstling. Mit dem Wahnsinn des Süchtigen im Blick ignoriere ich die goldene Regel des Glücksspiels: Rechtzeitig aufhören! So verwandeln sich meine zwischenzeitlich ansehnlichen Gewinne am Ende in ein kleines Minus. Den Verlust sehe ich in Anbetracht des Erlebnisses aber als verschmerzbar an. Jochen legt etwas mehr Umsicht an den Tag: Er steigt aus, als er unsere Reisekasse um 100 Euro aufgestockt hat. Zufrieden beenden wir eine lange Casino-Nacht und fallen mit einem »Viva Macao!« auf den Lippen in unsere Betten.

Tags darauf wollen wir zurück auf das chinesische Festland. Wir kommen bis zur Passkontrolle. Dort werden wir auf unsere überzogenen Visa hingewiesen. Wir schauen uns entgeistert an: Wie bitte? Kann nicht sein! Energisch deuten wir auf das späteste Einreisedatum unserer Visa. Wir sind weit vorher eingereist, waren doch bereits einen Monat im Land! Eine freundliche Grenzerin klärt uns auf: Das Einreisedatum, das wir richtig als solches erkannt haben, bezieht sich auf die zweite Einreise. Und dieses haben wir um zwei Wochen überschritten.

Die Beamtin führt uns in ein separates Büro und verweist auf unser Visum für Vietnam, das wir bereits in Peking besorgt haben. Sie meint, wir können doch zurück und von Macao aus nach Vietnam fliegen. *Fliegen!* Bei diesem Wort beginnt Jochens Unterlippe zu zittern. Ich kenne meinen Freund lange genug, um zu wissen, dass er mit Geduld und Nerven am Ende ist. Jochen erhebt seine Stimme und redet hektisch auf die junge Uniformierte ein. Er erklärt, warum wir nicht fliegen können und dass wir laut Visum erst in drei Wochen nach Vietnam dürfen.

Die Frau zeigt sich unbeeindruckt. »Macao ist doch auch schön.« Jochen beugt sich bedrohlich über den Tisch der Amtsstube, eine Ader auf seiner Stirn tritt hervor. Bevor er richtig loslegt, ziehe ich ihn zurück und lege ihm nahe, draußen runterzukommen. Ich versuche es derweil etwas diplomatischer.

Händeringend suche ich nach einem Märchen, das das Herz der

Dame erweichen könnte. Ich versuche es mit der Mitleidsmasche, schließlich mit Herzschmerz. »Unsere Freundinnen erwarten uns in China, um gemeinsam mit uns Weihnachten zu feiern«, lüge ich. In drastischen Beschreibungen male ich aus, was uns erwarte, wenn wir nicht pünktlich am vereinbarten Ort seien. Das scheint zu fruchten. Verstohlen blickt sich die junge Dame um, beugt sich vor und flüstert verschwörerisch: Es sei in Einzelfällen möglich, ein neues Visum auszustellen. Ha, wir kommen der Sache näher!

Jochen kommt wieder rein, und ich informiere ihn über die Entwicklung, woraufhin er sich sichtlich entspannt. Was können wir tun? Über ein neues Visum entscheide ihr Chef, sagt die Beamtin und reicht uns Stift und Papier. Wir schauen sie fragend an. »Schreibt, schreibt!«, fordert sie uns auf. »Was sollen wir schreiben?« – »Einen Brief an meinen Vorgesetzten! Schreibt, wie leid es euch tut, dass ihr das Visum überzogen habt, dass es nie wieder vorkommt und warum ihr unbedingt noch einmal nach China wollt.« Jochen und ich schauen einander verdutzt an. Dann beginnt sie kurzerhand zu diktieren: »Dear Mr. Officer ...«

Als wir unsere Entschuldigungen und die Bitte um neue Visa zu Papier gebracht haben, steckt sie unsere Briefe in ein Faxgerät, faltet die Hände und strahlt uns an. »Und nun?«, wollen wir wissen. »Warten.« Na denn. Nach einer gefühlten Ewigkeit klingelt das Telefon: Der Vorgesetzte meldet sich. Unser Flehen zeigt Wirkung, er gibt grünes Licht! Neue Passbilder, vierzig Euro Gebühr, und wir dürfen wieder einreisen. Fast wäre ich über den Tisch gesprungen und hätte die Frau geherzt. Als sie unsere gelösten Mienen sieht, lacht sie: »Ihr habt doch nicht geglaubt, wir würden euch nicht mehr einreisen lassen? Wir sind doch nicht in Russland!« Wie wahr. Und wir haben wieder etwas dazugelernt: In China heißt nein niemals nein.

INFOBOX

> Hab Geduld mit chinesischen Beamten. Nein heißt nicht immer nein! Gib dich freundlich und hilflos, und dir wird geholfen!

> Verbringe eine Nacht in einem chinesischen Bus. Es ist eine Erfahrung der besonderen Art!

> Versuch dein Glück an den Spieltischen Macaos. Die Leidenschaft der Chinesen für das Glücksspiel kann ansteckend sein.

> Besuche Hongkong und schau dich auch auf den kleineren Inseln um. Es lohnt sich!

Kapitel 14:
Frohes Fest

JOCHEN

Der Nachtbus von Guangzhou nach Haikou brachte wieder eine schlafarme Nacht und den Duft gärender Füße. Und was Karaoke in Nachtbussen zu suchen hat, kapiere ich eh nicht. Die zweistündige Überfahrt nach Haikou, der Hauptstadt der Insel Hainan im Südchinesischen Meer, verbringen wir auf dem Oberdeck der Fähre. Die Insel, gleichzeitig Provinz, habe die beste Luft im Land, sagte Helen. Wenn es dort auch ein Karaoke-Verbot gibt, bleibe ich!

Nach ein paar Tagen des Bloggens in Haikou im Norden wollen wir in Sanya im Süden Hainans Urlaub von der Reise machen. Vor allem wollen wir die Masse an Erlebnissen und Erfahrungen verdauen. Seit drei Monaten jagt ein Highlight das nächste. Es ist Zeit, zu verschnaufen. Das Hawaii des Ostens, wie Hainan auch genannt wird, bietet sich dafür an.

Wir verbringen Weihnachten in Haikou. Die Geschäfte bieten Plastiktannen, Plastikbaumschmuck, Plastiklichterketten und viele Sorten Lametta. Wer etwas auf sich hält, verlässt die Wohnung mit Weihnachtsmütze. Im Hotel angekommen, empfangen uns das Deko-Komplett-Angebot sowie zwei Empfangsdamen in türkisfarbener Uniform. Und Nikolausmütze. Klar. Alles ist untermalt von einem Weihnachtslied. Ja, Singular. Es gibt »Jingle Bells« in Endlosschleife. Drei Tage am Stück.

Statt Gans lassen wir uns zum Festtag einheimisches Fondue schmecken. »Hot Pot« haben wir in Chengdu kennen- und lieben gelernt.

Danach sprechen wir mit unseren Familien, sie winken aus den

Bildschirmen unserer Laptops, was erstmals einen Anflug von Schwermut aufkommen lässt.

Unterhaltsam wird es, als wir nach Sanya wollen. Dort haben wir im Vorhinein eine Ferienwohnung gebucht, um uns vor Ort nicht kümmern zu müssen. Den im Preis inbegriffenen Abholservice vom Bahnhof nehmen wir gerne in Anspruch. Nähmen, um genau zu sein, denn so einfach ist das nicht. Noch in Haikou bitte ich eine Hotelangestellte, beim Vermieter anzurufen. Nach kurzem Gespräch legt sie auf, sieht mich an und sagt: »Die Buchung ist bestätigt!« Ich stutze. »Ja, schön, danke. Aber das weiß ich schon. Es ging um den Abholservice!« Ein fragender Blick. Ich erkläre es ihr. »Wir fahren heute«, deute ich auf den Kalender, »nach Sanya.« Nicken. »Dort haben wir eine Ferienwohnung.« Wieder Nicken. »Alles okay, die Wohnung ist gebucht und bestätigt.« Sie versteht. Juhu! »Aber wie kommen wir vom *Bahnhof* in Sanya zur *Wohnung*?« Stirnrunzeln, Lächeln. Auweia, das kann viel bedeuten. Ich versuche es anders, stelle pantomimisch dar: »Wo ist die Wohnung?« Hand über die Augen, suchender Blick. »Wir wissen nicht«, übertriebenes Schulterzucken, »wie wir vom *Bahnhof*«, eine offene Hand, die andere beschreibt einen Bogen, »zur *Wohnung* kommen sollen oder wo die überhaupt ist!« Jetzt hat sie verstanden und gibt einen Tipp: »Taxi!« Ihre Nikolausmütze baumelt durch das heftige Nicken, das Gebimmel der Glöckchen daran lenkt mich ab. Aber sie versteht das Kernproblem, wir machen Fortschritte. »Ja, genau, Taxi ist gut. Aber teuer!« Sie nickt und gibt mir durch ein »Money« zu verstehen, dass sie bei der Sache ist. »Genau. Unser Gastgeber«, ich halte ihr die Buchung hin und zeige auf einen Namen, »hat geschrieben, dass *er* uns abholt.« Meine Auto-Pantomime amüsiert sie. »Okay? Das ist umsonst. Abholservice!« Sie scheint verwirrt, dann wiederholt sie: »Sie wollen vom Bahnhof Sanya zur Wohnung fahren?« – »Genau!« Ich glaube, sie hat verstanden, und setze nach: »Der Mann in Sanya soll uns abholen, okay?« – »Ja, okay.« Sie ruft erneut an. Diesmal spricht sie länger, dann legt sie auf, kommt auf mich zu und sagt: »Ihre Buchung ist bestätigt!« Hinter mir höre ich

Peer kichern. »Ja, äh, gut, das ist super, aber das hatten wir schon. Und der Abholservice?« – »Der Mann sagt, Sie können sich ein Taxi nehmen, *direkt* vom Bahnhof *bis* zur Wohnung.« Und dann: »Ganz einfach!« Nickt einmal, lächelt wieder und schreibt die Adresse in Chinesisch auf, damit wir sie dem Taxifahrer zeigen können. Immerhin. Ich danke ihr.

Ein paar Tage später. Die Schnellzugfahrt nach Sanya führte entlang romantischer Reisfelder in uriger Hügellandschaft, die Taxifahrt zur Unterkunft verlief dank der Notiz problemlos. Dass unsere noble Ferienwohnung direkt an der Strandpromenade liegt, setzt dem Luxus die Krone auf. Nun laufen wir barfuß in kurzen Hosen den Strand entlang, der Sand brennt unter den Füßen, und wir schwitzen. Der Temperatur wegen, wohlgemerkt, nicht vor Aufregung. Alles geschieht bedächtig.

Das einzige Mal, das wir uns eilen, ist am Silvesterabend. Seit über einem Monat freuen wir uns nun auf chinesisches Feuerwerk. Abends gehen wir in ein Fischrestaurant und futtern uns die Bäuche voll, ohne auf das Geld zu achten. Können wir eh nicht, es gibt keine Speisekarte. An der Fensterfront stapeln sich Aquarien, alle mit Fischen und Schalentieren gefüllt. Der Gast entscheidet sich für ein Tier und dessen Zubereitung. Frischer geht es nicht. Nach gegrilltem Fisch und allerlei gebratenen Meeresfrüchten schauen wir auf die Uhr. Fünf vor zwölf, jetzt aber schnell! Wir zahlen und rennen die wenigen Meter bis zum Strand. Dort drehen wir uns um und blicken in die Lichter der Hotelburgen und Apartmenthäuser. Manche der Hochhäuser sind illuminiert, strahlen, leuchten oder blinken. Alles, was fehlt, ist Feuerwerk. »Da!«, jauchzt Peer. Am anderen Ende der Bucht lichtet sich die Hochhausfront und mündet in Resorts mit weniger Etagen. Dort steigt eine einzelne Silvesterrakete in den Himmel. Eine weitere folgt, dann Dunkelheit. Stille. Hinter uns rauscht die Brandung, vor uns der Verkehr. Ich schaue auf mein Handy. Das Datum stimmt, die Zeit auch. Ein Blick zu Peer. Schulterzucken. »Scheiß drauf, Prost Neujahr«, entscheidet dieser, dann fallen wir uns in die Arme und drücken uns. In China wird Neujahr nach dem Mondkalender gefeiert. Auch in Touristenorten.

Ähnlich entspannt genießen wir ein ausgiebiges Neujahrsfrühstück in unserer großzügigen Ferienwohnung. Niemand zieht aus oder ein, keiner zwängt sich vorbei und reißt dabei das Heißgetränk mit, niemand blockiert das Bad oder hinterlässt toxische Gase. Am wichtigsten ist, dass niemand die Frühstückszeiten vorschreibt. Auf dem Balkon mit Meerblick lasse ich mir meinen Kaffee schmecken. Irgendwann gesellt Peer sich dazu. Eine Uhr schaut in den Tagen keiner von uns an.

Sanya erkunden wir zu Fuß. Im Hafen beeindrucken uns die wohl schnellsten Garnelen-Pulerinnen der Welt, die kaum eine Sekunde pro Tier benötigen. Allein wo sie ihre Arbeit tun, auf braun verfärbten Styroporboxen oder gleich auf dem grau verschleimten Asphalt, vermindert kurzzeitig den Appetit. Nebenan hängt eine Familie ihre Kleidung zwischen der angebotenen Ware zum Trocknen auf. Das kann funktionieren, wenn man Blumen verkauft. Doch diese Familie vertreibt Trockenfisch, dessen Geruch uns vom Markt verjagt und uns darüber sinnieren lässt, wie es sein muss, morgens in diese Kleidung zu schlüpfen.

Apropos Kleidung: Auch die wird hier in vielen Boutiquen angeboten. Das Besondere: Großgemustertes in allen Farben und Schnitten. Ob Shorts, Röcke, Blusen oder Hemden, hier kann sich das Paar, die Familie oder gleich die ganze Reisegruppe im Partnerlook einkleiden. Auf Hainan der letzte Schrei. Als wir eine Radtour ans »Ende der Welt« machen – die Südspitze der Insel ist auch der südlichste Punkt des chinesischen Reichs (bis auf ein paar umstrittene Inseln) –, hinter der für die Chinesen auch die Welt endet, sehen wir eine Gruppe Männer mittleren Alters einen Reisebus verlassen. Alle uniform in rosa Blumenmuster.

In der Straße, in der wir nun stehen, bekommen wir durch die Schaufenster mit, wie bei Familien Maß genommen wird. »Ich fass es nicht«, entfährt es mir, »die lassen sich die Teile maßschneidern! Peeer …«, doch der unterbricht mich: »Vergiss es!«, so dass ich meine Idee eines gemeinsamen Looks nicht ausformuliere.

Über einen Obst- und Gemüsemarkt, dessen Stände an die Farbpalette eines Künstlers erinnern und auf dem wir uns völlig unbekannte Früchte sehen, gelangen wir in ein Gebiet, das nur aus Grillständen, Brätern und Garküchen zu bestehen scheint. Touchdown! Nur das Überangebot verwirrt uns. Also verschaffen wir uns einen Überblick und lassen uns strategisch günstig zwischen vier Ständen nieder. Ein weiser Entschluss. Hier ein Spieß mit Garnelen, dort zwei Tintenfische, von links die gegrillten Lotuswurzeln, von rechts Pak-Choi-Gemüse. Das, was Peer anschleppt, sieht aus wie vor langer Zeit unter Schmerzen verendet, riecht aber erstaunlich appetitlich und schmeckt nach – ich weiß nicht was – einfach lecker.

Bei Ausflügen ins Landesinnere besuchen wir kleine Dörfer, in denen die ethnischen Minderheiten Li und Miao leben. Wuzhishan, der »Fünf-Finger-Berg«, ist ein Ort am Fuße des gleichnamigen Berges. Von Sanya aus fahren wir mit dem Bus her, dann mit einem Van weiter, erst über Straßen und bald Pfade nach Shuiman, einem Dorf der Li. Hier bekommen wir einen Eindruck, wie das Leben fernab der Strände und Resorts abläuft. Kleine Kinder laufen uns barfuß entgegen und sehen uns mit großen Augen an. Manche winken zögerlich, die meisten stecken nur den Finger in den Mund. Die Mütter sitzen vor ihren unverputzten steinernen Hütten und braten das Essen über offenem Feuer oder waschen die Wäsche in großen Zubern auf der Straße, auf denen Hühner und Schweine spazieren gehen. Die Zeit scheint stillzustehen. Wir gehen auf von Bananen und Papayas gesäumten Wegen und genießen das Rauschen des Bambus im Wind. Hin und wieder sehen wir eine Hütte oder ein Feld, doch meist nur Grün, aus dem unsichtbares Getier ruft.

Da wir es nicht mehr schaffen, den Berg zu erkunden, fahren wir tags darauf erneut ins Landesinnere. Das »Yanoda-Regenwald-Tourismus-Zentrum« soll ein Idyll sein. Doch spätestens auf dem Parkplatz vor dem Eingangstor wird mir mulmig. Ich hätte es ahnen müssen, allein des Namens wegen. Viel zu groß. Drinnen begrüßt uns ein Guide mit erhobener Hand, Victory-Zeichen und einem langgezogenen »Yanodaaa«. Der Gruß der Miao bedeutet so viel wie »Willkommen« und wird von jedem Angestellten gerufen, sobald er oder sie einen Gast sieht. Jedes Mal zucke ich vor Schreck zusammen, wenn ein Guide im Golfwagen über die asphaltierten Straßen jagt und laut »Yanoda« schreit. Wir flüchten auf einen der natürlichen Waldpfade. Es herrscht strenges Rauchverbot, und nirgends liegt Müll herum. Doch das »natürlich« darf angezweifelt werden. Wir treten aus dem Wald, vor uns jagt eine Gruppe beim Rafting den Fluss hinab. Weiter flussaufwärts hängen die Canyoning-Fans im Wasserfall. Wir biegen um eine Ecke, wo uns Guides mit Aras auf den Schultern empfangen. Nein, das Ganze hier ist nichts für mich, da sehe ich lieber keine Papageien als angekettete. Es mutet zu sehr nach Vergnügungspark an, und das fortwährende »Yanodaaa« verfolgt mich bis in den Schlaf.

Ein paar Tage später sind wir zurück in Haikou, sitzen in einem muslimischen Nudelrestaurant und planen die Weiterfahrt nach Kunming. Beim Essen diskutieren wir die Möglichkeiten und hadern das erste Mal mit unserem Vorhaben, nicht zu fliegen. Der Bus braucht für die 1000 Kilometer einen ganzen Tag und kostet mehr als doppelt so viel wie das Flugzeug, das kaum zwei Stunden benötigt. Was tun? »Lass uns fliegen, merkt doch keiner«, beginnt Peer, doch seine Stimme verrät, dass er selbst nicht überzeugt ist. »Auf keinen Fall, wir ziehen das durch! Willst du wegen so was aufgeben?« Er hebt die Arme. »Hast ja recht, ich wollte es nur ausgesprochen haben.« Es wäre leicht möglich, alle Daheimgebliebenen zu belügen. Aber wir wüssten es, und das wollen wir nicht ertragen. Also Nachtbus.

Am Abfahrtstag stehen wir rechtzeitig vor etwas, das wir für die Fernbusstation halten. Sie entpuppt sich als Betriebshof. Alle Kommunikationsversuche scheitern. Keiner versteht uns, während die Abfahrtszeit näherrückt. Da kommt aus dem Dienstraum eine Frau, die anscheinend Feierabend hat. Wir versuchen ihr zu erklären, was wir suchen. Sie deutet auf unsere Tickets, hinter sich auf den Hof und schüttelt energisch mit dem Kopf. So weit waren wir schon. »Ja, ich weiß, dass wir hier falsch sind, aber wo«, hochgezogene Schultern und Gesten in viele Richtungen, »ist die Haltestelle?« Sie scheint zu begreifen. Endlich. Sie schaut auf die Uhr und bedeutet uns, ihr zu folgen. Auf der Straße zeigt sie auf einen Bus und redet in einer Geschwindigkeit, dass ich sie nicht verstanden hätte, selbst wenn ich ihre Sprache gesprochen hätte. »Aah, ja« ist alles, was ich sagen kann, doch das hilft. Sie geht zum Bus und redet auf den Fahrer ein, deutet auf uns, redet weiter, bis der Fahrer nickt und uns bedeutet, einzusteigen. Wir bedanken uns durch die Scheiben des anfahrenden Busses bei der hilfsbereiten Dame und hoffen, dass sie wirklich verstanden hat, wo wir hinwollen. Tatsächlich klappt alles, und wir erwischen unseren Bus.

In Kunming verbringen wir unsere letzten Tage in China und schwören uns unablässig, dass wir nicht das letzte Mal hier waren. Dann ist es Zeit, aufzubrechen. Unser letzter chinesischer Nachtbus bringt uns an die Grenze. Genauer gesagt setzt er uns mitten in der Nacht in einem schlafenden Dorf aus, von dem wir hoffen, dass es an der Grenze liegt. Der Busfahrer gibt uns zu verstehen, dass diese die Straße hinunter liege, aber erst am frühen Morgen öffne. Als ich vor Müdigkeit genervt die Augen rolle, klopft er an ein heruntergelassenes Rollgitter. Es öffnet sich, und ein unausgeschlafener Chinese schiebt seinen Kopf hinaus, wechselt ein paar Silben mit dem Busfahrer und verschwindet in der Garage, die sich als eine Art Kiosk entpuppt. Der Fahrer verabschiedet sich mit dem Bus in die Dunkelheit. Da stehen wir nun, zusammen mit drei Amerikanern, und wissen nicht, wohin. In dem Moment kommt der Chinese aus dem Hintergrund zurück, sich die Hose zuschnürend. Lächelnd winkt er uns zu sich, bietet Schemel an und stellt Bier auf den Tisch. »Wow, danke, ich meine, Xixi, aber ich hätte lieber einen Tee. Äh, Cha?« Auch das hat er. Neben mir seufzt Peer schwer, als er schulterzuckend das Bier aufmacht und mit einem der Amerikaner anstößt: »Ich werde China vermissen.«

INFOBOX

> Wundere dich nicht, wenn du als Einziger am Strand liegst. In China ist braune Haut unmodern, Frauen laufen gar in Schleier und Handschuhen sowie mit Sonnenschirm herum, um ihre vornehme Blässe nicht zu verlieren.

> Frauen sollten sich nicht oben ohne sonnen.

> Achtung, wenn du Einheimische nach dem Weg fragst. Ein Chinese wird dich eher ins Nirgendwo schicken, als zuzugeben, dass er den Weg nicht weiß. Frag mehrere Menschen und gehe den Weg, den die meisten vorschlagen, dann wirst du schon ankommen.

> Wenn du Weißwein bestellst, kann es sein, dass du Reiswein bekommst. Achtung, das ist Schnaps mit teilweise über fünfzig Prozent Alkoholgehalt!

Kapitel 15:
Der letzte Bus

PEER

E s ist kalt. Seit zwei Tagen schüttet es ununterbrochen. Ich liege auf dem Bett unseres Zimmers in Nordvietnam und blicke auf die Straße. Das Regenwasser hat sie in einen reißenden Bach verwandelt. Sapa ist unsere erste Station in Vietnam. Das Örtchen liegt am Fuße des Fansipan, dem mit 3000 Metern höchsten Berg Vietnams, und schmiegt sich an die Hänge einer atemberaubenden Landschaft. So sagt man zumindest, gesehen haben wir davon wegen des Wetters noch nichts.

In den buntgetünchten Häusern befinden sich viele Herbergen und Restaurants. Sapa ist ein Touristenort. Warum, hat sich uns bis jetzt noch nicht erschlossen. Wenn wir das Haus verlassen, treiben wir uns auf dem Markt herum, dessen Plastikplanen wenigstens stellenweise Schutz vor dem Dauerregen bieten. Außerdem gibt es dort immer ein wärmendes Süppchen. Sonst hat Sapa wenig zu bieten.

Jochen geht in die »Misty Bar« im Nachbarhaus. »Happy Hour!«, frohlockt er, als er durch die Tür verschwindet. Ich habe zunächst keine Lust auf einen weiteren Abend in der verrauchten Kneipe. Doch es gibt sonst nichts zu tun, und langsam wird mir langweilig. Also raffe ich mich auf und folge Jochen in die Bar. Ich finde ihn im Schummerlicht eines offenen Kamins ins Gespräch vertieft. Er stellt seine Gesellschaft als Ana und Dani vor. Die beiden Spanier, die gerade ihre nassen Socken neben etwas Stockbrot über dem Feuer trocknen, reisen bereits seit China gemeinsam, wo Ana als Lehrerin arbeitet. Bei einigen Getränken tauschen wir Reiseerlebnisse aus und merken schnell, dass wir auf einer Wellenlänge liegen. Auch Ana und

Dani kamen wegen der schönen Landschaft nach Sapa. Auch sie sind frustriert und wissen nichts mit sich anzufangen, als die Kneipen unsicher zu machen. »The rain sucks!«, bringt es Dani auf den Punkt. Und er muss es wissen. Schließlich bereist er die Welt mit dem Fahrrad. Das nötigt uns allergrößten Respekt ab.

Wir sagen, dass wir drauf und dran sind, die Gegend unbesehen zu verlassen und uns nach Hanoi aufzumachen. Ana sieht es ähnlich: »Wenn es morgen immer noch regnet, kommen wir mit!« Wir beschließen, das Beste aus dem Abend zu machen. Was uns dank Happy Hour auch gelingt.

Als ich am nächsten Morgen die Augen öffne, kann ich kaum glauben, was ich sehe: strahlenden Sonnenschein! Jochen, wie immer früher auf als ich, schnurrt vor guter Laune und sprudelt vor Tatendrang. Auch ich, sonst eher Morgenmuffel, merke, wie das schöne Wetter die Stimmung hebt. Wir gehen auf den Markt, wo wir uns mit Ana treffen. »Dani liegt noch im Bett, er hat die letzte Nacht nicht so gut weggesteckt«, berichtet sie. Bei einem Frühstückssüppchen beschließen wir, den Tag für eine Wanderung durch die umliegende Gegend zu nutzen. Ana erzählt uns von den H'Mong, der dort ansässigen Bevölkerung, deren Frauen morgens aus ihren Dörfern nach Sapa kommen, um auf dem Markt ihre Erzeugnisse zu verkaufen. Auf dem Rückweg nehmen sie wanderlustige Touristen mit auf eine Tour durch die Reisfelder. Gegen ein kleines Entgelt, versteht sich. Zusammen mit einigen anderen Neugierigen schnüren wir unsere Wanderschuhe und schließen uns den H'Mong an. Die Frauen in traditioneller Tracht, mit Kopftuch und vielen großen Ohrringen, bewegen sich in ihren Gummistiefeln oder Badeschlappen mit einer erstaunlichen Sicherheit auf den unwegsamen, schlammigen Pfaden. Wir stolpern in unseren festen Schuhen mehr schlecht als recht hinterdrein.

Kaum haben wir Sapa hinter uns gelassen, verstehe ich, warum der Ort in Reiseführern mehrere Seiten füllt: Der Blick reicht über das gesamte Tal, das nur aus Reisterrassen besteht. Die Sonne lässt das Wasser der Reisfelder glitzern. Und sie brennt.

Den gesamten Vormittag steigen wir durch das Tal, balancieren über die Ränder der Reisfelder oder waten durch Bäche. Kennt man den Pfad nicht, so hat man keine Chance, ihn zu finden. Die einzigen Menschen, die uns begegnen, sind zwei echte Cowboys: Jungs auf Wasserbüffeln.

Gegen Nachmittag erreichen wir das Haus unserer Führerin Mischa, die uns zum abschließenden Essen einlädt. Während sie mit ihrem Mann über dem offenen Feuer die Mahlzeit bereitet, spielen wir mit ihren Kindern in den Reisfeldern.

Nach einem ausgiebigen Mahl verabschieden wir uns von den H'Mong. Auf einer Straße, die sich entlang der Berghänge windet, gehen wir zurück nach Sapa, wo uns gegen Abend Dani bereits in unserer Stammkneipe erwartet. Nach unseren Berichten bereut er schnell, nicht aus den Federn gekommen zu sein. Sonnenverbrannt, ausgelaugt, aber glücklich diskutieren wir den Tag und sind uns einig: Diese Wanderung entschädigt für alle Regentage!

Als uns ein Holländer und ein Schweizer aus unserer Wandergruppe erzählen, wie sie Vietnam bereist haben, werden wir hellhörig: mit dem Motorrad. Sollte es überall in Vietnam so aussehen wie um Sapa, gibt es hier definitiv großartige Motorradstrecken. Also mieten wir uns am nächsten Tag ein paar Roller, um die Gegend einmal von den Passstraßen aus zu betrachten. Spätestens nach diesem Trip – das Wetter blieb uns hold – leuchtet ein Funke in Jochens Augen. »Alter, das war geil! Wir brauchen dringend Mopeds!« Auch ich bin angetan, jedoch hält sich mein Enthusiasmus in Grenzen: »Du weißt schon, dass ich keinen Motorradführerschein habe und der heutige Ritt mein erster war.« – »Lief doch gut«, entgegnet Jochen. »Aber Vietnam hat weltweit die meisten Verkehrstoten, das lässt Rückschlüsse auf die Fahrweise zu«, gebe ich zu bedenken. Doch ich sehe an Jochens Blick, dass er gedanklich schon auf einem Hobel auf Vietnams Straßen unterwegs ist. Wir beschließen, erst mal nach Hanoi zu fahren und das Thema bis dahin ruhen zu lassen.

Am nächsten Tag wollen wir den Nachtbus nehmen. Ana begleitet uns, während Dani sich aufs Rad schwingt. Auf dem Markt decken wir uns mit Reiseproviant ein und schlendern am späten Nachmittag zur Bushaltestelle. Dort setzen wir uns zwischen unser Gepäck auf den Bürgersteig und warten. Derweil haben wir Gelegenheit, uns von den »Ganja Mamas« zu verabschieden. Das sind ältere H'Mong-Frauen, die ebenfalls täglich Sapa besuchen und dort ganz spezielle Erzeugnisse feilbieten. »Vietnamesische Alterssicherung«, fasst Jochen den gewöhnungsbedürftigen Anblick älterer Frauen, die auf der Straße Cannabis verkaufen, zusammen. Es soll nicht lange dauern, bis wir uns wünschen, wir hätten zur Beruhigung unserer Nerven etwas erstanden.

Während wir warten, füllt sich der Bürgersteig. Als der Bus endlich vorfährt, deute ich auf die Bustür, wo ein tumultartiges Gedränge herrscht. »Mal schauen, ob wir da reinkommen.« – »Keinen Stress, wir haben Tickets.« Jochen ist die Ruhe selbst. »Andere sicher auch«, entgegne ich beim Anblick der Menschenmasse, die unmöglich in den Bus passt. Noch gelassen, beobachten wir, wie der Busfahrer, ein Hüne mit vernarbtem Schädel und finsteren Zügen, mit seinem breiten Kreuz die Tür blockiert und Leute aussortiert. »Ich geh mir das mal anschauen«, ergreift Jochen die Initiative. Ana und ich warten derweil beim Gepäck. Aus sicherer Distanz beobachte ich, wie auch Jochen trotz Tickets abblitzt. Ratlos gehen wir zum Büro des Busbahnhofs. »Is that the nightbus to Hanoi?«, will ich wissen. »Yes«, blickt der Angestellte von seinen Papieren auf. »We've got tickets, but the driver won't let us in«, mischt sich Jochen ein. »Yes, full«, bestätigt der Mann gut gelaunt. »How are we supposed to go to Hanoi?«, hake ich nach. »By bus«, schlägt er vor. »Aargh yes, but the bus is full!«, verliere ich langsam die Geduld. – »Yes, full«, spricht er und grinst. Das führt zu nichts.

Jochen platzt der Kragen. Er greift nach dem Arm des Mannes, der nicht recht zu wissen scheint, wie ihm geschieht, zieht ihn aus dem Büro und führt ihn zum Bus. »See, full«, zischt er ihn an. »Yes, full«, gibt er Jochen recht. »Our seats?«, fragt Jochen, mit seinem Ticket wedelnd. Schulterzucken. »Stand«, rät er uns. Zehn Stunden stehen? Jochen schiebt den Kartenverkäufer in die Bustür. »Tell the driver!«, raunzt er. Der Mann will sich aus dem Bus und der Affäre winden, doch Jochen spielt Chinesische Mauer: »Tell him to let us in!« Nach einigem Hin und Her, währenddessen das cholerische Gebrüll des Busfahrers stetig zu- und seine Laune abnimmt, deutet er mit einem Grunzen zum Heck des Busses und lässt uns widerwillig einsteigen. Der Kartenverkäufer trollt sich, und wir finden unsere Sitze in der letzten Reihe. Dort schichtet sich eine Familie genervt von vier auf zwei Plätze um. Nun haben auch wir zumindest zwei Plätze zu dritt, inklusive Wanderrucksäcken, Tagesrucksäcken und Proviant. Der Gang ist besetzt von stehenden Reisenden und ihrem Gepäck. Wir haben uns zumindest einige der Insassen zu Feinden gemacht, doch wir sind im Bus. Ich muss an Dani denken, der bereits am Morgen mit seinem Rad nach Hanoi aufgebrochen ist. Er hat solche Sorgen nicht.

In der Dämmerung setzt sich der Bus in Bewegung. Wir ziehen die Spitzengardinen vor die Busfenster und kuscheln uns aneinander. Doch an Schlaf ist nicht zu denken. Der Fahrer, offenbar immer noch kochend vor Wut, lässt seinen Zorn an der Straße aus. Halsbrecherisch jagt er sein Gefährt über die Serpentinen. Die Dunkelheit verhindert, dass wir die Abgründe sehen, was wir als Gnade empfinden.

Gerädert erreichen wir im Morgengrauen Hanoi. Noch vor uns hielt der Regen Einzug. Adrenalin und Schlafmangel zeigen Wirkung, doch wir sind froh, den wilden Ritt überlebt zu haben. »Das war meine letzte Busfahrt in Vietnam!«, ist Jochen entschlossen. Auch ich bin so weit. »Das brauch ich auch nicht noch mal! Es wird Zeit für was anderes. Lass uns Mopeds kaufen, gefährlicher als ein Bus kann das auch nicht sein«, bin ich angesichts der gerade überstandenen Tortur bereit, meine bisherigen Bedenken über Bord zu werfen.

Völlig erschöpft suchen wir uns ein Hostel in der Altstadt und schlafen uns erst mal aus. Am Nachmittag spazieren wir durch die Gassen, etwas vom berüchtigten Hanoi-Flair aufsaugen. Wir reihen uns ein in die Massen von hupenden Mopedfahrern und Passanten, schieben uns vorbei an Straßenhändlern mit Bauchläden, Marktständen und Imbisswagen. Kaum tut sich eine Lücke im Menschen- und Verkehrsstrom auf, prescht ein Motorroller laut hupend hinein. Eine Kreuzung zu überqueren, ist ein Geduldsspiel, bis wir herausfinden, wie es die Einheimischen machen: einfach losgehen! Also versuchen wir es auch. Augen zu und durch. Tatsächlich teilt sich der Verkehrsstrom und umspült uns lautstark. Bald treiben uns Regen und Gedränge aus den proppenvollen Straßen hinein in eine Suppenküche. Hanoi-Flair kann ganz schön anstrengend sein.

Wir lassen den Tag vor einer Bar an der Straßenecke auf kleinen, bunten Plastikhockern bei selbstgebrautem Bier ausklingen. Auch das ist Hanoi-Flair. Dieser Abendbeschäftigung frönen hier Einheimische wie Touristen gleichermaßen. Schnell kommt man ins Gespräch. Als die Bar schließt, wollen wir mit ein paar anderen noch einen Absacker nehmen. Wir gehen in das nächste Lädchen, wo Ana zeigt, was sie in China gelernt hat: Unerbittlich drückt sie den Preis für ein paar Bier. Ich weiß nicht, ob der junge Verkäufer Ana überhaupt versteht, aber ihr fließend vorgetragener Redeschwall auf Mandarin verfehlt seine Wirkung nicht. Zähneknirschend kommt uns der Mann im Preis entgegen.

Den nächsten Tag verbringen wir nach einem Besuch bei Ho Chi Minh in seinem Mausoleum damit, unseren Plan in die Tat umzusetzen: In den Hostels durchforsten wir die Aushänge nach gebrauchten Motorrädern. Abends lassen wir uns wieder auf den Schemeln an unserer Straßenecke nieder und warten bei einem trüben Bräu auf Dani, der heute in Hanoi eintrudeln will. Wir sitzen, trinken und rauchen unter einer Markise, während wir den nicht enden wollenden Regen beobachten. Ana wird langsam unruhig, da sie sich um Dani sorgt. Gerade will sie eventuelle Nachrichten checken, als der sein schlammverkrustetes Fahrrad auf die Kreuzung schiebt. Es folgt ein großes Hallo. Gemeinsam statten wir dem kleinen Laden, in dem Ana am Vortag so erfolgreich feilschte, einen Besuch ab. Als der Verkäufer die zierliche Spanierin in der Tür sieht, ruft er entsetzt: »Not her! Not again!«, und gibt uns das Bier ungefragt günstiger. Dani schaut uns stumm an. »Frag nicht, du kennst Ana« reicht als Erklärung.

Wir berichten Dani von unserer Horror-Busfahrt und dem Plan, künftig auf Motorräder umzusteigen. Er zeigt sich hocherfreut: »Do it, my friends! That's true freedom! And we can travel together.« Jochen ist ohnehin Feuer und Flamme, spätestens jetzt freunde auch ich mich mit der Idee an. Gemeinsam mit den beiden Spaniern reisen klingt gut. Die Aussicht auf eine ganz neue Freiheit beinahe noch besser.

INFOBOX

> Wanderungen mit den H'Mong-Frauen organisierst du am besten selbst. Geh frühmorgens auf den Markt, die Frauen werden dich ansprechen. Buche nicht über Reiseagenturen, dann bleibt die Hälfte des Geldes dort. Es gibt auch die Möglichkeit eines »Homestay«, also einer Nacht bei den Familien.

> Lass dich nicht von der ruppigen Art mancher Vietnamesen abschrecken. Dass einige Einheimische nicht allzu gut auf Ausländer zu sprechen sind, erklärt sich durch die Landesgeschichte. Bleib freundlich und setz dich durch, etwa wenn der Busfahrer dich trotz Ticket nicht mitnehmen will. Die Ordnungshüter zu rufen, macht hingegen wenig Sinn. Wenn sie überhaupt kommen, lassen sie sich ihre Dienste in bar bezahlen. Und die Schuldigen sind schnell ausgemacht: die Touristen.

Kapitel 16:
»Woah, the Germans!«

JOCHEN

Seit fünf Tagen sind wir in Hanoi. Außer jeder Menge enger Gassen haben wir vor allem Motorräder gesehen. Die meisten davon sind in Bewegung. Diejenigen, die zum Verkauf stehen, sehen nicht immer aus, als könnten sie fahren. Also entscheiden wir uns für Maschinen aus einer Werkstatt. Die Betreiber, dem Dialekt nach Engländer, genießen einen guten Ruf unter Reisenden. Sie behaupten, nur auf Qualität zu achten, und garantieren, dass Fahrgestellnummer und Papiere zueinanderpassen. Das ist nicht üblich, aber besonders beim Grenzübertritt wichtig. Deshalb gibt diese Garantie den Ausschlag. Der Spruch mit der Qualität wird zum Dauerbrenner, vor allem, wenn bei den Mistkarren mal wieder etwas aus- oder abfällt.

Vor dem Kauf erhält Peer seine erste Fahrstunde auf einer Nebenstraße. Offiziell braucht man auch in Vietnam einen Führerschein. Doch weder haben wir bisher Polizisten gesehen noch haben uns Reisende von solchen berichtet.

Wir nehmen uns vor, um alle Verkehrsteilnehmer einen großen Bogen zu machen. Was Peer etwas zu wörtlich nimmt. Kaum haben wir unsere Honda Win 100 gekauft und sind um zwei Ecken gebogen, ist er weg. Ich warte an einer Straßenecke, denke, er wird an einer Ampel gehalten haben. Süß. Als würde irgendjemand diese Dinger beachten. Nach einer Weile drehe ich um. Langsam wird mir mulmig. Ich bin in Hanoi, mitten im Realität gewordenen Verkehrswahnsinn, und habe meinen Freund verloren, der keine halbe Stunde Fahrpraxis hat. Wieso bin ich auch vorgefahren? Tolle Aktion, Jochen. Meine

Sorge wird größer, der Regen dichter. Ich suche die Straßen ab. Nichts. Bis auf eine Million Mopeds.

Irgendwann gebe ich auf und fahre heim. Wo mich Peer unter einem Dach auf seinen Hobel gelehnt begrüßt, die Kippe lässig im Mundwinkel. »Wo bleibstn?« ist alles, was er sagt. Ich flippe fast aus. »Bist du wahnsinnig geworden?« Bevor er Luft holen kann, sprudelt es aus mir hervor: »Du kannst doch nicht einfach abhauen, du Assi! Ich habe dich wer weiß wo gesucht, bin halb Hanoi abgefahren, habe dich in Gedanken schon irgendwo blutend in der Gosse liegen sehen, und du machst hier einen auf Easy Rider. Ich glaub, es hackt!« Peer geht nicht mal ansatzweise auf meine Tirade ein und entgegnet seelenruhig: »Hat geregnet, musste anhalten und mir die Brille putzen. Danach warste weg. Da bin ich halt hergefahren, wo sollte ich auch sonst hin?« Ich zähle bis zehn und versuche es väterlicher: »Peer, das geht so nicht. Wir fahren Kolonne, verdammt! Zumindest so lange, bis du es richtig kannst. Willst du anhalten, dann hup, blink, mach Zeichen, aber du kannst nicht einfach verschwinden, ich war fast irre vor Sorge.« – »Okay, *natürlich*, beim nächsten Mal fahr ich dir *blind* hinterher, bis …« Mein Blick scheint das beabsichtigte »Vorsicht, Vögelchen!« auszudrücken. Er verstummt.

Der nächste Tag sieht Fahrübungen vor. Da passt es doch, dass wir dreimal zur Werkstatt müssen. Peers Elektrik fällt aus (»Wir achten nur auf Qualität!«), mein Hinterrad sitzt nicht richtig, (»Qualität!«), und ich schmeiße mein Moped beim Beladen um, wobei der Kupplungshebel abbricht (eigene Blödheit).

Kaum dass alles notdürftig geflickt ist und wir Hanoi verlassen, wird es dunkel. Und Peers Elektrik versagt erneut (»Qua-li-tät!«). Doch das merke ich nicht. Als ich für einen Pinkelstopp am Straßenrand halte und Peer dazukommt, ist es an ihm, laut zu werden: »Was *rast* du denn so? Was soll ich denn bitte für Zeichen machen? Aus *der* Entfernung siehst du nicht mal, wenn ich in Flammen aufgehe!« Ich komme nicht dazu, zu antworten. »Wir brauchen eine richtige Werkstatt, meine verdammte Elektrik ist schon wieder ausgefallen, ich sehe gar nichts.«

Wir fummeln kurz rum und erkennen, dass wir keine Ahnung haben. Naiv, wie wir sind, haben wir uns heute Abend mit Ana und Dani in Bai Chay in der Ha-Long-Bucht verabredet. Dass wir für die noch etwa 150 Kilometer letztlich zwei Tage brauchen, liegt auch daran, dass Tet ist. Das vietnamesische Neujahrsfest wird traditionell mit der Familie gefeiert. Was nichts anderes heißt, als dass alles zu ist. Alles. Völlig utopisch, jetzt noch eine geöffnete Werkstatt zu finden. Und nachts fahren in Vietnam nur Einheimische oder Leute mit Todessehnsucht. Mit Glück finden wir wenigstens eine Bleibe für die Nacht. Am nächsten Tag wagen wir uns auf die nächste Etappe. Bei Peer muss es halt ohne Tacho-Anzeige gehen.

Als wir nach zwei Tagen in der Ha-Long-Bucht ankommen, sind wir steifgefroren und bis auf die Knochen durchnässt. Auch die Sonne scheint Tet zu feiern. Wir finden die mit Ana und Dani verabredete Unterkunft und genießen die warme Dusche. Danach stromern wir durch die Gassen der ausgestorben wirkenden Ortschaft. »Wo habt ihr denn gestern gegessen?«, frage ich Dani, als wir nur geschlossene Türen vorfinden. »Ana hat in einem Grill um die Ecke selber gekocht.« Ich halte das für einen Scherz, doch als wir in den einzig geöffneten Imbiss im Ort gehen, merke ich, dass Dani es ernst meint. Ana und er werden begrüßt wie alte Freunde, gehen direkt in die Küche und bedienen sich am Kühlschrank. Während der Wirt eine Pause macht, schneidet Ana das Gemüse. Mit großen Augen sehen wir zu, wie die Spanier gemeinsam mit der Wirtin am Feuer wuseln, bis wir Nudelsuppe, gebratenen Reis und Salat auf dem Tisch stehen haben. »Ihr habt euch ja gut eingelebt«, kichert Peer vor sich hin, bevor sich gefräßige Stille ausbreitet.

An diesem Abend feiern wir Tet. Will heißen, wir kaufen die Biervorräte auf, ziehen uns dick an und setzen uns auf unseren Balkon. Tet feiert man im Kreis der Familie, und Ana und Dani kommen dieser am nächsten.

Auch einen Bootsausflug durch die weltberühmte Bucht machen wir gemeinsam. Sehen kann vor lauter Nebel keiner was, dafür zahlen wir der Feiertage wegen das Fünffache des Normalpreises. Wie auch in vielen Imbissen. Nicht mal Anas unvergleichliches Talent zum Handeln kann daran etwas ändern. Als wir uns von den beiden trennen, sagen wir noch »Bis übermorgen in Hue«. Dann folgt ein Wetter, wie ich es noch nie erlebt habe. Über dem Südchinesischen Meer tobt ein Taifun, der neben mehr Regen auch noch mehr Kälte mit sich bringt. Er entzieht uns in der folgenden Woche sukzessive Wärme, Kraft, Stimmung und Geld. Und macht alle Pläne zunichte. Über Ninh Binh kämpfen wir uns bis nach Ha Tinh vor. In beiden Orten verpassen wir Ana und Dani, die das einzig Richtige gemacht und den nächsten Bus nach Süden genommen haben. Wir erleben statt Sehenswürdigkeiten lediglich Werkstätten. Mal sind es die Bremsen, dann die Kette, mal ist es das hintere Rad, mal das vordere. Meistens jedoch die Elektrik. Nicht nur Peers. Und immer wieder müssen wir uns mit Tet auseinandersetzen, der Zeit, in der das ganze Land in einen einwöchigen Dornröschenschlaf fällt, aus dem es kein Erwachen gibt. Es sei denn, nach langer Suche mit viel Glück für noch mehr Geld.

Wir quälen uns morgens in die klammen Sachen und glitschen auf die Sitze unserer Mopeds. Stunde um Stunde Fahrt durch Nebelbänke und Regenschauer. Grau am Himmel, Grau am Boden, Grau im Kopf. Entfernungen, für die wir auf deutschen Straßen selbst bei diesem Wetter Stunden gebraucht hätten, fordern hier einen Kampf, der Tage dauert. Versuche, dem wahnwitzigen Verkehr auf dem »Highway« zu entgehen, scheitern daran, dass Seitenstraßen unter- oder gleich komplett weggespült sind. Alle Stunde halten wir an, Material und Geist, gleichermaßen geschunden, brauchen eine Pause. Keine Ahnung, wie schnell wir fahren, die Tachos gehen nicht. Genau wie die Kilometerzähler. Die Kälte hat sich so tief in uns festgesetzt, dass auch eine große Schale Nudelsuppe sie nicht vertreiben kann. Der Hintern tut weh, der Kopf auch.

Wir sind am Ende unserer Kräfte. Jeden Abend, wenn wir in der einsetzenden Dunkelheit unseren Zielort erreichen, schauen wir uns Wetterberichte an, immer verzweifelter ob der gleichbleibenden Auskunft: Regen. Immer nur Regen. Mopednovize Peer gibt das Tempo vor. Unter meinem Helm wiederhole ich Stunde um Stunde dasselbe Mantra: weiter nach Süden. Da unten scheint die Sonne, dann hört die Scheiße auf. Weiter, immer weiter, Stillstand ist der Tod. Und das ist er tatsächlich beinahe.

In Ha Tinh beschließen wir, es in einem Rutsch bis nach Hue zu versuchen. 320 Kilometer, mehr als je zuvor. Alle Kälte und alle Schmerzen sind egal, wir wollen nur weg. Vor einem Dorf überholen wir drei schwere Lastzüge, dann rast ein Auto an uns vorbei und verschwindet hinter einer Anhöhe. Ich sehe Peer ihm folgen, dann geht alles ganz schnell. Kaum auf der Kuppe, sehe ich Peer schlingern. Das Auto hat mitten auf der Straße gehalten, exakt hinter der Kuppe. Ausweichen können wir nicht: Rechts stehen Fahrzeuge, links kommen uns Busse entgegen. Als ich bremse, sehe ich, wie das Moped unter Peers Hintern wegsackt und er in das Heck des Wagens rutscht. Auch ich kann auf der nassen Straße mein Bike nicht kontrollieren, fluche, weil ich nicht vor der Kuppe bremste, und knalle mit Wucht in Peers Rücken.

Da liegen wir, Peer zuunterst, dann sein Moped, gefolgt von mir und meinem Hobel. Ich sehe, wie Benzin aus meinem Tank läuft, natürlich ist der Deckel nicht dicht. Doch alles, woran ich denken kann, sind die drei Laster hinter uns, die sicher auch nicht vor der Kuppe abbremsen. Panik steigt auf. Ich kann aus dieser Position mein Moped samt Rucksack nicht anheben, komme nicht frei. Auch Peer nicht. Da fliegt plötzlich die Maschine geradezu in die Höhe. Erst nach einer Schrecksekunde merke ich, dass das nicht ich war, sondern eine Gruppe Vietnamesen, die unvermittelt auftaucht und uns samt Material von der Straße zerrt.

Kaum stehen wir neben der Fahrbahn, dröhnen die Lkw an uns vorbei. Glück, dass in diesem Moment kein Gegenverkehr kommt!

Ich ziehe meinen Helm ab, suche Peer, wir betasten uns, blicken uns in die Augen, ich glaube, wir reden auch miteinander. Peer hat nur ein paar leichte Kratzer, der Tagesrucksack auf seinem Rücken hat ihn vor meinem Aufprall geschützt. Ich bin völlig unversehrt. Wahnsinn! Mein Moped ist ohne Schäden davongekommen, Peers nicht ganz. Irgendwas an der Gabel ist noch schiefer als vorher, der Frontscheinwerfer hängt in Fetzen, ebenso wie ein Blinker, der Ständer fehlt. Alles egal, Hauptsache, wir leben.

Doch dann beginnt das Spektakel erst. Genau vor dieser Situation wurden wir gewarnt. Ich sehe, wie der Fahrer des Wagens gemächlich aussteigt, gekünstelt seine Stoßstange ansieht und dann in ein Geschrei ausbricht, das so unecht wirkt, dass es nicht mal für eine Seifenoper taugen würde. An seiner Stoßstange ist kaum ein Kratzer, doch er will 1000 Dollar von uns. Für manche Vietnamesen ein Jahresgehalt.

»*Was* will er?« Peer zittert am ganzen Körper, so habe ich ihn noch nie gesehen. In mir wird etwas aktiviert, von dem ich bisher nicht wusste, dass ich es habe. Ich werde ganz ruhig. Drehe Peer um, ziehe ihn weg, sage, dass er sich hinsetzen soll, bevor die Lage eskaliert. Seine Versuche, auf Englisch zu erklären, dass wir nicht schuld sind und eher Geld zu bekommen haben, statt welches zu zahlen, sind vergeblich. »Thousand Dollar« scheinen die einzigen englischen Vokabeln zu sein, die die Leute um uns herum sprechen. Nur eine kommt noch hinzu: »Police«, was eindeutig als Drohung gemeint ist.

Als mich ein Vietnamese um die fünfzig anspricht, denke ich mir zuerst: »Was kommt denn jetzt?«, dann fällt mir auf, dass er gutes Englisch spricht. Er trägt Anzug und Krawatte, seine Haltung drückt aus, dass er es gewohnt ist, respektiert zu werden. Und tatsächlich bellt er nur wenige Silben, und die Menschenmenge beruhigt sich. Erst versichert er sich, dass es uns halbwegs gutgeht, dann bietet er an, zu verhandeln. Von da an nimmt das Schicksal eine positive Wendung. Der Preis fällt sofort auf 500 Dollar, wir schütteln auch dazu die Köpfe. Der Unfallverursacher bietet nun im Sekundentakt fallende Preise und zeigt damit nur, worum es ihm bei der Sache geht. Dann wendet sich unser Retter wieder an mich und sagt: »Er lässt sich darauf ein, dass jeder seinen eigenen Schaden bezahlt und die Polizei außen vor bleibt.« Ich drehe mich zu Peer um. Er hat alles gehört und nickt stumm. Also einigen wir uns, die Menschenmenge löst sich auf, und der Autofahrer fährt mit durchdrehenden Reifen davon.

Nachdem wir in Ruhe nachgeschaut haben, ob nicht doch irgendwo bei uns ein Knochen rausschaut, frage ich unseren Ritter: »Was haben Sie zu ihm gesagt, dass er eingelenkt hat?« Er lächelt kurz und traurig. »Ich habe allen gesagt, dass ihr Gäste in unserem Land seid und dass man so nicht mit Gästen umgeht. Sie sollten sich schämen. Vietnam ist ein armes Land, wir haben wenig. Deshalb sind wir auf Touristen angewiesen, und darauf, dass sie in ihrem Heimatland positiv über Vietnam sprechen.« Wir sind baff und danken ihm überschwenglich. Auch dafür, dass er sein Telefon zückt und zwei Männer herbeiruft, die Peers Schrotthaufen geradebiegen und mit Klebestreifen und Gummiband flicken. »Bis nach Hue hält das«, beschließt unser Retter, was wir nur mit Staunen quittieren. Und ein paar Dollar für die Mechaniker.

Im Schneckentempo zuckeln wir die letzten 100 Kilometer am Fahrbahnrand bis nach Hue. Dort quartieren wir uns im ersten Hostel ein, das wir finden. Von der Stadt sehen wir in den nächsten Tagen wieder mal hauptsächlich Werkstätten. Der alte Kaiserpalast ist eine Ausnahme, doch in einem so erbarmungswürdigen Zustand, dass wir bald abbrechen. Das Wetter tut sein Übriges. Zurück im Hostel, setzen wir uns in die Bar. Was soll's, so kommen wir wenigstens zum Schreiben.

Mit der Dämmerung füllt sich der Laden, alle Tische sind besetzt. Plötzlich ertönt ein Schrei: »Wooaah! The *Germans!*« Mehr genervt als interessiert blicke ich auf. »Ich fass es nicht!« – das kommt von Peer. Erst jetzt erkenne ich die Schreihälse: Jakob und Mathilda, das schwedische Pärchen, das wir vor drei Monaten in der transsibirischen Eisenbahn trafen. Irgendetwas in Peer und mir blüht auf. Wir springen auf, umarmen einander, und von da an gibt es kein Halten mehr. Der Regen kann uns mal! Wir trinken, lachen, rauchen und erzählen uns Geschichten aus den vergangenen Monaten. Bis wir die Letzten in der Bar sind und noch länger. Wir kosten jede Sekunde aus. Als wir in die Kojen sinken, flüstert Peer: »Boah, hat *das* gutgetan.«

INFOBOX

> Versuche Pho! Die Nudelsuppe ist *das* traditionelle Gericht. Stell dich da an, wo die meisten Einheimischen essen, ganz egal, wie der Verkaufsstand aussieht. Es lohnt sich.

> Keine Angst vor Fischsauce, sie schmeckt anders, als sie riecht.

> Achtung vor vietnamesischem Verkehr. Unterschätze niemals die Straßen. Im Jahr 2012 führte Vietnam die traurige Statistik mit den meisten Verkehrstoten an.

> Wenn du selbst fährst, tu das *auf keinen Fall* nachts! Niemals! Das ist Selbstmord!

> Wenn du dir ein gebrauchtes Motorrad kaufst:
> 1. Achtung, Fahrgestellnummer und Papiere passen nicht immer zusammen.
> 2. Lass dein Gefährt spätestens alle zwei Tage einem Service unterziehen.

> Feilschen ist in Vietnam weitestgehend unbekannt. Mit Geduld und hoher Motivation geht es mancherorts dennoch.

> Lass dich von der teilweise ruppigen Art der Vietnamesen nicht unterkriegen. Gehe in Saigon in das »War Remnants Museum« und lass dich daran erinnern, woher die Skepsis den Westlern gegenüber stammt.

Kapitel 17:
Die andere Seite Vietnams

PEER

Es geht wieder auf die Piste. Hue liegt in der Landesmitte, südlich davon verläuft entlang des »Wolkenpasses« eine Wetterscheide. Wir folgen dem Highway Nr. 1 einige Kilometer nach Süden und werden Zeuge eines Wetterphänomens, das wir nach zweiwöchigem Dauerregen schon in die Tiefen unseres Langzeitgedächtnisses verbannt glaubten: strahlender Sonnenschein! Der erste, seit wir auf Motorräder umgestiegen sind. Jochen steuert sein Moped an den Straßenrand und brüllt ein »Yiehar!« in seinen Helm. Ich quittiere diesen Ausbruch mit erhobenem Daumen.

Wir setzen unsere Sonnenbrillen auf und drehen am Gas. Das Tagesziel ist Hoi An, etwa 150 Kilometer südlich von Hue. Eine kurze Etappe, perfektes Wetter und eine Strecke wie aus dem Bilderbuch: Der Highway schlängelt sich in Serpentinen in die Berge. Zur Rechten flankieren uns dichtbewaldete Hänge, zur Linken blicken wir über langgezogene Buchten auf das Südchinesische Meer. Nach zweiwöchigem Kampf gegen Regen, Schlamm, Wind und Kälte überkommt mich ein Hochgefühl. Zum ersten Mal haben wir es nicht eilig, wollen nicht nur ankommen, sondern können die Strecke genießen. Zwischendurch stoppen wir an Aussichtspunkten und füttern die Speicherkarte der Kamera.

Langsam führt der Straßenverlauf von den Bergen zurück zur Küste. Am späten Nachmittag erreichen wir Hoi An, einst größter Hafen Südostasiens. Davon ist heute allerdings nicht mehr viel zu sehen. Hoi An ist ein kleines, aber feines Dorf. Alle Straßen sind mit Lampions geschmückt, die in der Dunkelheit als Straßenlaternen fungieren. Die zumeist zweistöckigen Gebäude mit ihren bunten Fassaden, verzierten Holzdächern und den handbemalten Schildern beherbergen Geschäfte, Restaurants oder Schneidereien. Und viele Unterkünfte. Denn Hoi An ist ein Touristenort. Wenn auch einer mit Charme, in dem die Zeit stillzustehen scheint und das Treiben auf den Straßen oder den Märkten beinahe grotesk entschleunigt wirkt.

Nach zwei Tagen verabschieden wir uns von Hoi An und schwingen uns wieder auf unsere Feuerstühle. Wir blicken einer über 500 Kilometer langen Etappe nach Nha Trang entgegen. Die längste, die wir uns bislang vorgenommen haben. Guter Dinge starten wir am frühen Morgen. Das Wetter bleibt uns hold, statt Regen und Schlamm schlucken wir nun Staub und Mücken. Eine willkommene Abwechslung! Auch bei Sonne und trockenen Straßen schaffen wir aber nicht viel mehr als geschätzte sechzig Kilometer in der Stunde. Spätestens dann brauchen Mensch und Material eine Pause. Doch pausieren lässt es sich gut am Rande des Highway Nr. 1. Immer wieder passieren wir offene Raststätten, in denen man sich bei einem Eistee in einer Hängematte entspannen kann, während der Verkehr in wenigen Metern Entfernung vorbeidonnert.

Mal schmettert der Betreiber eines solchen »Truckstopps« in seinem Wellblech-Verhau Karaoke-Songs, mal versucht ein Mütterchen uns zu übervorteilen. In einem Fall wollen wir uns das nicht bieten lassen. Da hier gleich mehrere Etablissements nebeneinanderliegen, weigern wir uns, den überzogenen Preis für einen Tee zu bezahlen, und wollen gehen. Nachdem ich dem Mütterchen aber offenbar nicht schnell genug aus der Hängematte aufstehe, in die ich mich bereits erschöpft hatte fallen lassen, stürmt sie wie eine Furie auf mich zu. »Out, out, out!«, wettert sie, mit der flachen Hand auf mich einschlagend. Wohl, weil ich für die wenigen Sekunden keinen Dollar Hängematten-Gebühr zahlen will. Ich springe auf, weiche zurück und versuche, die Alte auf Abstand zu halten. Wir schnappen unsere Siebensachen und ergreifen kopfschüttelnd die Flucht. Im Rasthof nebenan werden wir dagegen mit offenen Armen empfangen. Und der Tee wird zu einem fairen Preis verkauft. Ebenso wie Benzin. Fanden wir im Norden des Landes noch Tankstellen, sind sie hier im Süden rar. Sprit wird immer häufiger in Flaschen abgefüllt und in wackeligen Holzregalen feilgeboten. Wund an Händen und Hintern erreichen wir nach einem ganztägigen Ritt Nha Trang. Wir fahren in die Stadt ein und werden empfangen von Bettenburgen und Cocktailbars. Musik schallt aus offenen Kneipentüren, aus denen sich Ströme leichtbekleideter und schwer betrunkener junger Touristen ergießen. Wir finden ein Hostel in der zweiten Reihe, geben die Bikes in den Service und verlassen diesen Ort so bald als möglich.

Diesmal haben wir es eilig. Wir wollen in das Fischerdorf Mui Ne, um unsere spanischen Freunde Ana und Dani wiederzutreffen, die dort auf uns warten. Irgendwie haben wir es geschafft, uns in den vergangenen Tagen regelmäßig zu verpassen.

In Mui Ne angekommen, finden wir weder die von Ana und Dani angegebene noch sonst irgendeine Unterkunft. Wir brauchen ewig, um zu begreifen, dass Mui Ne sich in kleineren Ansammlungen von Häusern über 14 Kilometer zieht. In der Dämmerung erreichen wir endlich den richtigen Ortsteil und unser Hostel. Dort werden wir von einem fremden Mann begrüßt, als kenne er uns schon ewig: »Aah, you must be the Germans!« Dann stellt er sich als Lorenzo aus Italien vor. »Well, yes«, entgegne ich.

Neugierige Gesichter zeigen sich in den Zimmertüren. »Jochen und Peer?«, vernehmen wir eine deutsche Stimme. »Äh, ja?«, gebe ich unsicher zurück. »Ana und Dani warten seit zwei Tagen auf euch«, sagt eine junge Deutsche lächelnd. Jochen und ich schauen einander stumm an. Doch wir kommen nicht zu weiteren Gedanken, denn sanfter Druck geleitet uns zu einer Sitzecke, wo wir Bier in die Hände gedrückt bekommen. Wir erfahren, dass Ana und Dani das Hostel fest im Griff haben. Sie kochen in der Küche der Betreiber, haben sämtliche Gäste auf Linie gebracht und dem Besitzer die Schnapsreste der Tet-Feier abgeschwatzt. Diese stehen nun in einer langen Batterie entlang der Wand. Kaum kommen wir mit unseren neuen Nachbarn ins Plaudern, erhebt sich vom Eingang Geschrei: Ana und Dani! Ich kann kaum aufstehen, da fallen mir die beiden schon um den Hals. Nach Kennenlernrunde und gemeinsamem Essen am Meer kehren wir zur detaillierten Aufarbeitung der letzten Reiseetappen zurück in die Unterkunft. Hier vergreifen wir uns am »Windowscleaner«, wie wir die lokalen Destillate taufen. Keiner weiß genau, was sich hinter diesem Gesöff verbirgt, aber wir sind uns sicher, man kann damit die Fenster reinigen, sein Moped betanken und es eben notfalls auch trinken, ohne umgehend zu erblinden. Allerdings ist die Wirkung unberechenbar, so dass sich der Rest des Abends im Nebel verliert.

Als ich am nächsten Morgen erwache, schaue ich auf Jochens kahlrasierten Schädel. Der Griff ans eigene Haupt beruhigt etwas: Ich habe noch einige Reste meines Haares. Vor dem Zimmer blinzle ich im Sonnenlicht. Lorenzo, oder was von ihm übrig ist, liegt zusammengekauert auf einer Bank. Auch er kahlrasiert. Die Tür zum Zimmer der Spanier ist halb aus den Angeln gerissen. Von innen lautes Schnarchen. Auch Dani hat Haare gelassen, stelle ich fest.

Während ich mich umsehe und das Schlachtfeld betrachte, entdeckt mich der Hostelbesitzer und schreit mich an: »I called the police! You have to leave. All of you. Now!« Was, verdammt noch mal, ist hier passiert???

Allmählich schleppen auch die anderen Zeugen der Nacht ihre Kadaver aus den Zimmern. Wir versuchen anhand von Beweisbildern und Erinnerungsfragmenten die Ereignisse zu rekapitulieren. Es soll uns nicht vollständig gelingen. Viel drängender ist ohnehin die Frage, wie es weitergehen soll, nachdem wir unserer Herberge beraubt wurden. Keiner ist in der Stimmung für Stress. Also gehen wir erst einmal gemütlich frühstücken. Ein Süppchen am Morgen vertreibt bekanntlich Kummer und Sorgen. Wenn es vietnamesische Pho ist und man dabei den Blick über das Meer schweifen lassen kann, sieht die Welt mit einem Mal viel freundlicher aus.

Am Abend heißt es Abschied nehmen. Ana muss zurück nach

China, wo sie lebt und arbeitet. Nach der letzten Nacht verzichten wir auf eine Abschiedsparty. Uns wird schwer ums Herz, merken wir doch wieder mal, wie sehr wir Ana und Dani ins Herz geschlossen haben. So liegt über dem Abend ein Hauch von Schwermut. Doch auch das ist Reisen: Wir treffen Menschen, freunden uns im Handumdrehen an und haben das Gefühl, uns schon ewig zu kennen. Gemeinsame Reiseerlebnisse schweißen eben zusammen. Auch wenn es allzu oft Freundschaften auf Zeit sind.

Am nächsten Morgen sind Jochen und ich wieder auf uns gestellt. Wir wollen nach Ho Chi Minh City, im Land nur HCMC genannt. Dachten wir bislang, Hanoi sei eine pulsierende Metropole, so belehrt uns HCMC eines Besseren. Die Straßen sind vollgestopft mit Motorrollern, die ungeniert auf Kontakt fahren. Die ganze Routine der Fahrt ist verflogen, als wir uns dem Verkehrsdarwinismus HCMCs hingeben. Wir schaffen es in den Distrikt 1, das Backpacker-Viertel im Herzen der Stadt, und finden eine ruhige Bleibe. Für den nächsten Tag verabreden wir uns mit Dani und George, dem Briten, den wir seit Nordchina nicht mehr gesehen haben und der hier eine Stelle als Englischlehrer angenommen hat. Dann schlürfen wir eine Pho und fallen in die Betten unseres Schlafsaals.

Am Morgen, es ist Georges Geburtstag, treffen wir unsere Freunde. Wir frühstücken gemeinsam – Pho, was sonst? – und begeben uns auf eine Erkundungstour durch die Stadt. Als wir gerade unser Viertel verlassen, bleibe ich plötzlich stehen. »Sag mal, kennen wir die nicht?«, frage ich Jochen und deute auf ein Pärchen am Straßenrand, das den Reiseführer studiert. »Das gibt's doch nicht! Die Welt ist ein Dorf«, staunt Jochen, als auch er Mathilda und Jakob erkennt, die beiden Schweden, die wir vor einem gefühlten halben Leben in der Transsib kennenlernten und vor kurzem in Hue wiedergetroffen haben.

Freudig stürzen wir auf die beiden zu und drücken sie ausgiebig. Sie sind gerade in HCMC angekommen. Wir quartieren sie kurzerhand bei uns ein und nehmen sie mit auf eine Tour durch die Stadt. Abends feiern wir alle zusammen Georges Geburtstag in einem Park.

Doch nach drei Tagen unter guten Freunden müssen wir weiterziehen. Unsere Visa drohen einmal mehr abzulaufen, und wir wollen wenigstens noch eine kleine Tour durch das Mekongdelta machen. Hinter den Außenbezirken HCMCs fahren wir entlang endloser Reisfelder. In weiten Abständen gruppieren sich kleinere Ansammlungen von Bambushütten um die staubige Straße, hier und da sogar ein Steinhaus. Der Verkehr nimmt ab, die Zahl der Brücken zu. Wir sind im Delta angekommen! Hier spielt sich das Leben neben und auf den unzähligen Flussarmen ab. Diese sind gesäumt von Wellblech- oder Bambushütten auf hohen Pfählen, dazwischen die typischen Langboote, die auf dem braunen Wasser dümpeln. Gern hätten wir eine mehrtägige Bootstour unternommen, doch dafür fehlt uns leider die Zeit.

Unsere letzte Nacht in Vietnam verbringen wir in Cao Lanh, keine 100 Kilometer vor der Grenze. Dort quälen wir uns am nächsten Morgen früh aus den Betten und auf die Straße. Als wir die Hauptstraße verlassen und unserer Karte in Richtung des nächsten eingezeichneten Grenzübergangs in kleine Gässchen folgen, denken wir uns noch nichts dabei. Die Gässchen werden zu Pfaden. Wir fahren weiter. Die Einheimischen blicken uns neugierig an. Viele Touristen scheinen hier nicht durchzukommen. Als wir beschließen, doch umzukehren, mache ich am Ende des Pfades ein eisernes Tor aus. Dahinter ein Gebäude mit Landesflagge. Die Grenze?

Wir parken und betreten das Gelände. Wenig später sitzen wir mit einigen Uniformierten im Schatten eines Pavillons und unterhalten uns über unsere Herkunft, Reiseroute und künftige Pläne. »Und was ist mit der Ausreise?«, frage ich nach einer halben Stunde. »Oh, da seid ihr hier falsch«, erklärt einer der Männer. »Ist das etwa kein Grenzübergang?« – »Doch, aber nur für Boote, die Straße endet hier.« Jetzt werden wir unruhig. Der halbe Tag ist rum, die Grenzen machen um sechs Uhr dicht, und wir wissen nicht, wie und wo wir das Land verlassen können. Es folgt eine schwerverständliche Wegbeschreibung, Dank, Abschied, dann geht es den halben Weg zurück nach Cao Lanh.

Gegen halb fünf finden wir den beschriebenen »internationalen Grenzübergang«, der durch ein großes Schild als solcher gekennzeichnet ist. Immerhin führt hier eindeutig eine Straße nach Kambodscha. Wieder werden wir in einen Pavillon gebeten und erzählen unsere Geschichte. Wieder endet es mit der Auskunft, dass wir hier nicht ausreisen können. »Why not?«, will ich wissen, schließlich handelt es sich um den richtigen Grenzübergang. »No stamp«, erklärt der Grenzer. Hä? Kein Stempel? Der Ausreisestempel befinde sich im Büro auf der anderen Flussseite, sagt der Mann. Morgen sei er bestimmt wieder hier. Auf den Hinweis auf unsere ablaufenden Visa folgt ein Achselzucken. Unserer Bitte, uns die nächste Brücke auf der Karte zu zeigen, entspricht der Grenzer gern. Sein Finger fährt über Kambodscha, Nordvietnam und Laos. »Lass gut sein«, resigniert Jochen, spricht Dank und packt die Karte ein.

Nun stehen wir am Ufer des Mekongs und wissen nicht weiter. »Rüber da«, höre ich mich sagen, während ich am anderen Ufer des gewaltigen Stroms kaum die Grenzstation erkennen kann. »Richtig«, pflichtet Jochen bei. »Fehlt nur noch ein Boot«, gebe ich zu bedenken. Da kommt auf einmal der Grenzer zu uns und weist uns auf zwei Männer hin, die uns laut seiner Auskunft mit einem Boot übersetzen können. Wir erinnern an unser Gepäck und die Motorräder, was alle drei mit »No problem« kontern. Als ich die Nussschale sehe, hege ich an der Problemlosigkeit der Unternehmung so meine Zweifel. Doch aus Mangel an Alternativen verhandeln wir einen Preis, dann schieben wir die Bikes zum Anleger. Als wir beim Verladen die Mopeds beinahe im Mekong versenken, wird mir mulmig. Doch wider Erwarten gelingt es uns, die Bikes, unser Gepäck und uns selbst auf dem Bötchen zu verstauen. Und los geht die wilde Fahrt. Am anderen Ufer legen wir direkt am Grenzgebäude an. Wir erklimmen die Stiege kurz vor Schließung der Grenze und können einen Beamten bewegen, sich uns, unserer Papiere und der Motorräder anzunehmen. Nach einer gefühlten Ewigkeit gibt der Grenzer sein Okay und uns den ersehnten Ausreisestempel. Wir wuchten die Hobel ohne Steg, Anleger oder dergleichen aus dem Kahn direkt auf eine steile Böschung und schieben sie zwischen grasenden Büffeln hindurch auf eine Sandpiste. Anschließend entlohnen wir unsere Fährmänner und verabschieden uns. Kaum sind wir hinter dem Schlagbaum, schaue ich auf die Uhr: Punkt sechs!

INFOBOX

> Versuch den vietnamesischen Kaffee, über dem Glas gebrüht mit gezuckerter Kondensmilch – ein Gedicht!

> Raste in einem Hängematten-Truckstopp! Aber Vorsicht, entscheide dich für den richtigen.

> Mach eine Bootstour durch das Mekongdelta. Es soll sich lohnen.

Kapitel 18:
Probier's mal mit Gemütlichkeit

JOCHEN

Hinter der kambodschanischen Grenze endet die Straße. Auf einem unwegsamen Trampelpfad pflügen wir im ersten Gang zwischen Hütten und Verschlägen am Mekong entlang. Trotz der Übung, die wir inzwischen haben, ist es schwer, zu balancieren. Auch, weil uns die Menschen herzlich begrüßen. Lachend und winkend stehen sie am Wegesrand, manche rufen Begrüßungen. Wir rufen zurück, doch die Hände brauchen wir am Lenker. Erst später wird der Straßenbelag besser.

In Phnom Penh kommen wir in der Dunkelheit an. Eine Nachtfahrt hätte uns in Vietnam den Angstschweiß auf die Stirn getrieben. Doch was dort zwischen Irrsinn und Lebensmüdigkeit rangiert, ist in Kambodscha relativ entspannt. Die Fahrzeuge nutzen tatsächlich ihr Licht, und keiner scheint es auf das Leben der anderen abgesehen zu haben. Trotzdem sind wir froh, als wir absteigen.

Am Mekong finden wir eine Art touristisches Viertel. Zwischen Bars, Restaurants und Geschäften beziehen wir eine günstige Unterkunft. Doch das Beste ist der nahegelegene Markt, auf dem wir uns anderntags mit allem eindecken, was wir brauchen. Zwischen den Ständen, meist wackeligen Konstruktionen Marke Eigenbau, ist alles in Bewegung. Erhältlich ist hier alles, von Früchten über Fleisch bis hin zu Kosmetika, Bekleidung und Musik-CDs. Vor der schon am frühen Morgen brennenden Sonne nur durch Planen geschützt, gibt es mittendrin Friseure und Nagelstudios. Menschen, groß wie klein, hier ein Hund, da eine Ratte. Gehört dazu. Am Rand des Marktes lassen wir uns zum Essen nieder. Mehrere Dutzend Schüsseln in der

Auslage des Standes sind mit uns unbekannten Köstlichkeiten gefüllt. Vier Tage später haben wir unseren Rückstand im Reiseblog aufgeholt und jede davon ausprobiert. Nur die sauren Eier waren nicht so unser Ding, der Rest war zum Zungeschnalzen. Dazu ein Batzen Reis, mehr braucht es nicht zum Glück. Als mir das erste Mal eine Kakerlake über die nackten Füße huscht, erschrecke ich und bewege mich zu ruckartig auf dem brüchigen Plastikhockerchen in Puppenstubengröße. Es explodiert geradezu, ich versinke zwischen den Tischreihen und lande unsanft auf dem schmierig-schwarzen Boden. Peer spuckt vor Lachen fast sein Gemüse aus, die Wirtsfamilie, die uns mittlerweile gut kennt, stimmt mit ein und reicht mir einen neuen Hocker. Als ich einen Tag später an einem anderen Stand wieder ein Krabbelvieh sehe, reagiere ich routinierter. Ein kurzes Anheben des Fußes reicht, und das Biest trollt sich. Dagegen anzugehen, ist ohnehin müßig, wir sind auf einem Wochenmarkt in einem der ärmsten Länder des Planeten. Wer es gerne klinisch rein hat, sollte woanders hinreisen.

Apropos, so langsam zieht es uns weiter. Durch die Arbeit am Blog haben wir bisher zwar wenig von der Stadt gesehen, doch die Schilderungen unseres schwedischen Reisebekannten Jakob von der Insel Koh Rong locken raus aus der Metropole. »Nichts da«, unterbricht Peer meinen Vorschlag und kontert mit Kultur. »Wenigstens den Königspalast und die Killing Fields sollten wir gesehen haben, sonst waren wir nicht in Phnom Penh.« Also machen wir die Woche in der Stadt voll.

Wir beginnen mit dem Palast und Wat Phnom. Das Palastgelände ist wunderschön, die kambodschanische Architektur ein Kunstwerk an sich. Nachhaltiger beeindruckt mich jedoch das Heiligtum Wat Phnom. Oder genauer gesagt: unser Führer. Wir lernen ihn auf dem Gelände kennen, und nachdem er uns herumgeführt hat, beginnt er uns seine Lebensgeschichte zu erzählen. Trotz der Hitze bekomme ich Gänsehaut. Mit zehn entrissen ihn die Roten Khmer seinen Eltern, die nächsten zehn Jahre verbrachte er trainierend und kämpfend im

Wald. Dann waren die Roten Khmer auf einmal weg. Und er stand alleine da. Wie viele Kambodschaner war auch er orientierungslos und verzweifelt. Doch er fand sein Heimatdorf wieder, obwohl er weder wusste, wie es hieß, noch, wo es war. Nicht alle Dörfer im Land haben einen Namen. Und »am Waldrand, wo der Fluss eine Biegung macht« ist nicht gerade eine exakte Koordinate. Doch er gelangte wieder nach Hause. Seine Familie war von über zwanzig Personen auf vier geschrumpft. Nur eine Schwester und seine Eltern hatten den Wahnsinn überlebt. Die wollten ihm seinen innigsten Wunsch erfüllen, lesen und schreiben zu lernen, doch konnten sie sich als Reisbauern keine Schule leisten. Also war der Eintritt in ein Kloster seine einzige Chance. »Und nun stehe ich hier, kann lesen und schreiben und sogar ein bisschen Englisch sprechen«, was er mit weit weniger Stolz sagt, als es beim Lesen den Anschein haben mag. Es ist mehr eine Feststellung, unterbrochen von vielen Dankesbekundungen und Beteuerungen, welch großes Glück ihm zu Lebzeiten zuteilwurde. Dann dankt er uns überschwenglich für das Gespräch. Schwer beeindruckt danken auch wir ihm. Und natürlich geben wir eine Spende für das Kloster.

Einen Tag später besuchen wir die Killing Fields von Choeung Ek. Zwar weiß ich, dass unter Pol Pot über eine Million Kambodschaner ermordet wurden. Doch darauf, was wir hier zu sehen bekommen, sind weder Peer noch ich vorbereitet. Fassungslos laufen wir über das Gelände des ehemaligen Vernichtungslagers, einen sehr gut gemachten Audioguide auf den Ohren. Jeder in seinem Tempo. Augenzeugenberichte und Interviews treiben uns die Tränen in die Augen. Die pralle Natur um uns herum und das Zwitschern der Vögel machen das, was wir zu hören bekommen, nur noch bizarrer. Was uns vollends die Sprache verschlägt, ist die Herzlichkeit der Menschen, die uns nach Verlassen des Geländes empfangen. Die Kambodschaner mussten wahrlich viel erleiden. Erst kamen die französischen Kolonialherren, dann warfen die Amerikaner mehr Bomben über ihnen ab als die Alliierten zusammengenommen im gesamten Zweiten Weltkrieg, und im Anschluss wurden sie von Angehörigen des eigenen Volkes um ein Viertel dezimiert. Doch heute empfangen sie uns mit einem so herzlichen Lächeln, dass wir kaum damit umzugehen wissen. Der Schrecken liegt noch keine Generation zurück, es sind die heute Erwachsenen, die das Leid erfahren haben. Die Menschen, die uns nun zuwinken und so viel Frieden ausstrahlen, dass wir es manchmal gar nicht fassen können.

Dass es hier auch Schlitzohren gibt, erfahren wir, als wir die Stadt verlassen wollen, um an die Küste zu fahren. An einer Kreuzung hält uns die Polizei an. Von vier Uniformierten baut sich einer vor uns auf, während die anderen unsere Maschinen umrunden, als suchten sie was. Auf Peers Lenker deutend, erklärt der Rädelsführer in gebrochenem Englisch, worum es geht: »Nur ein Spiegel. Nicht gut. Kostet Strafe.« Zuerst denke ich, dass der gute Mann zu scherzen beliebt, immerhin haben die wenigsten Bikes hier überhaupt einen Rückspiegel. Dann begreife auch ich, was passiert: Es ist eine der berüchtigten »Strafzahlungen« am Wegesrand. Na denn, denke ich mir, nun hat es uns also auch erwischt. Mit meinem direkten »How much?« scheine ich den Chef zu überrumpeln. »Oh, first we take you to police station. Other side of town. Take long time. Then pay fine … eh … fünfzig Dollar.« – »There must be another way«, rege ich unschuldig an. »Well«, tut er grüblerisch: »You *can* pay here.« – »So, how much?«, wiederhole ich. Und er: »Pay what you think.«

Ich stutze. Hat er das wirklich gesagt? Bevor er es sich anders überlegt, zücke ich mein Portemonnaie und gebe ihm zehn Dollar, immerhin mehrere Tagesgehälter. Ich hoffe, das reicht. Und ob, nach seinem Grinsen zu urteilen. Erst da bemerke ich, dass auch Peer seine Börse wegsteckt. Da haben wir beide doch glatt gleichzeitig gezahlt, doof, wie wir sind, und den Ordnungshütern mehr als nötig gegeben. Bevor ich meinen Mund aufmachen kann, höre ich Peer sagen: »Scheiß der Hund drauf, schnell weg, bevor sie mehr wollen«, und wir sehen zu, dass wir Land gewinnen.

Sintflutartiger Regen sorgt dafür, dass wir es an diesem Tag statt bis ins angepeilte Sihanoukville nur bis nach Kampot schaffen. Am nächsten Tag fahren wir weiter. Im Hafenstädtchen angekommen, staunen wir. Hier reiht sich eine Partyhöhle an die nächste, Poolpartys, Sauforgien – nichts für uns. Also folgen wir Jakobs Rat, buchen sofort nach Ankunft eine Passage auf die nahegelegene Insel Koh Rong und verlassen das Festland gleich am nächsten Morgen. Vorher allerdings geben wir, sicher ist sicher, unsere Bikes in einer Werkstatt zum Service ab.

Koh Rong lässt sich wie folgt beschreiben: Kein Internet, kein Handyempfang, keine Straße, selten Strom. Eine Handvoll Fischerhütten, wenig Touristen. Einsame Strände, feiner Sand, tiefer Dschungel, hohe Palmen, kristallklares Wasser, frischer Fisch. Oder, um es kurz zu machen: ein wahres Paradies! Und haargenau das, was wir brauchen.

Wir beziehen bei Einheimischen Unterkunft. Unser Zimmer, eher ein hölzerner Verhau, beinhaltet ein Doppelbett und ein Moskitonetz. Das Wellblechdach sorgt tagsüber für Backofen-Temperaturen, doch abends wiegt uns das Rauschen der Brandung in den Schlaf. Am Ende des Hauses befindet sich das Plumpsklo, daneben ein großer Bottich mit Schöpfkelle. Die Dusche. Rustikaler Charme.

Die fünf Gerichte auf der Speisekarte des ortsansässigen Restaurants halten, was die Namen versprechen. Das »Very Good Fish Curry« ist wirklich very good. Tagsüber liegen wir am Strand oder in der Hängematte, lesen Bücher oder baden im kristallklaren Meer. Wir schreiten das ganze Dörfchen in wenigen Minuten ab und haben keine Mühe, die Menschen zu zählen, die uns begegnen. Als wir erfahren, dass wir zu den letzten Gästen zählen, die die Insel in diesem Zustand zu sehen bekommen, könnte ich heulen. Ein Wirt erzählt es uns: »Die ruhigen Tage sind gezählt. Nicht nur, weil wir bald Internet bekommen.« Mein erster Gedanke: Oh nein! Ich sehe weitgereiste Urlauber ihre Selfies in Echtzeit ins Netz stellen, damit die Daheimgebliebenen auch ja neidisch kommentieren können. Doch es kommt noch schlimmer: »Ein kambodschanischer Millionär hat die gesamte

Insel gekauft. Sie soll einen Flughafen bekommen und die vier Fischerdörfer jede Menge schicke Resorts. Ein neues Juwel des kambodschanischen Tourismus soll hier entstehen.« Na toll. Wir sind hin- und hergerissen. Einerseits wissen wir, dass die Einheimischen auf jeden Dollar aus dem Tourismus angewiesen sind. Andererseits steht zu befürchten, dass davon kaum ein Cent bei ihnen ankommt. Davon abgesehen wird, wie eigentlich immer, letztlich die Natur die Rechnung zu begleichen haben.

Etwas desilusioniert verlassen wir nach vier Tagen das bedrohte Paradies, holen die Hobel aus der Werkstatt ab und fahren tags darauf nach Battambang. Hier treffen wir unseren spanischen Freund Dani, der sich als Englischlehrer versucht. Für freie Logis verbringt er zwei Wochen im Haus der »Children's Action for Development« in Don Teav, noch außerhalb von Battambang. Da der Schulbesuch in Kambodscha Geld kostet und sich nicht alle die Unterrichtsmaterialien, geschweige denn die Uniformen leisten können, hat Thy Bunrith es sich zum Ziel gesetzt, den Ärmsten der Armen trotz allem eine Chance zu bieten. Wir bleiben nur zwei Nächte, spielen mit den Kids und verlieben uns Hals über Kopf in die Rasselbande. Da ist sie wieder: Diese unbändige Lebensfreude trotz Armut und widrigem Schicksal. Natürlich hinterlassen wir eine großzügige Spende, aber niemand gibt uns das Gefühl, dass es darum geht.

Wir sollten ebenso wie die Kambodschaner den Widrigkeiten des Lebens mitten in die hässliche Fratze lachen, uns bei allen Anstrengungen nicht unterkriegen lassen, nicht die Geduld und schon gar nicht die Freundlichkeit anderen gegenüber verlieren, das predige ich unter meinem Helm vor mich hin, als wir nach zwei beeindruckenden Tagen aufbrechen, um nach Siem Reap zu fahren und zu besuchen, was wie nichts sonst für Kambodscha steht: Angkor Wat.

INFOBOX

> Iss auf Märkten, es lohnt sich!

> Wundere dich nicht, wenn ein Geldautomat amerikanische Dollar ausspuckt. Der kambodschanische Riel wird selten verwendet, der Dollar ist weit üblicher.

> Gehe *niemals* auf eigene Faust wandern. In wenigen anderen Ländern liegen so viele Landminen im Boden wie in Kambodscha.

> Vorsicht bei Besuchen von Waisenhäusern. Manche von ihnen, auch solche, zu denen große Hotels Ausflüge anbieten, sind nicht echt. Es besteht ein regelrechter Waisenhaus-Tourismus, an dem viele verdienen. Nur bei den Kindern kommt nichts an.

Kapitel 19:
Pleiten, Pech und Pannen

PEER

In Siem Reap angekommen, quartieren wir uns in einem Guesthouse ein, legen uns in die Hängematten und schmieden Pläne. Die ersten Gedanken gelten den Bikes. Sie brauchen ihren obligatorischen Service. Wie immer. Dann steht ein Besuch Ankor Wats auf dem Plan. Logisch, handelt es sich beim größten Tempelkomplex der Welt doch um ein absolutes Must-see. Dafür wollen wir uns Zeit nehmen, und wir brauchen dafür die Mopeds. Denn Angkor ist nicht nur ein einfacher Tempel, es ist ein Areal von rund 200 Quadratkilometern Fläche, auf dem bis heute über 1000 Heiligtümer unterschiedlichster Größe entdeckt wurden. Wir planen dafür einen vollen Tag von Sonnenauf- bis -untergang ein. Mit den Bikes sollte ein Tag reichen.

Bis dahin beschließen wir aber erst mal, die Stadt und die nähere Umgebung zu erkunden. Siem Reap selbst ist ein Touristenort, entsprechend groß ist das Angebot an Herbergen, Kneipen und Restaurants.

Kaum sind die Mopeds gewartet, machen wir einen Ausflug zum Tonle Sap, dem größten See Südostasiens, um Kompong Phluk, eines der sogenannten schwimmenden Dörfer, zu besuchen. Am nächsten Tag soll es so weit sein: Der Besuch von Angkor steht an. Wir gehen zeitig zu Bett, um vor Sonnenaufgang an der Tempelanlage zu sein. Den gesamten Vormittag verbringen wir damit, durch Tempel zu schlendern, in Ruinen herumzukraxeln, die weitläufigen Areale abzuschreiten oder mit den Mopeds die kilometerlangen Distanzen zwischen den Tempelkomplexen zu bewältigen. Bei einem dieser Wege verliere ich sie zum ersten Mal: meine Kette. Ich ziehe sie wieder auf, schaffe einige hundert Meter und verliere sie wieder. Und wieder. Durch das ständige Aufziehen der Kette verliere ich schließlich auch Jochen, der es – bereits schwer genervt – offenbar aufgegeben hat, mich im Rückspiegel zu beobachten. Ich hoffe, ihn am nächsten Wat wiederzutreffen. Doch vergebens. Beim x-ten Stopp hat meine Kette das hintere Zahnrad gesprengt und sich derart verkeilt, dass an ein eigenständiges Reparieren nicht mehr zu denken ist. Ich stoße einen lauten Fluch aus, verabschiede mich im Geiste von Jochen sowie den restlichen Tempeln und mache mich auf den Rückweg nach Siem Reap. Zu Fuß.

Von Ta Prohm, wo ich meine Odyssee starte, nach Siem Reap sind es etwa zehn Kilometer. Unter der gleißenden Mittagssonne schiebe ich im Schweiße meines Angesichts das Bike am Straßenrand entlang. Ich verfluche meinen Hobel, verfluche Jochen, dessen Ungeduld und die Tatsache, dass er mich in dem Schlamassel alleinlässt. Einzig die Weitsicht, einen Strohhut mitgenommen zu haben, stimmt mich etwas milder und bewahrt mich wohl letztlich vor dem Hitzschlag.

Knappe zwei Stunden später ist Siem Reap noch immer nicht in Sicht. Die Sonne brennt gnadenlos, und meine Kleidung weist keine trockene Stelle mehr auf. Unter dem Hupen, Lachen und Winken der Tuk-Tuk-Fahrer und ihrer ausländischen Fahrgäste schleppe ich mich weiter, als neben mir ein Bike zum Stehen kommt. Und zwar ein richtiges. Aus dem tiefen Sattel des mattschwarzen Choppers schwingt sich ein Kambodschaner – die gegerbte Haut mit Tätowierungen überzogen, die graue Mähne im Wind wehend. Er schiebt die Sonnenbrille auf das unbehelmte Haupt, krault sich den spärlichen Bart und schlurft auf mich zu. In breitestem amerikanischen Englisch fragt er mich, ob er mir helfen könne. Noch vor seiner Bierfahne umfängt mich seine Herzlichkeit. Der waschechte Biker stellt sich als Mike vor und erzählt, dass er über dreißig Jahre lang in den Staaten gelebt und dort das gesamte Land mit der Harley bereist habe. Als ich ihm meine Geschichte erzähle, kann ich ihm zumindest ein anerkennendes

Nicken entlocken, insbesondere da meine Mühle mit einer Harley so gar nichts gemein hat.

Mike wirft einen Blick auf mein Moped und bietet mir seine Hilfe an. Dankend nehme ich an, dann erklärt er mir den Weg zur nächsten Werkstatt. Wir treffen uns an der beschriebenen Stelle, wo aber lediglich ein Mechaniker im Schatten seines Generators auf einer Pappe inmitten seiner Schraubenschlüssel auf einem Parkplatz sitzt. Na gut, besser als nichts. Mike erklärt die Lage und handelt einen Preis aus. Biertrinkend erzählt er mir während der Reparatur seine Geschichte, bis ihm einfällt, dass seine Kinder allein zu Hause sind und er doch besser mal nach ihnen schauen sollte. Er verabschiedet sich, aber nicht ohne mir den Weg zu seinem Haus zu beschreiben und mir einen Schlafplatz anzubieten. Für alle Fälle. Unter Bikern müsse man schließlich zusammenhalten. Richtig, sag das Jochen, denke ich noch bei mir. Ich verwünsche den Tag, mein schrottreifes Bike und Jochens Rücksichtslosigkeit, während ich wehmütig den Sonnenuntergang über dem Parkplatz betrachte anstatt über einem der Tempel von Angkor Wat.

Ich schaffe es im Dunkeln zurück nach Siem Reap, wo Jochen bester Laune im Guesthouse wartet. »Na, wo warstn? Haste dich verfahren? Welche Wats haste dir angesehen? Oder lagst du nur in der Sonne? Du hast so einen hummerartigen Teint«, strahlt er mich aufreizend provokativ an. Mein sonst eher dickes Fell weicht nach den Strapazen des Tages einer gewissen Dünnhäutigkeit. Das Gesicht zur Faust geballt, werfe ich ihm einen grimmigen Blick zu und stapfe wortlos davon. Selbst nachdem ich mich meiner schweißnassen Klamotten entledigt und eine kalte Dusche genossen habe, bin ich nicht in der Stimmung für Jochens Frotzeleien.

Am nächsten Morgen, die Gemüter haben sich wieder etwas beruhigt, wollen wir in Richtung Laos aufbrechen. Also hinaus aus der Stadt und auf die Schnellstraße. Herrliches Wetter, wenig Verkehr und vermeintlich topfitte Bikes. Es verspricht ein schöner Trip zu werden. Ich habe diesen Gedanken kaum zu Ende gedacht, als ich durch ein Geräusch meines Hinterrads eines Besseren belehrt werde. Erneut die Kette! Das kann nur eines heißen: An diesem Tag fahren wir nirgends mehr hin. Wir quartieren uns für eine weitere Nacht ein und geben die Motorräder sicherheitshalber noch einmal in eine richtige Werkstatt.

Nun aber. Mit frisch gewarteten Bikes, ausgeschlafen und wieder besserer Stimmung, wollen wir es nach Laos schaffen. Wir sind gut fünfzig Kilometer hinter Siem Reap, als das passiert, wovor mir graute. Ohne Vorwarnung bricht bei voller Fahrt das Heck meiner Maschine aus, und ich höre das schlabbernde Geräusch eines platten Reifens. Mir gelingt es, das Motorrad abzufangen und langsam am Straßenrand auszurollen. Ich danke meinem Schutzengel, und Jochen bestätigt mich: »Puh, Schwein gehabt!« Er fährt vor und findet in der Nähe eine Werkstatt, kommt zurück und nimmt mir immerhin mein Gepäck ab. Also mache ich mich einmal mehr auf den Weg und schiebe mein Bike in inzwischen bewährter Manier.

In der Werkstatt erhalte ich einen neuen Schlauch in den alten Mantel. Doch leider wird dieser nicht richtig aufgezogen, weshalb mein Hinterrad nun denkbar unrund läuft. »Vielleicht fährt es sich ein«, meint Jochen. Unsicher und ziemlich langsam zuckle ich die leere Straße entlang. Regelmäßige prüfende Blicke zu meinem Hinterrad bestätigen, dass es nicht besser wird. Als ich nach einem solchen Kontrollblick wieder auf die Straße sehe, stelle ich entsetzt fest, dass ich im Begriff bin, sie zu verlassen. In der Gewissheit, nicht mehr reagieren zu können, stoße ich einen prophylaktischen Schmerzensschrei aus. Dieser ist noch nicht verhallt, da brettere ich auch schon über den Straßenrand hinaus. Mit einem beherzten Satz über den Lenker lande ich der Länge nach im Dreck. Bäuchlings ziehe ich eine Spur durch den Sand. Sofort starte ich den internen Systemcheck. Ich kann noch alles bewegen, ich fühle brennenden Schmerz, also kann es so schlimm nicht sein. Dann blicke ich an mir runter: die Hände offen, blutig und mit Dreck überzogen, Unterarme und Ellbogen ebenfalls. Mein zerfetztes T-Shirt gibt den Blick auf die verschrammte

Brust frei, und durch das riesige Loch in meiner Hose sehe ich meinem Oberschenkel beim Farbwechsel zu. Offensichtlich ist nichts gebrochen, aber der Anblick bereitet mir dennoch etwas Sorge. Hätte ich nicht sicherheitshalber schon vor dem Sturz einen lauten Schrei ausgestoßen, jetzt wäre der richtige Moment gewesen. Doch dies ist nicht der Zeitpunkt, um in Panik zu verfallen. Zumal Jochen einmal mehr außer Sicht ist und ich selber zusehen muss, wie ich klarkomme. Um mich haben sich inzwischen Schaulustige versammelt. Die Männer heben mein Bike auf, die Frauen blicken besorgt, und die Kinder lachen mich an. Oder aus? Egal. Inzwischen hat auch Jochen bemerkt, dass ich fehle, und kehrt zurück. Seinen besorgten Blick unterlegt er mit einem erschrockenen »Ach du Scheiße!«. Dann ist er wieder fort. Um kurz darauf mit einem Arzt aufzutauchen, der glücklicherweise ein paar Häuser weiter wohnt. Er versorgt meine Wunden notdürftig am Straßenrand, während ich Gedanken über die Sterilität seiner Utensilien und der Umgebung erfolgreich ausblende. Ich konzentriere mich darauf, die Zähne zusammenzubeißen und mir einem Mantra gleich einzureden: »Du bist ein verdammter Indianer, und Indianer kennen keinen Schmerz!«

Als er fertig ist, klopft mir der Doc aufmunternd auf die Schulter und sagt, in drei Tagen sei alles wieder gut. Sein Wort in Buddhas Ohr. In der Zwischenzeit hat Jochen den Transport meines Moped-Wracks ins nächste Dorf organisiert. Dort angekommen, entscheiden wir uns gegen die Reparatur meines Bikes. Fünfzig Dollar und drei Tage Warten auf Ersatzteile sind zu viel. Also verkaufe ich den Haufen Schrott für 100 Dollar an Ort und Stelle.

Während Jochen das Geschäftliche regelt, springe ich in den nächsten Kleinbus nach Phnom Penh, der kurz darauf abfährt. Die etwas über fünf Stunden für die rund 200 Kilometer werden zur Tortur. Der Fahrer navigiert seinen klapprigen Ford Transit in jedes Schlagloch. Normalerweise ist es kein Problem, einen halben Meter aus dem Sitz katapultiert zu werden. Frisch bandagiert, wie ich bin, entlockt mir aber schon die kleinste Bodenwelle ein schmerzerfülltes Stöhnen.

In Phnom Penh habe ich mich mit Jochen in unserer bereits bekannten Absteige verabredet. Ich sitze seit Stunden vor der Tür, ertränke meinen Schmerz im Alkohol und warte auf ihn. Es wird Nacht, und allmählich ist es an mir, mich zu sorgen. Da unsere deutschen Handys in Kambodscha nicht funktionieren, gibt es keine Möglichkeit der Kontaktaufnahme. Es bleibt mir nur, zu warten und zu hoffen, dass Jochen mein Schicksal erspart bleibt.

Gegen Mitternacht fährt er endlich vor. Sein Gesicht ist kalkweiß. Er sinkt aus dem Sattel, lässt sich neben mir auf einen Stuhl fallen und greift sich mein Bier. Als er es geleert hat, blickt er mich an. »Was für ein Horrortrip!« – »Wenigstens bist du unversehrt«, versuche ich es positiv zu sehen. »Das ist aber auch das einzig Gute. Erstmals allein auf der Piste, die Unfallbilder vor Augen, und dann fällt mein Licht aus! Das war selbst mir zu viel. Normalerweise hätte ich irgendwo für die Nacht gestoppt, hatte aber keine Möglichkeit, dir Bescheid zu geben. Ich habe mich an einen langsamen Laster gehängt und versucht, in seinem Lichtkegel wenigstens etwas von der Straße zu erkennen. Das brauche ich nicht noch mal!«

Wir bleiben noch ein paar Tage in Phnom Penh, damit ich Zeit habe, mich zu regenerieren, und Jochen sein Motorrad verkaufen kann. Ersteres klappt bedingt, letzeres gar nicht.

Während ich mich auf unsere Anfänge besinne und schließlich den Bus nach Laos besteige, macht Jochen sich mit seinem Bike allein auf den Weg. Erstmals reisen wir getrennt. Als ich nun mal wieder in einem Bus sitze, werde ich melancholisch. Die vergangenen Wochen und über 3500 Kilometer mit dem Motorrad waren eine einmalige Erfahrung. Andererseits bin ich aber auch froh, es hinter mir zu haben. Denn es entwickelte sich langsam zu einem kostspieligen und gefährlichen Abenteuer.

INFOBOX

> Der Verkehr in Kambodscha ist entspannter als in Vietnam, die Kfz-Mechaniker verfügen aber nicht über das gleiche Know-how oder eine ähnlich ausgeprägte Phantasie.

> Landärzte in Kambodscha sind freundlich und hilfsbereit, die Kompetenz eines internationalen Krankenhauses kann man von ihnen aber nicht erwarten. Bei ernsthafteren Verletzungen oder Erkrankungen empfiehlt sich ein richtiges Krankenhaus (nur in Phnom Penh).

> Angkor Wat ist Pflichtprogramm. Es empfiehlt sich ein Tagestrip von Sonnenauf- bis -untergang.

> Es gibt mehr als Angkor Wat in und um Siem Reap! Besuche die »Floating Villages« und lass dich in eine andere Welt entführen.

Kapitel 20:
Sie singen

JOCHEN

Kaum bin ich aus Phnom Penh raus, kommt die Paranoia. Irgendwas an meinem Moped klappert anders als sonst. Ich halte immer wieder an, rüttele an diversen Teilen, immer ergebnislos. Das Bike kommt direkt vom Service. »Es ist nichts kaputt, Jochen.« Ich stehe am kambodschanischen Straßenrand, rede mit mir selbst. Und glaube mir nicht.

Es war schon mal angenehmer, allein zu sein. Der Anblick eines blutüberströmten Peers am Straßenrand hat der Bikerromantik einen empfindlichen Dämpfer versetzt. Leicht verkrampft sitze ich auf meiner Rappelkiste und knattere in Richtung Laos. Hin und wieder stoße ich leise Flüche aus. Wenn es nur nicht so wunderschön hier wäre. Rostfarbener Staub hat sich auf die einsame Straße gelegt, die an Reisfeldern oder dichten Wäldern unter wolkenlosem Himmel entlangführt. Siedlungen sehe ich nur wenige, und wenn, dann zumeist kleine Dörfer zwischen Straße und Dschungel. Die einzigen Bauten, die aussehen, als könnten sie einen Monsun überstehen, sind Wats, von denen es mehr als Orte zu geben scheint.

Nach einem Halt für die Nacht passiere ich am nächsten Morgen die Grenze. In Nakasang am Mekongufer gebe ich mein Moped in die Hände eines Tankstellenwarts und setze mit einem kleinen Boot über nach Don Det, um Peer zu treffen. Selten habe ich einen besseren Ort gesehen, um dem Nichtstun zu frönen. Don Det ist eine der »4000 Inseln« im Mekong, für die die Grenzregion zwischen Laos und Kambodscha berühmt ist. Wie viele Inseln es hier wirklich gibt, weiß niemand genau, zumal sich das je nach Jahreszeit und Wasserstand ändert. Wir bleiben zwei Tage auf Don Det, dann geht es weiter in die Hauptstadt Vientiane. Für die Strecke brauche ich drei Tage. Zwar finde ich mich mittlerweile wieder saucool auf meinem Feuerstuhl und genieße es inzwischen auch, mal ohne den Brummbär Peer zu sein. Doch bei seinem Anblick denke ich, dass das Reisen mit öffentlichen Verkehrsmitteln seine Vorzüge hat. Ausgeruht und entspannt treffe ich ihn in der Unterkunft an. Bei einer Portion gebratenem Reis berichten wir uns gegenseitig von den Ereignissen der letzten Tage. Während ich durch das Land fuhr, war auch Peer aktiv. »Ich habe einen Bus nach Luang Prabang gefunden und von da aus weiter nach Hu-Ho-Larifari.« – »Houay Xai?«, versichere ich mich. »Genau. Nach der Tour können wir direkt da rüber nach Thailand. Ich habe mein Visum schon beantragt, schlage vor, du machst das auch noch heute. Mit ein paar Dollar extra kriegste das in 24 Stunden, dann können wir morgen den Bus nehmen.« Ich schaue ihn an und kann nur mit dem Kopf schütteln. »Hast du schon darüber nachgedacht, wie ich mein Bike in einem Tag loswerden soll?«

Peers Vorschlag, den Hobel an eine Werkstatt zu verkaufen, kann ich kaum glauben. Das haben wir schon in Phnom Penh probiert, wo sie uns keine fünfzig Dollar geben wollten. »Wir sind doch keine Dukatenscheißer!« Manchmal macht mich Peers unbekümmerte Art sauer. Dass wir durch seinen Unfall viel Geld verloren haben, ist ja nicht seine Schuld, aber nun auch noch das zweite Bike mit Verlust loszuwerden, sehe ich nicht ein. »Wieso überhaupt die Eile?« Er seufzt. »Freut mich, dass es dir gefällt. Aber mit abgeschabten Gliedern macht das alles nur halb so viel Spaß.« – »Und das soll in Thailand anders sein?«, frage ich, doch er kontert: »Nein, aber da gibt es Meer. Und da ist einfach besser Wunden lecken.« Ah, jetzt sind wir an des Pudels Kern. »Okay, verstehe. Aber ganz ehrlich, ich schmeiß nicht 200 Dollar aus dem Fenster, nur weil der feine Herr sich lieber vor Brandung auskuriert!«

Wir vertagen die Diskussion. Als wir Peers Visum abholen, sehe ich Backpacker mit verbrannten, grinsenden Gesichtern und lehmigen Wanderschuhen und weiß, was zu tun ist. »Mach du, was du magst, fahr vor nach Thailand und leck dich, wo du willst. Ich bleib hier, verkauf mein Bike, so gut es geht, und mach das, weshalb ich hier bin: Ich geh wandern, verdammt.« Ich bin wütend. Seit langer Zeit ist gerade Laos für mich ein Sehnsuchtsort. Das weiß Peer ganz genau. Bei der Planung der Reise habe ich nirgends sonst so viele rote Kreuze auf die Weltkarte gemalt wie hier. Gerade weil es keine Strände hat. Dafür gibt es Urwald, und das ist etwas, was ich schon mein halbes Leben lang sehen wollte. Durch echten, dichten Dschungel zu wandern, das ist für mich der Inbegriff all dessen, was eine Weltreise ausmacht. Ich musste schon durch den gesamten Süden des Landes jagen, als sei ich auf der Flucht, nun ist Schluss.

Einen Tag später sitzen Peer und ich im Bus nach Norden. Mein Hobel wartet derweil, mit Verkaufsangeboten dekoriert, vor dem Hostel auf einen Interessenten.

In Luang Prabang bleiben wir nur zwei Tage. Die alte Königsstadt liegt im Nordwesten des Landes, dort, wo der Nam Khan um einen kleinen Hügel mäandert, bevor er in den Mekong fließt. Vom Hügel aus, dem Mount Phou Si, hat man einen herrlichen Blick über die Stadt und die Umgebung. Die Flüsse und die Hügel, viel Wald, einige Wats, kleine Gassen und niedrige Häuser. Dort oben sitzen wir, als mir aufgeht, was mir hier so gut gefällt: Es ist auf spektakuläre Weise unspektakulär. Dass die Stadt zum UNESCO-Weltkulturerbe gehört, verstehe ich sofort. Sie ist wunderschön, doch frei von Protz, fast schüchtern. Entspannt. Selbst unverbesserliche Kultur-Ultras lassen hier den Reiseführer sinken, hören auf zu suchen und genießen einfach die Stimmung. Kolonialarchitektur verbindet sich harmonisch mit laotischer, ein Haus schöner als das andere.

Tags darauf lassen wir uns von einem Nachtbus nach Houay Xai schütteln. Eine spirituelle Erfahrung. Alle paar Meter hört der Teerbelag auf, der Bus bremst, sackt abrupt einige Zentimeter ab, gibt Gas, fährt über Schotter, bremst wieder, poltert ansatzlos auf das nächste Stück Straßenbelag, und das Spiel beginnt von vorne. »Welcher Spaßvogel kam auf die Idee, die Straße in Intervallen zu teeren?« Peer würdigt meine Frage keiner Antwort. Passt schon, war eh eher rhetorisch. Als wir ankommen, fühle ich mich wie durchgekaut und ausgespuckt. Von wegen Busreisen sind entspannend. Allein die Aussicht auf das, was vor uns liegt, hält mich wach.

Am nächsten Morgen treffen sich ein Dutzend Reisende, allesamt Backpacker, am Büro der »Gibbon Experience«. Wir stellen unsere Wanderrucksäcke in einen Lagerraum, dann fahren wir, nur mit Tagesgepäck, auf Pick-ups etwa zwei Stunden in die Wildnis. In einem kleinen Dorf im Wald werden wir in zwei Gruppen aufgeteilt, und dann führen uns je zwei Guides in den Dschungel. Nach einer Wanderung von etwa einer Stunde pausieren wir, futtern die ausgeteilten Baguettes, versuchen dem Körper das Wasser wieder zuzuführen, das die Temperatur ihm entzieht, und lauschen den Instruktionen der Guides, bevor wir durch und über den Wald fliegen.

Wir stehen an einem steilen Hang, legen Klettergeschirr an, an dem statt Abseilachter eine Winde hängt. Durch eine Lücke im Grün zieht von einem Baumstamm aus ein fingerdickes Stahlseil fort. Wo es endet, kann ich nicht sehen. Der Guide prüft das Gurtzeug noch einmal. Ich mache zwei Schritte, plumpse in mein Gurtzeug, und ab geht die Post. Das Seil beginnt zu schaukeln, während ich Fahrt aufnehme. Die Rollen singen immer lauter, während ich aus den Baumkronen hervorbreche und mit einem Mal die Schlucht überblicken kann, über die ich in etwa 100 Meter Höhe hinwegfliege. Wie Seilbahn fahren, nur ohne Gondel. Mit einer Hand halte ich die Bremse. Ein Stück Motorradreifen schließt sich um das Stahlseil; wenn ich daran ziehe, verlangsamt sich die Fahrt. Doch das ist selten nötig, denn die Seile sind so gespannt, dass man meist punktgenau vor dem nächsten Baum hält.

Zu sagen, das »Zippen« sei ein großer Spaß, ist eine krasse Untertreibung. Dennoch verblasst es angesichts dessen, was uns umgibt. Tu und Yator, unsere Guides, unterbrechen die Wanderung durch den Urwald immer wieder. Sie zeigen uns essbare Früchte, deren Namen sie zum Teil selbst nicht kennen, lehren uns, aus Bambus einen Becher zu basteln, mit dem man das Flusswasser trinken kann, oder machen uns auf Tiere im Unterholz aufmerksam, die wir sonst gar nicht erkannt hätten.

Einmal endet die Fahrt am Stahlseil nicht in Bodennähe, sondern in einer Baumkrone. Eine Plattform bildet die Zwischenstation zwischen zwei Seilen. Dort steht Peer mit erstarrter Miene an den Stamm geklammert, das Gesicht aschfahl. »Alles okay bei dir?« Keine Reaktion. Als das nächste Gruppenmitglied loszippt und der Baum zu schwanken anfängt, schließt er die Augen. »Hast du Höhenangst?«, frage ich, doch der Anblick macht eine Antwort unnötig. »Bisschen«, quetscht er hervor. Wieder was dazugelernt, denke ich, doch belasse es dabei.

Wenig später sind wir zurück auf festem Boden. Peer hat wieder Farbe im Gesicht. »Schon besser. Das macht ja echt Spaß, aber acht Leute in dem dünnen, schwankenden Baum, das war nix.« In diesem Moment kündigt Tu die letzte Zipline des Tages an. Auch diese endet in einem Baum. Aber was für einem! Kaum durchbreche ich das Blattwerk, sehe ich ihn. Ein Riese von fünfzig Metern. In seiner Krone ein Haus. Zwei Stockwerke, wenn man die Landeplattform darunter nicht mitrechnet. Ich reiße mich von dem Anblick los, bremse und lande sicher. Dann folgt Peer. So werde ich wohl auch ausgesehen haben: zwei aufgerissene Augen und ein großer Mund, die aus dem Wald geflogen kommen. Nur die Guides hängen in ihrem Gurtzeug, als seien sie so auf die Welt gekommen.

Die Baumhäuser überraschen mich, so viel Komfort habe ich nicht erwartet. Es gibt eine Toilette und sogar eine kleine Spüle. Doch die Krönung ist die Dusche. Nicht nur wegen der Aussicht. Das Wasser läuft zwischen den Bodenbrettern hindurch. Durch die Lücken kann man sehen, wie es in die Tiefe fällt und im Wald verschwindet. Peer verzichtet.

Am nächsten Morgen geht es bei Sonnenaufgang los. Nach ein paar Ziplines folgt eine kurze Wanderung in den Wald, abseits der

Wege. Immer wieder unterbrochen von Stopps. Stille. Angestrengtes Lauschen. Dann hebt Yator den Finger. Ja, da ist es. Langsam erhebt sich Gesang, etwas raschelt über unseren Köpfen im Geäst, dann ist es wieder still. Langsam gehen wir weiter. Wieder und wieder halten wir inne, während Tu und Yator die Baumwipfel absuchen. Dann höre ich es ganz deutlich: Die Gibbons singen. Wir hören den Affen bei ihren Konzerten zu, mal kurze Rufe, dann wieder lange Kompositionen, Duette, Ruf und Antwort, langgezogen, gut zu vernehmen, an- und abschwellend, fremdartig, doch friedlich und wunderschön. Das Wort Gesang passt wirklich gut, denke ich, als es auf einmal passiert. Beinahe über unseren Köpfen, ganz nah, nur zwei Bäume entfernt. Erst rascheln die Äste, dann ist er zu sehen. Oder sie. Schwingt sich von Ast zu Ast. Bleibt hängen. Scheint uns anzublicken und zu überlegen, was zu tun sei. Schwingt weiter. Ein Baum weiter noch ein Gibbon. Und noch einer. Mal sind es nur Schatten, die über uns hinweghuschen. Dann wieder sind sie klar zu sehen, wie sie aufstehen, losspringen, fliegen und landen, als wollten sie uns zeigen, wie man das richtig macht. Ich habe Gänsehaut.

Als wir zurück im Baumhaus sind, wartet dort bereits das Frühstück auf uns. Während wir essen, schnattern wir aufgeregt durcheinander, können kaum fassen, wie nah wir den Gibbons waren. Die Tiere sind gut angepasst, flinke Kletterer und sehr intelligent. Für Besucher bleiben sie meist unsichtbar. Laut Tu hatten wir sehr viel Glück, sie nicht nur zu hören, sondern auch zu sehen. Dazu noch so nah und deutlich, das passiere nicht oft. Ich spreche ein »Danke« aus und weiß selber nicht, wem es gilt.

Wieder geht es in den Wald. Wanderung und Ziplines wechseln sich ab. Jede Line bietet Abwechslung. Mal fliegen wir so dicht über die Baumkronen hinweg, dass die Füße die Blätter berühren, mal geht es in schwindelerregenden Höhen über gewaltige Schluchten.

Die Mittagspause verbringen wir an einem kleinen Wasserfall, bei dem auch Peer zu seiner Dusche kommt. Mittlerweile sind seine Wunden halbwegs verheilt, und er genießt das Wasser sichtlich. Die letzte Nacht verbringen wir in einem anderen Baumhaus. Wir lauschen den Geräuschen des Urwalds, der unter uns beginnt, sein Nachtkonzert zu geben. Der Wind in den Baumkronen, der Gesang aus unzähligen Kehlen und das Zirpen der Insekten wiegen uns sanft in den Schlaf. Am letzten Tag geht es nach dem Frühstück zurück zum Dorf. Dort angekommen, machen wir ein Gruppenfoto und tauschen unsere Erfahrungen mit der zweiten Gruppe aus, die gleichzeitig mit uns die Tour gemacht hat, jedoch in umgekehrter Richtung. Ein Dutzend erwachsener Leute; keiner schafft es, von den letzten Tagen zu reden, ohne die Hände zu benutzen, die anderen zu unterbrechen und dabei zu grinsen wie im Rausch.

Zurück in Houay Xai, muss Peer sich sputen. »Hätte nicht gedacht, dass wir so früh wieder zurück sind. Dann schaffe ich ja noch den Bus nach Bangkok.« Wie er sich nach diesem Erlebnis bei irgendetwas beeilen kann, verstehe ich nicht, aber was soll's. Dann sehe ich ihn in Richtung des Fähranlegers verschwinden. Wenig später sitze ich auf dem Dach des Gästehauses und schaue über den Fluss, nach Thailand, wo Peer nun sicher schon im Bus sitzt. Die Sonne ist untergegangen, der Mond steht hoch am sternenklaren Himmel, und durch das Knattern einzelner Mopeds hindurch höre ich das Zirpen der Grillen. Aber wenn ich meine Augen schließe, dann höre und sehe ich sie. Die Gibbons, wie sie sich von Ast zu Ast schwingen. Und singen.

INFOBOX

> Mach einen Abstecher nach Don Det – aber nur in der Trockenzeit (November–Februar). Während des Monsuns (Juni–Oktober) ist das Gebiet weitläufig überflutet.

> Mehr Informationen zu unserem Besuch bei den Gibbons gibt es unter www.gibbonexperience.org

> Besuche den Nachtmarkt in Luang Prabang.

> Der Kuang-Xi-Wasserfall bei Luang Prabang ist ein Kleinod.

> Fahre Tuk-Tuk!

Kapitel 21:
Urlaubsalarm

PEER

Ich stapfe zum Anleger in Houay Xai und setze mit dem Langboot über den Mekong. Auf der anderen Seite des Flusses liegt das thailändische Chiang Khong. Kaum angekommen, spute ich mich auf dem Weg zum Busbahnhof. Nur um festzustellen, dass ich den letzten Bus nach Bangkok knapp verpasst habe. Na toll. Da hätte ich auch noch eine Nacht bei Jochen in Laos bleiben können. Irgendwie bin ich heilfroh, mal etwas Ruhe zu haben. Jochens Übereifer der vergangenen Wochen, den ich nicht zuletzt wegen meiner schmerzenden Glieder nicht teilen konnte, nervte gewaltig. Jetzt hat auch er seine Ruhe, kann machen, was er will, in seinem eigenen Tempo. Wie ich. Ich löse den Blick vom Mekong und suche mir eine Bleibe. In dem kleinen Grenzort ist die Auswahl überschaubar, und ich nehme das erstbeste Zimmer. Ich kann mich nicht daran erinnern, wann ich das letzte Mal allein geschlafen habe. Die Schlafsäle teilten wir uns mit vielen Leuten; gab es ein Doppelzimmer zum gleichen Preis, dann teilten wir das Bett. Wie ich mich auf mein eigenes Bett freue! Doch vor der Nachtruhe steht der Abend, den ich auf der Veranda des Hostels verbringe. Da man in Chiang Khong sonst nicht viel machen kann, gesellen sich bald die übrigen Gäste dazu, und wir plaudern bei einem Bier.

Am folgenden Nachmittag nehme ich den Bus nach Bangkok, wo ich nach 15 Stunden Fahrt im Morgengrauen ankomme. Ich bleibe nur eine Nacht und hole den Schlaf nach, der mir im Bus nicht vergönnt war. Die Hektik Bangkoks reizt mich nicht, ich will Strand! Ich brauche Urlaub von der Reise!

So fahre ich tags darauf mit dem Bus nach Surat Thani und mit der Fähre weiter nach Koh Samui. Dort finde ich abseits der touristischen Hochburgen von Chaweng die gesuchte Abgeschiedenheit am Lamai Beach. Zwar ist Lamai der zweitgrößte Strand der Insel, doch habe ich ihn nahezu für mich allein. Ich verbringe eine Woche in einer Holzhütte am Strand, zumeist in der Hängematte auf der Veranda, eine Kokosnuss im Schoß. Die traditionelle Thai-Massage in einer offenen Bambushütte am Strand ist günstig, der Blick von dort auf das Meer unbezahlbar. Ich erkunde die Insel mit einem Roller, schaue mir sogar hier ein Wat und dort einen Buddha an oder kraxle in einem Wasserfall herum. Ich labe mich am köstlichen Thai-Curry und lasse die Seele baumeln. Das tut not.

Nach einer Woche der Entspannung bin ich wieder bereit, was zu erleben. Ich fahre nach Phuket, der wohl bekanntesten Urlaubsinsel Thailands, um mir ein Bild vom berüchtigten pauschalen Massentourismus zu machen, den ich auf Koh Samui in der erwarteten Form nicht fand. Dass Jochen nur schwer für einen solchen Abstecher zu begeistern wäre, ist klar. Also gucke ich mir das allein an, bevor ich gemeinsam mit ihm einen zweiten Blick auf Thailand werfe.

Ich kann meine Enttäuschung über Phuket nicht recht zum Ausdruck bringen. Zwar ist die käufliche Liebe hier ebenso präsent wie betrunkene Deutsche und Russen, aber irgendwie habe ich mir das alles viel schlimmer vorgestellt. Verlässt man die beliebtesten Strände und zieht eine Bucht weiter, findet man auch auf Phuket schöne Ecken. Doch nichts im Vergleich zu Koh Samui. Ich beschließe, nun wieder umtriebig, mir etwas mehr vom Land anzusehen, und buche eine Fahrt nach Khao Lak, jener Region im Westen Thailands, die durch den Tsunami an Weihnachten 2004 die wohl schwersten Verwüstungen erfuhr. Danach soll es weiter zum Khao-Sok-Nationalpark gehen.

Vielleicht hätte ich bei der Buchung das Kleingedruckte genauer studieren sollen. Dann hätte ich im Vorfeld geahnt, was mich erwartet: ein klassischer Pauschaltouristenausflug. Im klimatisierten Minivan touren wir durchs Land, machen am Tsunami-Mahnmal eine Stippvisite und fahren weiter zum Nationalpark. Das ständige »Hurry, hurry« des Fahrers zeigt von Beginn an, wo es langgeht: Wir müssen uns eilen, um alle anvisierten Stationen zu schaffen. Zur Not muss ein Foto durch das Busfenster reichen.

Khao Sok ist atemberaubend. Die Schönheit der Natur verblasst aber beim Anblick der Elefantenfarm, an der wir halten. Hier werden die Dickhäuter in langen Reihen an eine Empore geführt, um danach mit einem Besucher auf dem Rücken durch den Dschungel geführt zu werden. Der ist spektakulär, allerdings kann ich die Landschaft kaum genießen, denn ich habe Mitleid mit meinem Reittier, das unter den Stockhieben seines Treibers vor sich hin trottet. Ich kraule den gewaltigen Kopf und entschuldige mich dafür, dass mich der Elefant durch das Dickicht tragen muss, anstatt mit seiner Sippe auf einer Wiese zu tollen. Er zeigt keine Reaktion. Er versteht wohl nur Thai.

Der Trip entführt mich zwar in die unsagbar schöne Landschaft Thailands, der fade Beigeschmack dieser pauschalen Touri-Tour trübt das Erlebnis aber doch etwas. Ich beschließe, Jochen besser nichts davon zu erzählen. Er würde mich nur auslachen.

Allmählich neigt sich der Urlaub vom Urlaub dem Ende zu, und die Reise geht weiter. Da ich in den vergangenen Tagen recht faul war, nutze ich die restliche Zeit auf Phuket zum Bloggen, bevor ich in Chiang Mai, im Norden Thailands, Jochen wiedertreffe.

Ich sitze gerade in einem Café und hämmere auf die Tastatur meines Laptops ein, als plötzlich ein junger Thai hereinstürmt und aufgeregt auf mich, den einzigen Gast, einredet. Ich verstehe nichts, entnehme dem panischen Blick des Mannes aber, dass es sich um etwas Ernstes handelt. »Ekak! Ekak!«, wiederholt er immer wieder. Schulterzuckend rate ich ins Blaue hinein: »Earthquake – Erdbeben?« Er nickt hektisch und schiebt das Wort nach, das ich sofort verstehe: Tsunami. Ich frage, was zu tun sei. »Out, out! Up, up!«, sagt er, und ich folge ihm.

Kaum auf der Straße, erlebe ich echte Panik. Zwar nicht am eigenen Leib, doch ich sehe um mich nichts als die weitaufgerissenen Augen hektisch durcheinanderrennender Menschen. Auf den Straßen Autos und Roller in wilder Unordnung, die an den größeren Kreuzungen in Unfällen mündet. Auch wenn ich nicht zur Panik neige, wird mir mulmig, und ich bin unsicher, was zu tun ist. Vor allem, wie viel Zeit noch bis zur drohenden Katastrophe bleibt. Da ich außer meinem Laptop nichts dabeihabe, will ich zurück in meine Bleibe, um meinen Pass und andere Wertgegenstände zu holen. Da packt mich jemand am Arm und reißt mich herum:»No, wrong way! Out of town!« Okay, ich verwerfe jeden Gedanken an meine Sachen und beschließe, zuerst meine Haut zu retten.

Ich folge der Menschenmasse auf den nächsten Hügel, der sich hinter dem Ort erhebt. Sofort sind die Bilder der Verwüstung Khao Laks präsent. Ich beschleunige meine Schritte.

Als ich den höchsten Punkt erreiche, halte ich an und blicke mich um. Im Ort noch immer heilloses Durcheinander, das dahinterliegende Meer ganz ruhig. Keine Flutwelle in Sicht.

Ich stehe inmitten einer Gruppe Thais sowie einiger Touristen. Ein Blick auf die Umstehenden verdeutlicht den Ernst der Lage: Die Touristen schauen einander ratlos an, während zumindest einigen Thais das blanke Entsetzen ins Gesicht geschrieben steht. Zu präsent ist die Erinnerung an den verheerenden Tsunami von 2004.

Am besten bleibe ich an dieser Stelle, beschließe ich. Was sind meine Optionen? Ich habe nur, was ich am Leib trage: leichte Sommerkleidung, ein paar Bath in der Tasche und Flipflops an den Füßen. Dazu meinen Rucksack mit Laptop, Handy, Mückenspray und Zigaretten. Das ist mein Survival-Kit.

Kaum ist der Schweiß des Aufstiegs getrocknet, wird die Kehle staubig. Ich habe keinen Tropfen Wasser! Beim nächsten Haus bitte ich um einen Schluck und versuche, nähere Informationen einzuholen. Doch ich erfahre nichts Neues: Tsunami-Alarm. So viel ist klar.

Man kann nichts tun außer warten und den Horizont beobachten. Und lauschen. Denn mit einem Mal ist es totenstill. Noch vor wenigen Minuten sorgten Hundegebell aus dem Ort und das Schreien der Zikaden im Wald für die Geräuschkulisse. Unweigerlich kommen Gedanken an die sprichwörtliche Ruhe vor dem Sturm auf. Tiere, so sagt man, haben einen sechsten Sinn für Naturphänomene. Mir wird zunehmend unbehaglicher.

Da mich die Anwohner mit Wasser und Knabbereien versorgen, fürchte ich nicht den Tod durch Hunger oder Durst. Das Schlimmste ist die Ungewissheit, das Fehlen jedweder Information. Was ist passiert? Wo ist es passiert? Womit ist zu rechnen? Und wann? Ich tue es den umstehenden Urlaubern gleich und versuche per Handy Kontakt mit der Heimat aufzunehmen, um Informationen zu erhalten. Doch das Netz ist völlig überlastet.

Zwei Stunden später erreiche ich einen Freund in Deutschland. »Schön, dass du dich mal meldest von unterwegs. Wo biste, was treibste?«, beginnt er im Plauderton. Ich würge den Plausch ab, erkläre die Situation und bitte ihn, schnellstmöglich Informationen zu beschaffen. Eine halbe Stunde später der Rückruf: »Seebeben der Stärke 8,6 auf der Richterskala vor Indonesien.« Au Backe! Das Beben von 2004 hatte mit 9,4 nur einen unwesentlich höheren Wert. »Eine Flutwelle wurde ausgelöst und bewegt sich auf die Küste zu«, fährt mein Freund fort. »Da die tektonische Verschiebung der Kontinentalplatten aber horizontal und nicht vertikal erfolgte, ist die Flutwelle wesentlich kleiner und ungefährlicher als damals.« Ein Glück. »Da du auf Koh Samui bist, im Schutz des Golfs von Thailand, biste relativ sicher. Gefährlicher wäre es auf Phuket.« – »Äääh, ich bin auf Phuket.« – »Oha!« Genau. Dann erfahre ich, dass der Tsunami-Alarm prophylaktisch für alle Anrainerstaaten des Indischen Ozeans ausgegeben wurde und offenbar keine Katastrophe mit den Ausmaßen von 2004 zu erwarten sei. Das ist doch zumindest etwas.

Dennoch gilt es, auszuharren, bis die Entwarnung kommt. In unregelmäßigen Abständen kommen Pick-ups der Polizei vorbei.

Doch statt neuer Informationen verteilen die Polizisten nur achselzuckend Wasser. Ich setze mich zu einigen Thais und frage, ob denn mit einer offiziellen Entwarnung zu rechnen sei. »Ganz bestimmt«, sind sie sich sicher. Und wie lange dauert das wohl? Ach, das könne schon bis morgen dauern. Das wisse man nie so genau. Es wird allmählich dunkel, und vom gefürchteten Tsunami ist bislang nichts zu sehen.

Stellt sich die Frage, ob ich hier im nun einsetzenden Regen weiter ausharre, notfalls die ganze Nacht, oder wie einige andere Touristen die sichere Stellung zugunsten eines Bettes und einer warmen Mahlzeit aufgebe. Das schlagende Argument liefert ein sichtlich angetrunkener Brite, der statt seiner Habseligkeiten nur einige Bierdosen gerettet hat: »Was ist schon eine Nacht unter freiem Himmel, wenn man am Ende einer der wenigen Überlebenden ist?«

Gegen Mitternacht siegt der Hunger über die Angst, und ich wage den Abstieg. Im nächsten Restaurant kehre ich ein und erfahre auf CNN, dass der Tsunami-Alarm inzwischen aufgehoben wurde. Es bestehe keine Gefahr mehr. Ich versichere mich vorsichtshalber noch einmal im Internet. Auf dem Heimweg verdaue ich die Geschehnisse des Tages und komme zu dem Schluss: Glück gehabt! Nicht nur, weil ich vom Tsunami verschont blieb, sondern weil ich während dieser Ausnahmesituation die Gelegenheit hatte, die Freundlichkeit und Hilfsbereitschaft der Thais in einer drohenden Notlage zu erfahren. Aber ich befinde auch, dass meine Zeit allein nicht unter dem glücklichsten Stern steht, so dass ich mich nun auf das anstehende Wiedersehen mit Jochen freue.

INFOBOX

> Erlebe Thailands Traumstrände! Ob Ruhe und Abgeschiedenheit oder Partystrände, hier gibt es für jeden Geschmack etwas.

> Tauche in die Naturschönheit des Landes ein. Aber Vorsicht vor Pauschalangeboten, man hetzt dabei nur durch die Landschaft.

> Gönne dir ein Thai-Curry! Es lohnt sich.

> Vorsicht vor der Schärfe der Thai-Küche! Selbst der vermeintlich geübte Gaumen fängt dort im Handumdrehen Feuer.

Kapitel 22:
Prost Neujahr!

JOCHEN

Die Abkürzung der Demokratischen Volksrepublik Laos, Lao PDR, steht offiziell für »Lao People's Democratic Republic«. In Laos versteht man darunter jedoch »Please Don't Rush«, bitte keine Eile. Das passt.

Ich sitze in einem »Slowboat« auf dem Mekong und betrachte das Treiben am Anleger. Seit fünf Stunden füllt sich der schmale Holzkahn tröpfchenweise. Hinter mir meckert ein rosahäutiger Brite über die Verspätung. Dass er noch nicht lange in der Gegend ist, merkt man an seiner Hautfarbe genauso wie am Habitus. Doch niemand beachtet ihn, nicht mal seine Begleitung.

Dann legt der Kahn ab. Beide Flussufer, Laos zur Linken und Thailand zur Rechten, bestehen aus sanften Hängen, zwischen denen ab und an eine Hütte oder eine kleine Siedlung liegt. Alles hier scheint entspannt zu sein. Selbst der Brite beruhigt sich.

In der Abenddämmerung erreichen wir Pak Beng, Zwischenstopp auf dem Weg nach Luang Prabang. Das Dörfchen scheint nur aus Unterkünften für die Flussreisenden zu bestehen. Das Boot wird ohne Hektik entladen. Laos und der Mekong gehen nicht spurlos an den Besuchern vorbei: Die Ruhe ist ansteckend. Selbst die Männer, die uns am Bootsanleger mit dem Anpreisen ihrer Unterkünfte empfangen, verbreiten keine Hektik. Ich lasse dennoch alle hinter mir und entscheide mich für ein kleines Gästehaus am Ortsrand. Am nächsten Morgen schlappt die Gruppe zurück ins Boot. Dann nimmt uns der Mekong wieder auf, und wir treiben kaum schneller als die Strömung dahin.

Von Luang Prabang aus fahre ich mit dem Bus zurück nach Vientiane. Der Besitzer des Gästehauses, bei dem ich mein Moped abstellte, sagt, es habe keinen Interessenten gegeben. Ich bin nicht mal überrascht. Einen Tag lang verteile ich Flyer in Unterkünften. Doch auch fünf weitere Tage in Vientiane ergeben nichts. Statt in Ruhe zu wandern, treibe ich mich also in den Straßen der Hauptstadt herum. Doch ich verstehe bald, warum sie als entspannteste Kapitale der Welt gilt. Die Menschen hetzen nicht, sie schlendern und lächeln dabei. Ich tauche so tief in das Treiben dieser Stadt ein, dass ich beinahe alles um mich herum vergesse: Ich muss mein thailändisches Visum abholen und mein Moped loswerden. Mein Wirt gibt mir den Tipp, es in Vang Vieng zu versuchen, dort seien viele junge Touristen und die Chancen, den Hobel zu einem guten Preis loszuwerden, am größten. Also verlängere ich mein laotisches Visum um ein paar Tage, verlasse Vientiane und fahre nach Norden. Den Namen Vang Vieng kennt jeder Reisende in Südostasien. Nach all der Ruhe habe ich Bammel vor diesem Ort.

Gegen Mittag halte ich in einem Dörfchen und esse in einem Imbiss. Ich bin der einzige Gast. Ein Huhn jagt ein Ferkel über die Straße. Es ist die schnellste Bewegung, die ich seit Tagen sehe. Danach nimmt mich wieder die Einsamkeit der Straße ein. Die Gegend wird karstiger, die Hügel schroffer. Plötzlich öffnet sich das Tal, und vor mir liegt Vang Vieng. Kaum angekommen, stimmt mich eine Szene auf das ein, was den Ort innerhalb weniger Jahre berühmt gemacht hat. Es ist noch nicht spät am Nachmittag, doch aus den Kneipen dröhnen schon laute Beats. Vor einer Bar stützt sich ein westliches Pärchen gegenseitig, er in Shorts, sie im Bikini. Als sie sich schwankend auf einen Motorroller lehnt, erbricht er sich geräuschvoll auf ihre Flipflops. Sie reagiert kaum. Willkommen in Vang Vieng!

Die Leute kommen her, um zu»tuben«: In einem aufgeblasenen Lkw-Schlauch treiben sie den Fluss hinab, während sie sich in den Uferbars jedwede Droge reinziehen, die die Speisekarte zu bieten hat. Kein Scherz, es gibt hier neben den üblichen Speise- und Getränkekarten tatsächlich »happy menues«. Aus dem ehemals beschaulichen Dorf ist ein Sündenpfuhl geworden. Viele Einheimische meiden den Fluss inzwischen: Weil so viele Unfälle passieren und regelmäßig Menschen zu Tode kommen, glauben sie, das Gewässer habe schlechtes Karma.

Am ersten Abend gibt mir der Wirt meiner Unterkunft Tipps für Tagesausflüge. Mein Moped stelle ich, mit Verkaufsangeboten tapeziert, in die Ortsmitte. Zwei Tage später passt mich der Herbergsvater ab: »Hello Mister, a man wants to buy motorbike.« Er drückt mir einen Zettel mit einer Adresse in die Hand. Ich fass es nicht. Doch Tatsache: Was vorher unmöglich schien, klappt hier ganz schnell. An der angegebenen Stelle finde ich eine Bar, darin Brad. Der junge Amerikaner liegt unter einer dichten Dunstwolke. Müde lächelnd erzählt er, dass er gar nicht genau weiß, wie lange er schon hier ist. »Gotta try Opium, man. It's the best.« Nee, lass mal. Doch er will wirklich mein Bike kaufen. Dass er nicht mit Kupplung und Schaltung umgehen kann, kümmert ihn nicht. Er will es unbedingt und versichert, dass sein Kumpel ihm das Fahren beibringen könne. Ich denke an Peers erste Fahrstunde in Hanoi, reiße mich am Riemen und nenne ihm eine Summe. Er handelt nicht mal und zahlt, ohne zu zögern, den Preis, den auch ich in Hanoi zahlte. So viel zum Thema Opium.

Mit einem Kanadier aus meinem Gästehaus feiere ich dort abends den Erfolg. Wir gönnen uns ein paar Bier, erzählen uns von unseren Reisen und haben eine gute Zeit. Trotzdem wollen die Technobeats, die das Tal beschallen, nicht in diese Gegend passen. Der Joint, den wir abschließend schmauchen, in der Sicherheit einer Hängematte im Hinterhof unserer Unterkunft, schon eher. Ich muss an meinen Wirt auf Don Det denken, der eindringlich davor warnte, in Laos in der Öffentlichkeit zu kiffen, auch wenn man das Zeug an jeder Straßenecke bekommt. »Hier ist das okay, aber auf der Straße bist du Freiwild«, sagte er. Das gilt auch in Vang Vieng, wo mancher Urlauber seinen Dealer aus der Bar kurz darauf auf der Straße in Uniform wiedertrifft.

Im Umland Vang Viengs finde ich blaue, felsumrahmte Lagunen, in denen ich mich von Kraxeleien in den Felsen erhole. An anderer Stelle wohne ich einer mir unbekannten Zeremonie in einer heiligen Grotte bei, unweit davon schwimme ich in eine Höhle, die nur durch das Wasser zugänglich ist. Hier scheint es mehr Höhlen als Berge zu geben.

Doch es ist Zeit, aufzubrechen. Ich bin nun fünf Tage hier und muss zurück nach Vientiane, um dort über die Grenze nach Thailand zu kommen. Außerdem freue ich mich langsam, aber sicher darauf, Peer wiederzusehen. Allein zu reisen, ist ja gut und schön, aber bei manchen An- oder Einblicken wünschte ich, er wäre hier. Ich müsste nur eine Geste machen, und er wüsste sofort, was ich denke. Ich vermisse ihn und bin ganz froh darüber, die Zeit gehabt zu haben, das zu spüren.

Als ich am nächsten Morgen auf den Bus warte, bin ich verwirrt: Auf der Straße bespritzen sich die Leute mit Wasser. Nicht nur Kinder, auch Erwachsene stehen da und duschen sich selbst wie auch die Passanten großzügig mit Schläuchen, Spritzpistolen oder gleich ganzen Eimern ab. Mein Wirt klärt mich auf, dass das dazu ausgerufene »Sabaidee Pbeemai« so viel wie »Prost Neujahr« bedeutet. Das laotische Neujahrsfest wird nach dem Mondkalender gefeiert und beinhaltet verschiedene Zeremonien. Unter anderem segnete man sich früher mit Wasser, woraus über die Jahre eine Wasserschlacht wurde, die sich im wahrsten Sinne des Wortes gewaschen hat. Nichtsahnende Touristen mit Kameras um den Hals haben Pech, den Fluten entkommt keiner. In Vientiane angekommen, danke ich im Geiste meinen wasserdichten Packsäcken, die dafür sorgen, dass zumindest mein Gepäck trocken bleibt.

Der Hostelbesitzer steht vor seiner Eingangstür. Er erkennt mich und spricht mich gleich an: »Aah, you sold your bike? Welcome back!« Als ich zu einer Antwort ansetzen will, schiebt er nach: »Sabaidee Pbeemai«, dann kippt er mir einen Eimer Eiswasser ins Gesicht. Lachend klopft er mir auf die Schulter, als ich mir nach einem spitzen

Schrei die durchweichte Kippe aus dem Mundwinkel fische. Dann stimme ich in sein Gelächter ein. Schnell bringe ich meine Sachen aufs Zimmer, dann stürze ich mich wieder ins Getümmel. Spät in der Nacht falle ich in mein Bett, klitschnass von all den Segnungen.

Tags darauf – das Spektakel ist einer friedvollen Ruhe gewichen – sitze ich auf meinem Balkon und blicke über den Mekong. Es ist mein letzter Abend in Laos. Da kommt mir *die* Idee. Ich gehe zurück in mein Zimmer, krame den kleinen Beutel mit Gras hervor und rolle mir einen Joint. Muss ja eh weg, das Zeug, ich will es bestimmt nicht mit nach Thailand nehmen. Als ich dann wieder auf meinem Balkon stehe, zögere ich. Nein, denke ich mir. Nicht hier. Nicht heute. Ich packe alles ein und gehe ans Mekongufer. Hier stöpsel ich mir Musik auf die Ohren und zünde das Ding an. Nach wenigen Zügen tippt mich jemand auf die Schulter. Als ich meinen Kopf vom Mondschein auf dem Wasser abwende, sehe ich zuerst schwere Stiefel, dann eine Tarnhose und blicke plötzlich in die Mündung einer Kalaschnikow. »Scheiße!«

Um mich herum stehen fünf Uniformierte. Vier halten mir ihre Flinten unter die Nase, der Fünfte streckt die Hand aus. Ich versuche gar nicht erst, das Beweisstück wegzuwerfen, und reiche es ihm. Was folgt, macht mich fast noch nervöser als die auf mich gerichteten Waffen: Es passiert gar nichts. Ich bin umringt von Polizisten und weiß nicht, was abgeht. Warten sie mit der Erschießung, bis die Passanten weg sind? Meine Fragen werden mit Kopfschütteln beantwortet. Erst, als sich ein Sechster mit mehr Sternen am Revers nähert, begreife ich. Die fünf sprechen schlicht kein Englisch. Doch der Umstand, dass sie mich nicht auf die Wache bringen, sondern ihren Chef nach draußen holen, stimmt mich zuversichtlich. Dieser bekommt den halbgerauchten Dübel in die Hand gedrückt, schnüffelt daran und tastet mich noch mal gründlich ab. »This all?« – »Yes, that's all«, antworte ich, spare mir jedes überflüssige Wort und nehme eine devote Haltung an. »You coming to Lao smoking Ganja no good!«, klärt er mich auf. Ich denke mir, dass er mir doch wenigstens die Moralpredigten ersparen soll. In Vang Vieng sterben im Schnitt zwei Touristen pro Monat, es tobt die Polytoxikomanie, und niemand verdient besser daran als die Polizei. Doch natürlich halte ich meine Klappe.

Der Anführer baut seine Drohkulisse auf: Gefängnis, horrende Strafen, ernste Konsequenzen, Botschaft, Ausweisung und allerlei Dinge, die ich nicht auf ihren Wahrheitsgehalt überprüfen möchte. Dann kommt er zum Punkt: »Or …«, eine wirkungsvolle Kunstpause, ein eindringlicher Blick: »Or you pay the fine right here. Less paperwork, less punishment.« Natürlich akzeptiere ich das verkürzte Strafverfahren genauso wie die Strafe: 500 Dollar. Ein erneutes »Scheiße!« geht mir durch den Kopf. Dann nehmen sie mir als Pfand alles ab, was ich habe – bis auf meine Kreditkarte. Bevor sie mich zum Geldautomaten schicken, geben sie mir zu verstehen, dass ich ernsthafte Probleme bekomme, wenn ich nicht innerhalb von fünf Minuten zurück bin. Ich schaffe es in drei.

Missmutig und mich wegen meiner Dummheit schimpfend, gehe ich zurück zu meiner Unterkunft und tue das, was ich gleich hätte tun sollen: Ich rauche meinen letzten Joint in Laos auf dem Balkon.

Als Peer und ich uns drei Tage später in Chiang Mai in Thailand wiedersehen, erzähle ich ihm von meiner Erfahrung. Seine Reaktion: »Das nennt man wohl Lehrgeld. Dich kann man auch keinen Augenblick allein lassen.«

INFOBOX

> Der April ist Hochzeitsmonat in Laos. Die Hochzeiten werden traditionell vom Brautvater bezahlt. Da diese Feiern exorbitant teuer sind, ist der April die Hochsaison für Nepper, Schlepper und Bauernfänger. Die Polizei ist chronisch unterbezahlt und macht auch mit. Wenn du unbedingt Drogen konsumieren musst, tu es nicht in der Öffentlichkeit. Ansonsten: Pech gehabt.

> »Tubing« in Vang Vieng ist Vergangenheit. Die Todeszahlen waren zu hoch.

> Das laotische Neujahr heißt Pbeemai oder Songkran und wird (wie in Kambodscha, Thailand, Burma und Teilen Chinas) vom 13. bis 15. April gefeiert. Der 13. ist der letzte Tag des alten Jahres, an dem traditionell das Haus und der Ort gereinigt werden. Der 14. ist ein Brückentag zwischen den Jahren und der Höhepunkt der Feierlichkeiten. Der 15. ist der erste Tag des neuen Jahres.

Kapitel 23:
Wieder vereint

PEER

Im Nachtbus von Bangkok nach Chiang Mai lasse ich die vergangenen Wochen Revue passieren. Der Urlaub hat gutgetan, ich bin tiefenentspannt. Nicht einmal der Schreck, den mir der Tsunami-Alarm auf Phuket versetzte, kann daran etwas ändern. Doch erst jetzt, da ich Thailand bereits zum zweiten Mal in Nord-Süd-Richtung durchfahre, geht mir auf, dass ich bislang nicht viel davon gesehen habe. Strände und ein paar Tempel, mehr nicht. Aber das wird sich ändern, wenn ich das Land erneut bereise. Diesmal mit Jochen. Ich musste oft daran denken, wie ihm der Papayasalat oder die Currys geschmeckt hätten. Oder wie er die Karstfelsen und die Urwälder im Süden bewundert hätte. Aber er wird all das noch zu schmecken und zu sehen bekommen, und ich freue mich darauf, diese Erlebnisse mit ihm zu teilen. Alleinsein ist schön, gemeinsam reisen noch schöner.

Unser Wiedersehen in Chiang Mai ist herzlich, die Dissonanzen vergessen. Jochen hat die Zeit offenbar ebenfalls zur Entspannung genutzt. Auch wenn wir bisweilen wohl etwas unterschiedliche Vorstellungen davon haben.

Wir verbringen einige Tage in Chiang Mai. Die meiste Zeit erzählen wir uns aber nur, was in der Zwischenzeit geschehen ist. Chiang Mai, die größte Stadt Nordthailands, hat außer diversen Tempeln und der historischen Stadtmauer, teils aus dem Jahr 1980, wenig zu bieten. Die Highlights, wie der königliche Sommerpalast oder die Tempelanlage Wat Phra That Doi Suthep, liegen außerhalb. Überhaupt lockt in erster Linie die Umgebung Besucher an, insbesondere Outdoor-Freaks kommen in der abwechslungsreichen Landschaft voll auf ihre Kosten. Zum Glück hat Jochen seinen Bewegungsdrang in Laos ausgelebt, so dass mir Trekking-Touren und ähnliche schweißtreibende Aktivitäten erspart bleiben. Wir genießen einfach die Stadt, die genauso entspannt ist wie wir. In mehreren Etappen hangeln wir uns vom Norden nach Bangkok. Etwa auf halber Strecke besuchen wir die historischen Stätten von Sukhothai und Ayutthaya. Beide ehemaligen Hauptstädte des Landes liegen heute in Trümmern. Doch die Ruinen, kurzerhand zu Geschichtsparks erklärt, lassen den Glanz vergangener Epochen lebendig werden.

In Sukhothai wollen wir, als Sightseeing-Profis, für die wir uns halten, nicht am frühen Morgen mit anderen Besuchern über die Anlage getrieben werden. Wir entscheiden uns für eine Radtour und dehnen unser Frühstück bis zum Mittag aus. Eine grandiose Idee! Als wir uns in der Mittagshitze – weit über 40 °C im Schatten – auf die Räder schwingen, sind wir nach wenigen Metern komplett nass. Dennoch radeln wir den ganzen Tag über das Areal und klettern in den Trümmern herum. Weder Durst noch Schweiß können das Erlebnis trüben. Auch in Ayutthaya mieten wir uns Räder, schwören uns aber, nicht erst in der Mittagshitze aufzubrechen. Als wir endlich am historischen Park ankommen, zeigt die Uhr zwölf, das Thermometer wieder über 40 °C und die Kleidung keine trockene Stelle mehr. Wir sind eben echte Profis.

Nach den beschaulichen Orten unterwegs fühlen wir uns nun bereit für die Reizüberflutung der Metropole: One Night in Bangkok steht an. Kaum angekommen und im Hostel eingecheckt, meldet sich Jochen: »Ab auf die Khao San Road!« – »Du weißt, was dich erwartet? Ballermann ist Ponyhof dagegen.« – »Schnickschnack! Wir hatten genug Kultur, heute ist Spaß angesagt!«, gibt sich Jochen entschlossen. Also ziehen wir los. Mit unzähligen gutbesuchten Bars und lauter Musik ist das Angebot eigentlich wie geschaffen dafür, nur will sich der Spaß nicht so recht einstellen. Wenn man nüchtern ist, stoßen Trunkenbolde, die auf den Tischen tanzen, eher ab. Mit Gläsern hält sich hier übrigens kaum jemand auf. Die Getränke kommen in Eimern.

Jochen verrät ähnliche Gedanken, hat aber eine Lösung parat: »Nüchtern ertrag ich das nicht. Da müssen wir Abhilfe schaffen.« Spricht's und bestellt Cocktails. Manchmal liebe ich seinen Pragmatismus.

Rund um die Khao San Road gibt es nicht nur Alkohol in rauhen Mengen, sondern auch andere Dienstleistungsangebote: »Hey Mister, Bum-Bum-Massage? Ping-Pong-Show?«, wird insbesondere Männern hier im Vorbeigehen zugerufen. Aus Erzählungen wissen wir ungefähr, was man sich unter einer Ping-Pong-Show vorzustellen hat. »No thanks, I like Basketball«, wimmelt Jochen den x-ten Fragesteller ab. Ich schmeiß mich weg, während es in dem Mann offensichtlich arbeitet. Es sieht aus, als käme ihm eine Idee. Auch Jochen registriert das: »Oh weh, da habe ich ihm einen Floh ins Ohr gesetzt«, flüstert er mir zu und zieht mich weg, bevor der Mann den Gedanken mit ihm vertiefen kann.

Natürlich hat Bangkok noch mehr zu bieten als die berüchtigte Shopping- und Feiermeile. Wir besuchen den Königspalast, besichtigen imposante Wats und schippern auf einem Langboot durch kleine Kanäle. In Chinatown finden wir, im Vergleich zu anderen Orten, durchaus authentisches Flair. Doch Sightseeing bei über 40 °C, hoher Luftfeuchtigkeit und ohne die kleinste Brise kann ermattend sein. Jetzt ist auch Jochen bereit für ein wenig Strand. Es ist Zeit für einen Tapetenwechsel. Wir wollen nach Krabi an der Südwestküste.

Da wir in Südostasien bisher mit Bussen und auf Mopeds reisten, fehlt uns noch eine Zugfahrt. Die gönnen wir uns nun von Bangkok nach Surat Thani, von dort soll es mit dem Bus nach Krabi gehen. Zugfahrten in Thailand sind weder günstiger noch schneller als Busse, aber um einiges abenteuerlicher.

In unserem Waggon angekommen, ist uns sofort klar: Das wird ein Spaß. Im Großraumabteil reihen sich die Bänke aneinander, wie man es von deutschen Nahverkehrszügen kennt. Bis auf die Aufteilung hat der Waggon aber nichts mit einem deutschen gemein. Die Polsterung besteht aus hauchdünnem Schaumstoff, bezogen mit Kunstleder-Imitat. Kopfstützen? Fehlanzeige! Überflüssig, zu erwähnen, dass die Sitze nicht für mitteleuropäische Hintern ausgelegt sind. Ebenso beengt ist der Fußraum. Um seine Beine unterzukriegen, wäre ein zweites Kniegelenk hilfreich. Haben wir nicht. Also schichten wir uns gemeinsam mit zwei einheimischen Mitreisenden in einer gewagten Körperinstallation um-, über- und durcheinander, bis wir zu viert mitsamt Gepäck irgendwie in unsere Sitzecke passen. Die drückende Hitze quillt durch die offenen Fenster, die an der Decke befestigten Ventilatoren verschaffen keine Linderung. Jedenfalls nicht der über unseren Köpfen. Er funktioniert nicht.

Als meine Füße einzuschlafen drohen, begehe ich einen folgenschweren Fehler. Ich bewege mich. Es tut einen Schlag, und die Sitzbank liegt eine Etage tiefer. Das Lachen der Thais beruhigt uns, es ist wohl nicht das erste Mal, dass das passiert. Trotz der orthopädisch bedenklichen Sitzhaltung haben wir noch Glück, denn viele Reisende sitzen nur auf einer Zeitung auf dem schmuddeligen Boden oder strecken sich zum Schlafen im Gang aus.

In der thailändischen Holzklasse, die sich ihren Namen redlich verdient, kommt man sich schnell näher. Nach kurzer Fahrt sind alle Berührungsängste vergessen, und eine Frau legt ihr Kind zwischen unsere Füße, damit der kleine Wurm etwas Schlaf findet. Meiner guten Kinderstube gehorchend, biete ich der Mutter meinen Platz an. Dankbar drückt sie mir ihre Zeitung in die Hand. Auf dieser nehme ich nun auf dem Boden Platz. Jochen lugt unter seinem Handtuch, das er sich gegen Schweiß, Lärm und Licht um den Kopf gewickelt hat, hervor und grinst mich gehässig an. »Das haste nun davon«, sagt sein Blick. Ich lächle gequält und wünsche mir, ich sei ein Stoffel wie mein Freund, der seinen Hintern für die neue Sitznachbarin nicht einen Zentimeter bewegt.

Egal, wie ich mich falte und wende, an Schlaf ist nicht zu denken. Umso erfreuter bin ich, als ein Mann mit einem Bastkorb voll Getränkedosen über die Leiber im Gang hinwegsteigt. Als ich ihm ein Bier abkaufe, meldet sich Jochen: »Hast du die Klos gesehen?« Achselzuckend stürze ich meinen Schoppen. »Du bist wohl nicht bei Sinnen«, kommentiert Jochen. Doch auch er sieht bald ein, dass Alkohol dazu taugt, nicht nur in den unmöglichsten Positionen Entspannung zu finden, sondern auch die Wahrnehmung sanitärer Hygiene zu relativieren.

Jochens Klettererfahrung gereicht ihm zum Vorteil, als wir uns für eine Zigarette ans Ende unseres Waggons begeben. Unsicheren Schrittes gelingt es auch mir, durch den Gang zu kommen, ohne meine eigenen oder fremde Knochen zu brechen. Wie in Russland und China wird auch in thailändischen Zügen zwischen den Waggons geraucht. Allerdings bei offener Tür. Links ein Mann auf der untersten Treppenstufe, eine Hand am Haltegriff, in der anderen die Kippe. Rechts ein anderer Mann. Den Kopf an den Rahmen der offenen Tür gelehnt, die Beine aus dem Zug baumelnd, schläft er friedlich.

Der Fahrtwind tut gut, das Stehen auch. Ein rauchender Thai beobachtet uns und spricht uns schließlich an: »Smoking makes you happy, like eating, but also like sex.« Gut, dass wir das geklärt haben. Da das Essen ausbleibt und das Ambiente nicht nach einer Romanze verlangt, bleibt nur das Rauchen. Also rauchen wir eine nach der anderen. Schlaf werden wir ohnehin nicht finden.

Übernächtigt, aber um eine Erfahrung reicher, gelangen wir nach Krabi. Die Stadt selbst ist unspektakulär, allerdings zieht das Umland mit Traumstränden, schroff aufragenden Kalksteinformationen und den vorgelagerten Inseln die Touristen an. Nach der geballten Urbanität Bangkoks freuen wir uns auf Natur und Meer. Leider empfängt uns strömender Regen, der auch die nächsten Tage anhält und wenig Lust auf Ausflüge macht. So verbringen wir die meiste Zeit im Hostel, bloggen oder ergehen uns in kulinarischen Selbstversuchen, etwa mit einem bunten Mix gerösteter Insekten. Wer braucht schon Nüsse zum Bier?

Meistens schlagen wir die Zeit mit Patrick, dem Besitzer des Hostels, und seiner Frau Thip tot. Patricks Mutter ist Deutsche, er lebte lange in Deutschland. Von ihm erfahren wir, ganz ohne Sprachbarriere, mehr über Land und Leute, als uns jeder Reiseführer hätte sagen können. Abends laden die beiden uns ein paarmal zum Essen ein. An den anderen Abenden besuchen wir den Nachtmarkt. Diese Märkte gehören einfach zu Südostasien. In nahezu jedem Ort finden wir sie in unterschiedlichster Größe und Ausprägung. Mal als reine Fressmeilen, mal als Märkte für Handwerkskunst, mal von Touristen bevölkert, mal den Einheimischen vorbehalten. Der Besuch lohnt sich in jedem Fall. Besonders in Krabi, denn hier finden wir den Markt der Märkte. Auf dem zentralen Stadtplatz gibt es alles, was das Schlemmerherz begehrt. Zudem Handwerkskunst, Textilien, Schmuck und Musik – eine perfekte Mischung. Eine dezente Anzahl von Touristen verliert sich in der Masse der Einheimischen, die in dichten Trauben die Stände belagern.

Mit wenigen Unterbrechungen gießt es die ganze Zeit, so dass wir schon im Begriff sind, Krabi unverrichteter Dinge wieder zu verlassen. Da liefert uns Patrick einen Grund, zu bleiben: den 140. Geburtstag der Stadt. Er drückt uns das Programm für die mehrtägigen Feierlichkeiten in die Hand und übersetzt uns die wichtigsten Stellen. Am nächsten Tag, dem 5.5.2555 (nach dem thailändischen Sonnenkalender), soll es losgehen. Natürlich um 5.55 Uhr.

Wir quälen uns aus dem Bett, was um fünf Uhr morgens sogar Jochen schwerfällt, und gehen zum Rathausplatz, wo der Auftakt des Stadtjubiläums beginnt. Es gibt Segnungen, Ansprachen und Gesänge. Zumindest deuten wir es so, da natürlich alles auf Thai ist und wir außer »Krabi« nichts verstehen. Wir hatten geglaubt, in der Masse der Besucher untergehen zu können, müssen aber feststellen, dass wir hier die einzigen Touristen sind. Etwas unbehaglich ist uns schon zumute, da wir im Gegensatz zu allen anderen Anwesenden nicht weiß, sondern dunkel und mehr als stillos gekleidet sind. Das stört die Veranstalter aber nicht im Geringsten. Im Festzelt werden uns umgehend Plätze zugewiesen, und im Anschluss werden wir ins Rathaus eingeladen. Dort geleitet uns ein Mann in einen großen Saal, wo wir inmitten der Stadtoberen und in der Gesellschaft von 141 Mönchen – 140 für jedes vergangene und einer für das zukünftige Jahr – für ein gemeinsames Frühstück Platz nehmen. So sitzen wir unrasiert und ungewaschen in Schlabberhosen, Flipflops und nicht gerade feierlichen T-Shirts inmitten der Herausgeputzten, Uniformierten und Mönche, löffeln die traditionelle Reissuppe und werden behandelt wie Ehrengäste.

Am Nachmittag folgt ein Umzug durch die Stadt. Ein Spektakel, das vom Abendevent noch in den Schatten gestellt wird: Auf einer großen Bühne auf dem Rathausplatz wird die Stadtgeschichte mit aufwendigen Gesangs- und Tanzdarbietungen lebendig gemacht. Ein gewaltiges Feuerwerk bildet den Abschluss des ersten Tages der Krabi-Festspiele.

Auch wenn die Feiern die ganze Woche andauern, muss uns der Auftakt reichen, denn wir wollen weiter nach Malaysia. Nun können wir Krabi aber zufrieden verlassen, hielt die Stadt doch immerhin ein absolutes Highlight für uns bereit.

INFOBOX

> Besuche Thailand! Aber: Der April ist der heißeste Monat des Jahres und bisweilen unerträglich.

> Wenn du in Krabi bist, geh auf den Nachtmarkt!

> Wenn du bei schönem Wetter in Krabi bist, schau dir die Umgebung an. Und berichte uns bitte, wie es dort ist.

> Wenn es dein Orthopäde gestattet, nimm einen Nachtzug! Keine Erholung, aber definitiv ein Erlebnis.

> Die Ruinen von Ayutthaya und Sukhothai lassen die Geschichte Thailands lebendig werden.

> Schau dir Bangkok an. Du wirst es lieben oder hassen, dazwischen gibt es nichts.

Kapitel 24:
Multikulti

JOCHEN

D er malaysische Grenzbeamte zieht die Augenbrauen hoch und schaut mich verwundert an, als ich ihm unseren Zielort nenne: »Arau? Was wollt ihr denn da? Da gibt es nichts. Absolut gar nichts!« Als wir am Bahnhof von Hat Yai in Thailand Tickets nach Malaysia kauften, war es uns gleich, wohin der Zug fährt. Wir wollten in einem kleinen Ort ein Gefühl für dieses Land entwickeln und fragten nach der ersten Haltestelle in Malaysia. Jetzt, auf dem Weg vom Bahnhof ins Ortszentrum, dämmert uns, was der Grenzbeamte meinte. »Arau war vielleicht doch nicht die beste Idee«, entfährt es mir, als Peer und ich die dritte Unterkunft verlassen, ohne ein Zimmer zu beziehen. Wir sind es gewohnt, in Südostasien maximal fünf Euro für ein Zimmer auszugeben. Hier ist nichts unter zwanzig Euro zu bekommen. Pro Person, wohlgemerkt.

Wir beschließen, erst einmal zu essen. Dass dies im Gegensatz zu den Zimmern extrem günstig ist, verstärkt den Eindruck des Wuchers in den Unterkünften. Nach dem köstlichen Mahl zeigt Peer auf einen Hauseingang neben dem Restaurant. »Schau mal hier.« Auf einem Schild steht »Hostel – Zimmer frei«. Mit einem »Das sehe ich mir mal genauer an« verschwindet Peer im Treppenhaus, während ich beim Gepäck warte. Als er kurz darauf mit rotem Kopf wiederkehrt und nur »Eieiei« sagt, weiß ich das nicht recht einzuordnen, doch dann schiebt er nach: »Merke: Wir sind in einem muslimischen Land. Ich glaub, ich habe mir gerade einen großen Fauxpas erlaubt.« – »Hä?« – »Ja, das ist ein Hostel. Aber nein, nicht für uns. Das ist nur für Frauen. Ich stand vor einer offenen Tür, keiner da. Hab geklopft und in den

Flur gerufen. Keine Reaktion. Also bin ich rein und fand eine offene Zimmertür. Da kämmte sich gerade ein Mädchen das Haar. Als ich sie nach einem Zimmer oder einem Angestellten fragte, ist sie richtig zusammengezuckt, hat sich schnell ihr Kopftuch übergeworfen und mich energisch zum Ausgang gedrängt, während sie mir erklärte, dass dieses Hostel nur für Mädchen sei.«

Kein Schild deutet auf diesen Umstand hin. Hier wäre etwas Vorbereitung vielleicht nützlich gewesen, aber so lernt man eben dazu. Doch die junge Frau, die Peer beim Kämmen überraschte, ist offenbar nicht nachtragend. Kurz darauf kommt sie heraus und auf uns zu. Unsere erneute Entschuldigung lächelt sie beiseite und sagt, dass sie eine Unterkunft in der Nähe kenne. Sie ruft dort an und reserviert ein Zimmer für uns. Das fängt doch alles in allem ganz gut an mit Malaysia und uns, denke ich mir. Beim Fußmarsch zur Unterkunft, die »nur« 15 Euro pro Person kostet, diskutieren wir darüber, dass der Islam hier moderater gelebt zu werden scheint als in anderen Ländern. Die Bestätigung folgt tags darauf: Wir sehen Frauen arbeiten, Mopeds steuern und hören sie in flüssigem Englisch mit uns sprechen.

Der Zöllner behält recht: In Arau gibt es keinerlei Sehenswürdigkeiten. Wir sind die einzigen Touristen im Ort, haben Exotenstatus. Entsprechend neugierig werden wir beäugt, gerne auch freundlich angesprochen oder in ein Gespräch verwickelt. Der Betreiber eines Supermarktes geleitet uns nach Abschluss der geschäftlichen Transaktion zur Tür und verabschiedet sich per Handschlag, heißt uns zugleich in Malaysia willkommen und wünscht uns eine schöne Zeit.

Eine weitere Herausforderung ist das Essen. Nicht wegen des Geschmacks, der ist super. Aber hier wird mit den Fingern gegessen, was sich besonders bei Reis mit Soße als kompliziert entpuppt. Doch auch wenn wir in Arau keine Sehenswürdigkeiten im Wortsinn finden, erfüllt sich doch unsere Hoffnung, hier einen ersten Eindruck von Land und Leuten zu gewinnen. Und diese positive Erfahrung war den Stopp allemal wert.

Nach zwei Tagen fahren wir mit dem erstaunlich komfortablen Zug nach Butterworth und von da aus mit der Fähre zur Insel Penang, wo wir uns in Georgetown niederlassen. Der von Briten gegründete Ort wurde schnell Handelszentrum, was noch heute zu sehen ist. Architekturstile aus aller Herren Länder, in den Straßen tummeln sich Chinesen, Inder, Araber und Europäer. Ein kunterbuntes Gemisch, das uns sofort gefällt. Wir nehmen uns ein paar Tage, um die Insel zu erkunden. Bei einem Eistee am Ufer schauen wir über das Wasser hinweg zum Festland. Dort liegt Butterworth mit seiner großen Hafenanlage. Am Horizont ziehen Frachtkähne dahin. Da war doch was? Unser Versuch, bodenständig zu reisen, war bisher kein Problem. Manchmal etwas komplizierter, manchmal etwas teurer oder langwieriger, aber nie eine wirkliche Schwierigkeit. Doch wir nähern uns unaufhaltsam der ersten wirklichen Hürde. Es wird Zeit, sich damit zu beschäftigen, wie wir über den Pazifik kommen.

Begonnen haben wir mit der Suche nach einer Passage schon in Vietnam. Wir suchten Reedereien im Internet und schrieben unzählige Mails, in denen wir unsere Hilfe an und unter Deck anboten. Ich weiß noch, wie ich von einem Einkauf zurückkam und Peer fragte: »Und, hast du was erreicht?« −»Yo«, kam es prompt zur Antwort: »Problem gelöst. Wir schwimmen.« Das war leider nur im ersten Moment witzig, denn bald erschien es uns, als sei das wirklich die einzige Möglichkeit. Die Reedereien, die antworteten, haben uns ausgelacht: »Hand für Koje« gebe es seit zwanzig Jahren nicht mehr. Wir hatten es fast geahnt, dass das nicht so einfach werden würde. Unsere romantische Vorstellung einer Hafenspelunke, in der sich ein bärbeißiger Kapitän bereit erklärt, uns über den Ozean zu bringen, wenn wir das Deck schrubben und Kartoffeln schälen, legten wir ad acta. Seither probierten wir es mit einem Aufruf über unser Blog, mit einer eigenen Facebookseite, einem Twitteraccount sowie auf allen möglichen Seglerportalen. Hier und da bekommen wir einen Tipp, doch meist nur mehr oder minder witzige Kommentare.

Ein Freund aus der Heimat, selbst Skipper, redete uns die Möglichkeit des Segelns völlig aus. »Im Herbst, wenn ihr über den Pazifik wollt, weht nicht nur der Wind aus der falschen Richtung, es ist auch noch Hurrikan-Saison. Ihr seid völlig unerfahren, da nimmt euch keiner mit, ihr seid mehr Belastung als Hilfe an Bord.« Na toll. Irgendwann sagte auch die letzte Reederei ab, verwies uns aber an eine Reiseagentur, die Fahrten auf Containerfrachtern organisiert. Wir prüften auch diese Option und stellten fest, dass manche Routen über ein Jahr im Voraus ausgebucht sind. Eine der beliebtesten Routen überhaupt: die Pazifiküberquerung!

Doch heute erreicht uns eine E-Mail. Frau Weber, Angestellte einer Frachtschiff-Reiseagentur aus Wuppertal, wird zu unserem Engel. Sie findet tatsächlich ein Schiff, auf dem noch zwei Plätze frei sind. »Jackpot!«, rufe ich unwillkürlich durch den Aufenthaltsraum, so dass ich befremdete Blicke ernte. »Peer, ab jetzt wird alles gut. Schau mal, wir lassen uns von einem fetten Riesenfrachter über den Pazifik schippern. Von Auckland direkt nach Panama. Das Teil legt Ende September ab, so dass wir noch etwas mehr als vier Monate haben, um es bis nach Neuseeland zu schaffen. Yee-fucking-harr!« Wir sind euphorisch, umarmen und betrinken uns.

Einen Tag später stellen wir fest, dass das alles nicht so einfach ist. Der Papierkrieg ist immens. Wir brauchen Versicherungen, Visa und sogar ein ärztliches Attest, dass wir seetauglich sind, da auf Frachtschiffen kein Arzt mitfährt. Doch Frau Weber hilft bei jedem Schritt.

Kaum ist die Ozeanpassage gebucht, geht uns auf, dass wir erst mal nach Auckland kommen müssen. Der Sprung nach Australien und von dort nach Neuseeland führt ebenfalls über das Meer. Es gibt weder reguläre Fähren von Indonesien nach Australien, noch von dort nach Neuseeland. Doch die zwei Fingerbreit Wasser auf der Landkarte werden schon irgendwie zu überwinden sein. Wir beschließen, diese Hürden spontan zu nehmen. Da Frachtschiffe und Fähren nicht immer ganz billig sind, haben wir Hoffnung, wenigstens für diese Distanzen auf einem Segelboot anheuern zu können. Guter Dinge nehmen wir den Bus nach Kuala Lumpur.

Zuerst belächeln wir die anderen Passagiere, denken, sie misstrauen dem Gepäckfach, weil sie alles mit in den Bus schleppen, doch kaum fährt dieses Mistteil los, vergeht uns das Lachen. Noch nie in meinem Leben war mir so kalt. Während draußen die Sonne das Land grillt, kann ich in dieser fahrenden Kühltruhe meinen eigenen Atem sehen. Ein paar Reihen vor uns sitzt eine Frau, die sich in eine Daunenjacke einkuschelt! Es fehlt nicht viel, und ich klau ihr das Teil.

In Kuala Lumpur angekommen und aufgetaut, suchen wir eine Absteige und finden sie in Little India. Leider sind in der Unterkunft die Kakerlaken und Ratten selbst im dritten Stock noch zu zahlreich, um sie, trotz aller Abhärtung, zu übersehen. Also ziehen wir nach Chinatown.

Kuala Lumpur besteht aus so viel Glas und Stahl, wie wir es zuletzt in Hongkong sahen. Der Clou jedoch liegt zwischen Petronas Towers, Hochbahnen, Fernsehturm und moderner Urbanität. Putzige Kolonialhäuschen, chinesische Cafés, Hinterhöfe mit indischen Bäckereien und taoistische Tempel in kleinen Gassen. Allenthalben Kontrast, der sanfter ist, als es sich anhören mag.

Schnell merken wir: *Das* Malaysia gibt es nicht. Dieses Land ist eine Mischung aus unterschiedlichen Kulturen. Das wird vor allem in Melaka deutlich, unserer letzten Station in Malaysia. Ein kleines Städtchen mit einer bewegten Vergangenheit. Ursprünglich wurde Melaka, wie so viele andere malaysische Orte auch, von Chinesen gegründet. Bald siedelten sich hier auch Inder und Araber an. Später gaben sich Portugiesen, Niederländer und Engländer die Klinke in die Hand. Sie alle hissten einmal ihre Flagge über Melaka. Eine wahrlich multikulturelle Geschichte. Und auch eine multireligiöse: In ein und derselben Straße sehen wir einen Hindutempel neben einem buddhistischen, daneben eine christliche Kirche und eine Moschee. In Malaysia ist das normal. Das für uns Faszinierende ist, dass man sich nicht nur gegenseitig toleriert, sondern auch religiöse Feste gemeinsam feiert. Das zumindest berichtet uns der chinesische Malaysier (auf diese Differenzierung legt er dann doch Wert), in dessen Herberge wir wohnen. Für uns ein einmaliges Zeichen gegenseitigen Respekts und Toleranz, ein nachahmungswürdiges Beispiel.

Ein treffliches Argument für multikulturellen Austausch liefert auch die hiesige Küche. Ein Hoch auf den Satay-Steam-Pot! Satay-Spieße, die ursprünglich aus Indonesien stammen, werden mit chinesischem Hot-Pot kombiniert. Dabei werden Spieße mit Fleisch, Fisch, Meeresfrüchten oder Gemüse direkt in einer würzigen Erdnusssoße in einem Bottich gekocht, der in der Mitte des Tisches eingelassen ist. Ein nicht nur äußerst köstliches, sondern vor allem auch geselliges Essen.

Es ist an der Zeit, weiterzuziehen. Bevor wir den Bus nach Singapur besteigen, mummeln wir uns in unsere Winterklamotten ein und investieren das letzte Geld in Zigaretten. Dass von diesen beiden Ideen nur eine schlau und die andere sagenhaft dämlich ist, dämmert uns erst später.

INFOBOX

> Achtung! Zwar ist Malaysia ein multikulturelles Miteinander, dennoch ist der Islam Staatsreligion. Frauen sollten auf Spaghettiträger verzichten, Männer nicht wahllos in jedes Hostel spazieren.

> Iss mit den Fingern! Du wirst staunen, wie schwer das ist. Die Einheimischen werden sich freuen, dass du es probierst, und im Nu hast du Kontakte geknüpft. In jedem Restaurant gibt es Waschbecken.

> In Kuala Lumpur gibt es eine gute Alternative zu einem Besuch der berühmten Petronas Towers. Die Aussichtsplattform des Fernsehturms ist nicht niedriger, kostet nur die Hälfte, und man muss nicht zwei Tage im Voraus buchen.

> In Bussen und klimatisierten Zügen solltest du dich dick anziehen, erst recht an heißen Tagen.

> Mach eine »Free City Tour« in Kuala Lumpur mit. Hier, wie in vielen anderen Orten, führen Freiwillige durch ihre Heimatstadt und zeigen Ecken, die man sonst nicht finden würde. Startpunkt ist der »Central Market«. Aber Achtung, du musst dich vorher anmelden!

Kapitel 25:
Heiße Ware in einer kalten Stadt

PEER

Auf geht's nach Singapur. Der boomende Stadtstaat mit seinen glitzernden Bankentürmen und dem zweitgrößten Hafen der Welt gilt als Tor nach Südostasien. Ein gutgesichertes Tor, das nicht jeder passieren darf. Schon gar nicht ohne weiteres. Denn es gibt Gründe für den großen Wohlstand Singapurs. Einer zumindest dürfte im rigorosen Steuersystem liegen, das auch bei unbedarften Besuchern keine Gnade kennt.

An der Grenze angekommen, sehen wir die bekannten Hinweisschilder, die deutlich machen, was man deklarieren muss. Wir ignorieren sie geflissentlich, schließlich haben wir nur ein paar Schachteln Kippen dabei. Als unser Gepäck geröntgt wird, entsteht auf der anderen Seite des Röntgengeräts, wo sich ein Pulk Uniformierter versammelt hat, Unruhe. Wir wollen unser Gepäck wieder in Empfang nehmen, werden aber von den Zöllnern aufgefordert, die Rucksäcke zu öffnen. Nervös nestle ich am Verschluss meines großen Wanderrucksacks, da heißt es: »Nein, der kleine.« Okay, also den großen zur Seite gestellt und meinen Tagesrucksack geöffnet. Mein Taschenmesser und mein Löffel – Diebesgut aus Thailand – werden argwöhnisch begutachtet, aber für harmlos erachtet. Weniger harmlos scheinen meine Zigaretten zu sein. Ich muss sämtliche Schachteln aus besagtem Rucksack holen und sie mitsamt meinem Pass einem Grenzbeamten aushändigen. Die Frage, ob ich noch mehr Kippen habe, beantworte ich mit einer dreisten Lüge: »No.« Und schiebe in Gedanken ein »Nicht in diesem Rucksack« hinterher. Denn den Großteil der heißen Ware habe ich in meinem großen Backpacker-Rucksack versteckt. Ich zeige die geöffnete Schachtel aus meiner Hosentasche und denke, dass dies als Geste des guten Willens genügt. Jochen, eine ehrliche Haut, rückt sofort sein gesamtes Schmuggelgut raus. Dann werden wir aufgefordert, den Beamten zu folgen. Unsere Personalien werden aufgenommen und die Corpora delicti erfasst. Anschließend werden wir in eine Zelle gesteckt, wo wir auf einer Holzpritsche Platz nehmen. An den Wänden Plakate, die ankündigen, was mit Steuersündern hierzulande geschieht. Schnell wende ich den Blick ab. Obwohl die Zellentür offen bleibt, ist mir mulmig zumute. Die nicht angegebenen Zigaretten in meinem Rucksack scheinen ihr Gewicht zu vervielfachen, und so beiläufig wie möglich schiebe ich ihn unter die Bank. Der Angstschweiß steht mir auf der Stirn. Jochen wirkt wesentlich gelöster.

Der Zöllner erklärt uns wohlwollend, aber mit Nachdruck, dass es illegal sei, auch nur eine Zigarette unversteuert nach Singapur einzuführen. Die Begründung ist wenig aufschlussreich, die Wahrheit liegt zwischen den Zeilen: Nicht eine malaysische Zigarette darf das unerbittliche Steuersystem unterlaufen. Kleinlaut heucheln wir Verständnis, wir wollen Singapur schließlich nicht in den Ruin treiben. Blauäugig sind wir davon ausgegangen, dass wir uns mit den Zigaretten weit unterhalb der üblichen zollfreien Marke bewegen. Dass diese statt der üblichen Stange hier bei einer einzelnen Zigarette liegt, erfahren wir erst jetzt.

Als der gestrenge Blick des Zöllners den meinen – nervös und unstet – einfängt, wechsle ich schnell das Thema und gebe den einsichtigen und lernwilligen Touristen. Wie es sich denn mit der Raucherei allgemein in Singapur verhalte, ob man diesbezüglich gewisse Regeln beachten müsse, denn wir wollten keinesfalls erneut anecken, versichere ich. Nein, das sei alles kein Problem, beruhigt der Grenzer, in dessen Stimme die Härte einer gewissen Milde weicht. Und weil wir uns als derart naiv und unwissend, aber durchaus kooperationswillig präsentieren, verzichtet der gute Mann darauf, uns eine Strafe aufzubrummen. Wir ärgern uns trotzdem, denn um eine ordentliche

Steuernachzahlung für die Kippen kommen wir nicht herum. Es wäre nicht nur billiger gewesen, uns die für die Zeit in Singapur benötigten Zigaretten dort zu kaufen, sondern auch um einiges einfacher, denn es geht noch weiter: Nachdem wir informiert und zur Kasse gebeten wurden, händigt uns der Grenzer eine Quittung aus. Auf dieser stehen Name, Passnummer sowie Anzahl und Marke der eingeführten Zigaretten. Diesen Beleg gilt es um jeden Preis stets bei sich zu tragen, denn in Singapur treiben angeblich zivile Steuerfahnder ihr Unwesen. Es könne passieren, dass uns auf offener Straße jemand einen Dienstausweis unter die Nase hält und wir nach unseren Zigaretten gefragt werden. Haben diese dann ein fremdländisches Steuersiegel, müssen wir anhand der Quittung die Steuernachzahlung belegen können. Andernfalls … wir wollen es gar nicht wissen.

Wir werden entlassen und stehen erneut vor den Röntgengeräten. Mir rutscht das Herz in die Hose. Entdecken sie mein restliches Schmuggelgut, kann ich kaum auf Nachsicht hoffen. Jochen, das kleine Einmaleins beherrschend, weiß, dass ich längst nicht alle Zigaretten nachversteuert habe, und schaut mich aus großen Augen an. Ich male mir bereits eine Gefängniszelle mit verschlossener Tür aus. Dann ergreife ich die Initiative und gehe zu dem kleinen Tor, durch das wir kamen. Es führt an den Röntgengeräten vorbei, ist aber den Zollbeamten vorbehalten. Niemand hält uns auf. Als wir das Grenzgebäude verlassen, sacke ich an der Bushaltestelle zusammen. Puh, geschafft. Die unversteuerten Kippen bleiben mal schön im Hostel, im Spind, am Boden des Rucksacks, solange wir in diesem Land sind. So viel ist sicher.

In Singapur suchen wir uns eine preiswerte Bleibe, was in dieser Stadt nicht einfach ist. Wir steigen in Little India ab. Die Betreiberin des wohl günstigsten Hostels der Stadt ist erfrischend kurz angebunden und ruppig. Immerhin eine Abwechslung zur Ruhe und Freundlichkeit der vergangenen Monate. Für stolze zwanzig Euro pro Nase erstehen wir eine Liege im Schlafsaal. Bettwanzen und fleckige Laken inklusive.

Aus Zeit- und Geldgründen geben wir uns nur zwei Nächte in Singapur, um die Stadt zu erkunden. Nach den guten Erfahrungen an anderen Orten buchen wir auch hier eine »Free City Tour«. Fish, so der Spitzname unseres Guides, dessen richtiger Name angeblich auch für seine Freunde unaussprechlich ist, führt uns herum. Immer wieder schaut er sich verstohlen um. Passieren wir eine Polizeistreife, lässt er sich ein paar Schritte zurückfallen. Er erklärt uns, dass die »Free City Tours« hier eigentlich illegal seien. Stadtführungen dürfen nur von zertifizierten staatlichen Reiseführern vorgenommen werden.

Wir flanieren entlang der Bucht, tauchen in die Hochhausschluchten des Bankenviertels ein und marschieren über den Formel-1-Stadtkurs. In der Boxengasse hält die Armee eine Art Tag der offenen Tür ab. Wir staunen nicht schlecht, als wir die vielen kleinen Kinder an den schweren Waffen sehen. Das diesjährige Motto der Aktion lautet: »Wie der Vater, so der Sohn.« Na denn. Noch erstaunter beobachten wir eine Landungsübung am Ufer. Wir besuchen Chinatown, eine Enttäuschung. Uns fehlt es an Authentizität, an dem von uns so geliebten Charme eines gewachsenen Viertels. Das bunte Leben auf den Straßen, die günstigen Bräter, die kleinen Geschäfte mit ihren Kuriositäten. Fehlanzeige. In den adrett angelegten Straßen sehen wir Souvenirstände, Restaurants für zahlungskräftiges Publikum und ordentlich aneinandergereihte Stände, von Begrenzungen gleichermaßen getrennt wie kastriert. Ein wenig Chaos würde diesem Viertel guttun. Aber nicht in Singapur.

Ein Tag genügt, um zu begreifen, warum Singapur auch »Fine City« genannt wird. »Fine« bedeutet übersetzt nicht nur »schön«, sondern auch »Geldbuße«. In Singapur bedingt das eine das andere. Alle Gerüchte bewahrheiten sich: Wir sehen keine plattgetretenen Kaugummis oder Kippenstummel auf der Straße. Die Stadt ist sauber, fast steril. Der Grund: Kaugummis sind illegal, für eine weggeworfene Zigarette sieht der Strafenkatalog horrende Bußen vor. Ebenso dafür, auf die Straße zu spucken oder seinen Müll dort hinzuwerfen. Und man sollte nicht wagen, eine Ampel bei Rot zu überqueren. Ein Snack in der U-Bahn? 300 Euro, bitte. Für andere Vergehen wie etwa Drogenkonsum droht der Strang. Überhaupt hat Singapur im Verhältnis zur Einwohnerzahl die höchste Hinrichtungsrate weltweit. Begnadigungen kommen so gut wie nicht vor.

Die skurrilen Blüten, die das rigorose System treibt, zeigt der Blick in ein beliebiges Auto. Dort ist ein grauer Kasten gut sichtbar angebracht: ein Transponder, der aktiviert wird, sobald der Fahrer einsteigt und seine Bankkarte einführt. Detektoren auf jeder Straße registrieren die Fahrt. Die anfallende Gebühr wird gleich vom Konto des Fahrers abgebucht. Wie praktisch. Dies spült zig Millionen Euro in die Staatskasse. Jeden Tag. Abgesehen davon stellt es sicher, dass die Obrigkeit zu jeder Zeit weiß, wer sich wann wo befindet. Paradiesische Zustände.

Der Abend versöhnt uns etwas, als wir tatsächlich einen chinesischen Imbiss mit leckerem Essen zu günstigen Preisen finden. Nicht in Chinatown, sondern mitten in Little India. Beim Essen fällen wir eine Grundsatzentscheidung. Unser nächstes Reiseziel ist Indonesien, mit über 17 000 Inseln, davon über 6000 bewohnt, der weltweit größte Inselstaat. Wir werden Abstriche machen müssen. Nach unseren bisherigen Erfahrungen wollen wir künftig Mut zur Lücke beweisen, wollen lieber weniger, das aber dafür richtig sehen. Als Erstes soll Sumatra unseren neuen Kurs zu spüren bekommen. Schweren Herzens einigen wir uns darauf, diese Insel links liegen zu lassen und uns gleich Java zuzuwenden.

Von Singapur haben wir genug gesehen. Am nächsten Morgen verlassen wir die klinische Metropole. Um fünf Uhr früh schellt der Wecker. Wir quälen uns aus den Betten und genießen die letzte Dusche für eine Weile. Keiner von uns weiß, wie lang diese Weile dauern wird. Die Rucksäcke auf die Buckel gewuchtet und auf zum Hafen. Der Tag graut, und Singapur nimmt Fahrt auf. Bis es auf Betriebsgeschwindigkeit ist, werden wir schon außer Landes sein.

INFOBOX

> Spuck nicht auf die Straße, wirf deinen Müll in Mülleimer, und sammele deine Zigarettenstummel ein. Oder halte dein Portemonnaie bereit.

> Überquere Straßen nur an Fußgängerampeln und niemals bei Rot!

> Nimm Abstand vom Zigarettenschmuggel!

> Verzichte auf Drogen oder schwere Vergehen, wenn dir dein Leben lieb ist.

Kapitel 26:
Der Ironman unter den
Busfahrten

JOCHEN

Unsere Fähre von Singapur zur nächstgelegenen indonesischen Insel Batam legt kurz nach sieben Uhr ab. Eine Stunde und zwanzig Kilometer später erreichen wir die Insel. »Jetzt gilt's«, sagt Peer, als wir auf das Grenzgebäude zugehen. Wir sind gespannt, ob wir es ins Land schaffen. Im indonesischen Konsulat in Bangkok konnten wir ohne Beleg für eine Ausreise, sprich ohne gebuchten Flug, kein Visum beantragen. Man riet uns zu »Visa on Arrival«, da die Buchung an der Grenze nicht immer überprüft würde. Kaum am Schalter angekommen, lösen sich alle Befürchtungen in Luft auf. Die Grenzbeamten scheinen so müde wie wir und eher desinteressiert. Visum bezahlt, Kleberchen in den Pass, Stempel drauf, und gut ist. Willkommen in Indonesien!

Auf der anderen Seite des Gebäudes finden wir den Anleger der Fähren nach Jakarta. Die nächste geht in einer Woche. Doch es gibt Alternativen. Zwar kennen wir »Tungkal« nicht, doch es liegt wohl auf Sumatra, und das Schnellboot dorthin legt in wenigen Minuten ab. »Na denn: Mittendurch statt dran vorbei«, kommentiert Peer. »Was soll's«, denke ich. Fahren wir halt in Etappen nach Java.

Der Anblick des Boots entlockt mir ein »Alter Schwede!«. Schnittig, niedrig, martialisch motorisiert. Am Heck zähle ich sieben Außenborder mit je 150 PS, das Röhren erinnert an eine Flugzeugturbine. Auch die Sitze sind wie in einem Flugzeug angeordnet.

Mit geschätzten Mach 2 fegen wir über die See. Bei jeder Welle werden wir wie von einer Sprungschanze emporgehoben. Dann schlagen wir mit einem Krachen wieder auf die Wasseroberfläche. Ich denke darüber nach, was das Wort Materialermüdung bedeutet. Alles zittert und bebt, selbst den Kapitän schleudert es einmal von seinem Sitz. Wir Fahrgäste können uns wenigstens aneinander festhalten, er sich nur am Gashebel.

Neben mir sitzt eine junge Frau. Sie spricht mich an, wer ich sei, wo ich herkomme, warum ich dieses Boot benutze und kein Flugzeug. »Fliegen ist langweilig«, sage ich, als wir wieder mal unsanft in unseren Sitzen landen. Sie versteht und lacht.

Als wir am Nachmittag in Tungkal ankommen, haben wir bereits über 600 Kilometer Strecke geschafft. »Wenn das so weitergeht, sind wir zum Frühstück in Jakarta«, drückt Peer seine Zuversicht aus.

An der Anlegestelle empfangen uns durcheinanderrufende Männer. Dann geht mir auf, dass alle dasselbe schreien. »Jambi?« Oder: »Jambi!«

Eines wird schnell klar: In Tungkal scheint es nur ein Ziel zu geben: Jambi. Wo auch immer das nun wieder sein soll. Der Ortsname steht auf jedem der wartenden Minibusse. Wir besteigen ein Gefährt und nehmen Platz. Doch Platz nehmen heißt nicht Platz bekommen. Denn in einen offensichtlich talentlos in Eigenarbeit zusammengeschusterten Kleinbus mit neun Sitzen passen erwiesenermaßen zwölf Leute. Und die mannshohen Boxen, die ihr Repertoire aus fünf Liedern in Endlosschleife abspulen.

Gerade als ich mich frage, wann es denn losgeht, spüre ich eine Bewegung. Allerdings nicht nach vorne, sondern nach oben. Dann höre ich ein Hämmern, sehe hinaus und verstehe: Die Bewegung kommt vom Wagenheber, das Hämmern vom Hammer – klar, oder? Bis mein Gehirn diese Informationen zu einem Gesamtbild fügt, ist der Kleinbus schon wieder heruntergelassen, das Gehämmer offensichtlich erfolgreich eingestellt und die Fahrt geht los. Und endet nach genau vier Kurven. Wieder kommen Wagenheber und Hammer zum Einsatz. Diesmal blickt keiner hinaus. Es gibt auch ungutes Wissen. Wir vertrauen dem Fahrer, der dem Vehikel einen weiteren Lebenstag einhaucht.

Gegen sechs kommen wir los. Bis wir gegen neun Uhr abends in Jambi ankommen, bin ich damit beschäftigt, die Krater zu bewundern, aus denen die Straße besteht, und verstehe, warum eine eingehende Überprüfung der Stoßdämpfer vor der Fahrt essenziell ist.

In Jambi angekommen, schälen wir uns aus dem Bus und finden uns vor dem Büro einer Busreiseagentur wieder. Sofort kaufen wir uns zwei Tickets für den Bus nach Jakarta am kommenden Morgen. Klappt doch alles wie am Schnürchen, denke ich mir, als Peer mich darauf hinweist, dass gleich gegenüber ein Gästehaus liegt.

Das Komfortniveau dieser Unterkunft lässt sich wohl am besten damit beschreiben, dass wir dem Wirt dreimal versichern müssen, dass wir wirklich willens und bereit sind, hier zu nächtigen, und er es uns dennoch erst dann glaubt, als wir im Voraus zahlen. Wir arrangieren uns mit unseren sechsbeinigen Zellengenossen und freuen uns nach erfrischenden vier Stunden Schlaf auf eine angenehme Weiterfahrt nach Jakarta.

Als ich am nächsten Morgen den halbvollen Bus besteige, über Gepäck und Hühnerkörbe im Gang klettere und mich mit Mühe in einen Doppelsitz zwänge, denke ich noch: Glück gehabt! Wenig später haben sich die Reihen gefüllt. Der letzte freie Platz im Bus ist neben mir. Neben Peer sitzt ein altes Mütterchen. Als ich ihn ansehe, erschrecke ich. Dieser Blick, ich werde ihn wohl nie vergessen. Wie er dasitzt, eingepfercht ist gar kein Ausdruck, mit seinem Tagesrucksack auf dem Schoß in den Platz geknotet wie eine Karikatur. Wo hat er eigentlich seine Arme untergebracht? Ich kann sie nicht entdecken. Sein Kinn ruht auf dem Rucksack, derweil traurige Augen auf den freien Platz neben mir blicken, auf dem mein linkes Bein ruht.

Gerade als ich ihm den Rucksack abnehmen will, hält der Bus erneut, und die Gemütlichkeit hat ein Ende. Peer setzt sich neben mich, erneutes Personen-Origami. Die einzige Abwechslung besteht darin, dass Peer und ich nach den Pausen die Sitze wechseln. Einer streckt die Beine in den Gang, dem anderen massiert die Gardinenstange die Schläfe. Abwechslung muss sein.

Die Ungemütlichkeit ist nicht das Problem. Dass wir hin und wieder für Reparaturen anhalten, auch nicht. Besser, als wenn sie es während der Fahrt tun, huscht es mir durch den Kopf. Kurz darauf höre ich ein komisches Geräusch und sehe, wie der Schalthebel, an dem der Fahrer herumrührt, noch mehr Spiel hat als zuvor. Kurz entschlossen steht der Copilot auf, schichtet das Gepäck im Gang um, klappt eine Luke auf und fummelt am Getriebe rum. Es kracht, der Schalthebel greift, und der Bus nimmt wieder Fahrt auf. Dass der Ersatzfahrer das Getriebe auch »reparieren« kann, während er am Steuer sitzt, stellt er später unter Beweis. Ich wusste bis dahin noch nicht, dass man Angst und Respekt gleichzeitig empfinden kann. Ich kann.

Positiv ist, dass wir *zwei* Fahrer haben, die sich abwechseln können. Könnte, hätte, Bustoilette. Schlafen ist was für Anschnaller und Europäer! Rauchen, auf dem Handy spielen und gleichzeitig das Gefährt im laufenden Betrieb reparieren, *das* sind Sachen für echte Männer!

Apropos Toilette. Natürlich gab es die nicht an Bord. Dafür gibt es im Dschungel verteilte Truckstopps. Die haben Toiletten, aber hallo! Dachten wir bislang, wir hätten unsere Ekelgrenze inzwischen deutlich herabgeschraubt, kommen nun Urinstinkte hoch. Vor allem Fluchtreflexe von einer Stärke, wie ich sie bisher nicht kannte. Die Nelkenzigaretten der anderen Fahrgäste tun ihr Bestes, den Kloakengestank zu überdecken. Manchmal schaffen sie es sogar. Dann geht es zurück in unser frischrepariertes Vehikel, und wir freuen uns auf die nächste Etappe.

Als es innerhalb weniger Minuten stockfinster wird, erinnere ich mich daran, wo wir sind. »Hey yo«, remple ich Peer an, der sich seine Kopfhörer aus den Ohren zieht. »Hm?« – »Herzlichen Glückwunsch zur ersten Äquatorüberquerung!« Seine Reaktion besteht darin, mit beiden Augen abwechselnd zu blinzeln, als merkte er es gar nicht. »Schon gut«, schiebe ich nach und wende mich ab.

Während Peer sein Kinn wieder auf den Rucksack sinken lässt, lehne ich meinen Kopf an die Scheibe. Die Gardinenstange prügelt mich langsam, aber sicher in eine Besinnungslosigkeit, die dem Schlafen, von außen betrachtet, nicht unähnlich ist.

Als die Sonne aufgeht, kann keiner von uns sagen, wie lange wir unterwegs sind. Das Gefühl für die Zeit ist so relativ wie die Zeit selbst. Man wird philosophisch auf Fahrten wie dieser.

Wenig später fahren wir ins Hafengelände von Bakauheni ein, wo der Bus einer Polizeikontrolle unterzogen wird. Ein Beamter streckt seinen Kopf hinein, blickt uns – nur uns – abschätzig an, kontrolliert unsere – nur unsere – Papiere, tauscht (hoffentlich nur) Nettigkeiten mit dem Fahrer aus und fragt das übliche Woher und Wohin. »Why you no fly?« – »We no fly.« Das muss reichen. Und es reicht auch.

Der Bus erklimmt die Fähre nach Merak auf Java. Ein schwimmender Klumpen Rost, auf dessen Oberdeck wir zwei Stunden Wonne erleben. Und Sonne. Die Hitze ist unwichtig, ebenso wie die lauten Verkaufsveranstaltungen und der nicht enden wollende Müllregen, der sich von den Fahrgästen aus ins Meer ergießt. Wir überhören das Karaoke ebenso wie den gleichzeitig zum Gebet rufenden Muezzin. Wir sind längst in einem Zustand des Zen, des meditativen Versinkens im Augenblick. Man kann es auch Willenlosigkeit nennen. Die Zeit wabert dahin und wir mit ihr.

Die Ankunft auf Java verläuft routiniert. Hinein in den Bus, es muss ja weitergehen. Ich bin hier, Peer ist neben mir. Haben wir unsere Rucksäcke? Haben wir noch Wasser? Stumme Bestätigung. Der Bus schaukelt über die Rampe aufs Festland und danach unverändert weiter über das, was man nur deshalb Straße nennt, weil es auf der Karte so eingezeichnet ist. Kaum auf festem Boden, halten wir schon wieder an. Pause. Kraftlos steigen wir aus, wollen wenigstens kurz stehen, damit das unweigerlich folgende Sitzen vielleicht als Erholung angesehen werden kann. Kann es nicht, darüber sind wir hinaus. Der Bus fährt an, der Fahrer hat nicht mal die Insassen gezählt. Schwund ist immer, doch es entfernt sich sowieso keiner mehr weiter als eine Armlänge vom Bus, diesem so hassgeliebten Fortbewegungsmittel. Das Ende ist nah, das Ende ist nah. Man muss kein Hindu sein, um Mantras zu rezitieren – nach über dreißig Stunden in einem indonesischen Bus.

Wieder beginnt die Sonne glutrot zu versinken. Beim nächsten Blick ist es finster, und wir sind auf einer Art Schnellstraße. War dazwischen Schlaf oder Ohnmacht? Die Grenzen sind fließend. Uns empfängt der nächste Wahnsinn: Verkehr, viel zu schnell für unsere übermüdeten Augen, rasende Lichter, dröhnende Motoren, von allem zu viel und doch nicht genug, um bei uns noch eine Reaktion hervorzurufen. Wir kommen an. Irgendwo in Jakarta. Fast schon egal. Kommentarlos steigen wir aus, die Freude darüber wird folgen. Irgendwann.

Wir finden ein Taxi, zeigen dem Fahrer die Notiz, die wir noch bei klarem Verstand angefertigt hatten (gefühlt im letzten Leben), mit dem Namen der Straße und des von uns ausgesuchten Hostels. Er kennt beides und nennt seinen Preis. Mit letzter Kraft schaffe ich es, deutlich zu machen, was ich von dem Angebot halte. Ein verächtliches Schnauben ist zwar nicht meine Intention, vermittelt aber meine Botschaft unmissverständlich. Irgendwie sinkt der Preis von zwanzig auf sieben Dollar, immer noch sauteuer, aber drauf geschissen. Rein da! Wir werden durch die Stadt gefahren. Lichter, Lärm, Gerüche.

In unserem Zimmer huscht irgendwas fort, als wir das Licht anschalten und ein rachitischer Ventilator seinen Alibidienst aufnimmt. Wir haben 1800 Kilometer hinter uns gebracht, sind seit 54 Stunden unterwegs und haben, abgesehen von den vier Stunden in Jambi, nicht geschlafen. Uns stört nichts mehr. Die Dusche ist ein Becken mit einer rostbraunen Flüssigkeit, wir schütten sie uns im bereitgestellten Eimerchen über den stinkenden Leib und sind danach immerhin so erfrischt, dass wir noch feststellen, dass das Eimerchen rosa und herzförmig ist. Mit letzter Kraft ziehe ich die Mundwinkel zu einem Schmunzeln hoch. Es braucht so wenig zum Glück. Wir essen, gönnen uns ein kaltes Bier und sind eingeschlafen, sobald unsere Köpfe die Kissen berühren. Vielleicht auch schon vorher.

INFOBOX

> Wenn irgendetwas nicht in deinem Sinne verläuft: Spar dir die die Meckerei. Sie wird als herablassend und arrogant empfunden und macht es nur schlimmer. Gib dich hin!

> Ingwer hilft gegen Reisekrankheit. Ein paar Stücke in Wasser, auch kaltes, geben und davon trinken.

> Wer nach Indonesien einreist, muss seinen Willen, auch wieder auszureisen, durch ein gebuchtes Ticket dokumentieren. Dieses ist gegebenenfalls bei der Einreise vorzuzeigen. Da kennen die indonesischen Behörden kein Pardon, was dazu führen kann, dass Fluggäste am Ankunftsflughafen abgewiesen werden, wenn sie kein Rückflugticket vorweisen können. Mit ein wenig Glück bleibt einem dies an Grenzübergängen außerhalb von Flughäfen erspart. Darauf zu bauen, kann aber auch schiefgehen.

> Wie auch in Malaysia gilt: Indonesien ist offiziell ein muslimisches Land. Zeige Respekt!

Kapitel 27:
Prioritäten setzen

PEER

Wir verschlafen fast den ganzen Tag. Doch es hilft nichts: Zumindest zum Abendessen müssen wir uns auf die Straße quälen. Wir sind in der Jalan Jaksa, der Backpacker-Meile Jakartas, die zugleich Rotlichtbezirk zu sein scheint. Doch sind wir weder wegen der leichten Mädchen noch wegen der Sehenswürdigkeiten in Jakarta: Mein Laptop hat seinen Geist aufgegeben und soll hier repariert werden. Am nächsten Morgen klemme ich ihn unter den Arm und schwinge mich auf den Sozius eines Motorrad-Taxis. Neben Tuk-Tuks die günstigste und schnellste Gelegenheit, sich im Verkehrschaos von Jakarta fortzubewegen. Der Verkehr steht kurz vor dem Kollaps, der öffentliche Nahverkehr ist restlos überfordert. Die Motorrad-Taxis können wenigstens die größten Staus umfahren, zur Not über die Bürgersteige.

Ich finde einen Computer-Shop, überlasse meinen Laptop den Experten, die für die Reparatur eine Woche veranschlagen. Nur: Was sollen wir eine Woche in Jakarta?

Zurück am Hostel, sammle ich Jochen ein, und wir erkunden die Stadt, in deren Ballungsraum rund dreißig Millionen Menschen leben. Ausnahmslos jeder Taxifahrer fragt, ob er uns zum Flughafen bringen könne. Auch wenn wir keinerlei Gepäck dabeihaben und nicht so aussehen, als schickten wir uns zur Abreise an. Auf die Idee, dass wir uns nur die Stadt ansehen wollen, kommt niemand.

Wir verstehen bald, warum. Es gibt nicht viel zu sehen. Die Suche nach Grünanlagen geben wir schnell auf. Parks entpuppen sich als Themen- oder Vergnügungsparks. Flüsse als stinkende Brackwasser-

kanäle. Darin Müllberge, daneben Obdachlose, die aus ihren Hängematten oder Pappbehausungen den Faulgasen im Wasser beim Auf-
steigen zusehen. Der Verwesungsgeruch treibt uns die Tränen in die
Augen. Auch abseits davon fällt das Atmen schwer, denn die Abgase
hängen in einer dichten Dunstglocke über der Stadt. Auf unserem
Streifzug landen wir in etwas, das nach Armenviertel aussieht, wo im
Schatten überdimensionierter Einkaufszentren und gläserner Türme
die Menschen vor verfallenen Häusern auf der Straße sitzen. Die
Leute begegnen uns äußerst freundlich. »Hey, Mister!«, so die übliche
Ansprache. »How are you? What's your name? Where are you from?«,
so die Klassiker, in beliebiger Reihenfolge hervorgebracht.

Trotz der herzlichen Menschen haben wir schnell genug von
Jakarta und beschließen, im nahegelegenen Bogor die Zeit zu überbrücken, bis ich meinen Laptop abholen kann. Im Supermarkt neben
unserer Absteige will ich etwas Geld aus dem Automaten ziehen. Es
klappt nicht. Weder spuckt das Ding die Scheine aus, noch gibt es mir
meine Kreditkarte zurück. Der Kassierer ist hilflos und ruft den
Manager, der sich nach zwei Stunden auch blicken lässt. Da könne er
nichts machen, sagt er. Ich müsse mich an die Bank wenden. Doch
auch dort ernte ich Ratlosigkeit. Nach langem Hin und Her werde
ich auf den Folgetag vertröstet. Man wolle beim Befüllen des Automaten meine Karte suchen. Am nächsten Tag warte ich erneut in der
Bank, bis schließlich der Manager kommt und mir erklärt, dass man
meine Karte gefunden habe. Mein Jubelschrei erstickt, als der Mann
stolz nachschiebt: »No worries, we destroyed your card immediately!«
Schönen Dank auch.

Ich bin fertig mit dem Moloch Jakarta. Also besteigen wir den Zug
nach Bogor, etwa eine Stunde von Jakarta entfernt, inzwischen ein
Vorort der Metropole.

Uns wird geraten, den Nahverkehrszug außerhalb der Stoßzeiten
zu nehmen. Dann sei er nicht so voll. Als wir uns mitsamt Gepäck in
den Zug quetschen und in dem Gedränge kaum noch Luft bekommen, frage ich mich, wie es hier wohl zum Feierabend aussehen mag.

In Bogor finden wir eine Bleibe im Schatten des Salak. Der Vulkan, dessen wolkenverhangene Spitze weit über der Stadt thront, strahlt etwas Bedrohliches aus. Weniger bedrohlich, dafür weit nerviger, ist die Moschee in unmittelbarer Nachbarschaft. Zwangsläufig passen wir unseren Tagesrhythmus den Gebetszeiten an. Der Muezzin lässt uns keine Wahl. Auch die Gebete werden per Lautsprecher übertragen. Mich stört es nicht weiter, bin ich doch ohnehin auf einen neuen Tag-Nacht-Rhythmus eingestellt. Es ist EM-Zeit! Fußball-Muffel Jochen sucht die Sehenswürdigkeiten der Stadt auf, während ich mich auf eine ganz andere Suche mache. Die nach einer Bar, die bei sechs Stunden Zeitverschiebung mitten in der Nacht die Spiele überträgt. Doch niemanden scheint die Kontinentalmeisterschaft zu begeistern. Die Internetverbindung im Ort taugt nicht für einen Livestream, und ich bin kurz davor, aufzugeben. Im Restaurant ums Eck berichte ich Jochen von meinen erfolglosen Bemühungen. Ihn scheint's wenig zu interessieren. Im Gegensatz zu dem Betreiber des Imbisses. In einer Ecke steht eine kleine Glotze. Ohne jede Hoffnung frage ich den jungen Mann, ob er zufällig die Spiele zeige. Eigentlich nicht, um diese Zeit habe er geschlossen. Na klar, denke ich. Als er sieht, dass ich drauf und dran bin, in Tränen auszubrechen, schiebt er nach: »But I can open for you. We can watch the games with some friends.« Ich falle ihm vor Freude beinahe um den Hals!

Nach Ladenschluss bleiben wir in dem Imbiss nicht lang allein. Neben Jochen sind auch einige Freunde unseres Gastgebers zugegen. Schnell erscheinen andere Gesichter in der offenen Tür. »You show football?« Immer rein! So ist es mir doch noch vergönnt, den EM-Auftakt in illustrer Runde, gemeinsam mit Holländern, Franzosen und Indonesiern, in einem kleinen Padang-Restaurant zu verfolgen.

Unsere nächste Station ist Cimaja, ein Surferparadies an der Südküste Javas. Wir entscheiden uns gegen ein von Australiern geführtes Hostel und für eine kleine Absteige, betrieben von Einheimischen, gegen Burger mit Fritten und für frischen Fisch. Auch in Cimaja setze ich klare Prioritäten. Die Sicherung der nächtlichen Fußballübertragung ist mir das Wichtigste. Mal in einer australischen Sportsbar, mal mit dem Nachtportier an einer Hotelrezeption, schaffe ich es, fast alle Spiele zu sehen.

Während Jochen Strände und Vulkanklippen rund um Cimaja erkundet, bleibe ich im Ort und mache mich anderweitig kundig. Schlage mir die Nächte mit Fußball um die Ohren, friste meine Tage im Netz. Noch immer haben wir keine Überfahrt von Indonesien nach Australien gefunden. Die Zeit drängt. Schnell kann ich die Suche nach offiziellen Fährverbindungen einstellen. Es gibt keine. Unsere letzte Hoffnung ist, auf einem Segelboot eine Überfahrt zu erbetteln. Wir sind bereit, zu arbeiten oder zu bezahlen, und würden auch sonst fast alles machen. Ich checke Seglerportale, schicke verzweifelte E-Mails um die Welt und bin bald sicher: Von Java aus geht nichts nach Down Under.

Wir beschließen, es auf Bali zu versuchen. Bali hat mehrere Marinas, viele Segler aus Australien steuern die Insel an. Doch bevor wir übersetzen, will ich wenigstens noch etwas von Java sehen. Wir fahren nach Yogyakarta, im Volksmund kurz Yogya genannt. Auf dem Weg dorthin mache ich einen Abstecher nach Jakarta und hole meinen Rechner ab. Jochen finde ich in Yogya in der vereinbarten Unterkunft wieder. Mit grauem Teint. Sein Magen rebelliert und fesselt ihn ans Klo oder das Bett. Also erkunde ich die Stadt mit Johanna und Dominik, einem österreichischen Pärchen, das wir im Hostel kennengelernt haben. Wir flanieren über die Jalan Malioboro, die Hauptmeile der Stadt, decken uns bei den Straßenbrätern mit Leckereien ein und setzen uns zu den Einheimischen auf den Bürgersteig.

Zwei Tage später erklärt Jochen sich für geheilt, und wir machen einen Ausflug nach Borobudur, der größten buddhistischen Tempelanlage der Welt und die Attraktion auf Java schlechthin. Nachdem ich von Indonesien bislang wenig gesehen habe, genieße ich den Ausflug. Wir folgen dem alten Pilgerpfad, gesäumt von Reliefs und über 500 Buddha-Statuen, über neun Terrassen bis auf die Spitze der pyramidenförmigen Anlage.

Am nächsten Abend wollen wir weiter nach Bali. Bevor wir nachts um eins den Zug besteigen, stoßen wir um Mitternacht in einer Kneipe auf Jochens Geburtstag an. Gemeinsam mit den beiden Österreichern, die ebenfalls nach Bali wollen, lassen wir ihn hochleben. Dann geht es los. Der Zug ist für indonesische Verhältnisse leer, so dass wir alle einen Sitzplatz bekommen und sogar hin und wieder die Beine ausstrecken können. Ich schlafe sofort ein, wache jedoch von Jochens regelmäßigem Stöhnen und seinem Hin- und Hergewälze immer wieder auf. Es rächt sich, dass er sich voreilig für fit erklärt hat. Der Tag graut, und an jedem Halt kommen fliegende Händler in den Zug. Sie bieten Essen und Getränke, Zeitungen sowie Plastikspielzeug und sonstigen Schnickschnack an. Während wir uns an in Bananenblättern gewickelten Köstlichkeiten laben, rollt das Geburtstagskind nur genervt die roten Augen. »Wenn die mir noch einmal ihr Essen unter die Nase halten, dann dekorier ich es neu!«

In der Nacht fand ich kaum Schlaf, und am Tag soll es nicht besser werden. Kaum eingenickt, katapultiert mich das Signalhorn der Lok aus dem Sitz. Im gefühlten Minutentakt. Viele Menschen hier nutzen in Ermangelung von Straßen die Bahngleise als Fußweg. Der Lokführer ist gezwungen, die Menschen von der Spur zu scheuchen.

Nach über zwölfstündiger Fahrt erreichen wir den Hafen von Banyuwangi an der Ostspitze Javas, von wo aus wir mit einer rostigen Fähre über die Bali-Straße schippern. Nach kurzer Fahrt – die beiden Inseln trennen nur fünf Kilometer – landen wir auf Bali. Dort besteigen wir einen Bus nach Denpasar, der Hauptstadt. So heiß es im Zug auf Java war, so kalt ist es nun im Bus. Die Klimaanlage läuft auf Hochtouren, und wir wickeln uns zähneklappernd in alle Fetzen, die in Reichweite sind. Die Fahrt dauert zwei Stunden länger als veranschlagt. In Indonesien geht das als pünktlich durch. Ich nehme es mit stoischem Gleichmut, Jochen – »Jochen!?!«. Er schlägt gequält die müden Augen auf. Jochen lebt zumindest noch. Und ist wieder wach. Happy Birthday!

In Denpasar lassen die Taxifahrer nicht mit sich handeln. Mit letzter Kraft schleppen wir uns und unser Gepäck in einen Minibus, der uns nach Kuta bringt, wo wir kurz nach Mitternacht ein Hostel beziehen. Nach knapp 24-stündiger Fahrt fallen wir in die dreigeschossigen Stockbetten des Schlafsaals und sind im Nu weg. Trotz meiner Höhenangst beziehe ich das oberste Bett, Jochen braucht kurze Wege zum Klo. Als ich am nächsten Tag erwache, stelle ich fest, dass ich direkt unter der Klimaanlage liege, die mir eine eisige Brise um die Nase bläst. Ich will Jochen nach seinem Befinden fragen, bringe aber nur ein stimmloses Krähen hervor. Nun hat es mich also auch erwischt.

Ich dränge Jochen, der immer noch zwischen Bett und Toilette pendelt, einen Arzt aufzusuchen. Derweil miete ich mir einen Roller und klappere Balis Marinas ab. Ich verteile Aushänge, spreche mit Seglern und Hafenmeistern über die Möglichkeit einer Überfahrt nach Australien. Inzwischen fiebrig, kann ich mich kaum noch auf dem Roller halten, was eine Polizeikontrolle offenbar als Trunkenheit am Steuer missdeutet. Ohne den Alkoholtest, den ich fordere, werde ich gleich an Ort und Stelle zur Kasse gebeten. Für weitere Diskussionen fehlt mir schlicht die Kraft.

Auch nach Tagen bleiben meine Versuche in den Marinas erfolglos. Anfragen im Frachthafen und bei der Küstenwache bringen ebenso wenig. Jochen erholt sich derweil nach mehrtägiger Antibiotika-Kur am Strand.

Wir sind nun knapp einen Monat in Indonesien und auf der Suche nach einer Passage nach Australien kein Stück weiter. Außer Häfen habe ich so gut wie nichts von Land und Leuten gesehen. Einen Blick auf den tiefen Dschungel oder die zahllosen Vulkane konnte ich höchstens aus dem Busfenster werfen. Mir reicht's.

Beim Abendessen spreche ich aus, was für mich längst Gewissheit ist: »Seit Malaysia, seit über einem Monat, suchen wir nach einem Boot. Nichts deutet darauf hin, dass wir es auf dem Seeweg nach Australien schaffen.« – »Wie wär's mit einem Flüchtlingsboot?«, witzelt Jochen. »Sehr witzig. Das Einzige, was ich in Erfahrung bringen konnte, ist, dass die Winde ungünstig stehen und alles gerade von Down Under nach Bali segelt. Frühestens in zwei Monaten drehen sich die Winde. Und eine Garantie gibt's dafür auch nicht.« – »Wir haben es bis hierher geschafft, und ich werde mich nicht von der Pfütze Wasser in die Knie zwingen lassen«, gibt Jochen sich kämpferisch. »Bis hierher hat es gut geklappt, weil wir fast die ganze Strecke auf dem Landweg zurücklegen konnten«, wende ich ein. »Ja, eben! Das kann doch jeder! Wir haben uns ein ehrgeiziges Ziel gesetzt, und ich halte daran fest. Da muss man Prioritäten setzen«, bleibt Jochen unbeugsam. »Genau. Meine Priorität liegt auf der Reise. Ohne Flieger ist ja gut und schön, aber ich will noch was von Australien und Neuseeland sehen, bevor wir das Containerschiff über den Pazifik besteigen.« Das ist immerhin schon gebucht und engt unseren zeitlichen Spielraum ein. »Wir machen uns doch lächerlich, wenn wir nach großspurigen Ankündigungen, den Globus ohne Flugzeug zu umrunden, aufgeben, sobald wir das erste Mal Wasser sehen!«, argumentiert Jochen. »Wir sind niemandem was schuldig, außer uns selbst. Wir haben immer nur vom Versuch gesprochen. Dieser ist nun offensichtlich gescheitert. Wir haben wirklich nichts unversucht gelassen«, sage ich und gehe noch einen Schritt weiter: »Auch die Geschichte des Scheiterns ist eine Geschichte. Wir sind einfach zur falschen Zeit am falschen Ort.« Jochen lässt sich ebenso wenig überzeugen, wie ich mich umstimmen lasse. Er ist sicher, auf den nächsten Inseln mehr Glück zu haben. Woher er diese Sicherheit nimmt, bleibt sein Geheimnis. Seine Priorität bleibt das Motto unserer Reise. Meine bleibt die Reise selbst. Wir müssen erkennen, dass sich beides nicht in Einklang bringen lässt. Jochen, ohnehin nicht sonderlich neugierig auf den roten Kontinent, will weiter versuchen, ein Boot zu finden. Ich gestehe mir das Scheitern ein und beschließe schweren Herzens, zum ersten und hoffentlich einzigen Mal auf dieser Reise ein Flugzeug zu besteigen. Damit sind die Prioritäten gesetzt. Leider unterschiedlich, so dass uns ein erneuter Abschied bevorsteht.

INFOBOX

> In Indonesien sind Abfahrtszeiten und Fahrtdauern der Busse relativ. Teilweise fahren Busse erst, wenn sie voll sind. Bewahre also Ruhe und Gelassenheit, du kannst eh nichts dran ändern.

> Solltest du den ehrgeizigen Plan verfolgen, auf dem Seeweg nach Australien zu kommen, erkundige dich rechtzeitig, wie die Winde wehen, und plane die Reise dementsprechend. Es ist möglich, nur eben nicht immer.

> Indonesien ist ein muslimisches Land. Suchst du Schlaf und Erholung, ziehe nicht in die Nachbarschaft einer Moschee.

> Bali ist eine Touristeninsel. Das Preisniveau ist entsprechend. Die Strände bevölkert, der Versuch einer Abzocke (auch durch Polizisten) allgegenwärtig.

Kapitel 28:
Der Weg ist das Ziel?

JOCHEN

Ich verstehe Peer nicht. Eben quälten wir uns noch auf die harte Tour nach Jakarta, nun macht er es sich leicht und steigt in ein Flugzeug. Ich schüttle den Kopf, so dass der Helm wackelt. Er ist nicht nur alt, sondern auch zu groß. Doch das Mopedfahren tut gut. Ich musste raus aus Kuta, weg von den krebsroten Touristen und rein ins tiefe Bali. Es heißt, Ubud sei das unbestrittene kulturelle Zentrum der Insel. Also bin ich mit dem Bus dorthin. Doch ich sah in den Straßen Ubuds mehr Krämer als Künstler. Also habe ich mir einen Roller gemietet und bin nach Norden aufgebrochen. Nun fahre ich in einem großen Kreis einmal um die Insel und bin doch in meinen Gedanken bei Peer. Ich kann es nicht fassen! Ich fahre an Reisterrassen vorbei durch eine Landschaft, die mich vor Begeisterung schreien ließe, wäre ich nicht so genervt. Ich zwinge mich, an etwas anderes zu denken. Es gelingt. Kurzzeitig. Die Architektur Balis nimmt mich völlig gefangen. Das, was hier das Gartentor eines durchschnittlichen Grundstücks ist, würde bei uns in einem Museum für Handwerkskunst stehen. Ich lerne, dass es im Balinesischen kein Wort für »Kunst« gibt. Und das macht Sinn, wenn man sich umsieht. Das Leben selbst wird kunstvoll gestaltet. Es gibt hier keine Künstler in dem uns bekannten Sinn. Jeder macht Kunst, alles ist Kunst. Und Peer fliegt nach Darwin, weil ihm die »Reise« wichtiger ist. Ich glaube, der spinnt. *Das* hier ist doch die Reise! *Das* ist es doch, was wir wollten.

Das, was er wochenlange Suche nennt, nenne ich ein paar Nachmittage lang im Netz herumstochern und einmal einen Ausflug zum

Schwarzen Brett eines Segelhafens machen. Ich bin enttäuscht: Wir wollten den scheiß Weg zum scheiß Ziel machen und dabei erleben, wie riesig diese Erde ist, die uns heute manchmal so winzig vorkommt. Und nun, beim Anblick der ersten kleinen Hürde, steigt der feine Herr in das erstbeste Flugzeug und jettet über die See, die sich ihm nicht bereitwillig teilt. Ich bin sauer, ich bin enttäuscht, ich bin noch viel mehr. Auf jeden Fall bin ich nicht bei der Sache, weshalb ich fast in einen Vorgarten brettere.

Ich muss eine ganze Weile in Gedanken gefahren sein, denn nach kurzer Orientierung merke ich, dass ich in Lovina Beach, dem Nordstrand Balis, angekommen bin. Ich finde ein kleines Homestay, wie privat geführte Bungalow-Unterkünfte hier heißen, bleibe zwei Nächte, schreibe für das Blog und esse Fisch. Keine Ahnung, was ich sonst mache. Meistens bin ich genervt. Dann fahre ich weiter, folge der Küstenstraße nach Osten, die sich zwischen dem Vulkan Gunung Agung zur Rechten und der malerischen Küste zur Linken hindurchschlängelt. Mein Blick ist auf die Straße gerichtet, während meine Gedanken ostwärts wandern. Ich kann es nicht länger aufschieben, ich muss mich um die Bootssuche kümmern. Es beschäftigt mich ja ohnehin ständig, da kann ich es auch gleich richtig angehen.

Im Küstenstädtchen Candidasa bringt mich die Suche nach dem günstigsten Zimmer zu einem Homestay am Ortsausgang. Dort lebt ein alter Australier mit seiner balinesischen Frau, der nicht nur begeistert von meiner Geschichte ist, sondern just an diesem Abend die Bude voller Landsleute hat, die ebenfalls Gästehäuser auf der Insel betreiben. Ausführlich erzähle ich ihnen von der Bootssuche. Doch ihre Antwort trübt meine Stimmung weiter. Zwar kennt jeder einen Segler, und alle versprechen, mein Gesuch zu verbreiten, doch bestätigen sie, was ich bereits weiß: Die Winde blasen derzeit in die falsche Richtung. »Wärst du in Darwin und wolltest nach Bali, dann wärst du jetzt gerade richtig, da könntest du dir das Boot quasi aussuchen.« Na toll, und das soll mich jetzt aufheitern? Doch der Älteste unter ihnen, der so breites Aussi-Englisch spricht, dass ich bei jedem Satz mehrmals nachfragen muss, bestätigt, was ich auch schon im Netz las: »Wenn du die Zeit hast, versuch es in Timor. Da gibt es einen ehemaligen australischen Fischer, der sich dort niedergelassen hat und hin und wieder noch nach Darwin fährt.« Keiner kennt diesen Mann persönlich, doch jeder hat schon von ihm gehört. Einer betont, dass es auf Timor zurzeit ohnehin die besten Chancen gebe, da gleich zwei Segelregatten dort vorbeikämen, bei denen auch immer wieder Segler Privatleute mitnähmen. Als ich meine Bedenken äußere, dass ich als Landratte bei einem solchen Wettbewerb doch nichts zu suchen habe, klären sie mich auf: »Das sind keine Profiregatten! Da fahren alle möglichen Leute mit, einfach um Spaß zu haben. Manchmal drehen dann halt welche um, weil sie nur einen Teil der Strecke mitmachen. Wenn man Nudeln kochen kann, hat man sich schon als Smutje qualifiziert.« Also kann man momentan doch nach Süden segeln? »Können schon, man muss halt nur gegen den Wind kreuzen. Das ist nicht leicht, und es ist nicht schnell, aber klar, es geht.« Nach diesem Abend bin ich schon etwas entspannter.

Am nächsten Tag fahre ich trotz Regens gut gelaunt nach Ubud zurück. Ich male mir aus, wie ich Peer davon erzähle, was für Leute ich kennengelernt habe und was für ein großartiges Abenteuer es ist, zu entdecken, dass all die großen Hindernisse sich auflösen, wenn man sich nur richtig bemüht. Ich werde durch all das hindurchsegeln, was er so eilig überflogen hat!

In Ubud stehe ich vor einer knallvollen Bar. Drinnen drängen sich die Westler, alle scheinen gut gelaunt und reden wild durcheinander. Als mein Blick über die Menge schweift, entdecke ich bekannte Gesichter. Johanna und Dominik! Die beiden Österreicher waren ein paar Tage auf den Gilis und wollen sich nun das Fußballspiel ansehen. Das was? Ach so, stimmt ja, es ist EM. Normalerweise nehme ich vor so etwas Reißaus, doch es tut gut, Bekannte zu sehen, und es tut noch besser, Zerstreuung zu finden. Am Folgetag spazieren wir raus aus Ubud und über die Reisfelder in einen kleinen Wald. Wir finden einen Tempel und darin einen Wächter, der sich über die Ablenkung freut. Geduldig erklärt er uns nicht nur den Tempel, sondern erzählt uns auch viel über das Leben und die Kultur auf Bali. Dann sagt er einen Satz wie von meinem Wunschzettel: »Wenn ihr wirklich balinesische Kultur kennenlernen wollt, dann lade ich euch ein, übermorgen nach Amlapura zu kommen. Dort wird die Kremation von Ida Pedanda Istri Mas stattfinden, der höchsten Hohepriesterin und ältesten Bewohnerin Balis, die kürzlich im Alter von 111 Jahren verstorben ist. Dies wird eine sehr außergewöhnliche Zeremonie werden, wie sie nur einmal in 100 Jahren vorkommt. Wenn ihr möchtet, könnt ihr gerne kommen, ich werde euch dort treffen und euch das wahre Bali zeigen.«

Wir nicken eifrig und stammeln viele »Wows«, »Jas« und »Unbedingts«. Dann gehen wir zu der Adresse, die uns Ida, der Tempelwächter, nannte. Dort sollten wir uns Sarongs kaufen. Die traditionellen Wickelröcke seien unsere Eintrittskarte, ohne Landestracht dürfen wir der Zeremonie nicht beiwohnen.

Am nächsten Tag lasse ich die beiden Österreicher alleine und kümmere mich wieder um die Bootssuche. Ich fahre alle Marinas ab, die ich finde, hänge Gesuche aus und spreche sogar einmal mit einem Kapitän, der sich interessiert an meinen Plänen zeigt, sich meine Kontaktdaten notiert und meint, er würde das Gesuch verbreiten. Manchmal nähmen australische Frachterkapitäne jemanden mit, der sich bereit erklärt, an Deck zu helfen und keine großen Ansprüche stellt. Ich gebe ihm zu verstehen, dass ich Mr. Unkompliziert bin, gerne auch an Deck auf den blanken Bohlen schlafe und keinerlei Heuer verlange.

Ich gebe Annoncen in zwei balinesischen Zeitungen auf, und selbst mein Plan B, nach Timor zu fahren, erscheint mir erfolgversprechend, als ich den Namen der »Lavalon Bar« und ihres Besitzers Edwin an diesem Tag alleine zweimal höre. Diese Bar kursiert in einigen Foren und Blogs im Netz. Sie sei *die* Anlaufstelle für Backpacker auf der Insel und Edwin eine Legende, ein Füllhorn an Kontakten und Möglichkeiten, es mit dem Schiff nach Australien zu schaffen.

Dann fahren Johanna, Dominik und ich nach Amlapura. Für manche Dinge muss man zur rechten Zeit am rechten Ort sein. Man kann sie nicht planen, sie tauchen nicht in Veranstaltungskalendern auf, und auf die Idee, sie im Netz zu suchen, kommt man nicht, wenn man sie denn überhaupt dort fände. Man muss sprichwörtlich Glück haben, was wir in diesem Fall wahrlich haben.

Das Leben auf Bali ist von unzähligen Riten und religiösen Feierlichkeiten geprägt. Von den Geburtstagen der Tempel einmal abgesehen, gehören die Leichenverbrennungen zu den wichtigsten Zeremonien überhaupt. Im Falle von Ida Pedanda Istri Mas gilt das in besonderem Maße. Sie war eine Hohepriesterin und gehörte damit der höchsten Kaste an, die noch über dem Adel steht. Als sie im Februar im Alter von 111 Jahren starb, wurde sie einbalsamiert und im Tempel auf dem Anwesen der Familie aufgebahrt. Bis die Sternenkonstellation es ihrer Seele erleichtert, ins Nirwana überzugehen. Am ersten Juli stehen die Sterne günstig. Wir kommen morgens in einem kleinen Dorf außerhalb von Amlapura an, und sogleich geleiten uns Einheimische auf das Anwesen der Familie, wo wir mit Kaffee und Gebäck versorgt werden. Am Vormittag überwiegen die bösen Geister. Erst am Nachmittag scheint die Zeit günstig, die Seele der Toten auf die Reise zu schicken.

Wir sind die einzigen Ausländer hier. Ist unsere Anwesenheit wirklich in Ordnung? Als der erste weißgewandete und von zwei Helfern gestützte Greis auf mich zutritt, denke ich mir noch, dass es nun doch Schimpfe gibt. Der Mann wirkt schon von weitem respekteinflößend, auch wenn er freundlich lächelt. Er begrüßt uns herzlich, und nachdem er uns gefragt hat, woher wir kämen und woher wir von dieser Zeremonie wissen, dankt er uns, dass wir gekommen sind. Wir treffen auch Ida, den Tempelwächter, der strahlend auf uns zukommt. »Ich war mir nicht sicher, ob ihr kommt. Umso größer ist die Freude, euch zu sehen!« Es tut gut, ihn zu sehen, denn er bringt etwas Licht ins Dunkel unserer Vermutungen, was hier passiert. »Die Anzahl der Gäste bei einer Verbrennung ist wichtig für die Familie des Verstorbenen. Je zahlreicher die Gäste, umso größer die Ehre.« Dass die Weite des Weges, den die Gäste auf sich nehmen, die Ehre des Besuchs steigert, erklärt, warum uns viele Menschen ausführlich begrüßen. Unter anderem der »Greis«, der sich als Hohepriester entpuppt, zudem andere Würdenträger. Wir sind die Ehrengäste!

Dann steht der große Moment bevor. Vor dem Grundstück der Familie kommen alle zusammen, Frauen tragen die letzten Opfergaben in den Haustempel. Musiker spielen unaufhörlich, der Eingangsbereich wird gesegnet. Dann ist die Aufregung groß. Der Umzug vom Heim zur Verbrennungsstätte außerhalb des Dorfes beginnt. Der Sarg, in diesem Fall in Form einer riesigen weißen Kuh, bleibt zunächst leer. Der Leichnam wird auf einem Bade transportiert, einem mehrere Meter hohen Turm. Der Tross setzt sich in Bewegung, von Musik begleitet und unter dem Geschrei der Träger. Die an jeder Wegkreuzung halten und sich mit ihrer Konstruktion wild im Kreis drehen, um die Dämonen zu verwirren und ihnen die Verfolgung des Leichnams zu erschweren. Aber auch die Seele der Toten soll den Weg zurück zum Haus der Familie nicht wiederfinden, sonst wird sie das Heim unsicher machen. Am Kremationsplatz tritt der Körper seine letzte irdische Reise an. Er wird vom Bade heruntergeholt und zum Sarkophag getragen, gefolgt von Opfergaben und Geschenken. Es werden letzte Gebete gesprochen, dann geht alles in Flammen auf. Der Körper von Ida Pedanda Istri Mas verbrennt gemeinsam mit einem kleinen Vermögen innerhalb weniger Minuten.

Bis die Asche am kommenden Tag der See übergeben wird, bleiben wir freilich nicht. Die Zeremonie dieses Tages endet mit der Verbrennung am späten Nachmittag, so dass wir noch rechtzeitig den Heimweg nach Ubud antreten können. Wir sind so angefüllt mit Eindrücken, dass wir den Rest des Tages über nichts anderes sprechen. Wir haben Dinge gesehen, die nur wenige Touristen zu sehen bekommen, und uns vom wahren Bali verzaubern lassen.

In Ubud verabschieden sich Johanna und Dominik, und ich schaue, ob sich der Kapitän, der mein Gesuch verbreiten wollte, inzwischen gemeldet hat. Natürlich nicht. Tags darauf hau ich ab. Kaum komme ich mit der Fähre auf Lombok an, lasse ich mich von einem Touri-Nepper einfangen. Nach all der Zeit!

Ich will nur nach Booten fragen und lasse mich von einem freundlichen Mann im Hafen einlullen. Der nette Plausch endet damit, dass ich an Ort und Stelle eine dreitägige Tour auf den Vulkan Gunung Rinjani buche. Diesen wollte ich ohnehin besteigen, aber eigentlich zum halben Preis. Oh Jochen, schelte ich mich abends, das kann doch nicht wahr sein! Wer, außer Touris, bucht denn *irgendwas* im Hafen?

Die Wanderung auf den Rinjani werde ich so schnell nicht vergessen. Ich halte mich für relativ fit, doch das, was uns die Träger vormachen, grenzt an Hochleistungssport. Nur mit Flipflops an den Füßen eilen sie den steilen Hang hinauf, als würden sie einen Sonntagsspaziergang machen und trügen nicht 25 Kilo Gepäck und Nahrungsmittel, die sie an einer Bambusstange lässig auf einer Schulter balancieren. Blöd ist, dass auch der Guide mit ihnen davonzischt. Da die Gruppe völlig zufällig zusammengestellt ist und keiner da ist, der darauf achten könnte, dass man zusammenbleibt, zieht sie sich weit auseinander.

Doch bis wir erleben, warum es so wichtig ist, am Berg zusammenzubleiben, genießen wir einen unvergesslichen Sonnenuntergang mit Blick über die Gilis bis nach Bali. Am nächsten Morgen bekomme ich vor lauter Muskelkater kaum meine Beine aus dem Schlafsack, meine Knie sind geschwollen und schmerzen höllisch. Der Versuch, mit den Einheimischen Schritt zu halten, hat Spuren hinterlassen. Aus zwei Ästen schnitze ich mir Stöcke und schleppe mich weiter bergan, genieße zur Mittagspause ein Bad in einer heißen Quelle und bin mehr als froh, als wir abends im Lager ankommen. Dass ich am nächsten Morgen wegen meiner Knie den Gipfelanstieg ausfallen lasse, schmerzt noch mehr als meine Glieder selbst. Doch dann bekomme ich vor Augen geführt, dass Selbstüberschätzung am Berg böse enden kann. Eine junge Frau, die tags zuvor schon fertig war und dennoch heute früh auf den Gipfel stieg, ist vor Erschöpfung gestürzt und hat sich die Schulter ausgekugelt. Nun sitzt sie vor Schmerzen wimmernd auf 2000 Meter Höhe auf einer Insel, auf der es weder Rettungswagen noch Klinik gibt. Das Letzte, was ich von ihr sehe, ist, wie sie sich auf eine Trage aus Tuch und Bambus rollt, damit die Träger sie den Berg hinuntertragen können. Dieser Anblick mahnt auch mich zur Vorsicht, so dass ich in Trippelschritten den von Staub und Kieseln rutschigen Hang hinabsteige, der stellenweise so steil ist, dass ich auf allen vieren krabbele. Als ich im Tal ankomme, schwöre ich mir, nie wieder mit einem Reiseveranstalter, den ich nicht zuvor überprüft habe, auf einen Berg zu steigen. Was hier abgeht, ist schlicht unverantwortlich.

Meinen schmerzenden Beinen gönne ich einen Tag Ruhe und eine Massage. Ich checke meine Mails. Von der Zeitung: nichts. Vom Kapitän: nichts. Der Reiseveranstalter aus dem Hafen, der »hier jeden kennt«? Gar nichts. Dann steige ich in den Bus nach Sumbawa, der östlich von Lombok gelegenen Insel, von der ich aber nichts sehe, da wir sie in der Nacht durchfahren. Der Fahrer hält sich mit Musik maximaler Lautstärke wach. Also bleibt mir nichts anderes übrig, als in die Schwärze der Nacht zu starren und meinen Gedanken nachzuhängen. Und diese kreisen wieder um die Suche nach Schiffen. Noch immer will ich mir nicht eingestehen, dass Peer recht haben könnte. Das, was er unüberwindliche Hürden nennt, ist für mich Abenteuer. Dennoch geht mir zum ersten Mal auf, dass man sich, um ein Abenteuer erleben zu können, auch Zeit dafür lassen muss. Doch genau die fehlt.

Es ist ironisch, weil wir die ganze Reise nur antraten, um dem Alltagsstress zu entfliehen, der uns die Zeit zum Leben nahm. Nun ist es die Suche, die stresst, und mein langsam ablaufendes indonesisches Visum, das ich, nach einer recht abenteuerlichen Amtsepisode auf Bali, bereits einmal allerhöchstens halblegal verlängert habe. Es ist bereits der 15. Juli, am 20. August muss ich in Brisbane in Australien sein, um mein Frachtschiff in Richtung Neuseeland zu besteigen. Selbst wenn ich einen Segler finde, wird das Kreuzen gegen den Wind lange dauern. Es wird langsam eng.

Am frühen Morgen komme ich in Bima an, einem kleinen Örtchen irgendwo auf Sumbawa. Etwas steif und mit pfeifenden Ohren steige ich in den Kleinbus nach Sape um, der Küstenstadt, in deren Hafen meine Fähre zur nächsten Insel Flores ablegt. Ich bin froh, dass es im Kleinbus nur Gespräche gibt, keine Musik. Damit es nicht langweilig wird, beginnen der alte Mann neben mir, die junge Mutter hinter mir sowie die Frau vor mir sich abwechselnd zu übergeben. Ein nicht enden wollender Strom von Plastiktüten wird kreuz und quer durch den Bus gereicht, das »Dankeschön« meist in die Tüte gebrochen. Wie schön doch Musik sein kann. In Sape kommen wir drei Stunden später an, ich habe keine Minute geschlafen. Im Hafen laufen die Vorbereitungen zu den Feierlichkeiten des indonesischen Nationalfeiertages. Die Musikanlage muss ausprobiert werden … Lassen wir das.

Das Schiff läuft fast pünktlich aus, ich verziehe mich aufs Oberdeck, erfahre, dass die Fahrt nicht vier, sondern zehn Stunden dauert, und rolle mich kurz darauf im Schatten zusammen. Auf müdem, dröhnendem Schädel fühlt sich brennende Sonne gar nicht so gut an.

In Labuan Bajo auf Flores angekommen, bin ich zwar im Geiste in Eile, dennoch bleibe ich zwei Nächte. Wenn ich schon einmal hier bin, dann muss ich auch einen Ausflug zu den Komodowaranen machen. Die nicht, wie der Name vermuten lässt, nur auf Komodo, sondern auch auf einigen anderen Inseln der Gegend leben. Und auch, wenn die einzigen Drachen, die ich zu Gesicht bekomme, verteufelt sediert aussehen und nur faul vor dem Besucherzentrum rumliegen, empfinde ich sie doch als beeindruckend. Zumal sich wenigstens eines der Tiere erhebt und vom Gelände in den Busch trottet. Ich folge ihm. Erst, als sich das über zwei Meter lange Biest auf einer Lichtung in die Sonne stellt, sich zu voller Größe aufbaut und den Kopf zurück in meine Richtung dreht, um mich genauer zu betrachten, geht mir auf, dass es wohl Zeit ist, zu gehen, und zwar gaaanz langsam und vorsichtig.

Von Labuan Bajo aus geht es mit dem Minibus über die halbe Insel

Flores bis in das Städtchen mit dem passenden Namen Ende. Die Fahrt ist schlimm. Zwar ist der Bus neu, keiner raucht Kette, niemand übergibt sich. Aber ich werde unruhig. Über weite Teile der Fahrt drücke ich mir die Nase an der Scheibe platt. Unablässig zucken meine Füße, sie wollen da raus. Es tut weh, an all der Natur vorbeizufahren, an riesigen Bäumen, unzähligen Reisfeldern, weiten Wäldern, hohen Bergen und tiefen Schluchten, in die sich stellenweise ein halbes Dutzend schmale, aber umso höhere Wasserfälle parallel ergießen. Meine Beine haben sich von der Rinjani-Wanderung erholt, die Batterie der Kamera ist voll, die Speicherkarte leer, es ist zum Aus-der-Haut-Fahren! Abgelegene Dörfer gilt es zu entdecken, urige Hütten der Einheimischen und in den Wäldern wilde Tiere. Wir fahren an allem vorbei. Dran vorbei statt drüber weg, so habe ich mir das nicht vorgestellt. Als wir dann auch noch durch Moni kommen, einen kleinen Ort am Fuß des Kelimutu-Vulkans mit seinen drei Kraterseen in unterschiedlichen Farben, springe ich fast aus dem Fenster. Abends komme ich in Ende an und bin sprichwörtlich am Ende. Gästehaus, Essen, Bier, Bett, ihr könnt mich alle mal.

Einen ganzen Tag lang latsche ich durch dieses Nest, doch es gibt auch hier keine Boote. Selbst wenn, dann bestimmt nicht nach Australien.

Ich finde das Büro, in dem man Tickets für die Fähre nach Timor kaufen kann. Hier herrschen tumultartige Zustände! Mit Mühe und Not gelingt es mir, mich, ohne ein Wort Bahasa zu sprechen, in der Menschenmenge zu behaupten und letztlich sogar das gewünschte Ticket zu erstehen. Ich muss nur noch irgendwie bis morgen Nachmittag von Ende nach Maumere, ganz im Osten von Flores, kommen.

Bevor es losgeht, schreibe ich mir alle Infos raus, präge mir sogar den Weg vom Hafen in Kupang zur »Lavalon Bar« ein, falls ich laufen muss. Dann fahre ich in aller Frühe mit dem Minibus nach Maumere. Dort bringt mich der Fahrer netterweise gleich zum Hafen, wo ich noch einige Stunden totschlagen muss, bis die Fähre ablegt. Ich verbringe sie mit sonnen, futtern und gucken. Letzteres in Staunen, wie sich die Kaimauern um mich herum erst füllen und dann überfüllen, bis hier kaum noch eine Briefmarke hinpasst. Nur von der Fähre ist nichts zu sehen.

Als sie endlich kommt, ist es bereits finstere Nacht. Noch beim Anlegen wird eine Stahlkonstruktion an die Kaimauer geschoben, die mich an einen mittelalterlichen Belagerungsturm erinnert. Vom Kai führt eine Treppe zu einer Plattform in etwa zehn Metern Höhe, vor der ein breiter Ausleger steil in die Luft ragt. Langsam nähert sich die Schiffsseite der Kaimauer. Sobald sich in der Bordwand eine große Luke öffnet – der Ausleger des Turms ist noch nicht mal ganz abgesenkt –, rennen schon Dutzende von Trägern die Treppen des Turms empor. Sie wollen die Fähre entladen und arbeiten scheinbar jeder gegen jeden. Der Ausleger sackt ab, und geschätzte 2000 Menschen auf dem Kai halten gemeinsam die Luft an, während die ersten Packer vom Turm stürzen. Aus dem Wust übereinandersteigender Leiber strecken sich den Fallenden Arme entgegen, die sie wieder zurück auf den Ausleger ziehen. Keiner fällt ins Wasser, niemand stirbt.

Kaum im Bauch der Fähre, flüchte ich aus der Großraumkabine. Der Dreck auf dem Boden der Holzklasse ist mir egal. Aber so ganz ohne Sauerstoff schlaf ich dann doch ungerne. Unablässig stecken sich die Männer Nelkenzigaretten an, von denen ich auch mit aller Willensanstrengung nicht mehr als zwei Züge nehmen kann, weil sie mir zu stark sind. Dazu kommt der Dunst aus der direkt neben meiner Koje liegenden Kloake von Abort, die, dem Aussehen nach, seit der doch etwas länger zurückliegenden Indienststellung des Kahns noch nie gereinigt wurde. Es treibt mich zurück ans Oberdeck. Hier kuschle ich mich an eine Wand, rolle Isomatte und Schlafsack aus und genieße Frischluft und Sternenhimmel.

Dass die ganze Fähre immer wieder von stählernen Stößen zum Zittern gebracht wird, stört die Romantik empfindlich. Dann hört es sich an, als reiße etwas, was eigentlich nicht reißen dürfe, gefolgt von einem Geräusch, als schreie etwas tief im Bauch des Schiffes. Oder ist es der Kahn selbst? Auch das Abluftrohr der Aborte, das nicht weit von mir entfernt liegt und je nach Windrichtung etwas zu mir trägt, das mir die Nasenlöcher grüngelb verfärbt und mir die Chakren neu sortiert, macht mein Bauchgefühl nicht besser.

Ich bin froh, irgendwann einzuschlafen, und noch froher, irgendwann wieder aufzuwachen. Vor mir sehe ich Land, das kann nur Westtimor sein. Jetzt wird alles gut! Dass man sich, kaum von Bord, durch eine Menschenmenge kämpfen muss, die zu neunzig Prozent aus Taxifahrern besteht, von denen wiederum neunzig Prozent exklusiv *mich* fahren wollen, nein, *müssen*, kümmert mich nicht. Ich bin so übermüdet, dass die mir auch ein halbes Pfund Manna am Stiel anbieten könnten, es würde mir keine Regung entlocken. Ich laufe einfach an allen Menschen vorbei, durch die Ankunftshalle vom Hafengelände und an der Straße entlang. Bis ich merke, dass es auch Situationen gibt, in denen es gar nicht so schlau ist, das Hafengelände zu verlassen, um sich nach günstigeren Möglichkeiten umzuschauen. Dann nämlich, wenn es nach dem Hafen schlicht nichts mehr gibt. Aber das ist jetzt auch egal, ich kenne ja den Weg nach Kupang und zu meiner letzten Hoffnung, der sagenumwobenen »Lavalon Bar«.

INFOBOX

> Besuche den Zentralmarkt in Ubud am frühen Morgen. Bis um etwa neun Uhr ist er von Einheimischen bevölkert und bietet neben lokalen Spezialitäten wie frittierter Jakobsfrucht und frischem Kaffee buntes Treiben und landestypisches Ambiente. Nach neun Uhr kannst du dort dasselbe kaufen wie in jedem Andenkenladen.

> Die Balinesen sind sehr offenherzige, gastfreundliche Menschen. Zeige Interesse an ihrer Kultur! Wer weiß, vielleicht bekommst du Tipps, und es ergeben sich tolle Erlebnisse.

> Achtung bei Besteigungen von Gunung Agung (Bali) oder Rinjani (Lombok). Die Gruppen werden ohne Rücksicht auf das Leistungsniveau der Teilnehmer zusammengewürfelt. Wenn du keine Erfahrung hast, buche bei einem internationalen Veranstalter, oder lass es besser bleiben. Auf Lombok gibt es kein Krankenhaus!

> Bei den mehrtägigen Bootstouren von Lombok nach Komodo kommt es immer wieder zu Unglücken, auch mit Todesfällen. Auch hier achte auf seriöse Anbieter und die Sicherheitsstandards, ansonsten verzichte lieber darauf.

INFOBOX

> Von Labuan Bajo aus gibt es keinen regelmäßigen Schiffs-
verkehr nach Rinca oder Komodo. Das verhindern die
Fischer, denn die fahren natürlich gerne Touristen zu den
Inseln. Lass dir in deiner Unterkunft den Durchschnittspreis
nennen, und dann handele. Der Preis bleibt gleich, auch
dann, wenn du danach weitere Mitfahrer dazuholst, also
suche dir am besten eine Gruppe.

> Auf Rinca muss man diverse Eintrittspreise zahlen. Achtung,
jede Kamera kostet extra! Ich habe mich geweigert, eine
»Steuer« auf den Eintritt zu zahlen, die das Vielfache des
Eintrittspreises betrug, und bekam sie erlassen. Versuche
es, aber das muss nicht immer klappen.

> Warane wittern es wirklich, wenn Frauen menstruieren, das
ist kein Scherz. Frauen sollten das bedenken.

> Besuch Moni, wandere durch Flores, und erzähl mir bitte,
wie es war.

Kapitel 29:
On the Road

PEER

H appy hour!« Träge schlage ich die Augen auf, blinzle in die Nach-
mittagssonne und wende mich zu Darren – mit gerolltem »r«.
Mein schottischer Zimmernachbar will mich zum Highlight des
Tages abholen. Jedes Tages in Darwin. Darren sucht einen Job. Ich
suche einen Campervan. Bisher sind wir beide erfolglos. »Es gibt nur
einen Weg, Australien zu bereisen«, suggerierte die Werbung einer
Autovermietung, die mich am Flughafen in Darwin empfing. Der
Slogan, gemünzt auf eine große Auswahl an Wohnmobilen, sprach
mich an. Einen Camper zu mieten, erledigte sich aber beim Blick auf
die Preise. Für das Geld kann ich auch einen kaufen.

»Found a camperrrvan?«, holt mich Darren in das Hier und Jetzt
zurück. »No. Found a job?« – »Nay. So, happy hourrr?«, hakt er nach.
»Aye!« Ich erhebe mich und folge Darren zur hauseigenen Bar. Dort
reihen wir uns in die Schlange der durstigen Tätowierten und Bikini-
Schönheiten ein. »Arrr, too layte«, murrt der Schotte, der seine
Happy-Hour-Quote von zwei Pitchern Bier gefährdet sieht. Nicht,
dass wir uns wieder an den »Goons« vergreifen müssen. Der Gedanke
an den Billigwein aus Fünf-Liter-Kartons lässt mich schaudern, und
ich drängle mich in der Schlange vor. »Goons« sind in Australien die
mit Abstand günstigste Art, sich Alkohol zuzuführen. Nur etwas für
hartgesottene Wirkungstrinker, dem Weinkenner dürfte dieser Fusel
die Tränen in die Augen treiben. Aber Australien ist extrem teuer, so
dass man spart, wo man kann. Gönnte ich mir am ersten Abend in
Darwin noch ein Steak in einem Restaurant, koche ich seither selbst.
Fragte ich im Hostel nach kostenlosem Internetzugang, fiel der

Rezeptionist lachend vom Stuhl. Noch im Fallen deutete er auf die Internet-Preisliste: 15 Minuten ein Dollar – Mindestabnahme fünf Dollar. Seither gehe ich zu McDonald's oder in die städtische Bibliothek.

Meine durchgelegene Schlafsaal-Pritsche ist mit dreißig Dollar pro Nacht das mit Abstand billigste Bett der Stadt. Der Franzose, der das Bett unter mir belegt und allnächtlich eine andere junge Dame über die ausgeleierten Sprungfedern jagt, lässt an Schlaf nicht denken.

Australien erfordert ein Umdenken, der Lebensstil ist anders als in Asien. Aber ich wollte es ja so. Unwillkürlich muss ich an Jochen denken. Er wird dieses Land hassen. Allein wegen der Preise und des Flairs.

Ich stürze mit Darren die schale Plörre, wir haben doch noch etwas ergattert. »Any plans for tonight?«, will ich wissen. »Nay. Can't afforrrd. A Goon on the rrroom?« Klingt verlockend, aber ich habe andere Pläne. »It's Germany versus Italy tonight. Semifinal. The first pint is on me«, versuche ich Darren zu locken. Das zieht. »Aye.« Es ist wohl auch der schlichte Mangel an Alternativen. Viel kann man in Darwin abends nicht machen. Außer saufen.

An meinem ersten Abend in Darwin stand ich in einem der zahlreichen Pubs der Hauptmeile, bevölkert von feierwütigem Jungvolk, und fragte einen der wenigen Einheimischen, was es denn in seiner Stadt zu tun und zu sehen gebe. Er deutete hinaus und sagte: »That's Mitchell Street. And that's it.« Der Mann soll recht behalten. Tagsüber simuliert ein künstlich angelegtes Badeparadies mit Wellenbad den Strand, geschützt von einer Kaimauer und eingerahmt von Apartmentanlagen. Die richtigen Strände sind leer, denn im Wasser lauern tödliche Nesselquallen. Die wahren Attraktionen liegen außerhalb der Stadt. Der Litchfield- und der Kakadu-Nationalpark sowie das angrenzende Queensland Outback. Da will ich hin! Mit dem eigenen Van durch die Wildnis.

Die Schwarzen Bretter in den Hostels bersten vor Aushängen. Geländewagen, Vans aller Größen und ganze Wohnwagengespanne werden hier angeboten. Die Preise sinken täglich, da sich die Heim-flüge der jeweiligen Verkäufer nähern. Bei solchen »Notverkäufen« hält man als Käufer alle Trümpfe in der Hand. Die Zeit spielt für mich, also übe ich mich in Geduld, schaue mir Camper an, mache Probefahrten und feilsche. Bisher ist nichts Überzeugendes dabei. Da die Camper von einer Backpacker-Generation zur nächsten weiter-verscherbelt werden, sind sie meist in erbarmungswürdigem Zustand, schlecht bis gar nicht gewartet. Natürlich sind meine Ansprüche nicht die höchsten, aber ich habe wenig Lust, mitten im Outback liegenzu-bleiben.

Am nächsten Morgen, ich knabbere noch an der Halbfinalnieder-lage, treffe ich eine junge Deutsche. Sie hat einen Mitsubishi Express, ein Unfallfahrzeug, zu verkaufen. Ihr ist unterwegs ein Reifen geplatzt, und sie hat den Van auf die Seite gelegt. Danach hat sie viel Geld, Pflege und Zuwendung in das Auto gesteckt. 5000 Dollar will sie dafür, wir einigen uns auf 2300. Ein echtes Schnäppchen! Endlich kann meine Australienreise beginnen. Leider liegt zwischen Kauf und der Straße die Bürokratie. Ich brauche eine Art TÜV-Plakette, da ich den Van neu zulassen muss. Es ist bereits Freitag, das ist nicht mehr vor dem Wochenende zu schaffen. In der Hoffnung auf einen baldi-gen Aufbruch habe ich mein Bett nicht verlängert. Jetzt ist das Hostel voll. Verdammt! In meinem Van kann ich nicht schlafen, der steht auf dem Hof einer inzwischen geschlossenen Werkstatt. Ohne Plan für die Nacht hole ich meine Sachen aus dem Hostel, wo ich Darren treffe. »No worrries, you can stay herrre. Just sleep on the floorrr.« So verbringe ich die letzten Nächte in Darwin auf dem Fußboden. Hart, aber kostenlos.

Am Montag ist es endlich so weit. Ich hole meinen Van aus der Werkstatt, bekomme mein Zertifikat und nach einiger Wartezeit auch Nummernschilder. Dann decke ich mich mit Vorräten ein und fahre los. Den Arm aus dem offenen Fenster, die Sonne im Gesicht und Johnny Cash im Ohr, steuere ich der Wildnis entgegen. Ich fühle mich wie der König der Straße.

Kaum verschwinden die letzten Häuser Darwins im Rückspiegel, bekomme ich einen Vorgeschmack auf das, was mich in den nächsten Tagen erwartet. Trockene Steppe, so weit das Auge reicht, garniert mit spärlichem Baumbestand, die höchsten Erhebungen sind Termitenhügel, die wie Findlinge aus der staubigen Erde ragen. Unter dem tiefhängenden Himmel führt der einspurige Highway schnurgeradeaus. Die Landschaft ändert sich mit dem Erreichen des Kakadu-Nationalparks. Der Großteil des Parks besteht aus Savannenwaldgebiet, doch dann sehe ich vereinzelte Sümpfe und Seen. »Billabongs«, die erahnen lassen, wie es hier zur Regenzeit aussieht.

Vom vielfältigen Ökosystem des Parks lerne ich den Großteil der Mückenarten bereits am ersten Abend kennen. Am nächsten Morgen höre ich bei 300 Stichen auf zu zählen. Das nächtliche Summen im Ohr war wohl das gehässige Lachen der Moskitos über mein wirkungsloses Mückenspray. Weitere, zum Teil spektakuläre Einblicke in die Fauna erhalte ich auf einem Bootstrip über den South Alligator River und den Yellow Water Billabong. Mir unbekannte Vogelarten am Himmel, Wildpferde am Ufer, und zwischen Seerosen dümpeln die Krokodile. Einmal mehr muss ich an Jochen denken. Dem Biologen ginge hier das Herz auf. Doch ich bin allein und ergötze mich auch so am Anblick der Artenvielfalt.

An den Sandsteinfelsen des Ubirr Rock und Nourlangie Rock finde ich Relikte aus der Präkolonialzeit: Felsmalereien der Aborigines. Die ältesten sollen über 20 000 Jahre alt sein, die jüngsten gerade zehn.

Der Kakadu-Nationalpark war das Vorspiel, der Hauptakt folgt nun: eine Woche im Outback. Aus Zeitgründen entscheide ich mich für den direkten Weg bis nach Townsville an der Küste, etwa 2500 Kilometer. Mit dem Camper im australischen Outback ist das nicht nur ein Wochentrip, sondern auch ein Erlebnis. Anfangs komme ich noch durch kleine Ortschaften. Bei jeder Gelegenheit fülle ich Sprit- und Wasservorräte auf.

Ansonsten fahre ich von Sonnenauf- bis Sonnenuntergang immer geradeaus. Die Straße bietet keine Abwechslung, ebenso wie die Landschaft. Der Horizont verliert sich in flimmernder Hitze und rückt nicht näher. Die Landschaft ist so karg, dass nicht mal Termiten hier ihre Hügel errichten. Hin und wieder flammt am Straßenrand ein kleiner Steppenbrand auf, immerhin etwas Abwechslung. Ich sehe zu, dass ich schnell weiterkomme, habe wenig Lust, von einem Buschfeuer eingeschlossen zu werden. Die Fahrt hat etwas Meditatives. Von der Monotonie geht eine gewisse Faszination aus. Ich fühle mich an die Tage in der Transsib erinnert, von den Temperaturen einmal abgesehen. Doch auch hier lassen sich die Dimensionen des Landes erahnen. Es kommt vor, dass ich stundenlang keine Menschenseele sehe. Nur wenn ich einen »Roadtrain« überhole, steigt mein Adrenalinspiegel. Diese Ungetüme sind die wahren Könige der Straße. Die PS-starken Zugmaschinen mit ihren Kuhfängern und den getönten, vergitterten Scheiben ziehen bis zu fünf Sattelzüge. Wie viele es jeweils sind, weiß ich erst, wenn ich überhole. Auch wenn kaum Verkehr herrscht, kribbelt es im Bauch.

Es kribbelt auch, als ich nach Tagen den Highway verlasse, um einen Tankstopp in Daly Waters einzulegen. Endlich wieder Zivilisation! 25 Einwohner, zwei Zapfsäulen und ein Pub. Nach Tagen allein auf der Straße wird man genügsam.

Die Tage gleichen sich, ebenso die Nächte. Diese verbringe ich auf kostenlosen Rastplätzen, die über Toiletten, Wassertanks und manchmal sogar eine Grillgelegenheit verfügen. Abends sitze ich vor meinem Van, gönne mir einen Becher Wein aus dem »Goon« und löffle eine Konserve. Die fehlende Kühlbox lässt keine verderbliche Kost oder gar kalte Getränke zu. Wirkt am Tage der Himmel schon nah, hat man nachts das Gefühl, die Sterne greifen zu können.

So eindrucksvoll die Woche im Outback auch ist, beginne ich mich doch nach Abwechslung zu sehnen. Ich will Meer!

Ich meine, das Meersalz schon in der Luft schmecken zu können, aber das ist wohl nur Einbildung. Doch die Landschaft verändert sich. Es wird hügeliger, hin und wieder fahre ich sogar durch einen

Wald. Die Orte nehmen an Zahl und Größe zu. Und endlich sehe ich das Meer. Ich fahre nach Townsville, einer richtigen Stadt mit richtiger Infrastruktur und richtigem Internet. Die erste Nacht verbringe ich in einem Hostel. Ich gönne mir ein kaltes Bier, wasche meine Wäsche und weiche mich stundenlang in der Badewanne ein. Seit über einer Woche ist Wasser ein kostbares Gut, das nicht zum Waschen verschwendet wird. Als ich das braune Brackwasser aus der Wanne ablasse, staune ich nicht schlecht, richtig sauber fühle ich mich trotzdem nicht. Ich checke meine Mails und erfahre von Jochen, dass er noch immer auf der Suche nach einem Boot durch Indonesien tingelt.

In kleinen Etappen hangle ich mich die Küste entlang in Richtung Brisbane. Auf den Whitsunday Islands aale ich mich am feinsten und weißesten Sandstrand, den ich je gesehen habe. Auf Fraser Island, der größten Sandinsel der Welt, die eigentlich eine Vulkaninsel ist, verbringe ich zwei Tage und verteidige mein Zelt mit dem Knüppel gegen Dingos. Wenig später sehe ich die Buckelwale vor der Küste springen. Genießen kann ich diese Trips nur, weil ich die horrenden Kosten ausblende. In diesen Momenten bin ich froh, dass Jochen nicht dabei ist. Er ließe sich wohl kaum zu solch kostspieligen Ausflügen überreden.

Nun liegt Brisbane in Reichweite. Hier soll mein Roadtrip enden. Ich will meinen Van verkaufen und Jochen treffen, die Überfahrt auf einem Containerschiff nach Auckland ist bereits gebucht. Dass Jochen es rechtzeitig schaffen wird, wage ich zu bezweifeln. Doch zunächst habe ich andere Sorgen. Einmal mehr bin ich zur falschen Zeit am falschen Ort. Die Backpacker-Saison ist noch nicht angebrochen. Außerdem starten alle in Sydney, weshalb es hier in Brisbane keinerlei Nachfrage nach meinem Camper gibt. Außer durch Gebrauchtwagenhändler, die mir lächerlich geringe Angebote unterbreiten.

Ich chatte mit Jochen, den es inzwischen nach Timor verschlagen hat. Seine Hoffnung auf ein Boot schwindet, auch wenn er sie noch nicht aufgibt. Ich habe bereits die Möglichkeit ausgelotet, meine

Überfahrt nach Neuseeland zu stornieren, was mir mehr Zeit für den Verkauf meines Vans ließe. Wenn Jochen es schafft, reist er alleine auf dem Seeweg nach Neuseeland. Ich setze einmal mehr andere Prioritäten, diesmal allerdings aus rein wirtschaftlichen Überlegungen, und nehme einen weiteren Flug in Kauf. Meine Mission war ohnehin schon auf Bali gescheitert.

INFOBOX

> Die Werbung behielt recht: Es gibt nur einen Weg, Australien zu bereisen – im Campervan!

> Solltest du mit dem Kauf eines Campers liebäugeln, hab Geduld, die Zeit spielt für dich.

> Aber Achtung! Die Backpacker-Mühlen sind oft in mangelhaftem Zustand, ein genauer Blick unter die Haube und auf die Werkstattberichte empfiehlt sich.

> Australien ist extrem teuer. Man kann günstig leben, wenn man im Wohnmobil nächtigt und selber kocht. Grillgut ist erschwinglich, und öffentliche, kostenfreie Grillplätze gibt es fast überall.

> Australien ist eine Camping-Nation. Entsprechend gut ist die Infrastruktur. Die kostenpflichtigen Plätze bieten alles, was man braucht, teilweise wesentlich mehr. Spartanischer und günstiger lässt sich auf den vielen kostenlosen Plätzen nächtigen.

> Achtung, Sprachbarriere! Was der Australier Englisch nennt, hat mit unserem Schulenglisch wenig zu tun.

> Die faszinierende Flora und Fauna Australiens bekommt man oft nur über teure Touren zu sehen. Ich kann nur für mich sprechen, aber die Eindrücke waren jeden Dollar wert. Aber Vorsicht: Einige der giftigsten Tiere der Welt leben in Australien!

> Führe auf Fahrten durch das Outback stets genug Wasser und Benzin mit.

Kapitel 30:
Reiseblues

JOCHEN

Wie schlecht kann Timing eigentlich sein? Seit vier Tagen bin ich in Kupang auf Westtimor. Seither ist viel passiert. Nichts davon hat mich einer Passage nach Australien nähergebracht. In der »Lavalon Bar« des ach so berühmtem Edwin bin ich jeden Tag. Seinen Barmann kenne ich mittlerweile gut, nur Edwin hab ich noch nicht gesehen. Der soll in Osttimor sein, sei aber bald wieder da. »Bald«, wenn ich das schon höre. Bald kann der Mann mich mal gernehaben. Ich solle auf keinen Fall selber nach Osttimor fahren, sagt der Barmann, es sei nach Unruhen bei den Wahlen zu gefährlich, angeblich fahren nicht mal Busse rüber. Na toll! Dafür finde ich einen Aushang am Schwarzen Brett der Bar. Ein polnisches Paar sucht auch ein Boot. Sofort schreibe ich den beiden, Andrzej antwortet prompt. Der Aushang sei zwei Jahre alt, ich sei der Erste, der sich darauf melde. Nicht das, was ich hören will. Dafür rät er mir, es in Dili, der Hauptstadt Osttimors, zu versuchen. Dort soll mir Dan, der Besitzer des einzigen Hostels im Land, helfen können. Der habe damals auch ihnen geholfen, einen Segler nach Australien zu finden.

Einen halben Tag verbringe ich mal wieder erfolglos auf den Internetseiten mehrerer Mitsegelzentralen. Aber es gibt ja noch die sich nähernde Segelregatta. Die Boote der »Sail Indonesia« sind bereits im australischen Darwin gestartet und auf dem Weg nach Kupang. Übermorgen sollen sie hier eintreffen. Ich habe den Organisatoren gestern eine Mail geschrieben, mit der Bitte, sie an alle Teilnehmer weiterzuleiten. Die Antwort lautete etwas einsilbig, man wisse nicht, was die einzelnen Teilnehmer für Pläne hätten. Ich solle es bei den Seglern persönlich probieren. Wenigstens weiß ich, wo das Regattabüro ist, statte ihm einen Besuch ab und bin erstaunt, in dieser Segelbar keinen einzigen Segler anzutreffen. Immerhin kann ich einen Aushang am Schwarzen Brett plazieren, direkt neben ausgeblichenen Zetteln mit ähnlichen Anfragen, die alle aussehen, als würden sie schon seit Jahren ignoriert. Zurück in meiner Unterkunft, bereite ich mich gedanklich darauf vor, kein Segelboot zu finden. Was dann? Containerfrachter scheiden aus. Es gibt kein Schiff in erreichbarer Nähe, das mich rechtzeitig nach Brisbane bringen könnte.

Dann erhalte ich Antwort von Dan, dem Hostelbetreiber aus Dili. Er versichert, dass dort alles ruhig sei. Selbst die UNO plant, abzuziehen, da nun die zweiten Parlamentswahlen in Folge friedlich und fair verlaufen seien. Ich erhalte noch eine Antwort vom Orga-Team des »Darwin Dili Yacht Rally«. Der freundliche Mailschreiber sagt, er habe meine Anfrage an alle Teilnehmer weitergeleitet, die sich dann direkt bei mir melden würden. Dili wird immer reizvoller!

Zumal ich ohnehin ausreisen muss, da mein Visum für Indonesien ausläuft. Also bleibt mir nichts anderes übrig, als ein Visum für Osttimor zu beantragen und Indonesien zu verlassen, einen Tag bevor die ersehnte Segelregatta eintrifft. Ich beruhige mich damit, dass die Chancen in Dili ohnehin viel besser stehen als in Kupang. Ein Australier drückt es so aus: »In Dili sind deine Chancen gleich null. Aber in Kupang sind sie noch schlechter.« Das klingt viel versprechend! Und der »berühmte« Edwin in seiner »legendären« »Lavalon Bar«? Ich glaube, der Typ ist ein Mythos unter verzweifelten Backpackern.

Als ich in Dili ankomme, ist es später Abend. Die Fahrt war lang und anstrengend, müde sinke ich in mein Bett. Am nächsten Morgen laufe ich die Küste entlang, und mein Herz sticht, als ich nur eine Handvoll Segelboote im Hafen sehe. Ich finde die Hafenmeisterei. Immerhin. Doch der Hafenmeister hat wenig mehr zu bieten als ein klimatisiertes Büro und einen gestärkten Kragen. Er schüttelt konsterniert den Kopf und sagt nur ein Wort: »Perkins.« Wenigstens weiß ich, dass das eine Frachtschiff-Reederei ist, und mache mir eine geistige

Notiz, da anzurufen. Angeblich sollen es einige Reisende mit kleinen Frachtern nach Australien geschafft haben. Wenig später finde ich eine Seglerbar, in der ich mich von Tisch zu Tisch vorarbeite und alle Gäste befrage. Erst am letzten Tisch finde ich zwei Männer, die tatsächlich segeln. Ja, sie kommen aus Darwin, aber nein, sie fahren nicht zurück, sondern weiter nach Indonesien. Und dann spricht einer von beiden die Sätze aus, die mich fertigmachen:»Kumpel, du bist ein paar Tage zu spät, die Regatta ist bereits zu Ende. Noch vor zwei Tagen hättest du beste Chancen gehabt, es waren viele Boote hier, und die Mehrheit ist zurück nach Darwin gesegelt.« Die Regatta starte nicht nach der »Sail Indonesia«, sondern vorher! Ich höre mich ihnen danken und mich verabschieden, wende mich ab und gehe die Treppe hinab auf die Straße. Ich muss mich am Geländer festhalten, auf einmal schwankt alles. Das darf nicht wahr sein! Eine ganze Woche suchte ich Kupang ab, für nichts und wieder nichts, während ich in Dili gute Chancen gehabt hätte! Nun bin ich in Dili, und die letzte, wenn auch winzige Chance ist in Kupang. Irgendwer oder irgendwas ist gegen mich. Argh!

Den Rückweg zum Hostel absolviere ich wie in Trance. Dort angekommen, treffe ich Dan. Er ist es, der meine allerletzte Hoffnung zunichtemacht. Die Zeit der privaten Frachter und australischen Fischer sei vorbei, sagt er, die Hinweise aus Foren und Blogs veraltet. Früher gab es einen privaten Frachter, der zwischen Dili und Darwin verkehrte. Der Kapitän habe hin und wieder eine Ausnahme für Reisende gemacht und sie als Passagiere mitgenommen. Die Firma mitsamt dem Boot wurde von »Perkins Shipping« aufgekauft. Also gibt es die Möglichkeit noch? Ich unterbreche Dan und erzähle ihm, was mir der Hafenmeister sagte. Doch Dan schüttelt den Kopf. Perkins gehöre seit kurzem »Toll Shipping«, einem internationalen Multi-Millionen-Dollar-Logistik-Unternehmen mit strengen Regeln. Eine davon lautet: »Keine Passagiere.« Selbst Mails an die Zentrale und ein Bettel-Telefonat ändern daran nichts.

Ich setze mich an Dans Bar, später gesellen sich Marco aus Finnland und Mandy aus England zu mir. Das halbe Hostel kennt meine

Geschichte und fiebert mit. Als ich Marco und Mandy die Lage schildere, hören sie sich geduldig mein Gejammer an, trösten mich, lenken mich ab und bauen mich auf.

Nach einem erneuten Gespräch mit Dan am nächsten Tag, einem weiteren Besuch in der Seglerbar und der letzten Recherche im Netz, die nichts Neues erbringt, gebe ich auf. Seit dem Beginn der Suche in Malaysia sind drei Monate vergangen. Im letzten Monat gab es kaum etwas anderes als die Suche nach Booten. Ich habe alles versucht, viele schöne Dinge deswegen auslassen müssen. Nun bin ich buchstäblich am Ende. Mir fehlt die Zeit, weiter auf ein Wunder zu warten. Die Containerschifffahrten nach Neuseeland und von da aus nach Panama, die uns bei der Buchung in Malaysia wie eine Rettung erschienen, kommen mir jetzt wie selbstgeschmiedete Ketten vor. Umbuchen wäre kompliziert und teuer. Ich bin müde, fühle mich ausgelaugt und kraftlos. Vor allem fühle ich mich gescheitert. Doch statt nun gleich nach Australien zu fliegen und mit Peer an der Küste entlangzufahren, beschließe ich, so lange wie möglich hierzubleiben, und buche einen Flug, der mir nur fünf Tage in Brisbane lässt. Mit Australien bin ich böse. Außerdem will ich nicht nur halb hier gewesen sein, wie in Sumbawa, Flores oder Westtimor. Ich will etwas von diesem Land sehen, in dem ich gerade bin. Also miete ich mir ein Motorrad und fahre drauflos.

Ich brauche knappe fünf Stunden bis in das 140 Kilometer entfernte Örtchen Baucau. Osttimor hatten weder Peer noch ich auf dem Schirm, als wir unsere Route planten, doch das Land entpuppt sich mit jedem Kilometer mehr als Highlight. Allein die landschaftliche Vielfalt! Trockene Steppe und dichten Urwald trennen bisweilen nur zwei Kurven. Mal führt die Straße kilometerweit direkt am Meer entlang. Dann windet sie sich durch kleine Dörfer, keines davon auf einer Karte verzeichnet, in eine weite, trockene Ebene. Hinter dem nächsten Hügel wird es wieder grün, die Felder sind bewachsen, Büffel und Ziegen weiden friedlich nebeneinander, bevor die Strecke etwas ins Landesinnere führt und sich Berge vor mir auftürmen.

Baucau, die mit 20 000 Einwohnern zweitgrößte Stadt des Landes, besteht zur einen Hälfte aus Kolonialruinen und zur anderen aus windschiefen Hütten. Von der an einem Steilhang gelegenen Stadt kommt man nach Osolata Beach, wenn man die sportlichen Serpentinen überlebt. Belohnt wird man an der Küste mit genau einer Unterkunft und einem Restaurant. Die Bungalows der Unterkunft sind alle bis auf einen vor ein paar Jahren abgebrannt. Dieser eine ist belegt. So nimmt mich die Familie kurzerhand in ihrem Haus auf. Dann gehe ich zum einsamen Strand, mit genau dem weißen Sand und den Palmen, die man von Fototapeten heimischer Reisebüros kennt. Kleine Fischerboote schaukeln auf türkisfarbenen Wellen. Direkt am Ufer steht der Pavillon des Restaurants. Hier lasse ich mich nieder, quatsche kurz mit dem strahlend lächelnden jungen Angestellten, schlürfe mein Bier und warte darauf, dass die Küche öffnet. Die Sonne versinkt, mit überschüssigen Farben um sich schmeißend. Außer mir sind nur vier andere Gäste anwesend. Ein junges und ein älteres Paar. Als wenig später die Lampen erlöschen, weil der Strom ausfällt, bricht kurz Hektik aus, die Angestellten sind untröstlich und entschuldigen sich mehrmals für diese Unannehmlichkeit. Die Dame mittleren Alters hinter mir winkt ab. Der Vollmond leuchte so kräftig vom wolkenlosen Himmel auf den hellen Sand und das Meer, da sei künstliches Licht gar nicht nötig. Ich kann ihr nur zustimmen. In einem kurzen Gespräch stellt sie sich als amerikanische Botschafterin vor, was mich staunen lässt. Ich hätte nicht damit gerechnet, mal dasselbe Restaurant zu besuchen wie eine US-Botschafterin. Erst recht nicht damit, dass dies in Osttimor passieren würde. So sitzen wir am mondbeschienenen Strand unter Palmen, lauschen den Wellen und sind uns einig, ein kleines Paradies gefunden zu haben.

Was ausdrücklich nicht für die Straßen des Landes gilt. Die sind mörderisch. Hinter jeder Kurve, jedem Hindernis, in jedem schattigen Fleckchen können sie lauern: Schlaglöcher, ach was, Schlaggruben, teilweise so groß, dass das gesamte Moped hineinpasst.

In Com lerne ich, wie ein Touristenort ohne Touristen aussieht. In dem Örtchen am östlichen Nordrand der Insel ist fast jedes Haus ein Gästehaus. Sogar ein Resort gibt es am Ortseingang, die Bungalows sind alte Frachtcontainer. Der Ort sei an den Wochenenden oft voll, wenn die Mitarbeiter der UNO und einiger NGOs hier tauchen. Sagt zumindest meine Wirtin. Doch an einem Donnerstag wie heute bin ich der einzige Ausländer im Ort. Es gibt nur abends Strom, kein Internet, kein Telefon, nur am Ortseingang Handyempfang. Abends durchwühlen Schweine den Sand nach Krebsen, tagsüber tollen sie mit Hühnern, Hunden und einigen Katzen durch die Straßen. Am Freitag tragen zwei Männer eins der Schweine an einen Bambusstock gebunden durch das Dorf. Das Schwein schreit buchstäblich wie am Spieß, während lachende Kinder, die Machete schwingend, hinterdreintanzen. Hunde, Hühner und Katzen lassen sich nicht mehr blicken, genauso wie die restlichen Schweine.

Ich fahre weiter, um die Ostspitze Osttimors zu besuchen. Der Tutuala Beach soll der schönste des ganzen Landes sein. Ich kann es nicht überprüfen, denn ich finde ihn nicht. Macht nichts, der Strand in Com ist auch schön. Ich fahre über Baucau in immer enger und steiler werdenden Serpentinen ins Gebirge im Landesinneren. In Venilale kann man noch die Schäden des Zweiten Weltkriegs sehen. Hier stehen alte, halbwegs intakte Kolonialbauten neben zerschossenen Ruinen. Daneben liegen die Hütten der jetzigen Bewohner, und zwischendurch findet sich sogar das eine oder andere Fataluku-Haus. Diese spitzen und hohen Holzhäuser sind vor allem für den Osten der Insel typisch. Sie ruhen auf hohen Stelzen und sehen aus, als könne man sie von diesen einfach abheben. In Viqueque schlage ich mein Nachtlager auf. Die Stadt der bellenden Hunde, wie Viqueque auch genannt wird, macht ihrem Namen alle Ehre. Sobald die Sonne untergegangen ist, starten die überall herumstreunenden Tiere ihr Gebell, pausenlos, bis kurz vor Sonnenaufgang die Hähne ihren Job weiterführen. Mal wieder sende ich meinen unendlichen Dank dem Ohropax-Erfinder.

Von Viqueque aus fahre ich weiter, vorbei an vereinzelten, ärmlichen Hütten, vor denen Kinder in schmutzigen Lumpen spielen. Gegen Osttimor erscheint selbst Kambodscha als wohlhabendes Land. Doch anmerken lassen sich die Menschen davon nichts. Sobald sie mich sehen, öffnen sich die Augen weit, ein Lächeln huscht über ihre Gesichter, und alle winken mir zu. Halte ich, kommen sie zu mir, sprechen mich an oder grüßen zumindest freundlich. Es ist, als trügen mich die Menschen mit ihrer Art durch dieses Land.

Weiter führt der Weg entlang der Südküste, wenn diese auch stets außer Sicht bleibt. Als ich endlich ans Meer komme, dessen Strand ich für Kilometer völlig für mich alleine habe, halte ich in einem Dorf und frage nach einer Unterkunft. Doch wenn mich jemand versteht, lautet die Antwort genau wie in anderen Dörfern zuvor: Die nächste Unterkunft gibt es erst in Same. Also verlasse ich die Südküste und kehre zurück ins Landesinnere, hinein in den Wald und hinauf in die Berge.

In Same finde ich mit Hilfe eines jungen Pärchens eine Unterkunft, die ich ohne sie nie entdeckt hätte. Das Haus sieht von außen aus wie ein ganz normales Wohnhaus. Auch ein Restaurant finde ich erst auf Nachfrage, auch hier weist von außen nichts erkennbar auf das Angebot hin. Aber so lerne ich einen freundlichen Mann auf der Straße kennen, der sich begeistert zeigt, als ich seine Vermutung verneine, ich arbeite für die UNO oder eine NGO. Es scheinen die einzigen möglichen Gründe für ihn zu sein, warum ein Ausländer hier sein sollte. »Nein, ich reise nur. Ich bin aus Indonesien gekommen und suche ein Schiff, das mich nach Australien bringt.« Er schaut mich baff an. »Du machst *Urlaub* in Osttimor? Aber warum? Dies ist ein armes Land, wir haben so wenig. Die Straßen sind schlecht, der Strom fällt ständig aus. Was gibt es hier schon zu sehen?« Als ich mich begeistert zeige vom Meer, den Bergen, der Landschaft und der Gastfreundlichkeit der Menschen, weicht sein Gesichtsausdruck einem breiten Lächeln. Er nimmt meine Hand und schüttelt sie ausgiebig. »Das ist wundervoll! Danke! Danke, dass du Osttimor bereist. Bitte sag deinen Leuten daheim, dass Osttimor schön und friedlich ist, dass sie herkommen sollen und dass wir uns auf sie freuen!«

Doch bei aller Begeisterung für Land und Leute, es fehlen Geldautomaten. Zwar gab es in Baucau einen, doch der funktionierte nicht. Es hieß, in Viqueque gebe es einen, doch das stimmte nicht. Dort gibt es zwar eine Bank, da konnte ich aber mit meiner Kreditkarte nichts abheben. Also habe ich gerade noch genug Geld für etwas Benzin und ein Mittagessen, als ich am nächsten Morgen zurück nach Dili fahre. Wieder bedeutet das vor allem Konzentration auf die Straße, oder vielmehr das, was man hier so nennt. Als ich mich an einer menschenleeren Stelle für ein Foto in ein mannstiefes Schlagloch stelle, rauscht ein Pick-up an mir vorbei. Mir bleibt fast das Herz stehen. Der Verkehr in diesem Land ist gewöhnungsbedürftig, insbesondere der Personentransport. Alles, wirklich alles dient als Bus. Selbst ein Tieflader mit einem Haufen ungesichertem Kies auf der Ladefläche nimmt Anhalter mit. Die stehen dann bei, neben oder auf der Ladung und halten sich durch Körperspannung und Willenskraft fest.

Dili, die »City of Peace«, wie die Einheimischen sie hoffnungsvoll nennen, ist eine Stadt, von der man daheim wahrscheinlich sagen würde, sie sei »im Umbruch«. Für mich ist das eine leere Marketingfloskel, doch sie geht mir nicht aus dem Kopf. Das Leben pulsiert. Statt Straßencafés gibt es hölzerne Anhänger, von denen Kaffee, Tee oder Säfte angeboten werden. Ich sitze auf einer Mauer und lasse die Füße baumeln, während ich das bunte Treiben betrachte. Hier werden Geschäfte abgeschlossen, Neuigkeiten ausgetauscht, während Kinder um einen herum spielen. Vor dem Gouverneurspalast wechseln die weißen UNO-Fahrzeuge mit den silbernen der Regierung ab. Das Hafengebäude ist neu, ebenso einige Universitätsgebäude, am Stadtrand hat eine Mall eröffnet. Wie lang es wohl dauern wird, bis dort auch die Durchschnittsbevölkerung einkaufen kann? Im Zentrum der Stadt liegt ein kleines Feld, hier wird unter Palmen Reis angebaut, im Hintergrund stehen ärmliche Hütten, aus denen mir die Menschen winken. An der nächsten Straßenkreuzung erinnert das Gebäude des »Phoenix Camp« der internationalen Friedensstreitkräfte daran, dass Osttimor noch nicht lange so friedlich ist. Ruinen zeugen überall von der indonesischen Gewaltherrschaft. Die Kinder, die dort spielen, lassen den Betrachter stutzen. Doch ihr Lächeln und ihr Winken nehmen einem die Befangenheit. Das Land und seine junge Bevölkerung blicken und gehen vorwärts und nehmen den Besucher einfach mit auf diesem Weg. Ich bin gespannt, wo er hinführt.

Die Zeit hier hat auch die Tatsache relativiert, dass ich nur per Flugzeug nach Australien komme. Ich verstehe Peer nun besser und das, was er meinte, als er sagte, er wolle keine Schiffe mehr suchen, er wolle lieber reisen. Nach den Erlebnissen in Osttimor erscheinen mir meine hochtrabenden Pläne von »slow travel«, dem Weg als Ziel, CO_2-Reduktion und dem Suchen kleiner Wunder auf dem Boden der Tatsachen auch nur wie Marketingfloskeln.

Bei einem Online-Chat sagt Peer, er verlasse nun Brisbane. Wir werden uns also nicht mehr in Australien sehen. Ich hoffe, er schafft es, seinen Van in Sydney zu verkaufen, dann können wir wenigstens Neuseeland gemeinsam erleben.

Zum Abschied feiert das gesamte Hostel mit mir. Jeder hat meine Geschichte mitbekommen, mitgefiebert und mitgelitten, als sich die Möglichkeiten eine nach der anderen zerschlugen. Nun trinken, lachen und reden wir die halbe Nacht hindurch, bevor ich am nächsten Tag etwas angeschlagen nach Australien fliege. Fliege! Ich versuche, nicht darüber nachzudenken. Leider klappt das nicht lange. Ich bin kaum einen Tag in Brisbane, als ich eine E-Mail aus Dili erhalte. Ein Deutscher aus dem Hostel schickt mir ein Foto. Darauf ist ein Zettel, den jemand 24 Stunden nach meinem Abflug an das Schwarze Brett hängte. Ich lese nur den ersten Satz, dann wird mir schlecht: »Biete Überfahrt nach Darwin auf meinem Katamaran ...«

INFOBOX

> Solltest du jemals auf die Idee kommen, zu reisen, ohne zu fliegen, dann brauchst du vor allem eines: Zeit. Wer keine Zeit hat, auf Möglichkeiten zu warten, der wird sie verpassen.

> Keine Angst vor Osttimor! Das Land ist auch nicht sicherer oder unsicherer als andere Länder in Südostasien. Aber teurer! Die UNO-Mitarbeiter haben die Preise in die Höhe getrieben. Landeswährung ist der US-Dollar, die Preise fast auf West-Niveau. Zur Zeit unserer Reise, 2012, gab es außer in Dili nur in Baucau einen Geldautomaten, und der ging nicht.

> Der Nachtmarkt auf der Hauptstraße in Kupang bietet frischen Fisch in vielen Variationen und herrliche Fruchtshakes, alles lecker und zu günstigen Preisen.

> Trink osttimoresischen Kaffee. Sehr dunkel geröstet, sehr schmackhaft.

> Wenn du in Osttimor selber fährst: Achtung! Die Straßen können jederzeit aufhören, sich in Pisten verwandeln oder in Schlaglöchern auflösen.

> Dennoch ist dieses Land gerade für Individualtouristen eine Empfehlung. Du wirst sofort Einheimische kennenlernen, die überaus hilfsbereit sind. Wenn es irgendwo keine Unterkünfte oder Restaurants gibt, findet man privat etwas.

> Der Film »Balibo« ist zwar keine leichte Kost, vermittelt aber einen hervorragenden Eindruck von der jüngeren Landesgeschichte.

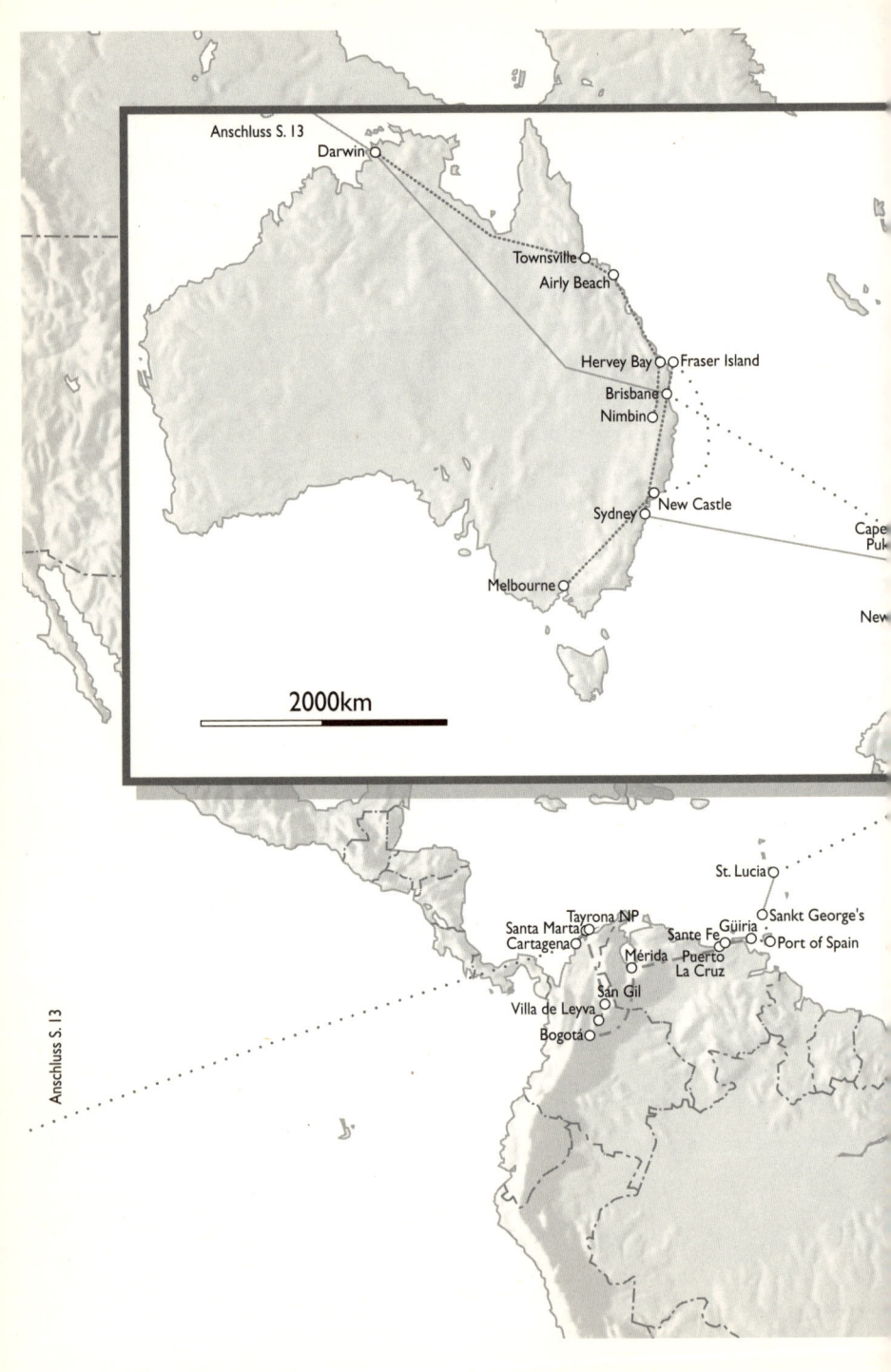

Anschluss S. 13

Darwin

Townsville
Airly Beach

Hervey Bay ○○ Fraser Island
Brisbane
Nimbin

Sydney ○ New Castle

Melbourne

Cape
Puk

New

2000km

Anschluss S. 13

St. Lucia
○ Sankt George's
Tayrona NP
Santa Marta ○ Güiria
Cartagena Sante Fe ○ Port of Spain
Mérida Puerto
La Cruz
San Gil
Villa de Leyva
Bogotá

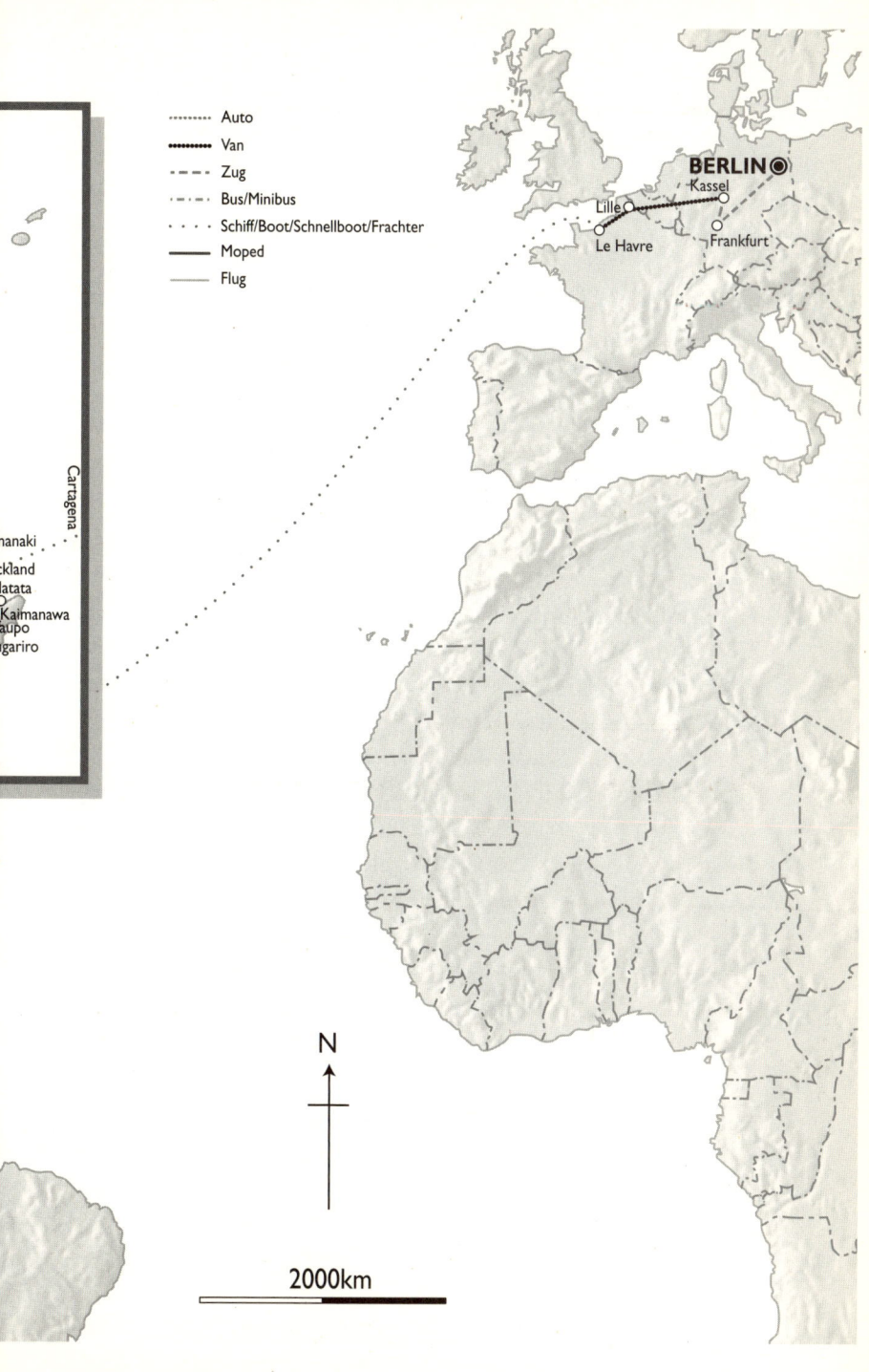

BERLIN

Kassel

Lille

Le Havre

Frankfurt

.... Auto
•••••••• Van
– – – Zug
–·–·– Bus/Minibus
· · · Schiff/Boot/Schnellboot/Frachter
—— Moped
—— Flug

Cartagena

ananaki
uckland
Matata
Kaimanawa
aupo
ngariro

N

2000km

Kapitel 31:
Sydney und darüber hinaus

PEER

Ich verlasse Brisbane und setze meinen Roadtrip entlang der Ostküste fort. Die Gold Coast, Australiens wohl berühmteste Touristenmeile, ist ein loser Verbund kleinerer Ortschaften. Über knapp sechzig Kilometer reiht sich ein Strand an den nächsten. Unterbrochen höchstens von einer steinernen Landzunge, die hier und da als Grenze zwischen den Orten oder Stadtteilen gilt. Ich fahre den schmalen Küstenstreifen entlang, zur Linken das türkisfarbene Meer, zur Rechten weiße Bettenburgen vor blauem Himmel. In Reih und Glied formieren sich die Hotels zu einer Skyline. Nach den relativ unberührten Stränden der Whitsunday Islands oder Rainbow Beach schreckt mich die üppige und wenig dezente Bebauung jedoch ab. Es ist Nebensaison, aber ich kann mir gut vorstellen, wie es hier zur Hauptsaison aussieht. Der Ort Surfers Paradise lässt ahnen, worum es geht: tagsüber die Wellen reiten, abends einen Barhocker in den zum Bersten gefüllten Bars und Clubs ergattern.

Zwar stoppe ich hier und da für eine Erfrischung, ein Foto oder um einfach kurz die Nase in die Sonne zu halten, doch fahre ich an diesem Tag die goldene Küste recht zügig ab. Am Abend überquere ich die Grenze von Queensland nach New South Wales und erreiche bei Einbruch der Dämmerung einen namenlosen Rastplatz. Aus dem Nachbar-Van steigt ein junges deutsches Pärchen. Sabrina und Christian sind bereits ein knappes Jahr am »worken« und »traveln«. Wir packen unsere Klappstühle aus, nehmen gemeinsam ein karges Abendessen ein und erzählen uns im unwirtlichen Ambiente des Parkplatzes unsere Geschichten, während der Verkehr auf dem Highway vorbeidonnert. Die beiden kommen aus dem Süden des Kontinents und wollen die Gold Coast besuchen. Nach meinen recht lieblosen und wenig euphorischen Schilderungen haben sie es plötzlich nicht mehr so eilig, sich in den Schatten der überdimensionierten Betonklötze zu legen. Als ich ihnen von meinem Plan erzähle, über Byron Bay ins Hinterland zu fahren, schließen sie sich mir an. Am nächsten Morgen starten wir im Konvoi.

Byron Bay ist eine willkommene Abwechslung. Auch hier gibt es einen wunderschönen, menschenleeren Strand, doch strahlt der Ort mit seiner flachen Bebauung weit mehr Ruhe und Gemütlichkeit aus als die Skyline der Gold Coast. Außerdem hält Byron Bay zwei Highlights bereit. Am nahegelegenen Cape Byron blicken wir vom östlichsten Punkt des australischen Festlands übers Meer. Im Ort selbst finden wir ein Stück Heimat: einen Aldi-Markt! Die Freude ist groß über die vielen bekannten Produkte, die man wohl erst zu schätzen lernt, wenn man sie eine Weile entbehrt. Außerdem wird Aldi auch in Australien seinem Ruf als Discounter gerecht, zumindest gemessen am hiesigen Preisniveau. Wir stocken unsere Vorräte auf und stoßen weiter ins Landesinnere vor.

Etwa 65 Kilometer hinter der Küste liegt Nimbin. Bei Einfahrt in den Ort staunen wir nicht schlecht. Nimbin war nie mehr als ein verschlafenes Nest. Doch 1973 brachte das Aquarius Festival, ein Hippie-Meeting, etwas Leben in die Bude. Im Anschluss blieben viele Festivalbesucher einfach da und prägen seither das Stadtbild und Image des 350-Seelen-Ortes. Ich fühle mich wie auf einer Zeitreise: barfüßige Althippies in Batikklamotten auf den Straßen, die flankiert sind von kleinen Galerien und Läden mit esoterischem Allerlei. Amulette für und gegen alles Mögliche, Batikware, Traumfänger und Räucherstäbchen – eben alles, was das Hippieherz begehrt. Und um das Klischee vollends abzurunden, hängt über dem gesamten Ort eine dichte Marihuanawolke.

Bevor wir uns am nächsten Tag wieder auf die Piste machen, statten wir dem winzigen Nimbin-Museum einen Besuch ab. Unzählige

Exponate, insbesondere alte VW-Bullys, erzählen die Geschichte des Ortes und der hier Gestrandeten.

Sabrina und Christian verabschieden sich Richtung Küste, ich fahre weiter ins Hinterland. Die Landschaft hier erinnert an das Alpenvorland: saftig grüne Hügel, auf denen glücklich wirkende Kühe weiden. Bald schlängelt sich die Straße in engen Serpentinen die bewaldeten Berge hoch, die Ausläufer der Great Dividing Range. Hin und wieder steht ein Känguru seelenruhig hinter einer Kurve auf der Fahrbahn und glotzt mich an. Allmählich werden die Täler tiefer, wachsen sich zu richtigen Schluchten aus, in die sich Wasserfälle aller Größen ergießen. Das erinnert mich daran, wo ich bin: auf dem Waterfall Way im Dorrigo-Nationalpark. Hier sieht man neben den unzähligen namensstiftenden Wasserfällen auch noch große Flächen der Urwälder, die einst die gesamte Region bedeckten. Als ich die Nacht nicht ganz legal und in ständiger Angst vor den Parkrangern auf einem Aussichtspunkt verbringe, spüre ich, dass ich mich Australiens Süden nähere: Es wird empfindlich kalt.

In Etappen fahre ich zurück zur Küste und nach Sydney. An den Northern Beaches wohnt seit Jahren ein alter Jugendfreund mit seiner Familie, deren Bleibe ich nun ansteuere. Wobei die Worte »wohnen« und »Bleibe« bei der Ankunft als Untertreibung erscheinen. Er residiert vielmehr in einem schmucken Häuschen direkt am Meer. Die Wiedersehensfreude ist groß. Bei einem Willkommensdrink auf der Terrasse mit Meerblick rekapitulieren wir, dass wir uns gut zehn Jahre nicht gesehen haben. Es fühlt sich nicht so an. Ich bleibe ein paar Tage, genieße die sanitären Annehmlichkeiten und ein richtiges Bett. Wim und seine Frau Tatjana, die inzwischen als Locals durchgehen, zeigen mir die Stadt. Ich merke einmal mehr, dass es sich in Gesellschaft besser lebt und reist als allein. Während meine Gastgeber tagsüber arbeiten, erkunde ich einige der siebzig Strände Sydneys, abends treffen wir uns im CBD, dem Central Business District, wie hier die Innenstädte heißen, zum Essen und ziehen durch die Bars. Als Wim ein paar Tage später auf Geschäftsreise muss, ziehe ich vom Gästezimmer des Strandhauses wieder in meinen Camper. Und damit zurück in die Realität: Ich muss den Van verkaufen, wenn ich hier nicht versauern will. Also pflege ich mein soziales Netzwerk und stolpere über die Nachricht eines weiteren alten Jugendfreundes: »Du bist in Australien? Ich auch! Wenn du nach Sydney kommst, melde dich.«

Ich folge der Aufforderung und erfahre, dass Marko, den ich ähnlich lange nicht gesehen habe wie Wim, derzeit auch in der Kapitale von New South Wales weilt. Seine Freundin Lisa absolviert dort eine Fortbildung an einem Krankenhaus, er hat Elternzeit und hütet das wenige Monate alte Kind. Sie laden mich zu sich ein. In der Wohnung, die sie für einige Monate in »Crows Nest«, in Spuckweite des CBD, bezogen haben, bekomme ich das Gästezimmer zugewiesen. Ich werde herzlich aufgenommen und verdiene mir das Logis mit Kochen und Babysitten. Es ist einfach schön, wenn man am anderen Ende der Welt, in diesem Fall völlig unerwartet, auf alte Freunde trifft. Auch Marko scheint es zu genießen, beim täglichen Hüten des Sohns etwas Gesellschaft und eine vernünftige Ansprache zu haben. Ich wiederum nutze seine Ortskenntnisse. Gemeinsam klappern wir die einschlägigen Hostels ab und verteilen großzügig Aushänge, auf denen ich meinen Van feilbiete. Die Resonanz ist äußerst dürftig. Auch Inserate auf einschlägigen Online-Portalen bleiben ergebnislos. Abgesehen von dem Versuch einer hier offenbar üblichen Abzocke: Vermeintlich interessierte Käufer sind bereit, jeden Preis zu zahlen, befinden sich nur leider gerade nicht im Lande. Daher soll ich nun für die Abholung in Vorkasse gehen. Nein danke!

Ich kann nicht mehr tun als warten. Nachdem ich aber bereits über zwei Wochen in Sydney bin, beschließe ich, die Wartezeit andernorts zu überbrücken. Solange ich den Van habe, will ich ihn nutzen. So kommt eine weitere unverhoffte Etappe meines Roadtrips dazu. Ich fahre nach Melbourne und warte auf eine Regenpause. Als diese endlich kommt, erschließe ich mir die zweitgrößte Metropole Australiens zu Fuß. Doch von geballter Urbanität habe ich genug, also fahre ich weiter nach Süden. Ich lasse die Hauptstadt Canberra links liegen und gelange an die Südküste. Hier verläuft Australiens wohl berühmteste Straße: die B 100, besser bekannt als Great Ocean Road.

Warum diese Strecke zu den berühmtesten und schönsten des Landes, wenn nicht der Welt zählt, erfahre ich schnell. In Torquay, etwa achtzig Kilometer südwestlich von Melbourne, steht das östliche Tor der Great Ocean Road. An den hiesigen Stränden kann man zwar auch baden, doch unweit der Stadt brechen sich die gewaltigen Wellen der Tasmanischen See. Hier ist das Surfparadies schlechthin. Wenig später passiere ich die »Zwölf Apostel«, Australiens wohl meistfotografierte Gesteinsformation.

Ich lasse mir Zeit auf der Strecke. Der Arm baumelt aus dem Fenster, auf der Zunge habe ich den salzigen Geschmack des Meeres und in den Ohren das Tosen der Brandung. Mit diesem Dröhnen im Ohr schlafe ich auch abends an einem einsamen Strandabschnitt ein, am Morgen weckt mich das Geschrei der Vögel.

Nach zwei Tagen und 170 Kilometern verlasse ich die Great Ocean Road, die sich dann abseits der Küste durch das Hinterland schlängelt und weit weniger spektakulär sein soll. Ich mache mich auf den Rückweg nach Sydney, beseelt von den vergangenen Tagen und froh, meinen Van doch noch nicht verkauft zu haben. Sonst wäre mir eine der wohl spektakulärsten Routen der Welt entgangen.

Doch jetzt ist es wirklich Zeit, mein Gefährt loszuschlagen. Nach über 10 000 Kilometern auf Australiens Straßen und Pfaden führte mich mein Weg vom nördlichsten Punkt des roten Kontinents über den östlichsten bis nahe an den südlichsten Zipfel des Festlands. Ich bin weit länger hier als geplant und habe weit mehr gesehen als erwartet. Es ist Zeit, weiterzuziehen.

Am Horizont erkenne ich in der Dunkelheit bereits die Lichter Sydneys. Plötzlich passiert das, wovon ich all die Zeit verschont blieb: Der Van macht Mucken. Warum ausgerechnet jetzt? So kurz vor dem Ziel? Ich ignoriere das unrund laufende Getriebe und fahre so behutsam wie möglich. Pünktlich zu meinem Geburtstag erreiche ich Sydney. Ich steige erneut bei Marko und Lisa ab, feiere gemeinsam mit ihnen ein weiteres Jahr auf meinem Buckel und setze nun alles an den Verkauf meines Vans. Für 500 Dollar lasse ich ihn in einer Werkstatt durchchecken und flottmachen. Der befürchtete Getriebeschaden stellt sich als relative Kleinigkeit heraus und lässt sich beheben. Erstmals fahre ich sogar durch eine Waschstraße. Mit der frisch gewarteten und auf Hochglanz polierten Karre meine ich alle Verkaufsargumente auf meiner Seite zu haben.

INFOBOX

> Australien ist schön, Australien ist abwechslungsreich. Als Kontrast zu den Traumstränden empfiehlt sich ein Besuch der zahlreichen Nationalparks im Hinterland.
> Nimbin ist einen Abstecher wert. Nicht nur für Hippies.
> Die Great Ocean Road ist ein absolutes Muss für passionierte Auto- und Motorradfahrer! Wenn man in der Gegend ist, unbedingt hin!
> Egal wo in Australien, man sollte einmal die Wellen geritten haben. Da ich leider nicht surfe und es mir aus Zeit-, Kosten- und Wettergründen auch nicht vergönnt war, es dort einmal zu versuchen, probier du es aus und berichte mir davon.

Kapitel 32:
Moin, moin!

JOCHEN

In den Frachtschiffhafen von Brisbane zu kommen ist einfacher als gedacht, nach all dem Papierkram zur Vorbereitung und Buchung der Passage. Die Wächter am Terminal warten schon auf mich und wissen, zu welchem Schiff ich muss. Wohin sie mich allerdings nicht lassen, zumindest nicht zu Fuß. Der Grund wird klar, als ich in einem Kleinbus die wenigen hundert Meter zum Kai gefahren werde. Turmhohe Gefährte mit Containern vor der Nase baumelnd sausen um uns herum. Keine Ahnung, wie die Fahrer sehen, wo sie hinfahren. Oder ob überhaupt.

An der Gangway zur »NYK Galaxy« begrüßt mich ein Mann in meinem Alter: »Moin moin, Sie sind bestimmt Herr Müller!« Erst freue ich mich über die deutsche Ansprache, dann stutze ich, als ich den Nachnamen höre. Ja, ich heiße Müller. Aber so hat mich schon seit Monaten niemand mehr angesprochen. Der Erste Offizier streckt mir die Hand entgegen, als ich auf ihn zutrete und abwinke, noch bevor ich einschlage. »Jochen. Ja, genau der bin ich.« Sebastian heißt mich an Bord willkommen und führt mich in das Schiffsbüro, um mich in die Mannschaftsliste einzutragen.

Dann zeigt mir Sebastian meine Kabine. »Al-ter Hahn!«, entfährt es mir, als ich eintrete. *Zwei* Zimmer *und* ein Bad *nur* für mich! Wahnsinn! Kaum alleine, verbringe ich einige Minuten damit, in diesem Palast hin- und herzugehen und die Größe zu erfassen. Wenig später werde ich wieder ins Büro gerufen, es gilt die Ausreiseformalitäten zu erledigen. Ich gebe meinen Pass ab, die australischen Zollbeamten stempeln ihn und verabschieden mich.

Dann schlendere ich ans Oberdeck, wo ich die nächsten Stunden über das Treiben beobachte. Ich sehe zu, wie die riesigen Container überraschend zügig be- und entladen werden und doch Stunde um Stunde vergeht, bis alles fertig ist. Wie Lkw und überdimensionierte Gabelstapler fortwährend damit beschäftigt sind, die Container über das Hafengelände zu fahren. Der Hafen sieht auf den ersten Blick statisch aus. Doch je genauer man hinsieht, umso klarer wird, dass hier nichts statisch ist, dass die Container nur kurz parken, dass alles an, auf und in diesem Hafen in fortwährender Bewegung ist.

Jedes Crewmitglied, das ich treffe, begrüßt mich freundlich. Die Seeleute scheinen froh zu sein, mal ein neues Gesicht zu sehen. Neben mir ist noch ein weiterer Passagier an Bord. Ken, ein australischer Rentner, der sechs Wochen bleiben wird und die meiste Zeit des Tages auf der Brücke sitzt und mit dem Feldstecher den Horizont absucht. Wonach auch immer.

Die Tage vergehen schnell. Ich schreibe für das Blog, bringe meine Fotos in Ordnung, pflege mein Reisetagebuch oder schaue aus dem Bullauge über den langen Bug des Schiffes auf die sonnige und, entgegen ihrem Ruf, ruhige Tasmanische See. Auch die verschiedenen Annehmlichkeiten des Schiffes teste ich aus. Tobe mich am Boxsack und den Fitnessgeräten aus, schwitze in der Sauna und schaue einige Filme aus der DVD-Sammlung. Das gute Wetter genieße ich auf dem Oberdeck. Ich beginne Ken zu verstehen, auch wenn ich keinen Feldstecher brauche, um das Meer zu sehen. Aber es beruhigt. Und lässt die Gedanken frei. Meine wandern zu dem, was hinter mir liegt.

Australien habe ich nur touchiert. Fünf Tage war ich in Brisbane. Ab dem zweiten habe ich angefangen, die Tage bis zu meiner Abreise rückwärts zu zählen. Der Kontrast zu den letzten Monaten war zu heftig. Nach fast einem Dreivierteljahr in Asien war der rote Kontinent ein Kulturschock. Mein erstes Erlebnis hatte ich beim Umsteigen im Flughafen von Darwin. Ich kam aus dem Terminal, meinen Tagesrucksack auf dem Rücken, den Wanderrucksack an einem Träger hängend unter dem einen Arm, die Jacke unter den anderen geklemmt, Pass und eine Plastiktüte in den Händen haltend. Vor mir gingen zwei Männer, die mich weder anlächelten noch grüßten. Erst sahen sie mich skeptisch an, als ich sie anlächelte dann drängelten sie sich grob vor mich und eilten durch eine Schwingtür. Die sie nicht aufhielten, sondern mir vor die Brust schlagen ließen und sich nicht mal umdrehten, obwohl sie den Aufschlag und mein »Uff!« gehört haben mussten. Herzlich willkommen in Australien!

In Brisbane verstand ich das Fahrkartensystem des Nahverkehrs nicht. Und es brauchte erstaunlich lange, bis ich einen Passanten fand, der bereit war, Zeit zu opfern, um mir zu helfen. Dann empfingen mich Preise, die ich kaum glaubte. Im Hostel lachte ich erst die Rezeptionistin aus, als sie mir sagte, dass der Internetzugang hier fünf Dollar die Stunde koste, und dann sie mich, als sie merkte, dass ich das tatsächlich für einen Scherz hielt. Später lachte ich gar nicht mehr, als der Abend kam und sich in der Hostelbar dasselbe Spiel wiederholte wie an jedem anderen Abend, den ich dort verbrachte. Happy hour, free shots, Bucket challenge, Cocktailabend, egal, wie es heißt. Hauptsache, so viel Alkohol in so kurzer Zeit wie möglich in sich hineinschütten. Dabei krakeelen, dass es bis in den zehnten Stock hörbar ist, und sich danach im Schlafsaal durch die Stockbetten vögeln, als sei man alleine auf der Welt oder im Zimmer. Ich fühlte mich fehl am Platze in meinem Fleecepulli und meiner thailändischen Wickelhose unter all den aufgebrezelten »Platz da, hier komm ich«-Backpackern, den Frauen im Paillettenkleidchen und Stöckelschuhen, den Männern in gebügelter Hose und weißem Hemd. Hin- und hergerissen zwischen Verwunderung und Unglauben darüber, was die alles in ihren Rucksäcken um die Welt schleppen.

In den Straßen lächelt mich keiner an, jeder schaut auf seine Füße. In den Cafés, Bars und Restaurants sehe ich uniform eingekleidete Menschen, die vor sich hin starren, horrende Summen für einen Snack ausgeben und doch die Hälfte liegenlassen. Ich habe Heimweh nach Asien. Der Überfluss hier kommt mir grotesk vor, und die Menschen, die ihn nicht wertzuschätzen scheinen, ungerecht und schrecklich undankbar. Erst als ich ernsthaft darüber nachdenke, einen halb-aufgegessenen Burger von einem Teller zu klauen, bemerke ich, dass ich mich in etwas hineinsteigere. Aber vielleicht ist das nur Frustration über die gescheiterte Überfahrt aus Timor, dass es letztlich an 24 lächerlichen Stunden hing, dass ich habe fliegen müssen. Offenbar hatte ich die Enttäuschung doch noch nicht ganz verdaut.

Der vierte Tag an Bord. Draußen bläst ein kalter Wind, ich stehe auf der Brücke, lasse mir vom Kapitän die Seekarte erklären, begrüße Ken und seinen Feldstecher und schaue mit einer Tasse Kaffee in der Hand auf die Wellen. Ob Peer mittlerweile seinen Van verkauft hat? Wir wollten eigentlich zusammen diese Schiffsfahrt machen, doch irgendwie klappt nichts nach Plan, wenn wir zwei versuchen, Gewässer zu überqueren. Ich stelle mich gedanklich darauf ein, ihn erst in einigen Tagen zu sehen, hoffe aber, dass alles schnell ging und er mich am Ausgang des Hafengeländes begrüßt. Unsere sporadischen Kontakte haben Vorfreude aufeinander geweckt. Allen voran ein kurzes VoIP-Telefonat, das wir führten, als ich in Brisbane die Bibliothek gefunden hatte, wo man kostenlos eine Internetverbindung nutzen konnte, die fast so schnell und stabil war wie die in Osttimor.

Wir sind über sechs Wochen lang getrennt gereist; das war so nicht geplant, und es kommt mir falsch vor. Ich freue mich darauf, mit Peer gemeinsam Neuseeland zu erleben. Ich freue mich sogar fast darauf, sein Gemuffel am Morgen zu hören oder sein Gejammer, wenn er mehr als drei Schritte gehen muss. Auf dieser Reise habe ich viele Menschen getroffen, die alleine reisen. Das ist nicht, was ich will. Ich will meine Eindrücke teilen. Mit jemandem, der sie versteht, auch wenn er manches vielleicht anders wahrnimmt. Weil es nicht darauf ankommt, wie man etwas wahrnimmt, sondern darauf, was man aus der Wahrnehmung macht. Ich weiß, dass Peer sich genauso über den Feldstecher amüsieren würde wie ich. Ich weiß aber auch, dass er Ken genauso sympathisch fände wie ich und ihm genauso freundlich und respektvoll begegnen würde.

So verschieden wir in manchen Dingen sind, im Grunde ist das alles nur oberflächlich. Deshalb weiß ich auch, dass wir, egal wann und wo wir uns wiedersehen, nahtlos an das anknüpfen werden, was vor unserer Trennung war. Vielleicht sind wir deshalb gute Freunde, weil wir verschieden sind. Wir gehen auch daheim nicht immer dieselben Wege. Warum hätten wir es auf der Reise tun sollen? Was unsere Freundschaft auch ausmacht, ist, dass jeder den anderen sein lässt, wie er ist, und ihn eben nicht zu ändern versucht, sondern ihn genau für seine Eigenarten schätzt.

Apropos Eigenarten! Als ich laut auflache, lässt Ken seinen Feldstecher kurz sinken und schaut mich neugierig an. »Nichts, schon gut«, beruhige ich ihn. »War nur in Gedanken.« Nein, Peer wird seinen Van nicht in Rekordzeit verkaufen und mich morgen in Auckland am Hafentor überraschen. Auf keinen Fall. Ich werde anfangen, die Insel zu erkunden, und abwarten, ob er es bis zur Abfahrt unseres Frachters Richtung Südamerika in einem Monat überhaupt nach Neuseeland schafft.

Trotzdem oder gerade deshalb, ich freue mich auf ihn.

INFOBOX

> Es gibt unzählige Anbieter von Frachtschiffreisen, sowohl Reedereien als auch dezidierte Frachtschiff-Reisebüros.

> Die Bestimmungen für die Mitnahme auf Frachtern sehen vor, dass man ein ärztliches Attest mitbringt, das Reisetauglichkeit bescheinigt, denn die Schiffe haben keinen Arzt an Bord. Für manche Routen braucht man spezielle Impfungen. Der Fahrpreis von 80 bis 100 US-Dollar pro Tag beinhaltet Vollpension. Dazu kommen Hafengebühren, Deviationsversicherung und Buchungspauschale.

Kapitel 33:
Sydney unter Tage

PEER

Eine weitere Woche in Sydney, und nicht ein ernstzunehmendes Angebot für meinen Van. Langsam ergreift mich Panik. Ich habe mit Jochen korrespondiert; er ist es leid, auf mich zu warten, will sich einen Van mieten und durch Neuseeland touren. Ein Trip, der vor der Reise mein absolutes Highlight war. Nun fährt ihn Jochen allein. Bei dem Gedanken sticht es in der Brust. Doch was soll's? Ich hatte meinen eigenen Roadtrip und will ihn nicht missen. Missen will ich auch nicht das Containerschiff, das in drei Wochen Auckland verlässt. Ein erneutes Umbuchen kommt nicht infrage. Also gebe ich mir noch genau zwei Wochen, um meinen Van loszuschlagen. Dann werde ich nach Auckland fliegen und wenigstens ein paar Tage in der Stadt haben.

Allmählich beginnt die Backpacker-Saison, da müsste doch was gehen. Tut es aber nicht. Von einem Hostelbetreiber erhalte ich den Tipp, es einmal auf dem Travellers Car Market in Kings Cross, Sydneys Backpacker-Viertel, zu probieren. Ich lasse mir die Adresse geben und fahre am nächsten Tag dorthin, um den letzten Strohhalm zu ergreifen.

Ich kann nicht sagen, was genau ich erwartet habe, vielleicht ein geselliges Park-in ungewaschener Backpacker auf einer sonnendurchfluteten Wiese? Vieles, aber bestimmt nicht, was ich hier vorfinde: In der hintersten Ecke des dritten Untergeschosses eines schmucklosen Parkhauses an einer Straßenecke mitten in Sydney ist eine kleine Fläche von Campern, Pkw und Geländewagen belegt. In den Scheiben hängen Pappschilder mit Preisen. Viele sind mehrfach durchgestrichen und nach unten korrigiert. Vor den geöffneten Autotüren machen es sich die Besitzer in ihren Campingstühlen gemütlich. Die Neonröhren flackern, hin und wieder ist das Platschen von Flipflops auf dem Beton zu hören. Es weht ein kühler Wind. Lauschig. Ich gehe zum Büro. In dem kleinen Kabuff sitzt ein freundlicher junger Mann, der mich über die Modalitäten aufklärt. Für 100 Dollar kann ich einen Stellplatz und das Recht erwerben, meinen Van hier eine Woche lang täglich feilzubieten. Ich bezahle widerwillig und beziehe meinen Parkplatz in diesem Showroom für Alternativlose. Hier werde ich künftig jeden Tag von zehn bis 17 Uhr meinen Dienst antreten. Über Nacht müssen wir das Parkhaus verlassen, also ziehe ich zum Schlafen wieder an die nahegelegenen Strände oder in eine ruhige Vorortstraße.

Tagein, tagaus sitzen wir im zugigen Halbdunkel, erzählen unsere Reisegeschichten oder schlagen die Zeit beim Schachspiel tot, während wir auf Kundschaft warten. Doch niemand kommt. Ich ärgere mich bereits über die 100 Dollar, die ich für diesen Car Market investiert habe, hätte ich mich doch ebenso gut wie einige andere findige Backpacker vor dem Parkhaus auf die Straße stellen können, um potenzielle Käufer gleich dort abzufangen und die Standgebühr zu sparen. Außerdem hätte ich dabei in der Sonne sitzen können. Dass das jedoch ein gefährliches Pflaster ist, merke ich, als eines Tages ein aufgebrachter Mann in das Parkhaus stürmt. Er stellt sich als Chef des Automarktes vor und regt sich fürchterlich über die »dreisten Schweine« auf, die ihm vor der Tür das Geschäft versauen. Er äußert den paranoiden Verdacht, einer seiner Konkurrenten habe die Traveller vor dem Parkhaus positioniert, nur um ihn zu ruinieren. Er sei mit den Backpackern aneinandergeraten, es wurde handgreiflich. Wir sollten tunlichst nicht allein nach draußen und ja die Augen aufhalten, schürt er Angst. Denen sei nicht zu trauen. Ich blicke meinen Stellplatznachbarn und Schachantagonisten an. Er zuckt nur mit den Schultern. »Gebrauchtwagenmafia« ist sein einziger Kommentar.

Am Folgetag, meinem letzten im Parkhaus, suche ich bereits

am Morgen die Nummer des Gebrauchtwagenhändlers heraus, der mir unter all den beleidigend niedrigen Angeboten für meine Karre noch das beste gemacht hat. Bis zum Nachmittag will ich warten, dann rufe ich da an. Zum Mittagessen verabschiede ich mich ans Tageslicht. Der Van bleibt offen, und mein Stellplatznachbar vertritt zwischenzeitlich meine geschäftlichen Interessen. Als ich zurückkomme, stürmt er mir entgegen und sagt mit ehrlicher Freude: »Da waren zwei Mädels, die haben Interesse an deinem Van gezeigt. Sie wollen heute Nachmittag wiederkommen!« Ich vermag die Euphorie nicht zu teilen. Schon viele haben gesagt, sie wollten wiederkommen. Nicht einer tat es. Als am Nachmittag aber tatsächlich zwei junge Schwedinnen auftauchen, gebe ich den schmierigen Verkäufer und preise die Vorzüge meines Vans an. Bei einer Probefahrt schicke ich Stoßgebete gen Himmel, dass jetzt bloß nichts schiefgehen darf. Und werde erhört. Mein Van zeigt sich von seiner besten Seite, und die Schwedinnen sind angetan. Wir verhandeln den Preis erneut und werden uns schnell einig. Es gelingt mir, mehr als den ursprünglichen Kaufpreis herauszuschlagen und den Trip durch Australien nachträglich günstiger zu gestalten. Schweren Herzens verabschiede ich mich von meinem Van und nehme den Mädels das Versprechen ab, ihn gut zu behandeln.

Der große Rucksack auf dem Buckel fühlt sich ungewohnt an, nachdem ich ihn drei Monate lang nicht mehr getragen habe. Drei Monate war ich nun in Australien, davon gut einen Monat allein in Sydney. Das war so nicht geplant, doch will ich nicht einen Tag missen. Die Reise kann weitergehen, denke ich, als mich vor dem Parkhaus das Sonnenlicht umfängt.

INFOBOX

> Was beim Vankauf gilt, gilt in gleichem Maße für den Verkauf: Übe dich in Geduld und bewahre Ruhe!

> Sei vorsichtig beim Kauf oder Verkauf eines Gebrauchtwagens. Unseriöse Angebote auf sonst seriösen Internetportalen wie www.gumtree.com.au oder die Machenschaften der »Gebrauchtwagenmafia« treiben bisweilen skurrile Blüten.

> Wenn du in Sydney bist, nimm dir etwas Zeit für die rund siebzig Strände rund um die Stadt. Auch wenn ich oftmals nur zum Schlafen dort war, sind etwa Bondi oder Manly Beach sehr schön. Auch die anderen stehen ihnen kaum nach.

Kapitel 34:
Regen ist keine Dusche

JOCHEN

Das Bett meines Hostels in Auckland ist nahezu vollständig von Prospekten bedeckt. Ich will ein Campingmobil mieten, um die Nordinsel Neuseelands zu erkunden. Doch die Auswahl macht die Entscheidung nicht leichter. Plötzlich reißt mich ein »Plopp« aus den Gedanken über Ausstattung und Preise von Mobilen und Campingplätzen. Mein aufgeklappter Rechner vermeldet eine Mail. Endlich Neuigkeiten von Peer! Doch statt von seiner Ankunft hier schreibt er vom Verschieben des Vanverkaufs und dass er die Great Ocean Road befährt. »Das ist doch Scheiße!«, schimpfe ich laut. Allerdings hilft es mir bei der Entscheidung, denn nun kann ich den kleinsten und daher billigsten Van nehmen.

Gleich am ersten Abend bereue ich meine Entscheidung. Was gäbe ich für eine Standheizung! Ich bin den Twin Coast Highway nach Norden gefahren, eine Schnellstraße, die an der einen Küste die Nordinsel hinauf- und an der anderen Küste wieder hinunterführt. Nun stehe ich in der Nähe von Whangarei auf einer Wiese des staatlichen Department of Conservation (DOC), das im ganzen Land mehr oder minder bewirtschaftete Campingplätze für Sparfüchse betreibt. Vor den beschlagenen Scheiben meines vom Wind geschüttelten Vehikels müsste sich eine Küste befinden. Ich kann das nur vermuten, denn zu sehen ist sie nicht. Nur Regen. In den nächsten sechs Tagen fahre ich über Russell an der Nordküste, durch den Puketi Forest und über den sogenannten 90 Mile Beach bis nach Cape Reinga an der Nordspitze der Insel und zurück nach Auckland. Bricht kurzfristig die Sonne durch die Wolkendecke, sehe ich, dass es hübsch

hier ist. Dann treibt mich der Regen zurück in die rollende Schutzun-
terkunft. Das Wetter zerrt an den Nerven. Neuseeland ist *das* Land
für Natur- und Wanderfreunde wie mich, doch ich sitze blind, frie-
rend und stinkend in einer Blechbüchse!

Auch meine Hoffnung auf regelmäßige Bäder in heißen Quellen
wird täglich geringer. Entweder sind sie nicht vorhanden oder sie
haben sich zu überteuerten Spas entwickelt. Also beschließe ich, dass
der Norden mich mal kann und Körpergeruch ein Ausdruck von
Charakter ist.

Zurück in Auckland, stelle ich mich im Stadtteil Devonport an
den Straßenrand, in der Hoffnung, dass die Polizei einen hier nachts
in Ruhe lässt. Es klappt, mir bleiben die 200 Dollar Strafe erspart,
und ich nehme mir vor, das künftig öfter so zu machen, wenn kein
DOC-Platz in der Nähe ist. Ich bin schlicht zu geizig, um 20 Dollar
für eine Nacht zu zahlen. In einem Café lese ich Mails. Nichts Neues
von Peer. Na warte, Bürschchen, dich lass ich noch mal von der Leine!

Die Mimik der Bedienung legt nahe, dass nicht alle Menschen
Dreck mit Männlichkeit und Charakter gleichsetzen. Da ich nicht
auffallen will, suche ich erneut nach Möglichkeiten, mich zu säubern
und aufzuwärmen. Muss doch möglich sein! Ist es auch. Entweder
fahre ich zurück nach Norden, in Coromandel am Hot Water Beach
soll man direkt am Strand heiß baden können. Das klingt super, aber
zurück nach Norden? Rotorua liegt südlich und hört sich besser an.
Das Örtchen am Ufer des gleichnamigen Sees ist für seine Thermal-
aktivität und die Landschaft berühmt. Hin da!

Über den Geothermal Highway fahre ich in die »Stadt der faulen
Eier«, wie Rotorua auch genannt wird. Das passt, die Stadt riecht
genau so. Glücklicherweise gewöhnt man sich daran schnell. Blöd
hingegen ist, dass auch hier Spas die einzige Möglichkeit sind, in
Thermalquellen zu köcheln. Die am Seeufer gelegenen, natürlichen
Pools sind heutzutage aus Sicherheitsgründen gesperrt. Die steinerne
Oberfläche sieht stabil aus, ist aber stellenweise hauchdünn und
bedeckt kochende Wassermassen darunter. Auch in der am Stadtrand

gelegenen Maori-Siedlung mit dem eingängigen Namen »Tewhakare-
warewatangaoteopetauaawahiao«, von den Einheimischen schlicht
»Whaka« genannt, komme ich nicht zu meinem Bad. Zwar sprudelt
es hinter jedem Haus, aber die Badestätten sind nur für die Dorfbe-
wohner. Stattdessen dusche ich in der Touristeninformation von
Rotorua. Ein Zufallsfund, den ich machte, als ich gestern hier ankam.
Das ist vielleicht nicht so cool wie ein Pool, aber dafür genieße ich es,
wie mich ein paar ältere Damen mit großen Augen ansehen, als ich
mit einem Handtuch um die Hüften zwischen Postkarten- und Bro-
schürenständern zum Infostand spaziere, um mir dort Duschmarken
zu kaufen. Die kleinen Freuden des Backpackers.

Nach einigen Nächten am Straßenrand in Rotorua will ich zurück
in die Legalität. Gelegenheit dazu finde ich nördlich von Taupo. Hier
gibt es an einem Flussufer einen Parkplatz, auf dem das Übernachten
in Campingmobilen ausdrücklich gestattet ist. So schläft es sich um
einiges entspannter. Am nächsten Tag mache ich meinen Frieden mit
Neuseeland. Denn Taupo hat ein Einsehen mit mir. Nach zwei
Wochen im unisolierten Campingwagen, nach kalten Duschen und
zu viel Regen finde ich in Taupo endlich eine heiße Quelle. Und ich
meine weder das vierzig Dollar teure polynesische Wellness-Heil-
schlamm-Wunder-Spa noch die Privatquellen der Einheimischen.
Nein, ich rede von ganz ehrlichen, öffentlichen, kostenfreien und
zeitlich unbeschränkt nutzbaren heißen Quellen.

Dennoch stehe ich nun ungläubig davor. Warum ich zögere? Unter
meiner Regenjacke trage ich T-Shirt, Longsleeve, Lambswool-Pullo-
ver und Fleecejacke. Eben ärgerte ich mich noch, keine lange Unter-
hose zu haben, und nun soll ich mich *ausziehen*? *Draußen*? Um in
diesen Bach zu steigen, der nicht mal ordentlich dampft? Doch das
Pärchen, das drinsitzt, sieht verflixt entspannt aus. »Wie ist die Temperatur?«, schnattere ich, die Arme um den Körper geschlungen. »Wie
daheim in der Wanne«, kommt es entspannt zurück. Ich bin aus den
Klamotten und im Wasser, bevor mir die Frage kommt, wie andere
Leute daheim baden. Die Antwort: sehr warm, im ersten Moment

sogar heiß. Es ist eine Freude, eine reine, unverfälschte, doppelte (weil durchgefroren) und dreifache (weil kostenlos) Freude. So liege ich fast eine Stunde in einem Bächlein im Stadtpark von Taupo, von Wiesenblumen umrahmt, von Spaziergängern gegrüßt, von der Geothermie langsam weichgekocht, und lächle entspannt. Erst die sich nach der super getimten Pause über meinen Klamotten entleerenden Regenwolken treiben mich aus dem Bach und zurück zum Van, zu Nudelsuppe und heißem Kaffee. Aufgewärmt und genährt fahre ich weiter nach Süden, in Richtung des hinter dem Taupo-See im letzten Licht des Tages erstrahlenden Mount Ruapehu. Die symmetrischen, schneeweißen Flanken des prachtvollen Vulkans locken mit dem Versprechen auf den Tongariro-Alpine-Crossing-Weg. Der gilt als eine der weltweit schönsten Tageswanderungen. Beim Anblick glaube ich das sofort. Also eile ich ihm entgegen, verbringe die Nacht auf einem DOC-Platz im Nationalpark und freue mich auf die sonnige Bergbesteigung am folgenden Tag.

Der wieder mit Schnattern beginnt. Kaum dass ich die Tür öffne, finde ich die Erklärung für mein Frieren am Boden liegen. Schnee! Ich glaube, ich spinne! Doch der Blick auf stahlblauen Himmel versöhnt mich. Eine schnelle Tasse Tee und eine Schale Müsli, und ab dafür. Als ich eine Stunde später in Whakapapa im Nationalpark am Fuße des Berges ankomme, ist von Sonne keine Rede mehr. Klar.

Der Frust relativiert sich, als ich erfahre, dass der Wanderweg, den ich nehmen wollte, ohnehin gesperrt ist. Der älteste Nationalpark des Landes und Stolz der Nordinsel lockt mit seinen drei Vulkanen Tongariro, Ruapehu und Ngauruhoe Wanderer, Skifahrer und Naturliebhaber. Doch einer der drei ist kürzlich ausgebrochen und hat Teile des Weges zerstört, Hütten ebenso. Also weiche ich auf den Taranaki-Falls-Weg aus, ein zweistündiger Rundweg von und nach Whakapapa. Bäume und Büsche tragen pralle, saftig grüne Blätter, die sich nicht daran zu stören scheinen, dass sie von Schnee bedeckt sind. Ein ungewohnter Anblick. Ich verbringe die kälteste Nacht seit der Mongolei am Fuß des Bergs auf einem DOC-Platz, bevor mir am nächsten Tag die Sonne so herrlich entgegenlacht, dass ich jedem und allem sofort alles verzeihe. Hektisch springe ich aus dem Schlafsack und fahre in Windeseile den Berg hinauf. Als ich durch saftige Heidelandschaft zu goldfarbenen Stromschnellen wandere, bilden die drei Vulkane, blendend weiß im Sonnenlicht, einen spektakulären Hintergrund.

Dann fahre ich über die Schnellstraße 43, den Forgotten World Highway, von Taumarunui nach Stratford. Etwa 150 Kilometer durch erst sanfte Hügel und dann tiefer und enger werdende Schluchten. Der älteste Highway Neuseelands führt stellenweise durch enge Tunnel und über kleine Brücken über noch kleinere Flüsse. Ich fahre über die Wege, die die ersten europäischen Siedler vor über 150 Jahren beschritten, um in ihre neue Welt zu gelangen. Heute ist diese Welt vergessen, die alten Dörfer entlang des Weges stehen einsam und verlassen. Als ich in Stratford ankomme, ist es bereits dunkel. Meine Sehnsucht nach einer Dusche führt mich in den Hinterhof einer alternden Herberge. Der Besitzer lässt mich für einen kleinen Betrag Dusche und Küche benutzen und lacht, als er hört, wo ich herkomme. »Na, dann herzlich willkommen zurück in der Zivilisation. Obwohl, so richtig zurück bist du hier nicht. Eher auf halbem Weg.«

Der Rest des Weges führt am Folgetag über den Surf Highway. Ich mag die hiesigen Bezeichnungen für die Schnellstraßen. Sie passen. Der Surf Highway zieht an der stürmischen Küste entlang. Man muss kein Surfer sein, um den Namen nachvollziehen zu können. Nur die Temperaturen verhindern, dass ich mich übermütig in die Wellen stürze.

Am Ende der Straße, in New Plymouth, beziehe ich Quartier in einer Sackgasse neben dem Friedhof. New Plymouth hat mit seinen etwa 50 000 Einwohnern eine überschaubare Größe, eine nette Fußgängerzone, ein erstaunliches Kulturangebot, und es ist sowohl von prä- und posteuropäischer Geschichte umgeben als auch von herrlicher Natur. Selbst wenn sich der Taranaki nicht zeigt. Das ist der Vulkan, der seit Stratford mein steter Begleiter hätte sein können.

Wären da nicht die Wolken, die es sich nicht nehmen lassen, mich persönlich im Land zu begrüßen und mir den Blick auf dieses zu verwehren. Ach, wie ich mich freue! Doch immerhin gibt es in New Plymouth ein Kulturzentrum mit ansehnlicher Ausstellung über die Landesgeschichte sowie ausreichend Cafés. Angeblich sucht die Dichte weltweit ihresgleichen.

Über drei Wochen bin ich jetzt in Neuseeland unterwegs. Es sieht aus, als würde meine eigentlich sarkastisch gemeinte Einschätzung, dass Peer es erst zur Abfahrt unseres Schiffes über den Pazifik hierherschafft, Wirklichkeit werden. Ich sitze in einem Straßencafé in New Plymouth und lese meine Mails. Und staune nicht schlecht: Peer schreibt schöne Grüße aus Auckland! »Wo biste denn? Kommste bald nach Auckland und holst mich ab, oder muss ich alles alleine machen?« Ich grinse und schüttle gleichzeitig den Kopf. Was hab ich den Spaßvogel vermisst. Dennoch mache ich einen kleinen Umweg. Peer ist gut angekommen und scheint sich selbst zu beschäftigen. Also nutze ich die Zeit, um auf dem Weg nach Auckland eine unerledigte Sache anzugehen: ein heißes Bad am Strand. Und glücklicherweise gibt es zwischen New Plymouth und Auckland eine Alternative zu Coromandel. Auf nach Kawhia! Dort angekommen, brauche ich einige Zeit, um mich zu orientieren. Dann finde ich die wie immer freundlichen und hilfsbereiten Einheimischen, die mir den Weg weisen. Ich parke hinter einer Düne und nehme Grabwerkzeug mit: einen Topf. Als ich auf der Düne stehe und über den gleichermaßen menschen- wie hinweisleeren schwarzen Strand blicke, geht mir auf, dass ich keinen Schimmer habe, wo ich buddeln soll. Aus Faulheit verzichtete ich darauf, mich zu weit vom Zugangsweg zu entfernen. Doch nach drei Versuchen habe ich nichts gefunden außer schwarzem Sand. Dann kommt eine Strandpatrouille vorbei. Die Dame bestätigt, dass ich am richtigen Ort bin. Und dass ich mit dem Grabungsort so falsch nicht liege. Die heißen Quellen liegen in der Flucht des Zugangsweges, allerdings weiter in der Nähe des Ufers. Also buddle ich dort weiter, derweil sich meine Ausdrucksweise in Richtung Fäkalsprache bewegt.

Das einzige Ergebnis sind langsam, aber sicher auskühlende Füße, also gebe ich erschöpft auf. Im Nachhinein erfahre ich, dass die Quellen in Kawhia sehr schwer zu finden sind, da jeweils nur wenige Meter breit. Wenn man nicht weiß, wo man graben soll, wird man sie kaum finden. Was zu beweisen war. Aber immerhin ist mein Topf heil geblieben, ich war an der frischen Luft, und es hat fast zwei Stunden lang nicht geregnet. Ich verbringe eine urige letzte Nacht in der Wildnis, tolldreist auf einem Parkplatz stehend, der glücklicherweise nicht kontrolliert wird. Dann mache ich mich auf den Weg zurück nach Auckland, um nach drei Monaten meinen Reisegefährten wiederzusehen.

INFOBOX

> Man darf im Land mit einem Campingmobil nur dann wild campen, wenn das Fahrzeug eine eigene Toilette hat.

> Die Campingplätze des DOC bieten sich für Campingmobile ohne eigene Toilette an. Bezahlt wird auf Vertrauensbasis in auf den Plätzen angebrachten Kästen, manche sind sogar ganz kostenfrei.

Kapitel 35:
Das Ende der Einsamkeit

PEER

Allein stehe ich am Flughafen von Auckland und warte auf den Bus, der mich in die Innenstadt bringen soll, wo ich bereits ein Hostel gebucht habe. Von Jochen weiß ich, dass er noch immer mit seinem Van durch Neuseeland tourt. Wir wollen uns in den nächsten Tagen in Auckland treffen. Viele Tage habe ich nicht für dieses Land.

Im Hostel eingecheckt, klinke ich mich in das Internet ein und kontaktiere Bishma. Die junge Neuseeländerin mit sri-lankischen Wurzeln trafen wir vor einer gefühlten Ewigkeit in der Ha-Long-Bucht in Nordvietnam. Wir verbrachten gerade mal einen Tag zusammen, und sie nahm uns das Versprechen ab, uns zu melden, sobald wir in ihrer Heimat Auckland sein würden. Also halte ich Wort. Zu meiner Überraschung lädt sie mich sofort zu sich ein.

Trotz aller Erlebnisse und der Gastfreundschaft, die wir auf dieser Reise erfuhren, bin ich perplex. Nach einem Dreivierteljahr hatte ich ein Treffen erwartet – gleich bei ihr einzuziehen, damit habe ich nicht gerechnet. Ich bin mir nicht einmal sicher, ob ich sie auf der Straße erkennen würde.

Als ich am nächsten Tag mit meinen Siebensachen vor dem Hostel stehe und ein Wagen vorfährt, erkenne ich Bishma aber sofort. Das Wiedersehen ist herzlich. In dem gemütlichen Holzhaus, das sie gemeinsam mit zwei Mitbewohnern bewohnt, bekomme ich das Gästezimmer zugewiesen. Zum Auspacken ist keine Zeit. Als improvisiertes Gastgeschenk stelle ich eine Flasche Branntwein aus dem Duty-Free-Shop auf den Tisch und werde aufgefordert, einige Anekdoten zum Besten zu geben. Während ich erzähle, wirbelt Bishma in der offenen Küche. Meine Ausführungen werden nur vom regelmäßigen Zuprosten unterbrochen. Chris, der Mitbewohner, kommt seiner Funktion als Mundschenk vorbildlich nach.

An diesem Abend zaubert Bishma ein hervorragendes Abendessen. Nichts Besonderes sei das himmlische Curry, gibt sie sich bescheiden. »Nichts Besonderes?«, frage ich ungläubig, während ich den Topf auslecke. Auch in den folgenden Tagen bekomme ich Schmeckewöhlerchen serviert und erhalte nicht die Chance, mich dafür zu revanchieren. Vielleicht auch besser so, können meine Kochkünste doch nicht im Geringsten mit Bishmas mithalten. So genieße ich einige Tage Vollpension und warte auf Jochen. Er sei auf dem Weg nach Auckland, wolle sich aber nicht hetzen lassen, lässt er verlauten. Ich kann es verstehen, ein Roadtrip hat sein eigenes Tempo. Natürlich freue ich mich auf das Wiedersehen, auch wenn sich etwas Unbehagen in die Gefühlslage mischt. So lange waren wir auf dieser Reise noch nie getrennt, haben uns gar im Streit oder zumindest in Disharmonie voneinander verabschiedet. Wie wird das Wiedersehen ausfallen?

Bishma und ihre Mitbewohner tun alles dafür, dass ich diese Sorgen vergesse. Sie zeigen mir die Stadt und die nähere Umgebung. Wir besteigen Mount Eden, den Vulkan, von dem aus man eine herrliche Sicht über ganz Auckland hat, oder wir unternehmen einen Tagestrip an die nahegelegenen Strände. Beim Klettern durch die zerklüfteten Klippen, die tosende Brandung zur einen, karstige Felsen zur anderen Seite, bekomme ich eine leise Ahnung davon, was dieses Land zu bieten hat. Und was mir entgeht.

Eines will ich mir jedoch nicht entgehen lassen. Als Bishma wieder arbeiten muss und Jochen noch immer nicht eingetrudelt ist, beschließe ich, mir einen Kindheitstraum zu erfüllen. Ich will nach Mittelerde! Genauer gesagt, zur Farm der Familie Alexander in der Nähe von Matamata, einem der Drehorte des »Herrn der Ringe«. Etwa zwei Autostunden südlich von Auckland liegt das »Auenland«. Da Bishma mit dem Bus zur Arbeit fährt, leiht sie mir ihr Auto. So mache ich mich auf den Weg nach Süden und tauche schon nach wenigen Meilen in eine phantastische Landschaft ein. Auf sanft-geschwungenen, sattgrünen Hügeln weiden Schafe unter einem stahl-blauen Himmel. Die Farben sind so intensiv, dass ich die Augen zusammenkneifen muss. Ob es daran liegt, dass ich mich erst mal gehörig verfahre, weiß ich nicht. Trotzdem fahre ich weiter. Die mär-chenhafte Landschaft zaubert mir ein breites Grinsen ins Gesicht – ich bin längst in Mittelerde angekommen. Nach mehreren Anläufen finde ich den kleinen Feldweg, der zum »Shire's Rest Café« führt. Von hier aus sollen die Touren starten. Im Souvenirshop mit seinen hüb-schen Sammlerstücken zu lächerlich überzogenen Preisen löse ich mein Ticket. 66 Dollar blättere ich dafür hin, doch will es mir einfach nicht gelingen, mitten in der Phantasiewelt meiner Jugend eine ver-nünftige Kosten-Nutzen-Rechnung aufzustellen. Jochen hätte wohl nur den Kopf geschüttelt, für mich ist dieser Ausflug alternativlos. Als ich mich auf den Weg zurück nach Auckland mache, bin ich glückse-lig. Wenn auch nur im Kleinen, so ging ich doch »there and back again«. Mit einem weinenden Auge blicke ich auf alles, was ich von diesem faszinierenden Land nicht gesehen habe, mit einem lachenden habe ich die Gewissheit, mir wenigstens einen Kindheitstraum erfüllt und ein Must-see dieser Reise geschafft zu haben.

Zurück in Auckland, steht Bishma wieder in der Küche und ver-breitet geschäftige Hektik. »You need a hand?«, biete ich Hilfe an. »No thanks«, lässt sie sich nicht reinreden. Die Berge an Köstlichkei-ten, die sich überall in der offenen Küche stapeln, sind noch höher als sonst. »Jochen is coming!«, strahlt sie mich an. Okay, nun ist es also so weit. Nach gut drei Monaten der Trennung. Noch immer mischt sich in die Vorfreude die Befürchtung, ich könnte mich zunächst mit Vor-würfen und Schuldzuweisungen konfrontiert sehen. In Jochens Mails der vergangenen Zeit schwang doch stets ein leicht vorwurfsvoller Unterton mit. Zumindest habe ich es so empfunden. Erst war es die Empörung darüber, dass ich in Indonesien die sprichwörtliche Flinte seiner Meinung nach zu früh ins Korn geschmissen und einen Flieger bestiegen habe. Dann echauffierte er sich darüber, dass ich eine Woche lang nicht zu erreichen war. Im australischen Outback hatte ich nun mal weder Strom noch Internet, um unser Reiseblog zu füttern. Dass unser Treffen in Brisbane nicht geklappt hat, ist zwar nicht meine Schuld, aber wer fragt danach? Zu guter Letzt drangen Vorwürfe zu mir durch, dass Jochen seinen Roadtrip durch Neuseeland allein machen musste. Tja, mein Freund, so erging es mir in Australien, weil der feine Herr Utopist an seinem Strohhalm festhalten wollte und sich nicht mit einem Scheitern abfinden konnte. Doch was soll's? Ich freue mich, ihn wiederzusehen, habe viele Anekdoten, die es zu teilen gilt, und bin ebenso gespannt auf seine Erlebnisse. Ich beschließe, nicht nachtragend zu sein und alle vergangenen Differenzen beiseite-zuschieben. Ebenso wie den zwischenzeitlichen Ärger über Jochens Halsstarrigkeit und seine nicht im Geringsten verblümten Vorwürfe. Sollte er wieder damit anfangen, würde ich …

Die Türklingel reißt mich aus meinen Gedanken. Jochen begrüßt unsere Gastgeberin euphorisch, während ich mich unsicher im Flur rumdrücke. Dann stürmt er auf mich zu und drückt mich wortlos an sich. Als der Druck seiner Umklammerung etwas nachlässt, bringe ich ein »Gut, dich endlich wiederzusehen« hervor. »Dito«, spricht Jochen. Sofort lösen sich alle Befürchtungen in Luft auf. Kein böses Wort, kein Vorwurf, kein Nachtreten. Wir sind einfach froh, uns wiederzu-haben. Der Abend wird lang, die Nacht kurz, haben wir uns doch so einiges zu berichten. Staunend und vielleicht sogar etwas neidisch folgt Jochen meinen Ausführungen zu Australien, nicht minder gebannt hänge ich an seinen Lippen, als er von Osttimor und Neusee-land erzählt. Offenbar hat jeder seine einmaligen und bleibenden Erfahrungen gemacht. Niemand will die eigenen Erlebnisse missen, niemand neidet dem anderen die seinen. Am nächsten Abend entfüh-ren Bishma und ihre Mitbewohner uns ins Nachtleben der Metro-pole. Nach einer Party bei Freunden führen sie uns zu einem Klein-festival von Aucklands Nachwuchs-Garagen-Punkbands. In einem dunklen, verwinkelten Club scheint in jeder Ecke eine Kapelle zu spielen. Die Stimmung ist gut, die Leute sind freundlich. Erst jetzt merke ich, wie lange ich keine Live-Musik mehr gehört habe und wie sehr mir das gefehlt hat. Wir tanzen und sind ausgelassen, derweil sich Bishmas Freunde langsam verabschieden. Die anfängliche Anspannung, von der auch Jochen während der Party berichtete, ist längst der Euphorie gewichen, angesichts dessen, was nun vor uns liegt.

Als der Tag graut, sitzen wir zu zweit in Bishmas Küche, da stellt Jochen fest: »Allein reisen ist schön, gemeinsam noch schöner.« So sieht's aus.

INFOBOX

> Ein Abstecher in die Gegend von Matamata ist lohnenswert, nicht nur für Tolkien-Fans. Die Landschaft ist einfach zauberhaft. Wie im Kino eben.

> Die nähere Umgebung Aucklands wartet mit einigen Highlights auf. Die Strände etwa, die mich wetterbedingt allerdings nicht zum Baden animierten. Auch die Vulkanlandschaft des Umlandes oder Mount Eden, der erloschene Vulkan mitten in der Stadt.

Kapitel 36:
Zwischenzeit

JOCHEN

Etwas derangiert stehen wir im Hafen von Auckland. Gefühlt bin ich gerade erst in Neuseeland angekommen, als es schon wieder weitergeht. Nach einem Dreivierteljahr in Asien mussten mir für Ozeanien fünf Wochen reichen. Für Peer waren es fast dreizehn. Doch beide haben wir diesen Erdteil alleine erlebt. Jetzt sind wir wieder zu zweit, und vor uns liegt die nächste große Etappe. Irgendwo da hinten, hinter dem Wasser, liegt Panama. Mittelamerika. Schon wieder ein neuer Kontinent. Andere Sprache, andere Sitten. Ich erinnere mich an den Kulturschock, als ich in Brisbane aus dem Flieger stieg und von jetzt auf gleich von asiatisch auf australisch umschalten musste. Wie wird es sein, wenn wir in Panama ankommen? Der Kleinbus, der vor uns hält, reißt mich aus meiner Grübelei. Ich werde Zeit haben, sie weiterzuführen. Denn der Containerfrachter, der uns über den Pazifik schippert, braucht dafür drei Wochen.

Vier Tage später. Alle Wäsche ist gewaschen. Alle Fotos sind bearbeitet. Alle Lücken im Tagebuch sind gefüllt, die ausstehenden Blogtexte geschrieben, die während unserer Überfahrt automatisch online gehen werden. Es gibt nichts zu tun, wir können die Überfahrt genießen. Ich stehe auf dem Oberdeck der »Bahia Castillo«. Ein riesiger, knallroter Containerfrachter, der von der bewegten See höchstens dezent rollt. An seinem Heck weht die Flagge Liberias, auch wenn die Reederei in Deutschland ansässig ist. Dafür ist die Crew aus den Philippinen, der Maschinenraum in britisch-kroatischer Hand, und die Offiziere sind Polen. Alle sprechen glücklicherweise gut Englisch.

Die Sonne scheint, und es weht eine sanfte Brise. Hinter mir geht die Tür auf, doch statt Peer tritt Pavel, der Erste Offizier, hinaus. Er deutet ansatzlos in den Himmel: »Enjoying the birds?« Nein, wegen der Vögel bin ich nicht hier draußen. »Oh, you should, it's the last chance for many days.« Ich sehe mir die angeblich letzten Vögel kurz an. Dann reicht es wieder. Eine Möwe ist eine Möwe ist eine Möwe.

Wir sind eine Woche auf See. Die Tagesabläufe sind in Fleisch und Blut übergegangen. Ich bekomme pünktlich zu den Mahlzeiten Hunger, wache ohne Wecker auf und werde nach dem Abendbrot müde. Was macht man drei Wochen lang auf einem Schiff? Das Interesse an der Bibliothek nimmt ab, nachdem ich meine Lektüre ausgewählt habe. Dafür nimmt mein Interesse am Oberdeck zu. Saß ich noch auf der letzten Schiffspassage lesend draußen und fragte mich, was die Fans von Schiffsreisen daran finden, in das blaue Nichts zu starren, sitze ich nun zunehmend länger hier, auch ohne Buch. Von wegen Nichts. Zwei blaue Unendlichkeiten treffen vor meiner Nase aufeinander. Der Pazifik unter mir, der Himmel über mir. Was sich langweilig anhören mag, ist für mich die reinste Wonne. Diese blanke Leinwand um mich herum, ich kann sie reichlich mit Gedanken und Bildern füllen. Himmel und See geben mir die Chance, mich bedingungslos zurückzuziehen und das zu reflektieren, was vor genau einem Jahr begann. Allein diese Tatsache: Ein Jahr sind wir unterwegs! Eigentlich wollten wir nach Ablauf dieser Zeit wieder daheim sein. Nun sind wir auf der anderen Seite der Welt und haben für das, was nun kommt, kaum Zeit. Und manchmal fühlt es sich so an, als sei auch weniger Energie übrig. Die Highlights folgten dicht aufeinander, während uns die Superlative ausgingen. Ich bin froh, nichts besichtigen zu müssen, weil schlicht nichts da ist. Das Erlebte dringt nun langsam zu mir vor, da ich Zeit habe, mich damit zu beschäftigen. Nichts verdrängt die Gedanken, nichts unterbricht sie. Kein Tempel lockt, kein Museum, kein Naturschauspiel. Kein Reisender gibt uns Tipps, kein Einheimischer preist landschaftliche oder kulturelle Bonbons. Nichts verspricht lohnender zu sein, als die Zeit damit zu verbringen, seinen Gedanken nachzuhängen.

Ich muss an den Reisenden denken, den wir vor so langer Zeit in St. Petersburg trafen. Wie wir ihn seltsam fanden, weil er an einem sonnigen Tag einen Film schaute. Nun verstehe ich ihn. Er hat schlicht eine Pause gebraucht, um das bisher Erlebte zu verdauen. Denn ein Einheitsbrei ist auch dann ein Brei, wenn er aus Superlativen besteht. Apropos, es ist Essenszeit. Kaum sitzt der Kapitän am Tisch, platzt es aus ihm heraus: »Tomorrow around 10 a. m. Save the date!« Klar, machen wir. Wofür? Um eine Insel aus der Ferne zu sehen? Ja, okay, man will ja kein Spielverderber sein. Aber wozu die Aufregung? Es sei das einzige Mal während der Passage, dass wir Land zu sehen bekämen. Ich drücke Begeisterung aus, die ich nicht wirklich verspüre.

Bis wir das Eiland sehen werden, vergeht noch etwas Zeit. Vorher führt uns Gordon, der Chefingenieur, durch sein Reich. Als wir ihm sagten, wir stellten uns den Maschinenraum der »Bahia Castillo« vor wie den des »U 96« aus dem Film »Das Boot«, brach der Engländer in Gelächter aus und erwiderte: »›Das Boot‹? Lächerlich, deren Maschine ist so groß wie unser Anlasser!«, und lud uns zu einer Führung ein.

Kaum betreten wir den Maschinenraum, verstummen wir. Drei Stockwerke hoch ist das Ungetüm mit der Kraft von fast 40 000 Pferden. Ich lehne an einer Säule und lausche Gordons Ausführungen. »Das, woran du da lehnst, ist ein Kolben, Ersatz, falls mal einer kaputtgeht.« Ich schaue das übermannshohe Teil an, breiter als ich, und erinnere mich an die Größe eines Autokolbens, etwa wie eine Faust. »Yo«, entfährt es mir, sonst weiß ich auch nicht, was ich sagen soll.

Am nächsten Morgen stehe ich draußen. Anfangs nehme ich es nur am Rand des Blickfelds wahr. Eine Bewegung, wo lange keine war. Irgendetwas huscht über den Himmel. Ich blicke auf. Da! Ein Vogel. Ein Vogel? »Ein Vogel!« – »Hm?« Peers Begeisterung für die Biologie war ja noch nie sehr groß, aber jetzt kann er mich nicht richtig verstanden haben. »Alter! Peer, schau doch mal, da fliegt ein Vogel am Himmel!« Er sieht nicht den Himmel an. Er sieht mich an, als wolle er fragen, wo der Vogel denn sonst fliegen solle. Doch dann scheint auch Peer zu begreifen, dass Vögel auf offener See eher ungewöhnlich sind, und blickt hinauf. Wir blicken uns an, dann müssen wir lachen. »Da, noch einer! Wie geil!« Peer im Möwenwahn, wer hätte das gedacht? Dann taucht etwas am Horizont auf, das ich im ersten Moment nicht deuten kann. Der Horizont ist … kaputt. Zwischen dem tiefen Blau des Wassers und dem hellen Blau des Himmels ist ein Fleck. Erst dann schaltet sich mein Gehirn dazu und liefert die Interpretation: »Land!« Mein Herz macht einen Hüpfer. Schnell steigen Peer und ich die Treppen hinauf, das wollen wir von der Brücke aus sehen. Tatsächlich. Da ist sie, die versprochene Insel. Daher die Möwen!

Der Kapitän steht neben uns, erklärt, dass die Insel über zwanzig Kilometer entfernt sei, auch wenn es aussieht, als könne man sie anfassen. Mittags ist die Insel genauso Tischthema wie abends. Beim Nachmittagskaffee berichtet auch der Smutje, genannt »Cookie«, davon, wie er sie sah. Sie kam nie näher als etwa zehn Kilometer, nie konnte man darauf Häuser oder gar Menschen erkennen. Dennoch war sie Abwechslung genug, um zwei Dutzend Mann einen Tag lang zu beschäftigen. Vielleicht muss man das selbst erleben, um es nachvollziehen zu können.

Zehn Tage auf See. Beim Mittagessen setzt sich Kapitän Abramowitz mit bedeutungsschwerer Miene an den Tisch. »Heute Abend erwarte ich Offiziere und Gäste um acht Uhr in der Messe.« Oha! Letztes Mal endete eine solche Ansage mit Konzert-DVDs, Bier, Wodka und dem Spinnen von Seemannsgarn. Gefragt nach dem aktuellen Anlass, grinst der Kapitän breit. »Na, an Bord arbeitet zwar kein Deutscher, aber dies ist immer noch ein deutsches Schiff, und wir haben deutsche Gäste, also feiern wir auch den Tag der Deutschen Einheit.« Ohne nachzudenken, sage ich: »Der ist erst morgen. Heute ist der zweite Oktober.« Stille. Große Augen. Auweh, jetzt hab ich was Falsches gesagt. Dann winkt der Kapitän ab: »Egal, dann feiern wir halt rein!« Ein Mann, ein Wort. Nur gegen »Wind of Change« von den Scorpions schreiten Peer und ich vehement ein, ansonsten sind wir dabei.

Zwei Wochen auf See. »Nun schieß doch! Schieß, verdammt!« – »Was soll ich denn machen, ich hab keine Muni mehr!« – »Laber nicht, die Wichser haben mich gleich, nein, aaaah! Fuck, jetzt bin ich tot, na prima!«

Ich war nie ein Freund von Computerspielen. Doch nun mutieren Peer und ich zu Profis. Schon den ganzen Tag sitzen wir in der Offiziersmesse, die Spielkonsole surrt, und wir erledigen mit unseren Controllern Monster. Das fängt langsam an, Spaß zu machen.

Doch heute Abend steht etwas anderes an. Das Grillfest sei ein Highlight jeder Pazifiküberquerung. Aha, denke ich mir, nun gut, Papi hat früher auch gegrillt, war auch ein Fest, aber man soll ja die Kirche im Dorf lassen. Doch dann kommen wir auf das Achterdeck. Und jeglicher Vergleich zu heimischen Grillfesten erübrigt sich. Für immer.

Unter uns lässt die Schraube von acht Metern Durchmesser, angetrieben von 40 000 Pferden, alles erzittern. Vor uns stapelt sich die Fracht, über uns eine Luxusmotorjacht, die den Raum von vier Containern einnimmt. Links und rechts erstrahlt dieses unbeschreibliche südpazifische Blau, und hinter uns breitet sich die Gischt aus. Direkt darüber versinkt die Sonne so abartig glutrot, dass die Signalfarbe des Schiffsrumpfs sich kaum abhebt. »Hm, wie dezent«, entfährt es Peer, als wir die Stiege hinabgehen. In großen Zubern schwimmen Bierflaschen zwischen Eiswürfeln, die Tische biegen sich unter all dem Essen, während die Crew gerade die Karaoke-Anlage aufbaut. Die Stimmung ist ausgelassen, endlich vermischen sich Crew und Offiziere miteinander, sonst blieben sie bei den Abendveranstaltungen eher getrennt. Jetzt wird gemeinsam gelacht und gezecht. Und wir mittendrin. Pavel, Gordon und der Kapitän sagen, wie gerne sie uns an Bord haben, wir können das nur erwidern.

Dann wird Gordon ernst. Die Karaoke-Anlage ist fertig aufgebaut und kalibriert. »Jeder kann singen, wenn er will. Passagiere auch,

wenn sie nicht wollen.« Aha. Die Crew legt vor, Karaoke ist National-
sport der Philippiner. Doch Gordon reißt es für die Offiziere wieder
raus. Wer hätte gedacht, dass in diesem Mann mit Bermudashorts,
Micky-Maus-Schlappen und Angry-Birds-Schildmütze eine Nachti-
gall steckt? Peer und ich rangieren in der Extrakategorie »Spaßfaktor«
außer Konkurrenz. Doch wir geben alles, erinnern uns an Trainings-
Sessions in mongolischen Etablissements und lassen zu Billy Joels
»Piano Man« alles raus, was in uns steckt. Was nicht viel ist, aber
immerhin.

Zwei Tage später. Vögel am Himmel. Vögel auf der Reling. Vögel
auf den Containern. Peer und ich stehen im Bug und freuen uns über
das Federvieh. Jeder einzelne Vogel entlockt uns ein Grinsen. Erst
jetzt begreife ich Pavels Satz zu Beginn der Fahrt. Es sind nicht nur
Vögel. Es sind Vorboten, es ist das Begrüßungskomitee. Bald kommt
Land.

Zurück auf der Brücke, fängt uns der Kapitän ab. Es gebe keine
Verzögerungen, wir kämen pünktlich in Cartagena an. Carta-was?
Peer und ich schauen verwirrt. »Wo kommen wir an?« – »Na, Cartagena, in Kolumbien, euer Zielhafen.« – »Äh«, antworte ich, »Ich
befürchte, da liegt ein Missverständnis vor. Wir haben bis Manzanillo
in Panama gebucht.« Große Augen beim Kapitän. »Echt? Oh, das ist
ungewöhnlich, die meisten Passagiere fahren weiter bis nach Cartagena. Hm, ist aber nicht schlimm, ich kann euch auch wieder ummel-
den, kein Problem.« Peer und ich erbitten kurze Bedenkzeit und stecken die Köpfe zusammen. Die Grenzregion zwischen Panama und
Kolumbien ist Rebellengebiet und gilt als unpassierbar. Daher gibt es
viele Anbieter für Segeltörns zwischen den Ländern, die über die Jahre
immer teurer wurden und mittlerweile mehrere hundert Dollar kosten. Es käme uns also sehr gelegen, an Bord bleiben zu können,
wenn … »Was kosten uns denn zwei weitere Tage an Bord?« Kapitän
Abramowitz winkt ab. »Ach, egal. Wir nehmen eh keine neuen Passagiere auf, haben also Platz und füttern euch auch noch länger durch.
Von mir aus könnt ihr einfach so bleiben.« Na hervorragend! »Ja,

gerne, danke! Cartagena ist super!« Na also, so schnell spart man eine halbe Woche und einige hundert Dollar. Allerdings auch ein ganzes Land, doch Kolumbien werden wir dafür umso mehr genießen können.

Dann kommen erste Schiffe in Sicht. Auch Inseln tauchen auf, bald die Küste. Wir ankern vor Panama-Stadt, die untergehende Sonne spiegelt sich auf den Rücken der Delphine, die um unseren Bug ziehen, die Skyline wird zu einem Lichtermeer, wie wir es gefühlte Ewigkeiten nicht mehr sahen. Da ist sie, die Zivilisation. Hier sind wir, die Reisenden. Dazwischen ein wenig Wasser und umso mehr Ungeduld.

Kurz vor elf Uhr setzt sich das Schiff in Bewegung, bald darauf fahren wir in die erste Schleuse des Panamakanals. Hier ist alles in Bewegung. Und wir wissen nicht, wohin wir zuerst gucken sollen. Unser turmhohes Schiff schleicht in eine Schleuse, die auf den ersten Blick schmaler als der Rumpf wirkt. »Keine Sorge«, beruhigt Pavel, »da ist Platz, auf jeder Seite fast ein halber Meter.« Wir sind im zehnten Stock, der halbe Meter im Erdgeschoss ist kaum zu erkennen. Dass es dunkle Nacht ist, merkt man vor lauter Flutlicht zwar nicht, aber dennoch macht es das Ganze noch spektakulärer. Nach der ersten Schleusenkammer kommt die zweite, dann die dritte. Als wir am nächsten Morgen früh aufstehen, sehen wir statt üppiger Natur zu unserer Verwunderung wieder Schleusenkammern. Die gibt es doch erst wieder an der Atlantikseite, geht es mir durch den Kopf. Kaum auf der Brücke, empfängt uns der Kapitän. »Keine Ahnung, wie Pavel das geschafft hat, normalerweise brauchen wir doppelt so lange durch den Kanal, ich glaube, er hat eine Abkürzung gefunden.« Dann geht er hinaus und beugt sich über die Reling, enthusiastisch winkend – wem oder was, können wir nicht sehen. Als wir neben ihm stehen, sieht er unsere fragenden Blicke, dann lacht er. »Seht, dort auf dem Turm am Rand der Schleuse, da ist eine Kamera, ein Livestream des Panamakanals. Ich habe meiner Frau gesagt, wann ich durch die Schleuse fahre, die müsste jetzt daheim vor dem Rechner sitzen und zurückwinken.« Auch wir senden unsere Grüße an die Frau des Kapitäns. Wie das wohl sein muss, daheimzubleiben, wenn der Mann zur See fährt? Die Männer sagen, dass man diese Arbeit nicht nur als Arbeit begreife. Es sei ein Lebensstil, den man lieben muss, um die Arbeit tun zu können. Das scheint auch für die Partnerinnen zu gelten.

Nach einem kurzen Stopp in Manzanillo geht es weiter, zwei Tage später gehen wir in Cartagena in Kolumbien von Bord. Der Abschied ist so herzlich, wie die ganze Passage es war. Wir fühlen uns wie ein Teil der Crew, als sie uns hinterherwinken, wie wir die Gangway hinabsteigen. Kaum sind wir vom Schiff, begrüßen uns die kolumbianischen Offiziellen. Eine halbe Stunde lang und um ein Vielfaches intensiver als je zuvor zerlegen sie unser Gepäck in seine Einzelteile. Peer und ich machen Witze. Noch.

INFOBOX

> Es gibt viele Anbieter für Frachtschiffreisen. Achtung, die Route über den Pazifik gehört zu den beliebtesten und ist oft über Monate ausgebucht!

> Wenn du bei einem deutschen Reeder buchst, muss das nicht heißen, dass die Besatzung deutsch ist. Unser Schiff war deutsch, lief unter liberianischer Flagge, hatte eine hauptsächlich philippinische Crew und polnische Offiziere. Der Chefingenieur war Brite, der Zweite Ingenieur Kroate. Standardsprache an Bord war Englisch.

Kapitel 37:
Ankunft in der Neuen Welt

PEER

Nach drei Wochen auf See sind wir tiefenentspannt. Die Eindrücke konnten sich setzen und wir unsere Erlebnisse aufarbeiten. Die Auszeit tat gut. Nun sind wir wieder hungrig auf Neues.

Unser Tor zur Neuen Welt ist Cartagena. Ein Spaziergang liefert uns einen ersten Eindruck von der Stadt, dem Land und dem uns bis dato unbekannten Kontinent. Zunächst können wir nicht glauben, was wir sehen. Die Szenerie gleicht den farbenfrohen Klischees, die Kolumbien und vielleicht ganz Südamerika anhaften. Kunterbunte Häuser werfen ihre Schatten auf die engen Straßen. Von den hölzernen Balkonen ranken vielfarbige Pflanzen herab. Die Leute sind bunt gewandet, bei näherem Hinsehen stellen wir fest, dass das leuchtende Gelb der Trikots der kolumbianischen Fußball-Nationalelf vorherrscht. Aus den Imbissen duftet es nach Gegrilltem, und aus den Bars schallen Salsaklänge auf die Straße. Getanzt wird dazu überall, sogar auf dem Marktplatz. Diese Bilder kennen wir aus dem Fernsehen, doch können wir nicht glauben, dass es sich auch in Wirklichkeit so verhält. Wir zwicken uns gegenseitig, doch der Eindruck bleibt. Allerdings ist es schön, sich wieder gegenseitig zwicken zu können.

Wir brauchen einige Tage, um zu realisieren, dass wir nicht in der Kulisse einer südamerikanischen Seifenoper gelandet sind, sondern tatsächlich in Cartagena. Oder dass Cartagena wie die Kulisse einer südamerikanischen Seifenoper wirkt.

Dass es hier auch andere Ecken gibt, entdecken wir bei einer Fahrradtour durch die Stadt. Wir stellen fest, dass das schmucke Erscheinungsbild der Altstadt vorbehalten ist, andernorts gibt es auch weit weniger bunte, gar triste Viertel, hinter denen sich die Skyline des neuen Cartagenas an der Küste erhebt. Insgesamt ein sehr heterogenes, aber dennoch wunderschönes Stadtbild, in dem, wie vielerorts in der Neuen Welt, die Spuren der Kolonialzeit unübersehbar sind. Hier eine Küstenbefestigung, dort eine alte Mission oder die zahllosen Kirchen, alles umrahmt von der historischen Stadtmauer.

Und auch wenn es wie eine Plattitüde klingt, aber die Menschen strahlen Lebensfreude aus. Ganz besonders, als das Fußball-Länderspiel Kolumbien gegen Paraguay live übertragen wird. Wir gesellen uns zu einer gelbgewandeten Menschenmenge, die sich an einer Straßenecke um einen kleinen Schwarzweiß-Fernseher versammelt hat. Den Ton zur Fußballübertragung liefern diverse Radioempfänger, die die Leute auf dem Fahrrad oder direkt am Ohr mitführen. Die Tore werden überschwenglich bejubelt. Riesige Fahnen werden in den kleinen Gässchen geschwenkt, die Leute tanzen auf der Straße und fallen einander um den Hals. Nun gut, die Stimmung nach einem gewonnenen Fußballspiel in Südamerika mag nicht repräsentativ für den Alltag sein, doch ähnlich locker und jovial geht es abends in den Salsabars zu. Auch wenn ich im Gegensatz zu Jochen Salsa nur aus dem Fernsehen kenne, gebe ich auf der Tanzfläche mein Bestes. Ich mute zwar längst nicht so geschmeidig an wie die Damen, doch interpretiere ich die Reaktion auf meine unbeholfenen Tanzversuche als wohlwollend. Jochens Lachen ob meiner Salsa-Performance spricht da eine andere Sprache.

Egal, wir haben Spaß und kommen mit den Leuten ins Gespräch. Unter anderem mit einem Deutschen. Oli lebt in London und tourt gerade durch Südamerika. Auch er ist frisch in der Neuen Welt gelandet, Cartagena seine erste Station, und er ist begeistert von Land und Leuten. Bei so vielen Gemeinsamkeiten gibt es genügend Gesprächsstoff. Eigentlich wollten wir von Cartagena entlang der Anden nach Süden, in Richtung Bogotá fahren. Oli überredet uns aber, mit ihm die nördliche Route zum Tayrona-Nationalpark einzuschlagen. Es braucht nicht viel Überzeugungsarbeit, um uns für den neuen Plan, der uns an die Karibikstrände Kolumbiens führen würde, zu begeistern.

Nachdem wir meinen, in einer knappen Woche genug von Cartagena gesehen zu haben, das Blog gefüttert haben und Jochen Gelegenheit hatte, mit seiner Schwester zu sprechen, die erneut Mutter geworden ist, brechen wir nach Santa Marta auf. Die Fahrt ist kurz und die Gegend herrlich. Nur Jochen scheint sie nicht zu sehen. Seit er mit seiner Familie telefoniert hat, wirkt er geistesabwesend. »Alles ändert sich«, sinniert er vor sich hin, als ich ihn darauf anspreche. »Als wir losfuhren, war meine Schwester frischgebackene Mutter. Nun hat sie zwei Söhne, und der Große läuft schon. Ich glaub, es wird Zeit, dass wir heimkommen, sonst sind meine Neffen mit der Schule fertig und uns haben alle vergessen.« Bevor er vollends in seinem Lamento versinkt, lenke ich sein Augenmerk auf die ihn umgebende Natur und die Wanderung, die vor uns liegt. Tatsächlich hilft es, zumindest ein wenig.

In Santa Marta lassen wir tags darauf unsere großen Rucksäcke im Hostel. Von dem kleinen Küstenstädtchen aus ist es nur ein Katzensprung nach El Zaino, dem Haupteingang des Tayrona-Nationalparks. Am Parkeingang werden wir gemeinsam mit einigen anderen Wanderfreunden von Bewaffneten aufgefordert, uns in eine Liste einzutragen und den Eintritt zu entrichten. Danach untersuchen die Uniformierten unser Gepäck gründlich nach Schnaps und Drogen. Nach ergebnisloser Suche werden wir willkommen geheißen. Ein Kleinbus bringt uns tiefer in den Wald. An einer Wendeschleife ist die Fahrt zu Ende. Ungläubig schauen wir uns um, kein Schild oder Wegweiser gibt Auskunft über Standort oder Richtung. Dann schultern wir unser Gepäck, wuchten die Wasserkanister auf den Buckel und marschieren los. Einfach in den Dschungel hinein. Wir folgen einem schmalen Pfad, der, selbst wenn er nicht im Schlamm versunken wäre, als unwegsam gelten dürfte. Im Schatten riesenhafter Bäume steigen wir über Bachläufe, vorbei an Bananen- und Kokospalmen arbeiten wir uns den morastigen Pfad hinauf und hinab. Jochen, der alte Wandersmann, hat ein Liedchen auf den Lippen. In seinem Windschatten quäle ich mich einen schlammigen Hang hinauf. Drei Schritte bergan und fünf zurück. »Scheiß-Wandern!«, fluche ich. »Was ist denn los? Das ist doch höchstens ein Spaziergang«, zwitschert Jochen aufreizend fröhlich. Als wortlose Replik schleudere ich meinen Wasserkanister in seine Richtung und mühe mich auf allen vieren den Berg hinauf. Als Jochen den Kanister schultert, vergeht auch ihm das Geträller.

Nach etwa einer Stunde erreichen wir Arrecifes, unser erstes Etappenziel. Alle sind schweißgebadet. Nachmittägliche Hitze und extrem hohe Luftfeuchtigkeit verleihen dem Spaziergang den Charakter eines Gewaltmarsches. Uns jedenfalls reicht es für heute. Während andere Unermüdliche gleich weiterziehen, bleiben wir in Arrecifes und schauen uns nach einer Unterkunft um. Hier gibt es alles, von schmucken Bungalowanlagen bis hin zu einem Hängemattenlager in einer offenen Holzhütte. Wir entscheiden uns mit den Hängematten für die rustikale, aber günstige Variante, lassen das Gepäck sinken und atmen durch. »Was tun mit dem angefangenen Tag?«, will Oli wissen. »Erst mal den Hintern in die Karibik halten«, gebe ich die Losung aus. Schließlich träumen wir schon seit geraumer Zeit von den karibischen Stränden. Schnell sind die schweißnassen Klamotten aus- und die Badehosen angezogen. Ebenso schnell halten uns unsere Gastgeber davon ab, uns bedenkenlos in die Fluten zu stürzen. Das Baden sei hier verboten, da es vor der Küste gefährliche Strömungen gebe, die bereits über 200 Todesopfer forderten. Wie bitter! Da stehen wir endlich an einem karibischen Strand, und dann dürfen wir nicht ins Wasser. Nun wissen wir auch, warum die anderen weitergingen. Doch wir wollen weder weiter laufen noch weiter schwitzen. Sobald die warnende Stimme fort ist, gehen wir zumindest bis zum Hals ins Wasser. Aber es ist klar, das geht besser.

Den Abend verbringen wir im Restaurant unserer Bleibe. Obwohl es sich mehr um einen offenen Aufenthaltsraum unter einem palmwedelgedeckten Dach mit einer Bar handelt. Während sich die Einheimischen um den Fernseher versammeln, um Fußball zu schauen, belegen wir einen der Tische zum Abendessen.

Später gehen wir noch einmal ans Meer und entfachen ein kleines Lagerfeuer. Vor uns brandet die Karibik seicht an den Strand, hinter uns die nächtlichen Geräusche des Dschungels. »So kann es bleiben«, stellt Jochen fest. »Und dann kann es noch besser werden«, gebe ich übermütig meinen Senf dazu. Kaum ist der Satz über die Lippen, werde ich von einer Taschenlampe geblendet. Aus dem Dunkeln haben sich unbemerkt zwei Militärs angeschlichen. Sie betonen noch einmal, dass es gerade nachts gefährlich sei, zu baden. Während sie mit den schweren Kampfstiefeln unser Feuer austreten, klären sie uns auf, dass Lagerfeuer am Strand verboten seien. Dann durchsuchen sie sicherheitshalber noch einmal unsere Taschen und verschwinden ebenso plötzlich wieder in der Dunkelheit, wie sie auftauchten.

Wir ziehen um in unsere Hängematten, bedecken uns mit einem Moskitonetz und entschlummern zu den Klängen der Brandung und des in der Nacht zum Leben erwachten Urwaldes. Über allem hängt das Surren der Mücken.

Am nächsten Tag marschieren wir weiter. Wir gehen den Strand entlang, der Sand brennt unter den nackten Füßen. Wir klettern über Findlinge und durchwandern kleine Buchten. Der Schweiß läuft, doch die Ausblicke lassen die Strapazen vergessen. Am Nachmittag erreichen wir Cabo Juan, ein Zelt- und Hängemattenlager. Dunkle Wolken ziehen sich über unseren Köpfen zusammen, weshalb wir uns in dieser Nacht für ein Zelt entscheiden. Kaum haben wir die Badehosen angezogen und springen in die Bucht – hier ist das Baden bedenkenlos möglich –, öffnet der Himmel seine Schleusen und lässt einen warmen Platzregen auf uns herab. Es ist herrlich, wir toben ausgelassen in den Fluten, während die Wasseroberfläche vom Regen aufgewühlt wird. Was wir für einen kurzen Schauer halten, weitet sich aber zu einem tropischen Regenguss aus. Binnen kurzer Zeit steht das gesamte Camp unter Wasser. Gerade noch rechtzeitig werfen wir Plastikplanen über unsere Zelte, was uns vor dem nächtlichen Ertrinken rettet. Als am Morgen aber die Sonne auf die schwarzen Planen brennt, treibt uns die Gluthitze aus dem Zelt. Das Wetter scheint sich gefangen zu haben, und wir beschließen, noch einen Tag länger zu bleiben. Wir ziehen in das Hängemattenlager um, das auf einem Felsen vor der Küste errichtet ist. Nur bei Ebbe ist es trockenen Fußes zu erreichen. Wir haben Flut, waten also mit Sack und Pack durch das hüfthohe Wasser. Eine angenehm kühle Brise weht nachts durch den offenen Hängematten-Pavillon, und der Wasserstreifen hält die Mücken fern. Wir baden, liegen am Strand, lesen oder spielen Karten. Die Sonne scheint, und endlich bekommen wir das karibische Flair, auf das wir uns so lange freuten. Natürlich bleiben wir einen weiteren Tag. Zu guter Letzt drängt die Zeit ein wenig, auch unsere Vorräte gehen zur Neige, weshalb wir uns auf den Rückweg machen. Am letzten Tag steht uns ein strammes Programm bevor. Der Weg, anfangs noch ausgetreten und gut zu erkennen, wandelt sich mehr und mehr zum Trampelpfad. Die Wegweiser werden seltener und das Gelände unwegsamer. Bisweilen artet die Wanderung in eine Kletterpartie aus. Nur mit Hilfe der Räuberleiter und gegenseitigem Hochziehen geht es an manchen Stellen über die Findlingsformationen. Dazwischen immer wieder dichter Dschungel. Wir haben noch nicht die Hälfte des Weges geschafft, da vernehmen wir Donnergrollen in der Ferne. Und es kommt rasch näher. Plötzlich, wir steigen einmal mehr über irgendwelche Felsen, fängt es an zu schütten. Im Handumdrehen sind die Felsoberflächen mit einem Schmierfilm versehen und spiegelglatt. Andere Wanderer sehen wir nicht, auch längere Zeit keinen Wegweiser, was uns zwischenzeitlich an der Richtigkeit des gewählten Weges zweifeln lässt. Selbst Jochens unerschütterlicher Optimismus wird von Regen und Schweiß aus seinem Gesicht gewaschen. Nass bis auf die Knochen erreichen wir Pueblito, ein altes Dorf der Tayrona-Indianer. Die Spanier radierten im 17. Jahrhundert das Volk ebenso aus wie das Dorf, in dessen Ruinen wir nun stehen. Die Nachfahren jener Tairona sind die Kogi, die noch heute in kleinen Dörfern in schwer zugänglichen Regionen des Nationalparks ein ursprüngliches Leben führen. Wir passieren auch diese Dörfer und vergewissern uns dort, dass wir auf dem richtigen Weg sind.

Inzwischen hat der Regen aufgehört, und der Blick von einem Berg reicht über weite, bewaldete Täler, über denen nun der Nebel aufsteigt. Märchenhaft. Doch können wir uns kaum an den traumhaften Panoramen ergötzen, sind komplett durchnässt und runter mit der Bereifung. Der Weg kostet Kraft und Nerven. Wir haben noch einen zweistündigen Abstieg bis in den nächsten Ort mit einer Bushaltestelle vor uns.

Am späten Nachmittag erreichen wir Calabazo an der Straße nach Santa Marta. In einer offenen Bar reißen wir uns die durchnässten Klamotten vom Leibe und wringen sie aus.

Zurück in Santa Marta, entspannen wir uns im Pool unseres Hostels. Das Becken im Innenhof unserer Herberge ist ein seltener, doch hochgeschätzter Luxus, auch wenn es von hohen Mauern mit Stacheldraht eingefasst ist. Wir verbringen noch einige Tage in Santa Marta, zumeist beim Kartenspiel auf der Dachterrasse, und schmieden Pläne. Letztlich trennen wir uns doch. Oli hat noch nicht genug und will einen weiteren Nationalpark durchwandern, wir hingegen müssen sowohl Zeit wie Geld sparen, weshalb wir direkt nach Süden aufbrechen. Es lässt sich langsam nicht mehr verleugnen: Das Ende dieser Reise rückt näher. Doch bevor es so weit ist, verabreden wir mit Oli, uns in Bogotá wiederzusehen.

INFOBOX

> Ein Besuch in Cartagena lohnt sich. Der alte Kolonialort gehört zum UNESCO-Weltkulturerbe und ist für die Südamerikaner das, was für Europäer Venedig ist, *das* Traumziel für frisch Vermählte. Trotz vieler Touristen entführt es einen ohne Umschweife in südamerikanisch-karibisches Flair. Gut geeignet, um eine Reise durch die Neue Welt zu beginnen.

> Landestypische Küche zu finden ist schwierig. Hamburguesa und Lasagne sind verbreitet, typisch kolumbianische Kost fanden wir erst nach langer Suche. Tipp: Die meisten Restaurants bieten ein Menu del Dia, ein Tagesmenü, an. Für kleines Geld erhält man ein üppiges Gericht mit Vor- und/oder Nachspeise. Ein solches Menü bringt einen über den Tag, denn zum bis zur Unkenntlichkeit gegrillten Fleisch oder Fisch gibt es mindestens drei Sättigungsbeilagen.

> Wem das Menu del Dia nicht reicht, der findet an vielen Straßenecken einen Arepa- oder Empanada-Stand. Achtung, die gefüllten Maisfladen triefen vor Fett!

> Bist du in der Gegend, besuch unbedingt den Tayrona-Nationalpark. Ob dichter Dschungel, Findlingsformationen, Ruinen vergangener Kulturen oder einfach die traumhaften Karibikstrände – es ist für jeden etwas dabei.

Kapitel 38:
Tatort Bogotá

JOCHEN

Kaum wollen wir im Busbahnhof in Santa Marta in den Bus nach Bogotá steigen, halten uns zwei Militärs auf. Mit ihren Schnellfeuerwaffen vor der Brust kontrollieren sie die Fahrkarten der Passagiere. Und die Taschen der Gringos. Entweder sind wir verdächtig, weil wir nicht von hier sind, oder weil wir hier sind und nicht am Flughafen wie alle anderen Ausländer. Nachdem die zwei Beamten unsere Rucksäcke so lange und so intensiv durchsuchten, bis die anderen Passagiere eingestiegen sind, geht es los.

In der Küstenebene passieren wir kleine Dörfer. Bald liegt die Ebene hinter uns, und alles, was uns umgibt, sind Hänge und Anstiege. Für Stunden klettert der Bus die Serpentinen hinauf. Der Horizont kommt näher, nur um nach der nächsten Kurve wieder zurückzuweichen. Selbst als wir am späten Nachmittag in San Gil ankommen, geht es noch bergauf. Langsam frage ich mich, wie weit es da noch hochgeht. Dann erfahre ich, dass San Gil nur auf knapp 1100 Meter Höhe liegt, und bin fast ein wenig enttäuscht.

Wir beziehen ein schmuckes Hostel am Marktplatz und schlendern den ersten Abend durch die Gässchen dieser Kolonialstadt im Tal eines reißenden Gebirgsbachs, die sich anschickt, das Zentrum für unternehmungslustige Natursportfans zu werden. Angebote zu allerlei Actionsportarten schlagen wir allesamt aus. Allerdings gönnen wir uns eine Wanderung durch eine Höhle. Wobei die schnell zum Tauchgang wird, als wir uns an einem Seil durch kaltes, braunes Wasser von einer Höhle zur nächsten hangeln. Es ist unheimlich, den Kopf in dieses trübe Wasser zu tauchen, die Hand nicht vor Augen zu sehen und nicht zu wissen, wie lange man die Luft anhalten muss. Den Schlamm, der uns nach dem mehrstündigen Höhlentrip lückenlos bedeckt, duschen wir im Anschluss mit einem Schlauch auf der Straße ab. Als wir zurück in San Gil sind, stehen wir mitten in einer Art Prozession oder Karneval. Die ganze Stadt scheint auf den Beinen, Musik und der Duft von Essen liegen in der Luft, selbst Kleinkinder tanzen und sind herausgeputzt wie bei uns nicht mal die Hochzeitspaare. Und wir mittendrin, zwar halbwegs sauber, aber triefnass.

Nach drei Tagen in diesem schmucken Örtchen ziehen wir weiter. Wieder führt die Straße nur bergauf. Ob da irgendwann mal ein Ende kommt, und wie hoch das dann wohl sein wird? Wenige Stunden später erreichen wir wie zur Antwort eine Art Hochplateau. Hier liegt das Örtchen Villa de Leyva. Erst als wir aus dem Bus aussteigen und keine verkratzte, schmutzige Scheibe zwischen mir und dem Himmel steht, fällt mir auf, wie klar die Luft hier ist. Der Himmel wirkt blauer, als er sein sollte, der nahezu kahle Berg darunter taucht so ansatzlos auf, als habe ihn ein untalentierter Bildbearbeiter in diese Szenerie hineinkopiert. Irreal, überdeutlich, surreal, kristallklar, ich gehe im Geiste Wörter durch, um den Kontrast zu beschreiben, doch keines will recht passen. »Schön isses«, höre ich Peer hinter mir. So kann man es auch sagen.

Villa de Leyva liegt 1000 Meter höher als San Gil, genauer gesagt auf 2140 Metern. Auch dieses Örtchen ist ein Touristenmagnet, nicht nur für Ausländer. Wegen der Architektur hat die Regierung es früh unter Schutz gestellt. Keine Glas- und Stahlbetontürme, nichts verstellt die Aussicht auf die umgebenden Berge. Nichts ist höher als der Kirchturm, und schon der ragt deutlich über die zumeist zweistöckigen, weißgetünchten Häuschen mit ihren dunklen Holzbalkonen entlang der engen Kopfsteinpflastergassen hinaus. Es herrscht die Atmosphäre eines Freilichtmuseums. Stünde nicht hier und da ein Auto, man fühlte sich um Jahrhunderte zurückversetzt.

Wir genießen den ersten Abend bei Sangria und Kartenspiel am Marktplatz, die Salsaklänge schallen aus den Bars, wir sind umgeben von Menschen, die allesamt einen ausgeglichenen und entspannten

Eindruck machen. Ein Klischee, vielleicht ist es auch die dünne Höhenluft.

Am nächsten Tag schlendern wir über den Markt. Nun komme ich mir endgültig vor wie in einer Mischung aus »Traumschiff«-Ausflug und Kitsch-Doku. Über uns hängt dieser Himmel, der einen glauben lässt, irgendwas stimme nicht mit der eigenen Farbwahrnehmung. Die Berge wirken so nah, kein Staubpartikel in der Luft trübt den Blick, Dinge in weiter Ferne erscheinen so deutlich wie die Marktstände vor meiner Nase.

Der Markt wuselt. Unter den Planen breiten sich auf den Ständen Obst und Gemüse aus, dazwischen Bekleidung, Werkzeug und Hüte, von denen sich Peer einen kauft. In der Tat merkt man nur durch ein baldiges Brennen auf dem Kopf, wie hoch man ist und wie intensiv hier die Sonne brennt. Auf einer Mauer betrachten wir das Treiben, essen Früchte, irgendwas mit Bohnen, Reis und viel Fett und genießen danach einen Tinto, wie der schwarze Kaffee hier genannt wird. Ich schließe die Augen und schlürfe genüsslich das dunkle, heiße, bittersüße Getränk. »Hmmm ... endlich wieder guter Kaffee!«

Wir tauchen in das Treiben ein, flanieren zwischen den Ständen und staunen über die Gefährte. Alte Pick-ups, kunterbunt bemalt und herrlich anzusehen, allerdings nicht immer ein Gefühl von Vertrauen erzeugend.

Nach zwei Tagen haben wir Villa de Leyva erschlossen und brechen nach Bogotá auf.

Mit jedem Kilometer, den wir uns der Metropole nähern, nimmt der Verkehr zu. Als ich aus einem kleinen Nickerchen aufwache, traue ich meinen Augen nicht. Wir fahren auf einer richtigen, mehrspurigen Autobahn, um uns herum Stadtverkehr und Hektik. Hinter den Busfenstern türmen sich die Häuser auf, Glas, Stahl, glänzend und hoch. Ohne nachzudenken, packe ich meine Wasserflasche in den Rucksack, meinen Musikspieler ebenso, und lege meine Jacke zusammen. Peer gibt sich verwundert. »Keine Eile, schau mal auf die Uhr.« Tatsächlich. Laut Fahrplan brauchen wir noch eine Stunde, bis wir ankommen. Da draußen sieht es nach Stadtzentrum aus, dabei sind es nur die Randbezirke der Hauptstadt. »Hoppla, bin wohl keine Städte von der Größe mehr gewohnt.« Tatsächlich fahren wir noch lange durch Ansammlungen von Vororten.

Dann steigen wir am Busbahnhof aus und fahren mit einem Taxi nach kurzer, aber erfolgloser Verhandlung ins wirkliche Zentrum. Erfolglos nicht, weil uns der Fahrer abgezockt hätte, sondern weil es hier tatsächlich Taxameter gibt, an die sich auch gehalten wird. Und man etwas doof aussieht, wen man als Fremder danebensteht und trotzdem handeln will.

Im touristischen Backpacker-Viertel finden wir bald die reservierte Bruchbude. Wir nutzen sie als Ausgangsort für die Suche nach einem gemütlichen Zimmer. Und werden just an dem Tag fündig, als auch Oli in der Stadt ankommt. Er hat mittlerweile seinen britischen Freund Fergus vom Flughafen abgeholt, und abends erkunden wir gemeinsam die Stadt. Wir blicken vom Gipfel des Bergs Monserrate über die Stadt, erleben, wie über dem Kessel, in dem Bogotá liegt, die Sonne untergeht und die knapp acht Millionen Einwohner ihre Lichter anzünden. Die Berge, die Bogotá zu allen Seiten umgeben, entschwinden ins Dunkel, so dass sich unter uns ein so scharf konturiertes Lichtermeer ausbreitet, als habe ein Riese hier einen leuchtenden Teppich abgelegt.

Tagsüber stürzen wir uns in das Gewühl der pulsierenden Straßen oder schreiben für unser Blog. Ein Tagesausflug führt uns nach Zipaquirá, wo selbst ein Atheist keine Argumente gegen den Besuch einer Kirche findet. Dieser Kirche wohlgemerkt, der Catedral de Sal, die in einen alten Salzbergwerkstollen gebaut wurde. Ganze Kirchenschiffe und sämtliche Stationen des Kreuzweges wurden aus dem blanken Salzstein gehauen und bunt illuminiert.

Nicht minder beeindruckend ist das Nachtleben von Bogotá. Zu viert ziehen wir nach einem ausgiebigen Abendessen von Bar zu Bar. Es ist mal wieder ein Abschiedsabend, Oli und Fergus wollen nach Medellín reisen, uns zieht es nach Venezuela.

Die Kneipentour endet in einer kleinen Gasse vor einer Bar, wo wir mit Einheimischen ins Gespräch kommen. Trotz unzureichender Spanischkenntnisse reden wir über Vergangenheit und Zukunft Kolumbiens, Tourismus, Kriminalität und Drogen. Ulkig daran ist, dass sich alle einig sind, dass Drogen schlecht sind, während sie uns auf offener Straße ungeniert Kokain anbieten. Dass wir dankend ablehnen, hindert Juan, einen angetrunkenen jungen Mann mit windschiefer Brille und Universitäts-T-Shirt, nicht daran, in eine Tirade auszubrechen. »Kolumbien hat so viel zu bieten. Das Land, die Natur, das Essen, die Musik, natürlich die Frauen, aber bitte erinnert euch nicht an Kolumbien wegen der Drogen, die bringen nur Unglück über uns.« Dass wir die Einzigen sind, die sich nicht regelmäßig am Pulver bedienen, ändert nichts an seinem missionarischen Eifer. Als Oli und Fergus sich verabschieden – sie müssen sehr früh raus, um ihren Bus zu erwischen –, dringt es langsam zu Juan durch, dass wir wirklich nicht wegen des Marschierpulvers hier sind. Prompt lädt er uns zu seiner Familie ein.

Auf einmal gerät Unruhe in die Menge. Am Ende der Gasse taucht ein Polizei-Moped auf. Die sind noch knapp 200 Meter entfernt, da werden wir schnell in die Bar geschoben. Kaum drinnen, bekommt jeder einen Humpen Bier in die Hand gedrückt, bevor wir überhaupt realisieren können, was geschieht. Ich drehe mich um, da steht auch schon ein Polizist hinter mir. Wow, sind die schnell! Ich kann nicht mal einen Schluck nehmen, da werden Peer und ich schon zurück auf die Straße gezogen. Natürlich als Einzige, alle anderen sind Einheimische. Na ja, was soll's, denke ich mir, diesmal kann uns nichts passieren. Wir haben zwar ordentlich Schlagseite, aber weder etwas Verbotenes gemacht noch konsumiert, noch in der Tasche. Das scheint nur keinen der beiden Beamten zu scheren! Ruppig, fast schon brutal, werden wir an die Wand gedrückt, Arme und Beine gespreizt, abgetastet und unsere Taschen entleert. Die beiden scheinen nicht glücklich darüber zu sein, dass wir keine Pässe dabeihaben, ich gebe meinen Führerschein und Peer seinen Personalausweis. Dann kommen einige unserer neuen Freunde zu uns, und Juan hat den Besitzer der Bar im Schlepptau. Wir erfahren, dass die Polizisten wollen, dass wir ihnen unsere Drogen aushändigen. Noch mal suchen sie uns erfolglos ab. Und der Sicherheit halber noch ein drittes Mal. Erst als der Barbesitzer die beiden zur Seite nimmt und recht heftig auf sie einredet, scheinen sie ihr Interesse an uns zu verlieren. Ohne ein weiteres Wort drehen sie sich um, schwingen sich auf ihr Moped und brausen davon. »Äh!«, setze ich an, entscheide mich dann aber, ihnen nicht hinterherzurufen. Man will es ja nicht übertreiben. Also richte ich die Frage an Juan: »Und was ist mit unseren Ausweisen?« – »Tja, Freunde, die könnt ihr euch auf der Wache abholen. Das gehört zum Spiel. Die Ausweise kosten dich, je nach Verhandlungsgeschick, 200 bis 300 Dollar. Herzlich willkommen in Kolumbien!«

Danach erhalten wir mehr Umarmungen, Entschuldigungen, Rechtfertigungen und Freigetränke, als wir zählen können. Irgendwann schließt der Laden, Juan nimmt uns mit zu einer Bar, in der sein Bruder arbeitet. Auch die hat schon lang geschlossen, doch Juan klopft den richtigen Rhythmus an die Tür, sie öffnet sich, die Geschichte wird erzählt, und auch hier werden wir ausgehalten. Mit jedem Glas Rum steigen unsere Spanischkenntnisse, so dass wir am Ende fließend mit den Einheimischen parlieren und wieder und wieder zu ihren Familien eingeladen werden. Nur die Tatsache, dass unser Hostel keine 100 Meter entfernt liegt, sorgt dafür, dass wir in unseren eigenen Betten landen.

Der letzte Morgen in Bogotá. Peer sieht aus, wie ich mich fühle. Dennoch sind wir uns einig, dass der Abend den heutigen Kater wert war. »Je ne regrette rien«, zitiert Peer Edith Piaf. Angeber. Aber recht hat er, auch ich bereue nichts. Mal wieder hat uns die Normalbevölkerung Gastfreundschaft erwiesen, wer will sich da schon über die Uniformträger aufregen. Oli und Fergus sitzen längst im Bus nach Medellín, als Peer und ich unseren rollenden Kühlschrank zurück nach Norden besteigen. Als wir Juan und den andern gestern erzählten, wie es für uns weitergeht, schauten sie sich mit großen Augen an.

»*Ihr* wollt über die Landesgrenze nach Venezuela?« –»Äh, ja. Wieso?« –
»Oh Leute, passt bloß auf. Ist ja schön und gut, dass ihr nicht fliegen
wollt, aber überlegt euch das noch mal. Das macht sonst kein Tourist.« – »Wieso?«, hake ich nach, schon ahnend, was kommt. »Viel zu
gefährlich! Das ist Rebellengebiet da oben.« Peer und ich sahen uns an
und zuckten im Gleichmut des Alkohols nur die Achseln. Ebenso
schulterzuckend quittieren wir nun die Reaktion des Busfahrers. Dieser zieht etwas erschrocken die Augenbraue hoch, als er unsere Tickets
kontrolliert. »Adónde vais?«, fragt er zögerlich. »Venezuela«, geben
wir als Antwort. Im nüchternen Kopf sind unsere Spanischkenntnisse
wieder auf einzelne Worte geschrumpft. Doch das reicht. Gezwungen
lächelt er uns an. Man könnte auch ungläubig dazu sagen. »Ooou-
uuh«, kommt als Antwort, und dann, etwas leiser: »Buena suerte.«
Viel Glück.

INFOBOX

> Von der Küste über die Orte San Gil und Villa de Leyva nach Bogotá zu fahren ist so etwas wie die typische Route. Die Orte sind touristisch sehr gut ausgebaut, die Verbindungen ebenso zahlreich wie Unterkünfte und Restaurants in den Orten. Doch es lohnt sich, links und rechts vom Weg zu schauen, etwa einen Tagesausflug in die kleinen Örtchen Barichara und Guena von San Gil aus zu unternehmen.

> Die Catedral de Sal in Zipaquirá ist von Bogotá aus gut mit dem Bus zu erreichen, Angebote hängen in allen Unterkünften.

> Busse in Kolumbien sind (zumindest auf den Routen, die wir befuhren) günstig, komfortabel, sauber und pünktlich. Aber Achtung: immer einen dicken Pullover dabeihaben! Auch Preise vergleichen, die schwanken zum Teil erheblich zwischen den Anbietern.

> Lass die Kontrollen über dich ergehen. Wir erlebten es als normal, dass Ausländer ständig kontrolliert werden. Wer sich mit Drogen erwischen lässt, hat Pech gehabt.

Kapitel 39:
Vom schnöden Mammon

PEER

Es ist bereits Mittag, als wir den Grenzort Cúcuta erreichen. Kraftlos stolpern wir aus dem Bus und laufen vor eine Wand. Eine Wand aus Hitze. Meine Brille beschlägt, und ich spüre den Schweiß auf der Stirn. Es müssen Temperaturen jenseits der 30° C herrschen. Wir schälen uns aus unseren Jacken. Ich habe weiche Knie und einen dicken Kopf, fühle mich grippig und lasse mich matt auf meinen Rucksack sinken. Jochen macht keinen besseren Eindruck, doch versucht er seine Erschöpfung durch Tatendrang zu kaschieren. Sein Aktionismus beschränkt sich darauf, die Augen mit der Hand gegen die Sonne zu schützen und sich umzuschauen.

»Ich kann keine Grenze sehen«, stellt er fest. »Und nu?«, röchele ich. Da gesellt sich der Busfahrer zu uns und nimmt sich unserer an. Wir müssen einen mitleiderregenden Eindruck machen, wie wir hustend und schniefend auf unserem Gepäck am Rande des Parkplatzes kauern. Jedenfalls führt uns der Busfahrer in ein kleines Restaurant, wo wir uns stärken. Kaum haben wir aufgegessen, kommt er gestikulierend auf uns zu. Schwitzend und atemlos berichtet der untersetzte Mann, er habe ein Taxi organisiert, das uns über die Grenze bringt. Busse gibt es angeblich keine. Er geleitet uns allerdings nicht zu einem Taxi, sondern zu einer Wechselstube. »Ach nee«, winken wir reflexartig ab, viel zu fertig, um noch einen klaren Gedanken fassen zu können. »Das ist bestimmt der Laden seines Cousins, der uns einen guten Kurs macht«, witzelt Jochen. Der Busfahrer scheint zu insistieren, dass wir hier Geld tauschen. Wir haben noch ein paar Pesos, die für die Taxifahrt über die Grenze und ins nahegelegene San Cristóbal reichen sollten. Also bleiben wir stur und weigern uns, hier an der Grenze Geld zu wechseln. Der Busfahrer resigniert und bringt uns zum Taxi.

Erschöpft sinken wir im Fond eines amerikanischen Straßenkreuzers, der seine besten Jahre schon lange hinter sich hat, in die weichen Sitze. Der alte V8-Motor röhrt, und das Schlachtschiff setzt sich in Bewegung. Nur um nach wenigen Metern wieder zu stoppen. Vor einer Wechselstube. »Cambio?«, fragt der Fahrer über die Schulter. »No, gracias«, höre ich Jochen sagen. Venezuela, Geld? Da war doch was. Bevor ich draufkomme, bin ich eingeschlafen.

Jochens Ellbogen fährt in meine Rippen und lässt mich hochschrecken. Wir sind an der Grenze, erhalten unsere Ausreisestempel und sind raus aus Kolumbien. Auf venezolanischem Boden weht ein anderer Wind. Schwerbewaffnete Grenzer fordern uns wortlos, doch unmissverständlich auf, den Wagen zu verlassen, dann eskortieren sie uns zur Gepäckkontrolle. Unter dem gestrengen Blick von Hugo Chávez müssen wir sämtliche Rucksäcke bis auf die letzte Socke aus- und wieder einpacken. »Drogas?« Nicht doch. »Dollares?« No Dollares. Zum Beweis öffnen wir unsere leeren Geldbörsen. Die Zöllner wirken enttäuscht und reden unbeirrbar auf uns ein, auch als wir zu verstehen geben, dass unsere Spanischkenntnisse äußerst limitiert sind. Einer der Grenzer scheint aber etwas gefunden zu haben, das sein Interesse weckt: Jochens Winterjacke. Er probiert sie an und befindet sie für passend. Ein zustimmendes Nicken seiner Kollegin bestätigt ihm: Steht mir! Er scheint milde gestimmt und will uns gehen lassen. Die Kollegen lachen. »Das meint er doch nicht ernst?«, will Jochen von mir wissen. Ich ziehe die Schultern hoch und lasse sie schlaff wieder fallen. Dann reden wir mit Engelszungen auf den Grenzer ein. Wir müssen bald nach Deutschland zurück, wo uns ein frostiger Winter erwartet und wir die Jacke dringend brauchen. Die Stimmung des Grenzers kühlt deutlich ab, doch er hat ein Einsehen, rückt die Jacke raus und führt uns zu einem kleinen Fenster, wo wir unseren Einreisestempel erhalten. Wir sind also in Venezuela. Das

Ganze hat keine Stunde gedauert. War doch gar nicht so schlimm. Es sei denn … Kaum zurück im Taxi, fragt Jochen den Fahrer ungläubig, ob es das war. Milde lächelnd schüttelt der den Kopf, als er seinen Straßenkreuzer in den zähfließenden Verkehr einreiht.

Zur Bestätigung werden wir kurz hinter der Grenze an der nächsten Polizeistation gleich wieder gestoppt. Als Einzige. Da ist er wieder, der Gringo-Bonus. Also Sack und Pack in die Dienststube geschleppt und unter den Augen eines humorlosen Beamten alles wieder ausgepackt. Diesmal müssen wir mit dem Einpacken aber warten, bis sich ein Drogenpudel in maßgeschneidertem K-9-Leibchen in unseren Klamotten ausgetobt hat.

Drei weitere Kontrollen folgen. Jedes Mal das gleiche Prozedere. Ein Blick auf die Gringos im Fond, und ein breit grinsender Polizist winkt uns heraus. »Rutina«, sagt unser Fahrer. Routine haben auch wir inzwischen. Mit müder Gleichgültigkeit lassen wir die Schikanen über uns ergehen. Beim Aus- und Einpacken unserer Sachen sitzt jeder Handgriff. Auch die fünfte Kontrolle bringt keinen bedeutenden Fund hervor. Doch etwas ist diesmal anders. Nachdem uns ein gutgelaunter Polizist am Wegesrand stoppte und uns auf der Motorhaube unsere Klamotten ausbreiten und schließlich wieder einsammeln ließ, gibt er uns zum Abschied ein »Bienvenidos a Venezuela« mit. Na also, es geht doch auch freundlich! Ein »Gracias« murmelnd, kriechen wir wieder in das Taxi und setzen die Fahrt fort.

Es dämmert bereits, als wir den Busbahnhof in San Cristóbal erreichen. Für rund fünfzig Kilometer haben wir über vier Stunden gebraucht. Nicht schlecht.

Wir diskutieren kurz die Möglichkeit, die Nacht in San Cristóbal zu verbringen, verwerfen die Idee aber wieder. Nach den Strapazen sind wir wild entschlossen, unser Ziel Merida zu erreichen. Also schauen wir uns am Busbahnhof nach Möglichkeiten der Devisenbeschaffung um. Zwar finden wir einen Geldautomaten, doch Jochens Karte funktioniert nicht. Meine ebenso wenig. Verdammt. Egal, wo auf der Welt, ohne Geld wird's schwierig. Ich zaubere ein paar letzte

US-Dollar hervor, die ich an den Grenzern vorbeigeschmuggelt habe. Es reicht zumindest für die Busfahrt nach Merida. Wir lösen die Tickets und klettern in den Kleinbus. Dieser ist, wie nicht anders zu erwarten, vollklimatisiert. Wir hüllen uns einmal mehr in unsere Winterjacken und warten. Eine genaue Abfahrtszeit gibt es nicht, der Bus fährt, wenn er voll ist. Es ist stockfinster, als wir San Cristóbal verlassen.

Wir sind noch nicht vom Hof des Busbahnhofs gerollt, da falle ich in einen komatösen Schlaf. Als ich erwache, halten wir an einem Rastplatz. Gerädert, aber hungrig schleppen wir uns in die offene Raststätte und sondieren das Angebot. Empanadas und Chips in diversen Variationen. Na prima. Aus Mangel an Alternativen gönnen wir uns eine der fetttriefenden Teigtaschen. Mit einem entschuldigenden Lächeln wischt die Dame hinter dem Tresen einen dicken schwarzen Käfer von der Köstlichkeit und serviert sie uns in einem Plastikkörbchen. Wir sind beide viel zu fertig, um uns mit so trivialen Gefühlsregungen wie Ekel aufzuhalten. Das ändert sich auch nicht, als wir Platz nehmen und einer biblischen Plage gleich die Käfer von der Decke rieseln. Bei jedem Schritt knackt es unter den Füßen, auf der Toilette huscht das Getier aus jeder Ritze. Hier scheint jemand Gottes Zorn heraufbeschworen zu haben. Mit klappernden Zähnen und rumorenden Mägen wachen wir die letzten Stunden bis zur Ankunft in Merida.

Tief in der Nacht erreichen wir unser Ziel, fallen aus dem Bus und landen vor einer Reihe Taxis. Die Fahrer wittern fette Beute, doch lassen bald von uns ab, als wir auch hier dem Geldautomaten nichts entlocken können. Ein junger Mann, der mit uns im Bus saß, beobachtet unsere von Flüchen begleiteten Versuche. Dann kommt er langsam näher, seinen kleinen Aktenkoffer an sich drückend und etwas unsicher hin und her blickend. Als ich ihm das Problem schildere, lädt er uns kurzerhand zu sich ein. Obwohl er nicht unsympathisch wirkt, ist uns bei der Sache nicht wohl. Vielleicht ist es auch die Befürchtung, in unserem desolaten Zustand den eigenen Instinkten nicht mehr trauen zu können. Jochen flunkert, wir hätten bereits ein

Hostel reserviert, wo man uns erwarte. Da das Hostel zu weit entfernt ist, um zu laufen, bietet der Mann uns an, uns wenigstens mit dem Taxi dorthin zu bringen, was wir gerne annehmen.

Im Hostel eingecheckt, ist er noch immer an unserer Seite. Ich vegetiere auf dem Bett vor mich hin, er sitzt auf der Bettkante. Soweit es meine rudimentären Spanischkenntnisse zulassen, parlieren wir ein wenig. Ich habe Mühe, mich wach zu halten. Erst als Jochen, weiß wie die Wand, von der Toilette zurückkehrt und am ganzen Leibe zitternd zum Besten gibt, er habe sich der Empanadas auf der unüblichen Route entledigt, hat unser Helfer ein Einsehen. Wir tauschen Nummern aus, verabreden uns locker für ein Bier am Wochenende, und er entlässt uns in die Nachtruhe. Nach einer Fahrt von 32 Stunden über 800 Kilometer ziehe ich mir nicht mal die stinkenden Klamotten aus, bevor ich einschlafe.

Als wir am nächsten Nachmittag erwachen, fühle ich mich immer noch hundeelend. Jochens Erkältungssymptome sind abgeklungen, dafür wüten die Empanadas in seinen Innereien. Eigentlich sind wir zu rein gar nichts in der Lage, doch müssen wir dringend Devisen beschaffen. Schließlich will auch unsere Bleibe bezahlt werden. An der Rezeption erklären wir unsere Lage und hoffen auf einen guten Rat. Der junge Angestellte zuckt die Schultern und ruft die Chefin. Die erzählt uns, was wir bereits wissen. Der venezolanische Bolívar verliere schneller an Wert, als er gedruckt werde. Geldautomaten funktionierten selten, kaum mit ausländischen Karten, und böten ohnehin einen miserablen Kurs. Man müsse in die Bank gehen, was den Kurs zwar nicht verbessere, aber wo man nach einigen Stunden immerhin Geld bekomme. »Tja, ihr hättet an der Grenze tauschen sollen«, strahlt uns die Besitzerin, eine Schweizerin, an. Danke für den Tipp. Sie rät uns zu Schwarzmarkt-Wechselstuben, die gäben noch den besten Kurs. Da wir aber auch keine nennenswerten Euro- oder Dollarreserven haben, hilft uns das auch nicht weiter. Ich schlage vor, dass wir ihr online Geld überweisen und sie es uns, nach Abzug der Übernachtungskosten, in Bolívar auszahlt. Wir verhandeln etwas über den Wechselkurs, und als wir uns den vermeintlichen Schwarz-markt-Kursen vor Ort nähern, schlagen wir ein. Die Zeit, bis das Geld eingeht, fristen wir bei karger Kost und viel Arbeit am Blog auf der Dachterrasse des Hostels. Als uns eines Morgens an der Rezeption der Angestellte mit verschwörerischem Blick einen dicken Umschlag über den Tresen schiebt, sind wir wieder flüssig. Jetzt ist es an der Zeit, sich etwas mit Merida und der näheren Umgebung zu befassen. Doch die Angebote zu Extremsport reizen uns nicht.

Spätestens seit der Pazifikpassage ist sogar Jochen etwas ruhiger geworden. Fast gechillt, möchte man meinen. Ich frage mich, ob es mit der dreiwöchigen inneren Einkehr auf See zusammenhängt oder doch der unabänderlichen Tatsache geschuldet ist, dass wir uns mit jedem Schritt der Heimat nähern. Auch bei mir beobachte ich zunehmend Phasen der schweigsamen Reflexion und ertappe mich sogar bei dem Gedanken an das Danach. Ich zwinge mich, die Grübelei zu beenden, und bin einfach nur froh, dass ich meinen Adrenalinspiegel nicht freischwingend an einer Felswand oder in einem reißenden Bach in die Höhe treiben muss. Ich schlage etwas anderes vor, und Jochen ist sofort begeistert. Wir wollen uns die Blitze von Catatumbo ansehen. Dieses Naturschauspiel, das schon Alexander von Humboldt als beeindruckend beschrieb und dessen Ursprung bis heute von der Wissenschaft nicht abschließend geklärt ist, lässt sich gut am See von Maracaibo beobachten. Noch besser aber auf dem See. Also buchen wir eine zweitägige Tour.

Am nächsten Morgen besteigen wir den Geländewagen und kommen gerade zwei Straßen weit, als unser Fahrer Dani ungebremst in einen anderen Wagen fährt. Kaputte Bremsen, gibt er uns zu verstehen und steigt aus. Uns geht's auch gut, danke der Nachfrage. Die Stimmung am Unfallort ist entspannt. Polizei wird nicht benötigt. Die Chefin unseres Hostels kommt, klärt die Details mit dem anderen Fahrer, wir wechseln den Wagen und setzen die Fahrt fort. Durch dichten Urwald erklimmen wir 3000 Meter hohe Passstraßen, kommen durch malerische kleine Dörfer, stoppen hier und da für einen

Kaffee, ein Essen oder nur ein Foto. Bei jedem Halt in jedem Ort fällt uns als Erstes die Geräuschkulisse auf. Laute Musik und Reden, von denen wir kein Wort, wohl aber die Vehemenz in der Stimme verstehen. Der Krach kommt aus großen Lautsprechern von kleinen Ständen am Straßenrand. Manchmal auch von der Ladefläche eines Pickups. Es ist Wahlkampf im Land. Und zwar überall. Sehr laut und sehr bunt.

Gegen Nachmittag erreichen wir das Südufer des Sees von Maracaibo. Wir stellen das Auto ab und steigen in ein kleines Boot. Stundenlang dümpeln wir über einen Fluss. Zumindest denke ich, dass es einer ist. Vom Wasser sieht man nichts, wir gleiten auf einer geschlossenen Decke aus Seerosen dahin. Aus den Bäumen am Ufer schreien uns Brüllaffen an, über uns verdunkeln riesige Vogelschwärme die Sonne. Unvermittelt öffnet sich der Seerosenteppich ebenso wie der Fluss, und vor uns breitet sich ein gigantischer See aus. Es könnte auch ein Ozean sein. Zur Linken und Rechten verliert sich das Ufer in der Ferne, der Blick nach Norden zeigt nur endloses Wasser.

Von seltenen Süßwasser-Delphinen eskortiert, schippern wir über den See und machen an einem Pfahlhaus mitten auf dem Wasser fest. Unsere Bleibe für die Nacht. Dani und der Bootsführer bereiten das Essen, Jochen und ich schauen bei einem Bier der Sonne beim Untergehen zu. Binnen Augenblicken ist es stockfinster. Plötzlich durchzuckt ein Blitz den Himmel. Es wird taghell. Dann noch einer und noch einer, bis der ganze Himmel aus grellem Zucken zu bestehen scheint. Der erwartete Donner bleibt aus. Stumm bestaunen wir das Naturschauspiel. Nirgendwo sonst auf der Welt blitzt es so oft, bis zu 300 Mal in der Stunde. An fast jedem Tag im Jahr. Die halbe Nacht hindurch verfolgen wir gebannt schweigend das himmlische Spektakel, bis uns die Müdigkeit in unsere Hängematten treibt. Ich kann es nur mit Humboldt sagen: beeindruckend.

INFOBOX

> Wenn du nach Venezuela reist, wechsle dein Geld unbedingt vorher! Es gibt keine Garantien, dass im Land Kreditkarten funktionieren, ebenso wenig, wie es plausible Gründe gibt, wenn sie es nicht tun.

> Davon abgesehen ist es in vielen Ländern von Vorteil, zusätzlich zur Landeswährung ein paar US-Dollar parat zu haben. Die werden fast überall angenommen.

> Wenn du von Kolumbien nach Venezuela auf dem Landweg reist und wie wir optisch in die Kategorie »Gringo« fällst, stell dich auf diverse Kontrollen an und hinter der Grenze ein. Vom Drogenschmuggel oder ähnlichen Vergehen ist dringend abzuraten!

> In Reisebussen in Kolumbien und Venezuela werden die Klimaanlagen exzessiv betrieben. Sei vorbereitet und hab Winterkleidung oder Decken griffbereit.

> Die Blitze von Catatumbo solltest du dir nicht entgehen lassen!

Kapitel 40:
Begegnungen in Venezuela

JOCHEN

Oh, Musikvideos! Hatten wir lange nicht mehr. Auf den Bildschirmen wird sich gegenseitig angeschmachtet und nachgetrauert, das ist trotz der Bildstörungen zu erkennen und trotz der vom Gebrauch geschwächten Boxen zu hören. Leider. Draußen gleitet das Grün der Anden an uns vorbei, während wir Merida hinter uns lassen und in Richtung Caracas aufbrechen. Peer stöpselt sich seine Kopfhörer in die sensorischen Eingänge, ich bin der Beschallung schutzlos ausgeliefert, da ich es verpeilt habe, meinen MP3-Spieler aufzuladen. Dann halt die volle Dröhnung, denke ich, als der Fahrer die Klimaanlage anstellt und mir ein frischer Wind in den Nacken weht. Und das, wo ich gerade die letzte Erkältung hinter mir gelassen habe. Doch in dieser Nacht geht alles gut. Kurz vor Mitternacht hat das emotionale Harakiri auf dem Bildschirm ein Ende, wenig später gibt die Klimaanlage ihren Geist auf, und mein Nacken kann auftauen. Ich bemerke gerade noch, wie es langsam anfängt, stickig zu werden, dann schlafe ich ein.

Und wache in einer Mischung aus Dampfbad und Schuhschrank wieder auf. Um uns herum fließt dichter Verkehr in mehr Richtungen als von den Straßenbauern geplant. Häuser um uns herum. Näher, als man das von Autobahnen gewohnt ist. Die Szenerie ist in ein erfrischendes Betongrau getaucht, hier und da ein Einfluss vom Braun alten Durchfalls. Wir sind in Caracas!

Wer angesichts der halsbrecherischen Fahrweise übermütiger Jungspunde dazu neigt, sich zu erschrecken, sollte in dieser Stadt kein Fahrzeug führen. Da wird munter gekreuzt und gequert und sämtliche Emotionen, die durch Salsa nicht ausgedrückt werden können, werden durch Rufe, Gesten oder die Hupe über die anderen Verkehrsteilnehmer ergossen. Wer braucht da noch Fernsehen? Dennoch schaltet der Busfahrer die Bespaßung wieder ein, damit uns auf den letzten Kilometern nicht langweilig wird. Oder um uns abzulenken, was nicht ganz unvernünftig erscheint.

Wir kommen in einem riesenhaften Busbahnhof an, der sich vor allem dadurch auszeichnet, dass hier keine Busse an die Küste fahren. Wir müssen zum Terminal Oriente. Raus aus dem Gewühl, rein in das Chaos.

Am Taxistand, also dem Straßenrand, der auch Aufenthaltsraum, Schlafplatz, Lagerstätte und einiges mehr ist, kommen uns Zweifel. Ob hier alle Autos fahrtüchtig sind. Ob fortwährendes und unveränderliches Nicken bedeutet, dass man uns versteht und weiß, wo wir hinwollen. Ob hier jeder Fahrer nüchtern ist. Dann ein relativ junger Mann, mehr Gel in den Haaren, als ich in der Hand tragen könnte. Aber er versteht tatsächlich, wo wir hinwollen, macht uns einen anständigen Preis, scheint halbwegs bei der Sache zu sein, und sein Auto … fährt. »In curve please hold door, or it open.« Na immerhin macht er uns nichts vor. Dann geht es auf einem Höllenritt quer durch die venezolanische Hauptstadt. Glaube ich zumindest, so genau kann ich es nicht sagen, ich halte über weite Strecken meine Augen geschlossen. Als wir am nächsten Busbahnhof ankommen, habe ich meine liebe Mühe, die verkrampften Finger vom Türgriff zu lösen, aber immerhin haben wir überlebt.

Am Ticketschalter empfängt uns mal wieder die geballte Ambivalenz. Ja, hier gibt es Tickets nach Puerto La Cruz an der Küste. Ja, da gehen heute noch Busse. Nein, nicht für uns, die sind nämlich bis morgen Abend alle ausgebucht. Ach, dieses unterm Strich euphorisierende Wechselbad der Gefühle, das man auf Reisen durchlebt, es ist ein Jungbrunnen. Peer sieht es ähnlich: »Hab keinen Bock, mir hier in Caracas 'ne Bleibe für eine Nacht zu suchen, und hier am ZOB zu pennen noch weniger.« Geht mir genauso, also probieren wir es, einer

Eingebung folgend, beim Informationsschalter. Und haben Glück. Wir können uns auf eine Warteliste setzen lassen. Sobald jemand von einer Reservierung abspringt oder bis fünf Minuten vor Abfahrt des Busses nicht da ist, können wir einspringen. Also nachdem die anderen, die vor uns auf der Warteliste stehen, abgefertigt wurden. Oder nicht auftauchen. Wie wir im Fall der Fälle davon erfahren? Durch Aufrufen unserer Nummer. Oder indem wir uns, wie all die anderen, direkt am Fahrkartenschalter herumdrücken und fortwährend auf die Kassierer einreden. Das zumindest erklärt uns ein freundlicher Mann, der als Einziger im Bahnhof genug Englisch spricht, um sich uns verständlich zu machen. Ihm geht es ähnlich, auch er wartet auf ein nicht ausgelöstes Ticket.

Der erste Bus verursacht völliges Chaos in den Reihen der Wartenden, fährt jedoch ohne uns ab. Der zweite lässt die Emotionen hochkochen und zeigt, dass auch kleine Damen sich gegenüber großen Männern durchsetzen können, wenn sie nur aktiv genug anstehen. Doch auch dieser Bus fährt ohne uns ab. Nun gilt es, es gibt nur noch einen Bus an diesem Tag. In diesem wird tatsächlich ein Platz frei. Wir sichern uns die Karte. Schon mal die halbe Miete. Als zehn Minuten vor Abfahrt kein zweites Ticket in Sicht kommt, spiele ich mit dem Gedanken, dem netten, Englisch sprechenden Mann den Fahrschein zu überlassen. Gerade als ich ihm die Karte geben will, kommt die Nachricht: drei freie Plätze. Wieder so ein kleiner Arm, der aus dem Hintergrund hervorgeschnellt kommt, die dazugehörige Hand macht eine Greifbewegung, bevor ich realisieren kann, was abgeht. Der Mann kommt uns zu Hilfe. Bestätigt, dass wir schon so lange hier stehen, dass das *unsere* Tickets sind. Am Ende des kleinen Arms taucht eine energische Dame auf, die ihre geringe Körpergröße durch Vehemenz ausgleicht. Der Mann schnappt sich eines der Tickets, ich kann nur dumm gucken. Jetzt ist alles aus, denke ich, doch dann gibt er es mir, nickt, und ich zahle einfach. Dann Geschrei, die Verkäuferin verschafft sich Ruhe. Unser neuer Freund erhält keines der übrigen zwei Tickets, da niemand sonst alleine reist, der die andere Karte nehmen könnte. Der Mann gratuliert uns, wünscht uns alles Gute. Wir drücken uns, als würden wir uns ewig kennen. Dann sagt er: »Hey, ich komm schon klar, ich bin von hier, los, eilt euch, sonst fährt er doch noch ohne euch!« Sein aufmunterndes Lächeln und sein Winken sind das Letzte, was wir von Caracas sehen.

Nach vier Filmen mit einem Spanisch nuschelnden Wesley Snipes haben wir die Berge hinter uns gelassen und erreichen Puerto La Cruz an der Küste. Es ist ein Uhr in der Früh, es sieht nach Stadtrand aus. Ein Taxi fährt uns dahin, wo der Fahrer meint, dass »Zentrum, Hotel« passen könnte. Was sich als Uferpromenade entpuppt, die bis zum Ölhafen am Ende der Bucht reicht und an der absolut alles geschlossen ist.

Zwar finden wir ein Hotel und eine Pension, geschlossen. Gehen die Straße entlang, sehen ein paar Betrunkene, zwei nicht ganz geheuer aussehende Muskelschränke in einem Hauseingang, noch ein geschlossenes Hotel. Zwei Seitenstraßen, auch hier sind die Türen fest verschlossen. Die meisten zusätzlich vergittert. Natürlich muss sich genau jetzt mein Gehirn dazuschalten und mir in Erinnerung rufen, was ich in den letzten Tagen über venezolanische Städte in der Nacht gehört habe: Gefahr, Gewalt, um es in zwei Worten zusammenzufassen. Dann eine Pension, in der noch Licht brennt, der Eingang in einer Seitenstraße, die Tür aus Glas, das Gittertor noch nicht verschlossen. Wir müssen nur den Nachtwächter aufwecken. »Ich sehe doch den Kopf auf dem Tresen liegen«, ermutige ich Peer, »ja, klopf noch mal fester, na also!« Der Nachtportier erhebt sich widerwillig, lässt uns ein und gibt uns das letzte Zimmer. Wir sind bereit, jeden Preis zu zahlen. Das müssen wir auch.

Am nächsten Tag merken wir, dass Puerto La Cruz sich in Sachen Sehenswürdigkeiten eher bescheiden ausnimmt. Die Promenade direkt vor uns ist im Verfall begriffen, die Verkehrsteilnehmer auch. Die Geschäfte sind leer an Menschen, wenn sie teuer sind, und leer an Waren, wenn sie günstig sind. Die Straßen sind voll, wenn es Tag ist, und leer, wenn es Nacht wird.

Am zweiten Abend im Ort essen wir im Restaurant nebenan, als uns eine junge, blonde Frau anspricht. Auf Deutsch. Tanja und ihr frischgebackener Ehemann Benjamin sind gerade erst aus dem Münsterland nach Puerto La Cruz gezogen und arbeiten nun hier im Restaurant. Da Tanja heute frei hat, setzt sie sich zu uns, und wir quatschen uns fest. Nachdem Benjamin Feierabend hat, gesellt er sich dazu. Bald hocken wir auf der Promenade und genießen die untergehende Sonne. Wir sind nicht die Einzigen, die es in dieser lauen Nacht an einen karibischen Strand zieht, warum auch? Doch das scheinen drei Polizisten anders zu sehen. Sie tauchen unvermittelt auf, trennen uns bestimmt voneinander und erklären uns unmissverständlich, dass unsere Nacht im Gefängnis endet, wenn wir nicht hier an Ort und Stelle die Strafzahlung dafür leisten, dass wir uns nach Sonnenuntergang am Strand aufhalten, was absolut und bekanntermaßen verboten sei. Darüber gibt natürlich an keiner Ecke auch nur ein Schild Aufschluss. Benjamin, des Spanischen fließend mächtig und dem Pass nach Landsmann der Beamten, versucht einzuschreiten, zeigt auf seine Arbeitsstätte und sagt, dass, wenn er wie gefordert alles geben soll, was er im Geldbeutel hat, er an diesem Tag nichts verdient hat und auch nicht mehr nach Hause kommt. Die Polizisten sind jedoch in der Lage, sich blitzschnell den veränderten Gegebenheiten anzupassen: »Wie viel kostet das Taxi?« Und genau so viel darf Benjamin behalten, bevor er weggeschickt wird. »Du gehst, oder du wanderst mit ins Loch«, ist alles, was der offensichtliche Vorgesetzte sagt, dann schubsen sie Benjamin und Tanja fort. Nun wenden sie sich uns zu: »Passport.« – »In the hotel« – »No passport, dinero.« – »How much?« – »All.« Und das ist nicht verhandelbar.

»Gut, dass wir die letzten Kröten in Rum investiert haben und du nicht doch im Zimmer warst, um mehr Geld zu holen«, raune ich Peer zu, als die Männer mit einer Mischung aus Unglauben und bitterster Enttäuschung unsere Geldbörsen öffnen und je kaum einen Dollar herausholen. Es lebt sich herrlich ungeniert, wenn man nix hat.

Man verabschiedet sich erstaunlich höflich angesichts des für beide Seiten unbefriedigenden Ausgangs dieser Begegnung, dann stehen wir am Straßenrand. Kaum sind die Uniformen weg, umringen uns Einheimische. Was das denn gewesen sei? Wir fassen die Geschehnisse grob zusammen und werden mit Rum und Zigaretten überhäuft. Eine Schande für das Land sei das, ich soll dies hier trinken, das hier rauchen, und überhaupt, ob wir schon was gegessen haben? Als ich ihre Frage, was wir nun machen wollen, mit »schlafen« beantworte, ernte ich Gelächter. Nichts da, heißt es, wir kaufen mehr zu trinken! Ich weise darauf hin, dass wir blank sind, und löse großen Aufruhr aus. Wir sollen nicht glauben, dass wir nach dem Erlebnis etwas zahlen dürfen! Unter Getuschel sammeln sie Geld zusammen. Der Größte haut den Kleinen mit der Glatze an: »Hermano, geh mal zu deinem Cousin, sonst hat doch jetzt schon alles zu.« Wir folgen den fünf Männern durch die verwinkelten, mit Müll übersäten Gassen und stoppen vor einem geschlossenen Rollgitter. Einer klopft an, Licht geht an, das Rollgitter geht hoch, dahinter tauchen ein Kiosk und zwei verschlafene Augen auf. Der Cousin rückt eine Flasche zum Vorteilspreis raus, dann hocken wir uns auf einen kleinen begrünten Platz und trinken. Einer unserer Freunde lässt es sich nicht nehmen, lauthals den Präsidenten zu beschimpfen und seine Wahlplakate zu bespucken. Wir weisen ihn höflich darauf hin, dass die Beamten aus dem kleinen Zelt am Ende des Platzes bereits böse gucken. Er schimpft ihnen irgendwas entgegen, schon nähern sich zwei. Na klar, das musste ja so kommen! Doch zu unserer Überraschung wollen die nur Feuer oder eine Kippe oder sich kurz gezeigt haben, jedenfalls sind sie bald wieder weg, und die Flasche ist eh fast leer. Just in diesem Moment kommen Tanja und Benjamin um die Ecke, froh, uns doch wiedergefunden zu haben, sie hätten sich Sorgen gemacht. Also wird gemeinsam beschlossen, dass Taxen um die Zeit keinen Sinn mehr machen, Benjamins Geld wird in eine weitere Flasche investiert, denn dies sei angesichts der Erlebnisse das einzig mögliche Prozedere.

Ich wache in einem Zimmer auf, in das ganz unhöflich die Sonne scheint. Peers rasselnder Atem ergötzt mein Ohr, irgendwas ist in meinem Mund verendet. Und wieso liege ich bei Peer im Bett und das andere ist leer? Auf dem Beistelltisch die Erklärung in Form eines Zettels. Tanja und Benjamin, denen wir offenbar einen Schlafplatz in unserem Zimmer angeboten haben, bedanken sich. Sie sind schon arbeiten, wir sollen zum Frühstück ins Restaurant kommen. Respekt, ich hätte gar nicht mal so große Lust, jetzt zu arbeiten.

Keine Stunde später schlurfen wir zu ihnen ins Restaurant. Benjamin grinst über beide Ohren, als er uns sieht. »Aah, von den Toten auferstanden?« – »Ja, halbwegs, und warum grinst du so breit?« – »Schaut mal unauffällig, wer da hinten in der Ecke sitzt und gerade seine Familie zum Essen einlädt. Von meinem Trinkgeld, wohlgemerkt!« Tatsächlich. Da sitzt der Vorgesetzte des Trupps, der uns gestern die »Strafzahlung« abnahm, und investiert Benjamins Geld in ein opulentes Menü. Benjamin steht hinter dem Tresen und formt mit seinen Lippen dazu eine lautlose Erklärung: »Bienvenidas a Venezuela!«

INFOBOX

> Lass dich von fortwährenden Kontrollen nicht aus der Ruhe bringen, das ist normal.

> Lass Pass und das meiste Geld lieber im Hotelzimmer, das ist sicherer.

> Große Städte wie die Landeshauptstadt Caracas haben einen schlimmen Ruf, vor allem, was Kriminalität und Gewalt angeht. Wir haben das nicht überprüft, aber es wurde zu oft wiederholt. Pass auf, wohin du gehst.

Kapitel 41:
Ein gänzlich neues Problem

PEER

Wir verabschieden uns von Tanja und Benjamin. Zwar laden sie uns ein, noch ein paar Tage mit ihnen in Puerto La Cruz zu verbringen, doch die Stadt hat uns bislang nicht aus den Schuhen gehauen. Abgesehen davon steht uns der Sinn weniger nach Städten oder Kultur. Wir haben so viel davon gesehen, dass wir teilweise schon gar nicht mehr wissen, welches Bild zu welchem Ort gehört. In den letzten Wochen wollen wir Ruhe, Karibikstrand und Urlaubsflair. Also sagen wir »Adios« und ziehen weiter. In den Mochima-Nationalpark, nur wenige Busstunden östlich von Puerto La Cruz und ohnehin auf unserer Route an die Ostspitze Venezuelas gelegen.

Am Busbahnhof entschuldigt sich der Schalterbedienstete im Voraus: »Es tut uns leid, aber auf dieser Strecke verkehren nur Kleinbusse ohne Klimaanlage.« Jochen und ich jubilieren innerlich und verstauen umgehend unsere Winterjacken im Rucksack.

Das kleine Fischerdörfchen Santa Fé am Rande des Nationalparks empfängt uns mit sprödem Charme. Das Zentrum des Ortes und offenbar auch des gesellschaftlichen Lebens bildet die Markthalle. Darum schmiegen sich baufällige, eingeschossige Häuser, in verblasstem Himmelblau oder Dottergelb getüncht, als wollten sie sich gegenseitig stützen. Im Hintergrund hört man die seichte Brandung, wenn sie nicht vom Geschrei der Pelikane, die den Markt und den Hafen in großen Schwärmen belagern, übertönt wird.

Wir suchen eine Bleibe und finden sie direkt am Strand. Neben einem venezolanischen Pärchen sind wir die einzigen Gäste. Die Tage verbringen wir am Meer, die Abende fristen wir im Strandrestaurant unserer Herberge. Zu essen gibt es, was gerade im Hause ist. Zumeist Fisch. Das Leben hier ist günstig, das Ambiente unter Palmen, mit Blick auf den fast kitschigen Sonnenuntergang über der Bucht, schlicht unbezahlbar. Eines Abends kommt die Chefin zu uns an den Tisch und fragt, ob wir nicht Lust auf einen Mojito hätten. Haben wir. In stillosen Plastikbechern reicht sie uns den wohl besten Mojito, den ich bislang genießen durfte. Eine weitere Runde kredenzt sie uns noch, dann ist die Minze aus. Wie gesagt, es kommt nur auf den Tisch, was die Vorratskammer hergibt.

Nach zwei Tagen des Müßiggangs in Santa Fé beschließen wir, dass es wieder an der Zeit für etwas Programm ist. Doch wir sind in der Karibik, um uns herum die wohl schönsten Strände der Welt – was also soll man hier unternehmen? Sich zur Abwechslung mal an einem anderen Strand rekeln! Also fahren wir gemeinsam mit dem venezolanischen Pärchen aus unserer Herberge mit dem Boot eines örtlichen Fischers zur Playa Blanca auf einer der vorgelagerten Inseln. Die Eskorte während der Bootsfahrt bildet ein Schwarm Delphine. An der Playa Blanca angekommen, springen wir sofort in das glasklare Wasser. Wie viele Strände wir bisher gesehen haben, vermag ich nicht zu sagen. Es waren einige, und es waren viele schöne dabei. Doch die Playa Blanca stellt alles in den Schatten. Der namensstiftende weiße Sand hebt sich leuchtend vom azurblauen Meer ab. Es gibt keine Hotels oder ähnliche Auswüchse des Massentourismus. Lediglich eine kleine, offene Strandbar mit einer Handvoll Besuchern, die allesamt auf Booten hergebracht wurden. Wir sind die einzigen Ausländer hier. Wir genießen das badewannenwarme Wasser, die Sonne am weißen Strand und frische Meeresfrüchte zu Mittag. Ich glaube nicht, dass ich dem Paradies jemals näher kommen werde. Schweren Herzens verlassen wir die Insel am frühen Abend wieder, als unser Bootsführer zum Aufbruch bläst. Auf der Rückfahrt kommen wir auch den anderen Herbergsgästen näher. Es stellt sich heraus, dass sie uns für arrogante Westler hielten, die sich zu fein sind, mit den Locals zu sprechen. Als wir nach der Rückkehr gemeinsam an unserem Strand sitzen und einmal mehr den Sonnenuntergang betrachten, relativiert sich ihr Eindruck von uns. Plötzlich gesellt sich unser Bootsführer mit einer Kiste Bier dazu. Keiner der drei spricht Englisch, wir nur wenig Spanisch. Als die Gespräche ernster werden und wir die sprachlichen Grenzen erreichen, holt Jochen seinen Laptop hervor und wir kommunizieren über ein Online-Übersetzungsprogramm. Auch wenn das Persönliche im Gespräch dabei etwas auf der Strecke bleibt, so unterhalten wir uns doch prächtig an der Tastatur des Laptops.

Leider können wir der Einladung des Paars, sie zu besuchen, nicht nachkommen, sonst hätten wir gerne Salto Ángel, den höchsten Wasserfall der Welt, und die Berge von Roraima gesehen, unweit derer die beiden leben. Fast noch interessanter wäre es gewesen, dieses Land mit Einheimischen zusammen zu erleben, doch das nahende Ende unserer Aufenthaltserlaubnis und der gesamten Reise treiben uns zur Eile, was gerade an diesem Abend und angesichts dieser Einladung besonders schmerzt.

Nach vier Tagen in Santa Fé, die sich wie zwei Wochen Erholungsurlaub anfühlen, sind wir gerüstet für die nächste Etappe. Diese soll nach Güiria führen, am östlichen Zipfel Venezuelas. Von dort aus verkehren Fähren nach Trinidad, unserem nächsten Ziel. Allerdings fahren die Fähren nur einmal die Woche, was den Zeitdruck erhöht. Nach einem letzten Frühstück in der Markthalle schlendern wir zum örtlichen Busbahnhof und loten die Verbindungen aus. Das ist schnell erledigt, denn es gibt keine. Ist der Westen des Landes zwischen Merida, Caracas und Puerto La Cruz verkehrstechnisch noch relativ gut erschlossen, werden die Optionen im Osten rar. »Nehmt euch einfach ein Taxi«, rät uns der Angestellte am Schalter des Busbahnhofs. Jochen und ich schauen einander an und denken dasselbe: Auf keinen Fall! Es ist nicht nur der erwartet hohe Fahrpreis, der uns abschreckt – eine solch lange Distanz mit dem Taxi zu überbrücken, will einfach nicht in das Konzept unserer Reise passen. Doch je länger wir rumfragen, desto deutlicher wird, dass uns schlicht keine Wahl bleibt. Also begeben wir uns zu den am Busbahnhof wartenden

Wagen und erkundigen uns nach dem Preis. »Kommt drauf an«, sagt ein Fahrer. »Worauf?« – »Wie viele Leute noch in eure Richtung wollen.« Aha, wir verstehen: ein Sammeltaxi. Und als er uns den Preis nennt, wird auch klar, dass das Taxi in Venezuela auch für längere Strecken kein ungewöhnliches Verkehrsmittel ist. Wir verstauen unser Gepäck im Kofferraum des abgewrackten amerikanischen Straßenkreuzers und warten auf weitere Fahrgäste. Der Fahrer, zuvor nur rauchend an seinem Auto lehnend, beginnt derweil die Werbetrommel zu rühren und preist nun lautstark seine Dienste an. Es dauert keine halbe Stunde, und er hat zwei weitere Mitfahrer gefunden. Ich sinke auf die durchgesessene Rückbank und lasse den Blick schweifen. Fahrer- und Beifahrersitz werden von einer schweren Eisenkette, die in die Karosserie geschraubt ist, in Form gehalten. Die Scheiben zieren Risse, und nach Verstauung des Gepäcks sichert der Fahrer seine Kofferraumklappe mit einem Gurt. Immer noch besser als manch andere Teile an dem Auto, die einfach mit Klebeband oder schlicht von gutem Willen zusammengehalten werden. Die Fenster kennen genau zwei Modi: auf und zu. Dazwischen gibt es nichts. Klimaanlage? Funktioniert leider nicht. Wir vermissen sie nicht wirklich.

Gurgelnd setzt sich der vollbeladene Straßenkreuzer in Bewegung. Wir kommen nicht weit, als wir schon wieder gestoppt werden. Polizeikontrolle. Unser Fahrer und die einheimischen Mitfahrer nehmen es locker. Sie wussten offenbar, auf was sie sich eingelassen haben, als sie sich zwei Gringos ins Taxi holten. Auch wir erdulden die Kontrolle mit der uns inzwischen angeeigneten Routine und Gelassenheit. Die regelmäßigen Polizeikontrollen sind eine der Konstanten, die uns durch Venezuela begleiten.

Nach einer gemütlichen Fahrt erreichen wir am frühen Abend Güiria. Der erste Weg am nächsten Tag führt zum Fährbüro. Es gibt noch Tickets für die Fähre in dieser Woche. Sehr gut. Weniger gut ist, dass die Fährgesellschaft unsere venezolanischen Bolívar nicht akzeptieren will. Die Währung sei zu instabil, verliere schneller an Wert, als man das Geld ausgeben könne. Ach nee. »Habt ihr keine US-Dollar?« – »Leider nein.« – »Kreditkarte?« Dass die zwar nicht von Geldautomaten, sonst aber durchaus akzeptiert wird, wissen wir mittlerweile, doch haben wir noch Unsummen an lokaler Währung in der Tasche, von der wir auch wissen, dass sie in anderen Ländern allerhöchstens als Toilettenpapier dient. Umtauschen ist keine Option, die Kurse sind derart mies, dass wir das Geld auch gleich verbrennen könnten. Also feilschen wir mit der Fährbehörde. Wir erzielen den Kompromiss, ein Ticket mit Kreditkarte und eines cash zu bezahlen. Zumindest haben wir unsere Überfahrt gesichert. Allerdings sehen wir uns erstmals auf dieser Reise mit einer neuen Situation konfrontiert: Wir haben zwei Tage, um ein Budget für gut zwei Wochen auf den Kopf zu hauen. Waren wir bislang stets auf unsere Ausgaben bedacht, müssen wir nun umdenken und nehmen es pragmatisch. Wir machen einen großen Bogen um alle Imbissstände und gehen in ein ordentliches Restaurant. »Nur Meeresfrüchte, keine Beilagen.« – »Getränke zum Essen?« – »Gerne!« – »Bier?« Wein ist teurer. »Gibt's auch Wein?« – »Nein, aber Cocktails.« Also her damit!

Doch so sehr wir uns auch bemühen, wir schaffen es nicht, das ganze Geld durchzubringen. Was nun? »Souvenirs«, schlägt Jochen vor. Ich lehne entschieden ab. Dafür haben wir keinen Platz in unseren Rucksäcken, und es wird sich wohl noch eine andere Lösung finden. Als sich bis zum Tag unserer Abfahrt aber keine bessere Lösung abzeichnet, gehen wir in den nächsten Spirituosenladen und kaufen so viel Zigaretten und Rum, wie wir tragen können. Und immer noch haben wir Geld übrig. Es ist nicht zu fassen, wie schwer es ist, vorsätzlich Geld aus dem Fenster zu werfen. Oder vielleicht haben wir es einfach verlernt. Selbst als wir zwei Obdachlose beschenkt haben und den Taxifahrer nach der Fahrt zum Hafen so großzügig entlohnen, dass er das Trinkgeld zunächst gar nicht annehmen möchte, haben wir noch Landeswährung in der Tasche. So kommen wir doch noch zu unseren Souvenirs, Erinnerungen an das Land und sein Wirtschaftssystem.

INFOBOX

> Gönn dir eine Auszeit und besuch die Traumstrände des Mochima-Nationalparks. Insbesondere ein Tagestrip zur Playa Blanca lohnt sich.

> Was für die Einreise nach Venezuela gilt, gilt unter anderen Vorzeichen auch für die Ausreise: Bring Geld ins Land und lass es dort.

> Venezuelas Straßen erinnern an einen Autofriedhof in den USA. Die ausrangierten Straßenkreuzer sind nicht nur ein herrlicher Anblick, auch eine Fahrt ist ein lohnendes Erlebnis. Auch wenn viele der Gefährte nur von etwas Spucke und viel gutem Willen zusammengehalten werden.

Kapitel 42:
»Eirie!«

JOCHEN

Unsere Pässe sind gestempelt, die Rucksäcke verstaut, wir haben Wegzehrung, sind auf dem richtigen Schiff zur richtigen Zeit, und die Fähre sieht vertrauenserweckend aus. Der Motor röhrt, während die Palmen am Kai im Wind rascheln und ein paar Möwen uns das Abschiedskomitee machen. Ich gehe auf das Oberdeck und setze mich neben Peer, der gerade anfängt, unter der untergehenden karibischen Sonne sein Reisgericht zu löffeln.

An der Reling stehend, beobachte ich, wie wir aus dem Hafenbecken schippern und der Kahn langsam Fahrt aufnimmt. Hinter uns wird die dichtbegrünte Hügelkette kleiner. Land und Küste fallen zurück, und damit die rostigen Straßenkreuzer, die Salsaklänge und die Paramilitärs. Vor uns liegen die karibischen Inseln, das heißt Segelboote, Reggaebeats und Bikinischönheiten. Nun gut, auch mal ein Pirat, aber nur nette. Die futtern dann Kokosnüsse und »limen« den ganzen Tag, hängen also mit Freunden rum, schwatzen und genießen die Zeit. Chillen, wie man das bei uns neudeutsch nennt. Gerade als ich mir das gedanklich ausmale, lenkt mich lautes Knistern ab. Die Küste haben wir hinter uns gelassen, Peer löffelt immer noch seinen Reis, das kann es nicht gewesen sein. Da knistert es noch mal, und mir fallen die zwei riesenhaften schwarzen Kisten auf, die auf dem Oberdeck stehen. Innerhalb eines Sekundenbruchteils begreife ich, dass das kein Frachtgut ist. Es sind Lautsprecher. Mit einem »Bumm« ordnet mir der erste Bass die Frisur neu, und Peer verliert ein wenig Reis von seinem Löffel. Als wir uns ansehen, zuckt etwas in seinem linken unteren Augenlid. Dann kommt der zweite Bass, und eine Männerstimme schreit mir »Eirie« ins Ohr. Oha, das heißt so viel wie »großartig« und kann nur eines bedeuten: Reggae! Sofort steht der Mann, der bisher phlegmatisch sein Kinn auf die Reling stützte, auf, sortiert die Lebensgeister neu und fängt an, ein Bein auszustellen. Ein weiterer Mann kommt die Treppe emporgesprungen. Der Endfünfziger mit den grauen Schläfen reißt die Arme hoch und kreist die Hüfte einmal, bevor er Platz macht, damit der nächste die Stiege nehmen kann. Keine zwei Minuten später hat sich das Oberdeck grundlegend gewandelt. Es ist voll, jeder tanzt, singt lauthals mit und reckt die Hände in die Höhe, wahlweise eine Hand, wenn die andere einen Becher hält. Von der Brücke wird Rum ausgeschenkt und der Gruppe ordentlich eingeheizt. Erst jetzt lösen sich auch Peer und ich aus der Starre: »Oo-kee«, setzt Peer an, »das nenn ich mal eine Partyfähre.« Ich kann nur grinsen und bestätigen: »Eirie eirie maan, let's lime, oder so.« Uns wird Rum angeboten, mal mit Becher, mal ohne. Zigaretten für uns von ihnen und von uns für sie. Arm in Arm, mal Hand in Hand. Jeder kommt mal in die Mitte, großer Applaus bei gelungenen Hüftschwüngen. Erste Flasche leer, die zweite auch. Die Sonne geht unter, derweil uns eine Delphingruppe springend begleitet, die uns entweder von Venezuela verabschiedet oder uns zwischen den karibischen Inseln willkommen heißen will. Egal, diese Tiere kann ich nicht genug bestaunen. Der Kapitän gibt das Steuer endgültig an seinen Maat ab, er scheint mit der Musikauswahl unzufrieden und kümmert sich fortan nur noch um den Plattenteller. Und den Ausschank. Als der Rum sich dann auch dem Ende zuneigt, erinnern wir uns an unsere Investition. Der gute Tropfen begeistert die Massen, nur die letzte Flasche heben wir uns für einen besonderen Moment auf.

George, ein Hüne von einem Mann, verlegt Pipelines in Venezuela, um seine Familie in Trinidad durchzubringen. Er lehnt in einer Tanzpause neben uns an der Reling. Ich reiche ihm den Rum. In seinen riesigen Pranken sieht die Buddel winzig aus. Wir plaudern. Oder besser, schreien gegen die Musik an. George erzählt uns von seiner Heimat Trinidad, und wir erzählen von unserer bisherigen Reise. Mal wieder löst unsere Geschichte Begeisterung aus. Und Unglaube. George kratzt sich am Bart. »Hmm … ich glaube, da habt ihr was missverstanden. Es gibt keine Fähren zwischen den Inseln, jedenfalls nicht nach Norden.« Ich kann nur verdutzt schauen, dann dreht er sich um und fragt seinen Bekannten. Doch auch der verneint: »Nee, nur zwischen Trinidad und Tobago. Aber wenn ihr nach Grenada oder weiter nördlich wollt, müsst ihr fliegen. Geht doch eh viel schneller.« Wir messen dem rumseligen Gerede wenig Bedeutung bei. Dankend für die Auskunft, reden wir uns mit einem »Schaunmerma« raus. Ich fand auf sechs Internetseiten die Fahrpläne von immerhin zwei Fähranbietern, die zwischen den karibischen Inseln verkehren. Die Zeiten decken sich, es gibt Erfahrungsberichte. Allerdings sahen die Fähren recht modern aus, und ich könnte mir gut vorstellen, dass ein Mann wie George sich diese Art des Reisens nicht leisten kann, wenn er aus Trinidad kommt und in Venezuela arbeiten muss. Peer wendet ein, dass er dann auch nicht vom Fliegen erzählen dürfte, aber ich bedeute ihm, zu schweigen.

Irgendwann tauchen Lichter in der Ferne auf. Wir nähern uns Trinidad, die Musik wird ebenso ansatzlos ausgeschaltet, wie sie einsetzte, man hilft sich gegenseitig die Stiege hinunter, es schafft nicht mehr jeder allein den Abstieg. Noch auf dem Steg werden wir von Grenzbeamten empfangen, die schon mal vorsortieren. Auf dem brüchigen Holzsteg bilden wir zwei Reihen, derweil zwei schlecht gelaunt aussehende Deutsche Schäferhunde an uns vorbeidefilieren, um dann von hinten nach vorne das Gepäck abzuschnüffeln. George erwischt es als Einzigen, er zwinkert uns zum Abschied zu, dann schwankt er lallend mit den Beamten davon. Dass er sein Gepäck einfach liegenlässt, scheint keinen zu stören. Nach einer Stunde werden auch wir im Land willkommen geheißen, der Beamte ist überaus freundlich, was nichts daran ändert, dass wir den Inhalt aller Rucksäcke vor ihm auf dem Tisch ausbreiten müssen. Wenigstens unterhalten wir uns dabei nett. Als der Grenzer erfährt, dass wir noch keine Unterkunft haben, bringt er uns persönlich zu einem Taxifahrer, der sich auch wirklich in der Hauptstadt Port of Spain auskennt. Es sei sonst zu gefährlich. Das ist nett, aber wir wissen ohnehin, zu welcher Unterkunft wir wollen, und ja, wir sind bestimmt vorsichtig, gehen auch bestimmt nachts nicht mehr raus, und nein, wir sind nicht an Ausflügen interessiert, danke. Dennoch kommen wir mit dem Mann ins Gespräch. Bauchansatz, Lachfalten, weiße Haare, die Haut irgendwo zwischen sonnengebräunt und krebsrot. Wo wir hinwollen. Martinique? Ah ja. Mit dem Schiff? Unmöglich. Peer und ich atmen scharf ein, dann folgen einige verbale Ohrfeigen. George scheint mit allem recht gehabt zu haben. Die Internetseiten? Alles Unsinn. Punkt. Es gab vor eineinhalb Jahren mal eine Initiative. Die Firmen hatten alles organisiert, es gab je ein Schiff für je eine Route. Beide Schiffe sind genau einmal gefahren, dann nie wieder. Lohnt sich nicht. Wer Geld hat, der fliegt, das geht viel schneller. Wer kein Geld hat, bleibt entweder, wo er ist, oder schafft es, bei irgendwem irgendwie mitgenommen zu werden. Bananenkutter, nicht immer eindeutig schwimmfähig. Stimmt, das hat George auch angedeutet.

Nachdem wir ein paar Minuten sprechen und der Fahrer sämtliche Abers und Wenns vom Tisch fegt, als seien sie genau der Unsinn, der sie wahrscheinlich auch sind, haben Peer und ich keine Lust mehr. »Okay, okay, aber davon abgesehen, wir scheinen ja nun einige Zeit auf der Insel zu haben – was war das noch mal mit den Ausflügen, von denen Sie vorhin sprachen?« Besser, er preist seine Touren an, als uns noch weiter runterzuziehen. So lassen wir uns noch von besonders herrlichen Ecken der Insel erzählen, von denen quasi einzig er wisse, wo sie zu finden seien. Irgendwie entspannt das. Wir kommen in der von uns herausgesuchten Pension an, sie ist keine Schönheit, aber sie ist mit Abstand die günstigste, die wir im Netz fanden. Als der Fahrer sie sieht, fragt er nur erstaunt, ob wir wirklich hier schlafen wollen. Ohne zu überlegen, nennt er uns den Preis eines Zimmers, das er uns besorgen könne – mit Meerblick. Tatsächlich günstig, verglichen mit den Angeboten aus dem Netz oder mit dem unverschämten Preis, den er für die Fahrt verlangt. Doch unsere Bleibe ist billiger, weshalb wir uns auf keinerlei Diskussionen einlassen, uns bedanken und verabschieden.

Wieder begrüßt uns ein George, nur deutlich jünger als der auf der Fähre. Breites Kreuz, lange Dreads, etwas gerötete Augen. Wir beziehen unser Zimmer, bekommen etwas zu essen angeboten, bekommen bestätigt, dass es wirklich keine Fähren gibt, wiederum bestätigt, dass die Frachter eine oft genutzte Alternative sind, und dann bekommen wir sogar noch ein Bier pro Nase vorgesetzt. Während Peer in seinem Rucksack wühlt, lehne ich im Türrahmen und schaue in den Garten. Da kommt George aus dem Gefrierschrank zurück, den er Büro nennt. »Hey Jungs, sorry, aber meine Schwester hat vorhin die Kasse mitgenommen. Ich kann euch leider kein Wechselgeld für die Zimmer rausgeben. Also entweder wartet ihr bis morgen …« – »Oder?«, hake ich ein. »Na oder ich zahl euch den Betrag in Gras aus.« Hinter mir hört Peer auf zu kramen. Dann höre ich seine Worte: »Eirie! Eirie, maan!«

INFOBOX

> Die Fähre »C-Prowler« verkehrt einmal wöchentlich zwischen Güiria in Venezuela und Chaguaramas auf Trinidad. Die Fahrt kostet etwa 100 US-Dollar und dauert vier bis fünf Stunden.

> Vom Hafen in Chaguaramas aus verkehrt kein Bus nach Port of Spain, man muss das Taxi nehmen.

> Merke: Nicht alles, was im Internet steht, ist wahr. Oder aktuell. Auch nicht, wenn es da sehr oft steht.

Kapitel 43:
Piraten der Karibik

PEER

Gebückt sitze ich am Tisch im Garten unserer Bleibe in Port of Spain und starre auf den Laptop. Ich will es nicht glauben, doch scheint es sich zu bewahrheiten: Die im Internet angekündigten Fährverbindungen zu den nördlichen karibischen Inseln bestehen tatsächlich nicht. Oder zumindest nicht mehr.

»Das darf doch nicht wahr sein, nicht schon wieder«, denke ich und spreche es prägnant aus: »Scheiße!«

»Was'n los?« Jochen tritt aus dem Haus in den Garten. Ich berichte ihm von der gescheiterten Bootssuche. Gegen seine Gewohnheit bleibt er erstaunlich ruhig. Die bisherige Reise hat ihn offenbar gelehrt, die Dinge etwas lockerer zu nehmen, sinniere ich, während es mir nicht ansatzweise so gut gelingt, meine Frustration zu verbergen. »Na dann geht's wohl wieder ab in die Marinas«, flötet Jochen gut gelaunt. So ist es wohl. Dann reicht er mir den würzig riechenden Knispel rüber. Aha, daher die gute Stimmung und die Laisser-faire-Haltung.

Eigentlich wollen wir gleich zum Hafen aufbrechen, doch da gesellt sich ein stämmiger Rastafari zu uns. Er grüßt freundlich, stellt sich als Freund von George vor, dem Hostel-Betreiber, setzt sich und wickelt sich einen imposanten Joint. Als wir Gequieke aus dem Schlafzimmer hören, wird auch klar, warum der Mann sich eher zu uns in die Hitze als zu seinem Freund in das klimatisierte Zimmer setzt. Nach einer eindrucksvoll langen Zeit endet das lautstarke Liebesspiel, und ein sichtlich entspannter Herbergsvater in Boxershorts tritt in Begleitung einer ebenso spärlich bekleideten karibischen

Schönheit ins Freie. Sie gesellen sich zu uns, stellen Bier auf den Tisch und lassen die Tüten kreisen. Es ist nicht einmal Nachmittag.

Statt sofort durch die Häfen zu jagen, sitzen wir den ganzen Tag im Garten und frönen der Hauptbetätigung in Trinidad, dem Limen. Trotz eines gewissen Zeitdrucks, denn die Passage über den Atlantik von Martinique aus ist bereits gebucht, lassen wir uns von der Stimmung einfangen und entspannen uns ebenfalls.

Am Folgetag wollen wir Nägel mit Köpfen machen. Wir versuchen es zunächst an den Marinas im Dunstkreis Port of Spains. Dort hängen wir Gesuche aus, sprechen mit Angestellten und Skippern. Das altbekannte Spiel. Zwar haben wir an diesem Tag kein Glück, doch verlassen wir die Meile der Jachthäfen zuversichtlich. Der Tenor lautet: Kein Stress, hier wird so viel zwischen den Inseln hin- und hergesegelt, da findet sich schon was. Wenn nicht heute, dann morgen.

Für diesen Tag haben wir genug versucht und kehren heim. Dort begrüßen uns neue Gäste, die sich uns ebenso nett und entspannt präsentieren wie Land und Leute seit dem ersten Tag. In dem Bungalow, den George und seine Schwester zum Hostel umfunktioniert haben, herrscht ein reges und kommunikatives Miteinander. Heute kocht der Chef mit seiner Freundin ein kreolisches Mahl für die ganze Belegschaft. Jeder darf sich für einen Unkostenbeitrag mit an den Tisch setzen, aber es gibt kein Muss. Fährt George einkaufen, geht er vorher durch die Zimmer und fragt, wer etwas benötigt. Dann schwatzt er jedem noch ein paar Dollar für Bier ab. Das ist Gemeinschaftsgut, ein nie endender Vorrat lagert in einer für alle zugänglichen Kühltruhe. Es ist wie in einer großen Familie. Oder in einer Studenten-WG, denn oft kommen Freunde vorbei, meist einfach nur, um eine Runde zu limen.

Am nächsten Tag versuchen wir es am Hafen von Port of Spain. Wir fragen uns von Kutter zu Kutter durch, stolpern über allerlei Schrott und Gerümpel, das am Kai verstreut liegt, oder bahnen uns unseren Weg durch Paletten voller Obst und Gemüse. Die Sonne brennt, der Dieselmief steigt uns in die Nase, während wir den hundertsten Arbeiter fragen, ob irgendjemand in den nächsten Tagen in nördlicher Richtung ausläuft und zwei Passagiere mitnimmt. Nach kaum zwei Stunden finden wir tatsächlich einen Kapitän, der uns für eine faire Entlohnung auf seinem Gemüsekutter nach St. Lucia bringen würde. St. Lucia ist die südliche Nachbarinsel von Martinique. Angeblich kann man sogar von der einen auf die andere Insel blicken. Und laut des Kapitäns gibt es von St. Lucia aus einen Fischkutter, der einmal die Woche nach Martinique fährt, genau einen Tag, nachdem sein Boot dort ankommt. Das ist perfekt! Wir schlagen ein und treten guter Dinge den Heimweg an. Kaum da, kommt George: »Phonecall for the Germans!« Das ist wohl für uns. Jochen lässt sich den Hörer reichen und wechselt umgehend vom Englischen ins Deutsche. »Ehrlich?« Jochens Augen werden größer. »Ach ja, cool.« Mein Interesse ist geweckt und ich rutsche näher. »Wann? Morgen? Passt perfekt.« – »Was, was, was?«, will ich wissen. Jochen ignoriert mich und telefoniert weiter. Mit den Worten »Tschüss, bis morgen« legt er auf und schaut mich an. »Was?«, hake ich nach. »Wir haben eine Passage auf zwei Segelbooten nach St. Vincent. Wenn wir wollen.« Ich traue meinen Ohren kaum. Alles, was uns in Indonesien nicht vergönnt war, scheint hier binnen zwei Tagen zu klappen. Wir haben sogar die Wahl. »Segeln in der Karibik? Sofort!«, juble ich. »Aber wir stehen schon beim Kapitän des Gemüsefrachters im Wort. Außerdem wäre St. Lucia näher an Martinique als St. Vincent«, gibt Jochen zu bedenken. »Papperlapapp«, unterbinde ich jede weitere Diskussion. »Wenn wir die Möglichkeit haben, durch die Karibik zu segeln, gibt es keine Debatte. Außerdem fehlen uns Segelboote noch auf dieser Reise.« Jochen wähnt sich mit dem Kutter auf der sicheren Seite. »Wenn wir uns ein wenig einschleimen, bringen uns die Skipper vielleicht auch nach St. Lucia. Und wenn alle Stricke reißen, steige ich auch noch mal in ein Flugzeug«, versuche ich es weiter. Es ist das, was Jochen nicht hören will, doch gibt er es auf, gegen meine Begeisterung über einen Segeltörn anzureden. »Wir treffen die Typen morgen Mittag in der Marina. Die schauen wir uns auf alle Fälle mal an und entscheiden dann«, gibt er sich salomonisch.

Am nächsten Tag sitzen wir zur Mittagszeit in der Bar der Marina und warten auf unsere Skipper. Wir wollen einen guten Eindruck machen, bestellen Kaffee statt Bier. Offenbar sind wir die Einzigen, die hier was anderes als Bier trinken. Gegen die Sonne mache ich zwei Gestalten aus, die den Steg entlanggeschlurft kommen. Ein blonder Typ Anfang vierzig mit sonnengegerbtem Gesicht und ein spindeldürrer Rastafari unschätzbaren Alters. Graue Strähnen im Bart legen aber nahe, dass auch er keine zwanzig mehr ist. Sie fixieren uns und steuern auf uns zu, ohne die Schritte zu beschleunigen. Der Gang der beiden hat etwas Wankendes, erinnert irgendwie an Johnny Depp als Captain Jack Sparrow. Erst später soll ich erfahren, dass dies der Gang echter Seebären ist, die das Laufen an Land nicht mehr gewohnt sind. »Seid ihr Jochen und Peer?«, ruft uns der Blonde zu. »Yep.« Sie ordern eine Runde Bier und setzen sich zu uns. Der Blonde stellt sich als Torsten aus Bremen vor. »Aber ich lebe schon seit Jahren in der Karibik auf meinem Boot. Das ist übrigens mein Bruder Larston«, deutet er auf den Rastafari, der ein Grinsen aufsetzt, das nichts als weiße Zähne zeigt. Bruder, soso, ihr seht aus wie eineiige Zwillinge, denke ich bei mir.

Sie haben zwei Segelboote, die sie nach St. Vincent, Larstons Heimat, überführen wollen. Dafür brauchen sie zwei Deckhands. »Habt ihr Segelerfahrung?«, will Torsten wissen. »Null«, gestehen wir. »Macht nix, wir kriegen euch schon seetauglich«, ist sich Torsten sicher und klopft uns aufmunternd auf die Schultern. »Was soll uns die Überfahrt denn kosten?«, fragt Jochen. »Nix. Ihr kauft ein, kocht und macht euch nützlich an Bord. Und ihr zahlt die Hafengebühren, aber eigentlich ankern wir immer kostenfrei in den Buchten vor den Häfen.«

Das Angebot überzeugt uns. Wir erzählen einander unsere Geschichten und sind uns spätestens ab dem zweiten Bier sympathisch. »Mal ehrlich, als ich euch hier mit euerm Kaffee sitzen sah, dachte ich nur, was sind denn das für Vögel«, gesteht Torsten, räumt aber ein: »Offenbar seid ihr ganz in Ordnung. Ich denke, das könnte klappen mit uns.« Auch ich bin überzeugt, dass man mit den beiden eine interessante und kurzweilige Zeit verleben könnte. Ich versuche in Jochens Gesicht etwas über seine Befindlichkeit in Erfahrung zu bringen. Angeregt redet er auf Larston ein, schaut zu mir, ich setze den Blick eines flehenden Kindes auf, und Jochen nickt mir väterlich zu. »Ist gut, Junge, du kriegst ja deinen Willen«, sagen seine Augen. Es ist nicht nur die Art der beiden Skipper, die Jochen überzeugt, vielmehr ist es Larstons Ankündigung, er kenne den Fischer, der regelmäßig nach Martinique fahre. »Stimmt, der fährt auch über St. Lucia. Aber er startet in St. Vincent. Soll ich den mal anrufen, wann er da losfährt?« Auf unser »Klar, das wäre der Hammer!« zückt Larston sein Telefon und wählt eine Nummer. »Hey yo, Larston hier, wie geht's? Sag mal, fährst du immer noch die Tour nach Martinique? Ja? Einmal die Woche, genau. Wann legst du denn in Vinci ab? Montag früh? Ja, wir haben hier zwei Leute, die würden da gerne mitfahren, hast du diese Woche noch Platz? Ja, cool, dann bringen wir sie zu dir, yo, alles klar, bis Montag.« Wir sehen ihn nur ungläubig an, da setzt Larston wieder sein Zahnpasta-Grinsen auf und sagt: »No worries, my friends, we will make it work, Jah bless!«

Diesen Anruf nimmt auch Jochen als Wink des Schicksals. Es bedarf keiner weiteren Worte, wir sind uns einig. Es soll der Segeltörn sein. Auf dem Rückweg in unsere Herberge bin ich überglücklich. »Segeln in der Karibik ist eine spitzenmäßige letzte Etappe unserer Reise.« – »Aber so was von«, stimmt Jochen zu.

Wir sagen dem Kutter-Kapitän ab und packen unsere Sachen; am nächsten Tag beziehen wir unsere Kojen auf den beiden Segelbooten. »Noch einige kleine Reparaturen, Muscheln vom Rumpf abkratzen und ein paar Einkäufe, dann können wir in See stechen«, sagt Torsten und schätzt: »Maximal zwei bis drei Tage.« Es ist Dienstag, am Montag müssen wir auf St. Vincent sein, wohin wir laut Torsten eineinhalb Tage brauchen. Wir haben sogar noch einen Zeitpuffer, es kann also nichts schiefgehen.

INFOBOX

> Komm einmal nach Trinidad und versuch dich im Limen. Es kann zu netten Begegnungen und witzigen Episoden kommen. Aber vor allem ist es entspannt und gibt einem ein Gefühl dafür, wie die Dinge hier laufen. Entschleunigt.

> Der Haken am Limen ist, dass man wenig Zeit für anderes hat. Außer Port of Spain selbst, dem Hafen und den Marinas haben wir nichts von der Insel gesehen.

> Die kreolische Küche ist ein Highlight. Zwar konnten wir nicht so viel der facettenreichen Kost versuchen, wie wir uns vorgenommen haben, doch auch die kleinen kulinarischen Einblicke waren vorzüglich.

> Als Grundnahrungsmittel, das man an jeder Ecke bekommt, haben wir Rolls jeglicher Form, Größe und Geschmacksrichtung ausgemacht. Auch nicht schlecht, der perfekte Snack für unterwegs.

> Gewöhn dich an Reggae-Musik. Sie ist hier allgegenwärtig und gehört dazu.

Kapitel 44:
Ahoi!

JOCHEN

Endlich geht es los. Es hat natürlich nicht zwei und auch nicht drei Tage gebraucht, bis wir Trinidad hinter uns lassen. Heute, am vierten Tag an Bord, stechen wir wirklich in See. Aber das macht nichts, wir haben das karibische Tempo und den unerschütterlichen Glauben an das »wird schon« in uns aufgenommen.

Am ersten Tag »checken wir ein«, denn auch das Trampen auf See ist geregelt. Im Hafenbüro werden wir als Erster Maat eingetragen. Peer auf der schmucken Zehn-Meter-Jacht »Ruby«, die Larston steuern wird, und ich auf der von Torsten kommandierten »Tikka Roa«, einem altersschwachen Katamaran. Endlich führen wir unsere ersten nautischen Titel.

Nach zwei Tagen in der Marina, nach einigen Besorgungen und der Erkenntnis, dass das geschenkte zweite Beiboot irreparabel beschädigt ist und zurückgelassen werden muss, haben wir gestern die Marina verlassen und sind an die Nordspitze der Insel gefahren. Mit Motor wohlgemerkt, aber immerhin. Die »Tikka Roa« ist mit zwei Tonnen Bauholz ganz ordentlich beladen. Die beiden Männer wollen sich aus dem Katamaran eine schwimmende Bar bauen. Bis es so weit ist, komme ich mir vor wie auf einer Mischung aus Floß und schwimmendem Heimwerkermarkt. Zwar bietet die alte Dame weder Komfort noch Beiboot, dennoch bin ich ganz froh, hier zu sein, denn mein Kapitän kann immerhin segeln. Larston hat noch nie ein Boot allein geführt.

Die letzte Nacht verbringen wir in einer kleinen, von Wald umrahmten Bucht, in der wir am Morgen abschließende Arbeiten verrichten. Nachdem »Rubys« Rumpf von Muscheln, Krebsen und sonstigem Getier und Gewächs befreit ist, werden wir Taucher mit einem fürstlichen Frühstück entlohnt. Während wir mampfen, holt Torsten seinen Laptop hervor. Er hat noch eine letzte Frage an Peer: »Mit so Computern und so'n Zeug kennst du dich schon aus, oder?« Peer zeigt erst auf die Tastatur, dann auf den Bildschirm: »Da tippen und da gucken.« Das scheint Torsten zu reichen. Dann schaut er Peer ernst an. »Hast du Ahnung von Navigation?« – »Äh, nein?« – »Ist ja auch gar nicht schlimm«, versichert Torsten sofort. »Es ist nur so, dass es vielleicht besser wäre, wenn du ein Auge darauf hast. Larston kann zwar gut segeln, er ist ja quasi auf Booten aufgewachsen, doch wird er zum ersten Mal sein eigenes Kommando führen. Und er kann nicht lesen. Zahlen sind auch nicht seine besten Freunde.« Während ich noch dabei bin, diese Worte gedanklich zu kategorisieren, redet Torsten weiter. »Dann geb ich dir mal einen Crashkurs in Sachen Navigation.« Er schaltet den Laptop ein, und es erscheint eine Seekarte auf dem Bildschirm. Trinidad in der Mitte, umgeben von viel Wasser und allerlei Pfeilen in sämtliche Richtungen. Torsten nimmt GPS und Kompass zur Hand. »Ganz simpel eigentlich. Norden ist hier, Süden da ...« Während er spricht und Peer aufmerksam folgt, sickert etwas in mein Bewusstsein.

Ich werde gleich mit einem Mann über die offene See segeln, der schon mehrmals allein mit seinem Boot den Atlantik überquerte und den Eindruck macht, als könne er das auch mit verbundenen Augen. Peer jedoch wird mit einem Mann in See stechen, der noch nie alleine segelte, nicht lesen und nicht schreiben, daher auch nicht navigieren kann. Als ich zu begreifen beginne, was das bedeutet, schaut Peer mich an. Wir sagen keinen Ton, doch fragen wir uns beide in diesem Moment dasselbe: Auf was haben wir uns da eingelassen? Machen wir das wirklich? Noch können wir zurück, noch können wir es vielleicht in den Frachthafen schaffen, um den Gemüsekutter zu nehmen. Doch dann nicken wir uns zu. Wir sind dabei.

Jetzt steuern wir aus der Bucht heraus, rufen uns noch ein aufmunterndes »Ahoi!« und »Mast- und Schotbruch!« zu, dann fällt Trinidad hinter uns zurück. Wir fahren aus dem Windschatten der Insel, die Wellen werden höher, es macht Spaß. Zwei, drei Minuten lang, dann wird mir komisch. Irgendwas in mir läuft unrund. Noch ein paar Minuten später ist mir fast ein bisschen übel. Und kurz darauf geht es mir hundeelend. Als ich in die Kombüse muss, um etwas wegzuräumen, das sich vom Seegang gelöst hat, muss ich mich beinahe übergeben. Ohne den Horizont als Fixpunkt dreht sich alles um mich. Als ich schwer atmend wieder an Deck stehe, sieht mich Torsten an. »Dir ist aber nicht schlecht, oder?« – »Dochnbisschen«, presse ich hervor. Torsten richtet sich plötzlich auf. »Ab in die Mitte, gut festhalten, bleib mir von der Reling weg, und schau immer geradeaus. Wehe, du fällst ins Wasser!«

Ich tue wie geheißen, doch irgendwie will das nicht helfen. Nach einer Stunde beschäftigt mich eine Frage recht intensiv: Wohin mit meinem Frühstück? »Du-hu, Torsten?« – »Ja, geht's besser?« – »Nee, nicht so. Aber wenn ich kotzen muss, wohin dann?« – »Bleib bloß weg von der Reling! Lass einfach laufen, das läuft zwischen den Bohlen durch, der Rest wird weggewaschen, wenn wir Wellen kriegen.« Wenn wir Wellen *kriegen?* Und was zur Hölle ist dann das da …? Nun, der Rest des Gedankens geht unter. Torsten kommentiert einsilbig: »Oah, ist das hässlich.«

Deckmitte. Festhalten. Mit den Händen an Leinen, mit den Augen am Horizont. Für Stunden. Nichts hilft. Ich sehe, wie Peer langsam zurückfällt, sehe die »Ruby« noch mehr schwanken, als unser Katamaran das tut, und beschließe, da nicht mehr so genau hinzusehen. Nur, dass ihr Segel nie richtig straff ist, finde ich seltsam. Torsten schimpft vor sich hin, funkt sie an, doch scheinbar gelingt es den beiden nicht, sich richtig in den Wind zu drehen. »Die müssten doch viel schneller sein als wir«, diesen Satz höre ich noch öfter an diesem Tag. Dann zieht sich der Himmel zu. Bis um etwa drei Uhr am Nachmittag kein Fünkchen Blau mehr am Himmel zu sehen ist. Nur noch dunkles Grau. Die Wellen werden höher. Und mehr, so scheint es.

Sicher ist nur, dass mir noch schlechter wird, als mir ohnehin schon ist. Und Torsten offensichtlich sehr unzufrieden mit Larstons Segelkünsten. Über Funk gibt er Anweisungen, die mir alle gleich wenig sagen. Etwas später sehe ich, dass Peer und Larston die Segel einholen. Wieder Diskussion über das Funkgerät. Dann muss Torsten zurück ans Steuer, der Autopilot kommt nicht mehr gegen die starken Seitenwinde an.

Alles um mich herum ist in Bewegung, irgendeine Stimme in mir sagt, dass das so nicht richtig ist; Dinge sollten nicht fortwährend in Bewegung sein. Mir wird zunehmend schwindlig, meine Gedanken werden dunkler. Kurz nach Sonnenuntergang schickt mich Torsten ins Bett, da sei ich wenigstens »aufgeräumt«. Ich bin froh drüber. Kurz vor Sonnenuntergang hatte Regen eingesetzt und mir innerhalb kurzer Zeit alle Wärme entzogen. Das half tatsächlich kurz gegen die Übelkeit, nun ist mir aber nur noch scheißkalt. Zittrig, auf Knien, folge ich Torstens letztem Befehl für diesen Tag und überprüfe die Ladung, schaue, ob das Bauholz an Deck gut verzurrt ist, dann sehe ich zu, dass ich ohne Blessuren und ohne davongespült zu werden von Deck und in die Kabine in einen der beiden Rümpfe komme. Ich liege in der Koje, die nicht breiter ist als ich, und schaue durch das winzige Deckenlukchen in das Schwarz des Himmels. Und ein Wunder passiert: Ich muss mich nicht wieder übergeben, sondern penne irgendwann ein. Als ich aufwache, ist es hell. Aber das Schaukeln ist nicht besser geworden. Ich kämpfe mich an Deck und sehe Torsten verkrampft und mit geröteten Augen am Steuerrad. Um uns herum … See. Sonst nicht viel. Doch. Da hinten ist Land zu sehen. Das muss ja dann wohl St. Vincent sein, wenn es schon Morgen ist, Grenada wollten wir in der Nacht passieren. Doch wo ist die »Ruby«? Wo sind Peer und Larston?

Stimmt, ich erinnere mich daran, dass wir sie gestern verloren. Dass wir uns irgendwann entschieden, die Batterien der Funkgeräte zu schonen. »Moin Käpt'n. Irgendwas von Larston und Peer gehört?« – »Moin, du Schlafmütze, alles klar bei dir? Geht's besser?« – »Ja«, lüge ich im Versuch, mich selbst zu täuschen. »Keine Ahnung, von denen ist nichts zu hören.« Ich setze mich neben Torsten. »Schau mal da, das ist Grenada. Da links vom ersten Hügel, da wollen wir hin. Halt immer da drauf zu, ich muss mal kurz die Augen zumachen.«

Erst als Torsten sich hingelegt hat, geht mir auf, dass er Grenada gesagt hat. Und dass das nicht stimmen kann. Doch als Torsten zwei Stunden später wieder hervorkrabbelt, stellt sich heraus, dass es tatsächlich stimmt. Der Sturm, der uns in der Nacht überrascht hat, hat uns so weit abgetrieben, dass wir laut Torsten beinahe in Venezuela gelandet wären. Kaum war ich im Bett, brach dann auch noch die Planke, die die beiden Bugspitzen miteinander verbindet. »Da hab ich kurz überlegt, ob ich dich wecken soll. Wir wären fast gekentert, das Scheißteil ist abgesackt und hat wie eine Schippe gewirkt, alles stand unter Wasser. Aber am Ende wärst du mir noch von Bord gegangen, also habe ich es alleine gerichtet.« Ich bin ganz froh, dieses Erlebnis ausgespart zu haben.

Aber durch das ganze Chaos haben wir so viel Zeit verloren, dass an St. Vincent nicht mehr zu denken ist. Wir hatten zwanzig Stunden Fahrt eingeplant, nun schaffen wir es in über 24 gerade bis nach Grenada. Ob Peer und Larston es auch schaffen, ist noch nicht gesagt. Doch dann geschieht etwas, das mir wieder Hoffnung macht. Der Wind legt sich, die Wellen nehmen ab, die Übelkeit weicht dem Hunger. Genau in dieser Reihenfolge. Ich fühle mich großartig als Ersatzskipper, finde das Habitat gar nicht mehr so lebensfeindlich und habe auch schon den Ort gefunden, an dem einige andere Segelboote vor sich hin dümpeln und wo wir unsere Freunde treffen wollen. Es wird dennoch Abend, bis wir dort ankommen, die beiden via Funk erreichen und dann auch noch finden.

Kaum haben wir die »Tikka Roa« geankert und zur »Ruby« übergesetzt, ist Torsten auch schon in sein Bett gefallen. Larston tut es ihm gleich, und Peer und ich sitzen an Deck und erzählen uns, wie wir die Nacht überlebt haben. Der Herr Admiral hat keine Probleme mit seinem Magen gehabt, der Glückliche. Dafür hatten auch sie mit losen

Leinen zu kämpfen. »Larston wurde immer aufgeregter«, erzählt Peer, selber noch nicht ganz heruntergefahren. »Wir haben es einfach nicht hinbekommen, das Boot so auszurichten, dass wir richtig Fahrt aufnehmen konnten. Irgendwann haben wir euch dann verloren. Larston hat aufgegeben, wir haben das Segel eingeholt und den Motor angeschmissen. Ich glaub, ich habe kein Auge zugetan die Nacht, aber Larston hat sich sogar irgendwann hingelegt, und ich habe alleine gesteuert.« Hut ab, das hätte ich nicht gekonnt. »Blöd war nur, dass ich erst heute früh begriffen habe, was Torsten meinte, als er uns den Motor auf hoher See verbat. Der Diesel bei den Hafentankstellen ist schlecht, da ist Dreck drin. Deshalb wirft man den Motor nur in ruhigem Gewässer an. Die paar Schwebstoffe kann der Filter rausfiltern. Aber wir haben ja die ganze Zeit wie im Mixer verbracht. Der Motor wurde immer heißer, wahrscheinlich ist da drin alles verstopft, was nur verstopfen kann. Als wir heute Mittag Grenada anliefen, hat er den Geist aufgegeben. Glücklicherweise genau in dem Moment, als wir Ankertiefe erreichten. Larston hat sofort den Anker abgelassen und ist in Tränen ausgebrochen. Der Arme ist fix und fertig. Torsten hätte uns nie allein auf See schicken dürfen. Das war grob fahrlässig, wenn nicht lebensgefährlich.« – »Allerdings«, stimme ich zu, bevor ich von meiner Nacht erzähle, die Peer mit »Alter Leichtmatrose!« kommentiert, und auch wir uns hinlegen.

Am nächsten Tag fahren wir an Land, melden uns bei den Behörden und checken unsere Lage. Fazit: beschissen. Der Gemüsefrachter, der uns hätte mitnehmen können, ist mittlerweile in St. Lucia angekommen, der Fischer, der uns nach Martinique bringen sollte, längst weg. Ohne den Balken, der die Bugspitzen des Katamarans verbindet, lässt sich die »Tikka Roa« nur bedingt steuern, das muss repariert werden. »Und von ›Rubys‹ Motor redet hier noch kein Mensch.« Torsten ist nicht ganz glücklich damit, das ist ihm anzusehen.

Larston ist untröstlich, dass sie zwar gerade noch mit heiler Haut angekommen sind, er aber dem Heim seines besten Freundes vielleicht den Todesstoß versetzt hat. Torsten hat bereits den Filter ausgebaut und gemeint, dass es sein kann, dass da mehr kaputt ist. Wir wünschten, wir könnten den beiden irgendwie helfen, doch sind wir, was Motoren angeht, beide völlig unbedarft. »Ist schon okay«, sagt Torsten, »ich kenne wen auf Grenada, der kann uns sicher helfen. Aber das wird ein paar Tage dauern, und vorher können wir hier nicht weg.« Das heißt? »Ja, ist blöd für euch, denn von Grenada aus gibt es keine kleinen Frachter.« Wir können es kaum fassen.

Im Hafen nutzen wir das Internet, um innerhalb kürzester Zeit Bestätigung zu erlangen. Wir fragen dennoch ein paar Fischer, alle sagen dasselbe: Nicht von hier aus, nicht nach Martinique. Torsten resümiert: »Ihr habt nur zwei Möglichkeiten, so bitter das auch ist. Entweder ihr findet im Laufe des heutigen Tages jemanden hier in der Marina, der euch bis nach Martinique bringt, oder ihr müsst fliegen.« Wir geben nach einer Stunde Suche in der Marina auf. Das Wetter soll umschlagen, die meisten Segler richten sich für eine Pause im Hafen ein. Der Wind steht schlecht. Nach Martinique will eh keiner.

Ach, leckt uns doch. Wir gehen ins Internet und buchen Flüge. Sie gehen am nächsten Morgen, unsere letzte Chance, rechtzeitig nach Martinique zu kommen, denn unser Frachter nach Frankreich geht ja schon in vier Tagen. Wir müssen sage und schreibe 250 Euro pro Person zahlen, um von Grenada zurück nach Trinidad zu fliegen und von da aus über Barbados nach St. Lucia und weiter nach Martinique. Rein theoretisch könnten wir in wenigen Stunden mit einem guten Motorboot in Martinique sein und müssen nun 17 Stunden lang mit kleinen Propellermaschinen zwischen den karibischen Inseln hin- und herfliegen, unter anderem innerhalb von nur wenigen Minuten zurück zu der Insel, von der wir vor wenigen Tagen erst aufgebrochen sind. Doch Peer und ich fühlen kaum etwas. »Ist jetzt auch egal«, haken wir beide das Thema ab, als wir buchen und mit unseren neuen Freunden durch Grenada laufen, um die beiden auf ein gemeinsames Abschiedsessen einzuladen. Mehr lassen sie als Dank nicht zu. Gefragt nach Geld, haben sie eher beleidigt geschaut. »Hey«, sagte Torsten nur mit erhobenen Händen, »money can't buy me love«, und Larston schickte noch ein »Jah bless« hinterher.

Die beiden tragen Ketten, die Larston selber geknüpft hat, sie verkaufen hin und wieder Schmuck an Touristen. Nun nehmen sie sie ab und binden sie uns um. Peer und ich haben beide einen Kloß im Hals. Dann kehren wir auf die Boote zurück, packen unsere Sachen und verbringen noch einen letzten Tag mit Torsten und Larston. Ich kann nicht genug davon bekommen, ins Wasser zu springen, durch die kristallklare karibische See zu tauchen, wieder an Bord zu klettern und mit einem Jubelschrei erneut in die Fluten zu hüpfen. Als es dann so weit ist und wir losmüssen, komme ich mir vor wie der kleine Junge, der nicht vom Karussell runterwill. Nein, ich will hier nicht weg, nur noch eine Runde, bitte!

INFOBOX

> Segeln in der Karibik – selbst wenn du halb absäufst, dieses Erlebnis ist es dennoch wert.

> Wenn du tatsächlich zwischen den karibischen Inseln verkehren willst und es aus irgendeinem Grund eilig hast, dann weiche lieber auf Kleinfrachter aus. Sie sind doch etwas zuverlässiger als Segelschiffe, verkehren zwischen manchen, aber nicht allen Inseln. Die Preise sind Verhandlungssache.

Kapitel 45:
Wir lieben die Stürme

PEER

Auf der Schwelle zum Grenzhäuschen auf Martinique bleiben wir wie angewurzelt stehen. Über dem Portal weht die Fahne der Europäischen Union. Klar, Martinique gehört zu Frankreich und damit zur EU, aber es fühlt sich nicht nach Europa an, wenn man sich Anfang Dezember bei über dreißig Grad mit dem Pass Luft zufächert. Doch uns wird klar, dass die letzte große Etappe ansteht und die Heimkehr unaufhaltsam näherrückt. Als wir an der Reihe sind, erhalten wir statt eines weiteren Stempels oder Kleberchens nur einen flüchtigen Blick auf die Pässe, dann winkt uns der Grenzer durch. Kein Visum, keine Gepäckkontrollen? Irgendwas fehlt. Es ist skurril, festzustellen, wie lang der Arm Schengens ist.

Ein Déjà-vu gibt es am Geldautomaten. Die Scheine, die uns aus der Maschine entgegenflattern, kommen uns vertraut vor. Jochen zieht die Banknoten aus dem Automaten und liest laut vor: »E-U-R-O.« Dann jubiliert er: »Endlich eine harte Währung!« Na ja, der Euro ist auch nicht mehr das, was er mal war, denke ich, sage aber nichts, um Jochens Wiedersehensfreude mit einem Fünfzig-Euro-Schein nicht durch Wirtschaftspessimismus zu trüben.

Da stehen wir nun in Martinique, Frankreich, der EU. Mitten unter der karibischen Sonne. Wir haben noch zwei Tage Zeit, bis wir unser Containerschiff über den Atlantik besteigen. Also beschließen wir, die verbleibende Zeit mit sonnigem Müßiggang zu verbringen.

Wir trampen zum nächsten Supermarkt und zurück, danach sitzen wir auf der Terrasse unseres kleinen Apartments, schaufeln Baguettes und Käse in uns rein und spülen alles mit einem Schluck guten französischen Weins herunter. Wenn die Gedanken an daheim zu Kälte und Schnee wandern, gehen wir an den Strand und genießen ihn, solange wir ihn haben. So bereiten wir uns ganz behutsam auf den Abschied von der Karibik vor. Am letzten Abend vor dem Auslaufen leisten wir uns im Hafen des Nachbarörtchens ein fürstliches Abschlussmahl. Am folgenden Morgen nehmen wir uns ein Taxi zum Containerhafen. Trampen funktionierte auf der Insel bislang ganz gut, doch wollen wir nicht riskieren, mit Sack und Pack am Straßenrand stehengelassen zu werden und am Ende unser Schiff zu verpassen.

Am Frachthafen angekommen, geht alles recht schnell und unbürokratisch. Zu Fuß streifen wir über das Hafengelände und suchen unseren Kahn. Schließlich finden wir ihn: die »Fort Ste. Marie«, ein französischer Frachter, liegt hoch aus dem Wasser ragend am Kai und wird gerade beladen. Wir gehen zur Gangway, und von oben schallt uns eine Stimme entgegen: »Are you the German passengers?« – »Yes.« Mit einem Surren kommt eine Leine von einem Ausleger herab, und wir werden aufgefordert, unser Gepäck daran zu befestigen. Dann wird es an Bord gehievt, und wir erklimmen die Gangway. Wir werden in das Innere des Schiffes geleitet und erledigen in einem Büro die Formalitäten, im Anschluss lernen wir Teile der Crew kennen. Die Offiziere sind Franzosen, die Mannschaft Bulgaren und Rumänen, alle sprechen Englisch.

Dann beziehen wir unsere Kajüte. »Nicht ganz so feudal wie auf der ›Bahia Castillo‹, aber immerhin«, stelle ich fest. »Wenigstens haben wir Aussicht aufs Deck und über den Bug«, spricht Jochen, verstummt aber, als ein gewaltiger Container direkt vor unserem Bullauge abgestellt wird. Ich schmunzle und schalte das Licht ein. »Ich pack erst mal aus«, nimmt sich Jochen vor. Da hat er recht, denn mal wieder aus dem Schrank statt aus dem Rucksack zu leben, ist eine willkommene Abwechslung. Allerdings habe ich es nicht ganz so eilig. »Ich check mal die Freizeitmöglichkeiten«, verabschiede ich mich auf die Suche nach der Messe, dem Aufenthaltsraum für die Mannschaft.

Nach kurzer Zeit finde ich eine eigene Messe für Passagiere auf unserem Deck. Ich durchwühle die Schränke nach Büchern und Filmen. Alles auf Französisch. Merde.

Plötzlich steht ein Mann in meinem Alter in der Tür. Der Franzose gehört nicht zur Besatzung. Da sein Englisch mindestens so eingerostet ist wie mein Französisch, stellen wir uns ein wenig stotternd vor. Doch irgendwie müssen wir ja zwei Wochen auf See miteinander auskommen. Also lege ich mich ins Zeug. Ich erfahre zumindest, dass er Julien heißt, Mitte dreißig und Arzt auf Martinique ist. Oder besser, war, denn er reist in die Heimat, um nach dem Weihnachtsfest im Kreise der Familie einen neuen Job anzutreten. Ich erzähle meine Geschichte. Zumindest in groben Auszügen. Wir kommen ins Plaudern, und die Sprachbarriere bröckelt mit jedem Wort.

Kurz darauf gesellt sich Jochen zu uns und gibt mit seinen Französischkenntnissen an. Zugegeben, hier spricht der reine Neid. Ich bereue, dass ich mein Französisch nicht öfter übte, und Julien geht es mit dem Englischen ähnlich. Die Lösung ist einfach: Wir verabreden, dass Jochen und ich in den kommenden zwei Wochen nur Französisch sprechen, Julien hingegen nur Englisch. Nach einem holprigen Start klappt es tatsächlich ganz gut, und wir reden über Gott und die Welt, bis über dem Atlantik der Morgen graut.

Wir machen noch einen kurzen Stopp in Guadeloupe, bevor es auf den offenen Ozean geht. Nach einer Woche ziehen Jochen und ich einen Vergleich zur Pazifikpassage. »Die Crew hier ist unnahbarer als die Polen auf der ›Bahia Castillo‹«, stelle ich fest. »Vielleicht sind sie schüchtern«, schlägt Jochen vor. »Tja, dafür können sie was am Kochtopf«, gebe ich zu bedenken. In der Tat hebt sich die französische Küche an Bord positiv von der Kost – zumeist gehobene Kantinenqualität – auf unserer Pazifiküberfahrt ab. Mittags und abends gibt es mehrere Gänge, dazu immer eine Flasche Wein und zum Dessert eine Käseplatte. Zum Frühstück kann ich nicht viel sagen, da ich es seit dem ersten Tag konsequent verschlafe. Zweimal drei Gänge am Tag reichen mir definitiv.

Das Essen ist ein Highlight. Doch so gut die Verköstigung ist, so distanziert gibt sich die Crew während der Mahlzeiten. Wir drei Passagiere sitzen an einer langen Tafel für uns allein, während Kapitän und Besatzung an einem eigenen Tisch Platz nehmen. Fehlt nur, dass sie die Schiebewand schließen, mit der sich die Messe zwischen unseren Tischen teilen lässt. Darüber hinaus reden sie nur mit uns, wenn wir sie direkt ansprechen.

Eines Tages komme ich dem Kapitän dann doch näher. Wir sitzen beim Essen, und es herrscht mächtiger Seegang. Plötzlich wird das Schiff von einer Woge erfasst, und die Weinflasche droht aus ihrer Haltevorrichtung auf den Boden zu stürzen. Mit einem Reflex, der mich selbst überrascht, fange ich die fallende Buddel aus der Luft, kann aber nicht verhindern, dass sich dabei der halbe Inhalt auf den Linoleumboden ergießt. Triumphierend recke ich die gefangene Flasche in die Höhe, als sich mein Stuhl plötzlich in Bewegung setzt. Der weingetränkte Boden gleicht einer Rutschbahn. Ich versuche noch, die Tischkante zu fassen, doch meine Hand greift ins Leere. In ungebremster Fahrt geht es dahin. Das Letzte, was ich sehe, sind Jochens und Juliens entsetzte Mienen. Dann schließe ich die Augen und beuge mich den Beschleunigungskräften. Als ein dumpfer Schlag meine Rutschpartie beendet, wage ich einen vorsichtigen Blick. »Bonjour«, lächelt mich der Kapitän an, auf dessen Schoß ich gelandet bin. Ob ich mich auf meiner Seite der Messe langweile, will er wissen und hat damit die Lacher auf seiner Seite. Ich entschuldige mich und schiebe meinen Stuhl wieder durch den Speisesaal zurück an seinen Platz. Die Weinflasche halte ich noch immer fest umklammert.

Ansonsten beschränkt sich der Kontakt mit der Besatzung auf ein Minimum. Die versprochene und eigentlich obligatorische Führung durch den Maschinenraum erhalten wir erst auf wiederholte Nachfrage. Wir hätten drauf verzichtet, hatten wir doch bereits eine solche Tour auf unserem anderen Schiff. Um Juliens willen blieben wir hartnäckig. Auch beim Grillabend an Deck, bei dem ein ganzes Spanferkel am Spieß rotiert, will trotz netter Gespräche nicht die gleiche

Stimmung aufkommen wie auf dem Pazifik. Doch wir drei sind uns genug und verbringen die meiste Zeit beim Gespräch oder Kartenspiel in unserem Aufenthaltsraum. Aber mit der Zeit werden wir stiller. Als sich Julien eines Abends zurückzieht, stellt Jochen unvermittelt fest: »Das war's dann bald.« – »Ich weiß. Und wie geht's dir dabei?« – »Weiß nicht so recht.« – »Schon komisch. Ich freue mich auf Weihnachten mit der Familie, die Freunde in Kassel und überhaupt«, meine ich, und Jochen vollendet den Satz: »Ja, aber je näher die Heimkehr rückt, desto unwirklicher wird es.« – »Was sollen wir den Daheimgebliebenen nur von der Reise erzählen? Was soll ich sagen, wenn mich jemand fragt: ›Und? Wie war's?‹«, frage ich mich eher selbst. »Tja, das kommt drauf an«, meint Jochen und sieht mich an. »Wie war's denn?« Statt eine Antwort zu geben, verfalle ich in Schweigen. Jochen scheint keine Antwort zu erwarten oder zu wissen, dass auch ich keine habe. Klar war es gut, großartig, einmalig, lehrreich, fordernd und noch viel mehr. Aber es lässt sich nicht in einem Wort ausdrücken. »Hm«, greife ich nach einer Weile den Gedanken wieder auf. »Um es wirklich zu verstehen, muss man wohl dabei gewesen sein.« – »Wohl wahr«, stimmt Jochen zu. »Oder wir müssen ein Buch darüber schreiben.«

Je näher die französische Atlantikküste rückt, desto nachdenklicher werden wir. Es ist Zeit, zu reflektieren und zu resümieren, doch unweigerlich schleichen sich auch immer wieder Gedanken an die Zeit nach der Heimkehr ein. Zukunftsängste? Wohl eher eine gewisse Unsicherheit, wie es weitergehen soll und ob wir den Wiedereinstieg ins bürgerliche Leben bewältigen können.

Als wir in den Hafen von Dünkirchen einlaufen, wird mir von jetzt auf gleich hundeelend. Sollte ich, nach karibischen Stürmen und dem winterlichen Atlantik, nun doch noch seekrank werden? Ausgerechnet im seichten Wasser des Hafenbeckens? Das darf nicht sein, habe ich mir doch bereits selbst das Zeugnis der Seetauglichkeit ausgestellt!

Ich liege die meiste Zeit in der Koje und schwanke. Auch wenn sich das Schiff keinen Millimeter rührt, merke ich, wie mein Körper selbst im Liegen die inzwischen automatisierte Ausgleichsbewegung zum Wellengang veranstaltet. Es muss ein ziemlich schräges Bild abgeben, wie ich nach links und rechts taumelnd in meinem Bett liege. Abends geht es mir etwas besser, so dass ich mich zumindest auf einen Kanten Brot in die Messe wage. Als der Kapitän mich sieht, fragt er entsetzt: »Are you alright?« Ich schildere, wie es mir geht, da bricht er in schallendes Gelächter aus, das ich zunächst als Spott fehldeute. Dann klopft er mir aufmunternd auf die Schulter und sagt: »Herzlichen Glückwunsch, du bist landkrank! Das haben normalerweise nur echte Seebären. Nach Wochen und Monaten auf See kommen sie an Land ohne das Schwanken nicht klar. Keine Sorge, das legt sich.« Ein schwacher Trost. Aber ich habe einen anderen Erklärungsansatz: Kann man nicht auch krank vom Heimkehren werden? »Homesickness« in seiner buchstäblichen Bedeutung?

Doch der Kapitän soll recht behalten. Kaum verlassen wir am nächsten Tag den Hafen von Dünkirchen, wird das Schiff von der ersten Woge erfasst und neigt sich bedenklich zur Seite. Jochen verliert den Tritt, stolpert durch unsere Kabine und sucht Halt. Plötzlich spüre ich, wie die Farbe in mein Gesicht zurückkehrt und die Lebensgeister wieder erwachen. Fit wie ein Turnlatschen springe ich aus dem Bett und verkünde: »Mir geht's besser!«

Jochen, unsanft auf seiner Koje gelandet, schaut mich ungläubig an: »Du spinnst doch! Lass dir die Worte des Kapitäns bloß nicht zu Kopf steigen!«

Zwei weitere Tage auf See, und wir erreichen Le Havre. Nach rund 15 Monaten setzen wir erstmals wieder einen Fuß auf das europäische Festland. Jochen sinkt auf die Knie und bemüht eine päpstliche Geste. Er küsst den schmuddeligen Beton des Containerhafens. »Heimat, süße Heimat«, übersetzt er ein geflügeltes englisches Wort. Mir ist nicht nach Küssen, ist mir doch wieder schlecht. Als ich den Blick über das winterliche Hafengelände schweifen lasse und sich in der Ferne die Betonwüste Le Havres abzeichnet, weckt das keine wirklichen Heimatgefühle. »Bonjour Tristesse« ist das Einzige, was mir beim Anblick Le Havres in den Sinn kommt.

INFOBOX

> Die Frachtschiffe, die zwischen dem französischen Festland und den Übersee-Departements verkehren, nehmen regelmäßig Passagiere mit. Sie verfügen über mehr Passagierkabinen und im Gegensatz zu anderen Frachtern einen eigenen Aufenthaltsraum für die Passagiere. Die Schiffe halten auch öfter, so dass sich mehrere Gelegenheiten zum Zu- und Aussteigen bieten.

> Wer sich selbst seine Seetauglichkeit beweisen möchte, für den ist der winterliche Atlantik das Richtige. Alle anderen sollten eine solche Reise vielleicht lieber im Sommer antreten.

Kapitel 46:
Eine Ode an den Beton

JOCHEN

Wir stehen auf einem Platz, der aus Beton erbaut und von Beton umgeben ist. Zu allen Seiten, wohlgemerkt. Selbst der Himmel erscheint grau, obwohl nur vereinzelt Wölkchen zu sehen sind. Mir fällt Loriot ein, die Farbe: ein »frisches Mausgrau«. Die UNESCO hat Le Havre den Status des Weltkulturerbes zuerkannt. Die Stadt sei eine »Ode an den Beton«. Dem ist nichts hinzuzufügen. Und doch: Hätten wir nicht irgendwo sonst in Europa an Land gehen können? Der Weihnachtsmarkt ist genauso quadratisch wie die Stadt; als wir inmitten der Hütten stehen und einen Glühwein trinken, bekommt das Wort »grotesk« für mich persönlich eine neue Bedeutung. Peer und ich schlurfen einmal im Karree, noch einmal, dann geben wir es auf. Noch 24 Stunden, dann werden wir abgeholt. Keiner von uns hat die Energie, dieser Stadt ihre Sehenswürdigkeiten zu entreißen. Wir gönnen uns ein festliches Abschiedsessen, dann suchen wir uns eine Bar. Die um elf die Pforten schließt. Mit dem letzten Glas stehen wir draußen, freunden uns mit Einheimischen an. Wie so oft, in so vielen Ländern. Doch hier kommen wir nicht weiter. Wo man jetzt noch was trinken könne? »Wo kommt ihr denn her?«, lacht uns einer der jungen Männer an. »Aus Martinique, zumindest zuletzt«, gibt Peer an. Doch es ändert nichts. Einer nach dem anderen verabschieden sie sich. Die einen steigen gemeinsam in ein Taxi, wollen an den Stadtrand in eine Großraumdisco. Sie sind weg, bevor wir fragen können, wie man da hinkommt. Zwei Typen gehen heim, zwei junge Damen nehmen ein anderes Taxi in eine andere Disco. Sie erklären uns, wie man da hinkommt, doch das ist wirklich recht weit weg. Letztendlich stehen wir noch ein paar Minuten mit den letzten Verbliebenen am Straßenrand und teilen uns eine Dose Bier. »Willkommen daheim in Europa«, lacht Nicolas auf. »Hier klappen um elf die Bordsteine hoch, danach stirbt die Stadt, bis sie am nächsten Morgen wieder von den Toten aufersteht.« Etwas morbide, der gute Kerl, doch als wir bald alleine am Straßenrand stehen, viel zu aufgewühlt von all den Erlebnissen, all den Gedanken an das, was war, und all den Gefühlen angesichts dessen, was da kommt, geben wir ihm recht. Stumm schlendern wir über dasselbe Karree wie schon tagsüber. Es ist halb ein Uhr morgens, die Stadt ist tot. Jede Bar hat geschlossen, die einzigen Menschen, die um diese Uhrzeit wach zu sein scheinen, sind die Taxifahrer, die in ihren Wagen warten. Ich beginne mich zu fragen, worauf. »Lass uns ins Bett gehen, ich komm hier schlecht drauf«, spricht Peer meine Gedanken aus.

Ich weiß nicht, was wir erwartet haben. Die Reise muss nicht mit einem Knall zu Ende gehen. Dennoch fühlen wir uns beide unrund. So lange sind wir nun auf Achse, sind es gewohnt, egal, wo wir ankamen, gleich wieder weiterzuziehen. Wir fühlen uns dabei nicht mehr zwischen den Zielen, sondern sind wirklich auf dem Weg angekommen. Nun, wo dieser sich dem Ende zuneigt, wissen wir zum ersten Mal nicht, wie weiter. Zumindest mir ergeht es so, aber Peers Gesicht verrät Ähnliches. Die Stimmung ist so grau wie die Umgebung. Ich kann mir nicht vorstellen, bald in Deutschland zu sein. Zu Hause? Mir kommt nicht mal in den Sinn, es so zu nennen. Wo bin ich zu Hause? Was ist das eigentlich? Allein der Gedanke, dass Schilder deutsch beschriftet sein könnten, entzieht sich meinem Vorstellungsvermögen.

Wir schlafen beide schlecht. Peer schnarcht nicht mal. Als es dämmert, stehen wir auf, duschen uns, ziehen uns an, packen die Sachen zusammen und setzen uns in ein Café. Nach dem ersten Kaffee folgt der zweite. Dazwischen ein paar Zigaretten. Irgendwann auch ein Frühstück. Wir haben uns beide darauf gefreut, uns um die letzten Meter keine Gedanken machen zu müssen. Peers Eltern sagten sofort, dass sie uns abholen würden, als sie erfuhren, dass wir zwei Tage vor Weihnachten ankommen würden. »Sonst geht noch auf den letzten Metern was schief«, haben sie gesagt. Jetzt wäre es mir ehrlich gesagt lieber, wir könnten uns mit übellaunigen Busfahrern auseinandersetzen, Taxifahrer im Preis runterhandeln oder uns durch unübersichtliche Bahnhöfe arbeiten. Alles, bloß nicht dieses Warten, bald abgeholt zu werden. Es will nicht passen, diese Passivität. Ich war noch nie gut im Warten. Heute macht es mich beinahe irre.

Am späten Vormittag bekommt Peer eine SMS. »Sie machen keine Rast und sind gegen eins hier. Wir sollen nicht essen, lässt mein Dad ausrichten.«

Dann sehe ich einen Kleinbus vor der Fensterfront des Cafés halten. Deutsches Kennzeichen, völlig verrückt. Die Türen gehen auf. Peers Mutter bemüht sich nicht darum, sich umzusehen oder die Tür wieder zu schließen, eilt auf das Café zu. Dahinter steigt Peers Schwester aus, blickt der Mutter kopfschüttelnd, aber lächelnd hinterher. Geht gemeinsam mit ihrem Freund und Peers Vater über die Straße, derweil Peers Mutter die Eingangstüren auffliegen lässt, mit einem kurzen Lächeln in meine Richtung an mir vorbeigeht und Peer mit einem »Mein Junge« in die Arme schließt und fast von den Füßen haut.

Mehr Bergholters kommen rein. Peer und ich werden ausgiebig bis ausufernd gedrückt, begutachtet, betrachtet, beklopft, für real befunden und zur Sicherheit noch mal gedrückt. Irgendwer bestellt irgendwas, irgendwer trinkt und redet, dann sitzen wir im Auto.

In einem nahegelegenen Küstenörtchen gehen wir gemeinsam essen. Langsam sickert es durch meine Hirnzellen: Das ist kein Traum. Das sind die Leute, bei denen ich meine halbe Jugend verbracht habe. Meine Leute konnten nicht selber kommen, mein Vater schickt einen Kasten des Biers, das er bis zur Rente braute. Peer und ich stellen uns irgendwo in Frankreich an den Straßenrand und lassen uns mit dem Bier aus der Heimat fotografieren, und ich komme mir seit 15 Monaten das erste Mal vor wie ein richtiger Tourist. Wir tafeln fein, alle sind ausgelassen, reden, ich weiß nicht, worüber, selbst wenn ich mitrede. Ich würde am liebsten laut »Stopp!« rufen. Kurz die Zeit anhalten, mich kneifen, die Chance bekommen, zu erfassen, was hier wirklich passiert. Dann sind die Teller leer, wir gehen wieder hinaus. Ich sitze im Fond des Kleinbusses, neben mir Peers Mutter. Sie tätschelt mir leicht die Hand, fragt mich behutsam einige Dinge ab, dann lächelt sie und lässt mich aus dem Fenster sehen.

Überfordert? Ich? Nicht doch, womit denn? Der Freund von Peers Schwester fährt, Peers Schwester versucht das Navigationsgerät zu bändigen, gemeinsam mit dem Rest der Familie. Ich schaue der Landschaft dabei zu, wie sie französisch aussieht. Diese Art von Diskussion, wie sich Bruder, Schwester und Vater gegenseitig unterbrechen und die Mutter Kommentare von der Rückbank aus gibt, diese Art, miteinander zu kommunizieren, wie sie nur eine Familie hat, all das lässt es mich begreifen. Ja, ich bin wieder daheim. Ich sehe die Landschaft nicht mehr, ich versinke in Gedanken und träume vor mich hin.

Irgendwann halten wir an, ich steige aus. Wir sind nicht mehr auf der Autobahn, sondern irgendwo in der französischen Pampa, das Auto steht quer auf einem schlammigen Feldweg am äußersten Rand eines kleinen Dorfs.

Als ich fragen will, wo wir sind, bemerke ich die zunehmenden Emotionen im Gespräch der Familie Bergholter. »Na weiter geradeaus, das ist doch ganz klar!« – »Aber hier *ist kein* Weg.« – »Hat das Teil denn überhaupt die Karten von diesem Jahr?« – »Ach! Weil sich die Wege in Frankreich so schnell ändern oder was?« – »Na hier geht es auf jeden Fall nicht weiter.« – »Wenn ich bitten dürfte, das Augenmerk nach vorne zu richten. Genauer, da, wo der Straßenbelag endet und der Matsch beginnt ...« – »Warum sind wir eigentlich von der Autobahn abgefahren?« – »Na das Navi hat das gesagt ...«

Ich steige wieder ein, der Rest folgt, wir haben uns anscheinend darauf geeinigt, zurück zur Autobahn zu fahren, bald darauf auch, wo diese sich höchstwahrscheinlich befindet. Wenig später dann, dass es doch eher in der anderen Richtung sein muss. Es ist das erste Mal in all den Monaten, dass wir ein Navigationsgerät benutzen. Für mich ist es sogar eine Weltpremiere. Und zugleich auch das letzte Mal.

Wir halten in Lille, verbringen eine Nacht in einem feudalen Hotel, essen feinste Köstlichkeiten und leeren danach die Hotelbar. Der Freund von Peers Schwester hält die Zügel in der Hand, passt auf den Flohzirkus auf und geht früh ins Bett, so dass er am nächsten Tag fahrtüchtig ist. Bei einem Tankstopp bringen Peer und ich die morgendlichen Kaffees zur Toilette. Als wir zum Wagen zurückgehen, reißt Peer reflexartig die Hände hoch. »Schau mal, da sind Deutsche«, sagt er und winkt einem Paar zu, das gerade seinen Golf mit deutschem Kennzeichen betankt, etwas verwirrt zu uns herüberschaut und sich zu fragen scheint, wieso dieser Typ ihnen so motiviert winkt. »Tja, mein Lieber, gewöhn dich dran, wir sind seit ein paar Minuten wieder in Deutschland.« Peer schaut mich an, lässt schuldbewusst den Arm sinken und errötet etwas. »Ups, das ist jetzt nicht wirklich passiert, oder?«, nuschelt er. Ich muss lachen und klopfe ihm auf die Schulter. »Danke, ich dachte schon, ich bin der Einzige, der hier nicht klarkommt.«

Tatsächlich bekomme ich von der restlichen Fahrt nicht viel mit. Alles erscheint mir fremd. Die deutschen Kennzeichen, die deutschen Schilder. Die deutschen Leitplanken, deutsche Bäume, deutsche Wiesen, deutsche Fliegen auf unserer deutschen Windschutzscheibe, deutsche Fahrbahnmarkierungen. Dann tauchen auch noch Ortsnamen auf, die ich kenne, ich fass das alles nicht. In Kassel fahren wir ab, hier wohnte ein Schulfreund, da bin ich mal mit dem Rad hingefallen, als ich klein war, hier ging ich früher zum Sport. Ich bin es so sehr gewohnt, keinen der Orte zu kennen, an denen ich jüngst war, dass ich ganz vergessen habe, wie es ist, wenn man mit jeder Ecke eine Geschichte verbindet. Es lenkt ab.

Wir stehen vor dem Herkules, dem Wahrzeichen Kassels, das über der Stadt auf einem Berg thront. Hier wollen wir ein gemeinsames letztes Foto schießen. Wir blicken auf Kassel hinab, wo wir aufwuchsen. Unglaublich. Wir sind zu Hause.

Für mich gilt es dennoch eine letzte Etappe in Angriff zu nehmen. Am Bahnhof bringt mich Peer alleine zu den Gleisen und verabschiedet mich auf meine letzte Etappe, so wie ich ihn vor 15 Monaten alleine von den Gleisen am Berliner Hauptbahnhof von seiner ersten abholte. Ich werde in den Zug steigen, um nach Frankfurt am Main zu fahren, wo meine Schwester und meine Eltern mich erwarten. Als wir Deutschland verließen, hatte meine Schwester gerade ihr erstes Kind bekommen. Nun ist sie bereits zweifache Mutter, und die Familie trifft sich bei ihr daheim zu Weihnachten. Alles ändert sich.

Was sich nicht ändert, ist die Deutsche Bahn. Alle Züge haben Verspätung, meiner immerhin zweieinhalb Stunden. Macht auch nichts. »Das hätte es in Russland nicht gegeben«, erinnere ich mich an die Zeit, als wir die Uhren noch nach den Zügen stellten. Um uns herum stehen Menschen, einige haben rote Köpfe vom Schimpfen und Beschweren angesichts der Verspätung. Alle reden hochemotional auf die bedauernswerten Service-Angestellten ein, wollen oder fordern irgendetwas. »Schau mal«, sagt Peer mit Blick auf die Anzeige. »Da kommt gleich ein Zug, der hätte vor drei Stunden fahren sollen, der fährt auch nach Frankfurt, nimm doch den.« Wir entfernen uns von der Menge und verabschieden uns mit einer langen Umarmung. »Wir sehen uns bald«, sagen wir, als müssten wir es laut aussprechen, um es glauben zu können. Es ist schon wieder etwas her, dass wir getrennt unterwegs waren, diesmal ist die Dauer der Trennung nicht absehbar. Nichts ist mehr absehbar.

Manche sagten im Vorhinein zu uns, sie hätten nicht so eine Reise machen können, wie wir sie taten. Die Unsicherheit, wie es weitergeht, würde sie nervös machen. Mir schien das wie ein Missverständnis. Es geht immer weiter, es ist nur nicht immer sicher, wann, wie und wohin. Doch jetzt, wo ich wieder daheim bin und vor meiner letzten Etappe stehe, bin ich nervöser als während all der Reisezeit. Denn nun weiß ich zum ersten Mal nicht, ob es überhaupt weitergeht.

Ich gehe zum Bahnsteig, zeige dem Schaffner mein Ticket, das eigentlich für einen anderen Zug gilt, und steige ein. Es gibt keine Probleme. Es geht immer irgendwie weiter.

INFOBOX

> Richte es bei einer so langen Reise so ein, dass du nicht ausgerechnet an Weihnachten wiederkommst. Sonst droht emotionaler Overkill.

> Wer anfängt zu reisen, braucht Zeit, um in seinen Reiserhythmus zu kommen. Gleiches gilt auch für das Ankommen. Lass dir Zeit.

> Keine Panik, das Leben geht weiter!

Kapitel 47:
Angekommen?

JOCHEN UND PEER

Wir treffen uns auf der Silvesterparty eines gemeinsamen Freundes in Berlin. Kurz vor dem Jahreswechsel sitzen wir auf dem Balkon und haben einen Moment für uns.

Peer: »Weißte noch, unser letztes Silvester? China, Hainan, Palmen und Meer? Das war eine andere Nummer, irgendwie ruhiger. Apropos, wie war's eigentlich Weihnachten bei euch?«

Jochen: »Emotional bis dorthinaus. Der kleine Neffe ist auf einmal der Große. Irre. Beide sind zuckersüß, meine Eltern blühen als Großeltern auf, jeder in der Familie hat seine Rolle, nur ich stand rum wie Falschgeld. War trotzdem wunderschön, aber anders als früher. Alles ist anders. Und bei dir?«

Peer: »Bei uns war's super-harmonisch. Alles wie früher, nur ohne die üblichen Streitereien. Hatte nicht das Gefühl, 15 Monate weg gewesen zu sein. Nur hatte ich anfangs ernsthafte Probleme, mit Messer und Gabel zu essen. War kurz davor, mir Stäbchen zu holen.«

Jochen: »Das kenn ich! Die Kinderstube ist etwas abhandengekommen.«

Peer: »Großartig war auch die spontane Willkommensparty, die Jule und Gregor zwischen den Jahren gaben. Alle waren da, es war herrlich. Aber ich muss gestehen, auch wenn die Leute behutsam mit mir umgingen und mich nicht mit Fragen bestürmten, dass mich das Ganze emotional überfordert hat. War vielleicht zu früh oder zu viel auf einmal.«

Jochen: »Apropos Party: Weißte, wer uns besuchen will? Adam und Agnieszka!«

Peer: »Ja Wahnsinn! Wann und vor allem, wo?«

Jochen: »Na Berlin. Das Beste ist, ich hab sogar schon ein Zimmer. Erinnerst du dich noch an die Deutsche, mit der wir einen halben Tag in Bogotá verbrachten?«

Peer: »Katja, Katrin, Kerstin?«

Jochen: »Katrin, genau! Die wohnt hier in Berlin, und bei der komme ich erst mal unter. Aber bis Adam und Agnieszka kommen, hoffe ich, was Eigenes gefunden zu haben. Ist schwer geworden in Berlin. Es gibt nur noch halb so viele Wohnungen, und die kosten doppelt so viel wie früher. Wo pennst du eigentlich gerade?«

Peer: »War die ersten Tage bei meinen Eltern, bin jetzt bei Sven untergekommen. Kassel ist auch nicht mehr das Mietparadies, das es mal war. Aber bei Sven kann ich erst mal bleiben, also kein Stress.«

Jochen: »Also richtest du dich wieder häuslich in Kassel ein?«

Peer: »Es ist nicht der Karibikstrand, aber auch schön. Also ja, darauf läuft es wohl erst mal hinaus. Es sieht so aus, als könnte ich wieder für unsere Tageszeitung arbeiten.«

Jochen: »Komm mir nicht mit Karibik, bitte! Hast du dich hier mal umgeschaut? Berlin im Winter, hallo? Es kann ja gerne kalt sein, hab ja meine Winterjacke noch, aber ich darf nicht an Sonne denken, sonst werd ich weinerlich. Und du schreibst immerhin, ich fang inner Kneipe an. Aber besser als nix. Das mit der Krankenkasse wird wahrscheinlich länger dauern.«

Peer: »Nehmen die dich nicht zurück?«

Jochen: »Doch, müssen sie. Aber ich kann es mir nicht leisten. Noch nicht.«

Peer: »Yo, ich leb auch recht spartanisch momentan. Aber Kneipe? Wolltest du dich nicht als Wissenschaftsjournalist verdingen?«

Jochen: »Schon, aber da muss ich erst mal Redaktionen finden, die einen Probeartikel von mir als Quereinsteiger wollen. Bisher: Njet!«

Peer: »Das wird schon, denk an China, nein heißt niemals nein!«

Jochen: »Tja, die Weisheit des Weitgereisten. Aber ich mach mir, ehrlich gesagt, auch gar keine großen Sorgen mehr. Irgendwie geht es schon weiter. Jah bless.«

Peer: »Hört hört, und das aus deinem Munde!«

Jochen: »Im Ernst. Das Einzige, was mich momentan in Unruhe versetzt, ist, wenn mich Leute fragen, wie es war.«

Peer (lacht): »Genau! Ich war gerade fünf Minuten auf der Willkommensparty, da fragt mich tatsächlich irgend so ein komischer Vogel: ›Und? Wie war's?‹«

Jochen: »Ist nicht wahr! Und was hast du gesagt?«

Peer: »Na! Geil war's!«

INFOBOX

> In Deutschland muss man krankenversichert sein. Wer im Land und unversichert ist, muss die Beiträge nachzahlen, wenn er sich dann doch anmeldet. Aber man kann einen Härtefallantrag stellen und die Beiträge reduzieren.

> Wer ein Reiseblog schreibt, hat nach der Rückkehr zwei große Vorteile: Man braucht nicht alles en detail nachzuerzählen, was nach ein paar Tagen wirklich anstrengend werden kann. Und man hat eine Erinnerung für sich selbst. Wenn du nicht bloggst, schreib Tagebuch, du wirst es dir selbst danken.

> Man kann über soziale Netzwerke viele Meinungen haben, auf Langzeitreisen sind sie ein Segen. Und hinterher genauso. Wir haben schon einige unserer Reisebekanntschaften besucht oder von ihnen Besuch bekommen, das wäre ohne Netzwerke kaum passiert. Gleiches gilt für Fotos und Videos.

> Weltreise? Tu es!

Unser Dank gilt ...

unseren Familien – einfach für alles! Den tollen Menschen, denen wir begegnen durften. Wir konnten nicht alle erwähnen, es waren zu viele. Ihr habt die Zeit und uns geprägt. Wir werden es nicht vergessen und das Karma weiter tragen! Geo.de, für das Hosten unseres Blogs, sowie unseren Lesern. Ihr wart unser Antrieb, auch an den schönsten Orten zu schreiben, statt faul herumzuliegen. Eure netten Kommentare sind der Lohn für die Mühe. Andrea Wildgruber, die von Anfang an an dieses Projekt geglaubt und uns tatkräftig dabei unterstützt hat. Und natürlich dem Team von Knaur, allen voran unserer Lektorin Ariane Novel.

Jochens Dank gilt vor allem seiner Tante Ilse. Ohne dich hätte es weder Reise noch Buch je gegeben. Ich hoffe, du hast von deiner Wolke aus zugesehen.
Susanne für die Unterstützung vor und während der Reise, und bitte entschuldige, dass du keine Erwähnung findest. Stan, unseren »biggest Fan«, nicht nur für deine Reimkunst. Moritz Baumstieger, den ich zwar erst nach der Reise kennenlernte, ohne dessen gutes Zureden dies Buch jedoch immer noch ein Wunschtraum gewesen wäre.

Peer möchte sich darüber hinaus bei allen Menschen für die Gastfreundschaft bedanken, insbesondere Kathrin, Lena, Lisa, Marko, Tatjana, Wim, Bishma – und Sven für die Zeit nach der Heimkehr. Ich fühlte mich immer wie zu Hause! Julia und Gregor für den überragenden Empfang. Susi, es war eine schöne Zeit mit dir, und du hattest in schweren Tagen ein offenes Ohr.
Zu guter Letzt ein dicker Dank an Jochen – du weißt Bescheid ...